Mass communication theory and Life style

マスコミ理論とライフスタイル

― 新疆ウィグル自治区における調査研究 ―

<ruby>夏扎提古丽沙吾提<rt>シャザディグリ・シャウティ</rt></ruby>

学文社

はしがき

　日本社会は今急速な勢いで，高齢化が進行している。総務省の2011年5月5日の発表によると，65歳以上人口は急速に増加しており，2010年は65歳以上の人口が2958万で，総人口の23.1％に占めている。また，将来の人口動態を見ると，2015年には高齢化率が26.0％に達し，人口の4人に1人が65歳以上となることが予測されている。高齢人口はその後も増え続け，2025年には総人口の28.7％（3.5人に1人），2050年には35.7％（3人に1人）になると推定されており，日本の21世紀はまさに超高齢社会そのものだといえる。

　そして，中国でも高齢化が進んでいる。中国統計局によると，2010年の高齢者人口は1.6億人までに増加し，総人口の12％を占めている。また，2020年には，中国の高齢者人口は2.6億人，2050年4.4億人になって総人口の四分の一を占めるだろうと予測されている。つまり，2050年には中国の高齢者の人数だけで，フランス，ドイツ，イタリア，日本とイギリスの現在人口の合計を超えると予測されている。

　さらに，中国老化研究センター（CRCA）の統計によると，特に中国の80歳以上の人口の増加がそれ以下の高齢者人口の増加よりも速いことが明らかにされている。そして，2050年になると，80歳以上の高齢者は高齢者人口の現在の10％から20％になって，60歳以上の高齢者人口が世界の高齢者人口の1／5を占めるかもしれないと推定されている。

　もちろん，このような現象は日本と中国に限ったことではない。先進諸国はどこでも，程度の差はあり，高齢化が進行しており，「Global Aging」と呼ばれるように，人口高齢化は世界で進行している現象の一つである。特にアジアの高齢化は急速かつ大規模で，その社会にもたらすインパクトは測り知れない。

　人口高齢化の影響は医療・福祉領域にとどまらず，経済・産業・文化の広い

領域で相互に関連する複雑な課題を提起している。例えば，労働に従事しない依存人口比率の上昇や認知症・虚弱高齢者の介護など深刻な問題が顕在化している一方，高齢者を社会資源と捉え新しい雇用や産業の誕生に対する期待も高まっている。こうした課題を解決するためには個人の長寿化と社会の高齢化に応じた新たな価値観の創造と社会システムの抜本的見直しが必要になって来ている。

　一方で，高齢者がテレビをよく見ていることがどの調査研究からも明らかにされている。高齢者になるほど，視聴時間が長くなっている。高齢化とテレビ視聴時間の増大現象は中国に限ったことではない。先進諸国はどこでも程度の差はあれ，高齢化が進行することに伴って，高齢者のテレビ視聴時間が増大している。高齢者視聴行動の実態を調査研究し，高齢者はなぜテレビをよく見るのかということや，テレビのどのような要素が高齢者に受け容れられ，どのような要素が拒否されているのかということについて明らかにしなければならない時期にきている。

　そこで，こうした考えから，世界一長寿地域と言われている新疆ウィグル自治区において，2005年6月1日から7月26日までに高齢者のテレビ視聴行動に関するアンケート調査とインタビュー調査を実施した。アンケート調査では7365人，インタビュー調査では532人のサンプルを得て分析を行った。その結果，以下のようなことが明らかになった。

　高齢者の中で，テレビが「疲れを癒したり，楽しんだりする」，「悩みを忘れて楽しめる」という気晴らしや娯楽はもちろんのこと，「身の回りの人間関係に役立つ知識を得るうえで」，「健康や医療関係の情報を得るうえで」，「日常生活のうえで」，「国際・国内の新しい出来事に関する情報」，「社会のために役立つための手がかりを得るうえで」，「世間の動きに遅れないですむために新しい情報を得るうえで」，「教養を身につけるうえで」役立つと見ている高齢者がかなり多かった。その中でも特に，この中の「教養」や「情報」，及び「娯楽」の効用を認める人が多いという特徴があった。

　おそらく，元気で自由に外出できる若い人は「ipod」を聞いて疲れを癒した

り,「本」を読んで教養を身に付けたり,「友人・知人」とおしゃべりをしたりして楽しむことが出来るが,行動半径が狭く,身体的な機能の衰えている高齢者では「テレビ」がそうしたメディアの代替物となってきているのであろう。特に,インタビュー調査に協力してくださった高齢者の生活を見ると,体が不自由だったり,外出することも少なく,家庭に閉じこもりがちな高齢者に対しては,テレビはまず,生活に区切りやリズムを与えるペースメーカーとしての機能を果たしていることがわかった。

　以上のような研究を進めていく中で,テレビは高齢者の生活の中で,知識や情報の収集源であるとともに娯楽の手段としての機能を果たしていること,そして,テレビ視聴行動には性別や地域特性が影響している場合と,そうではない場合があることがわかった。また,高齢化がますます進んでいくと予想されている今日において,高齢者のためにテレビは,情報機能や娯楽機能だけでなく福祉機能などの視点からも,どのように活用されるべきかといった課題についての研究が重要であることがわかった。

　当然のことながら,高齢化が進むにつれて,高齢期の生き方や考え方も多様化してくることが考えられる。そうした中で,テレビの福祉的な利用という観点から,テレビが果たす役割や番組内容を考えるときには,視聴者としての高齢者のライフスタイルを分析し,それとの関連でテレビへの評価や要求を理解してゆくことが重要な課題である。しかしながら,ライフスタイルの観点からテレビ視聴行動にアプローチした研究は,中国や日本はもとより諸外国においても例を見ない。

　ライフスタイル研究は,マーケティングの領域を中心に発展してきたが,近年では高齢者研究を含むさまざまな領域でライフスタイルの観点からの研究が進められており,メディア研究においてもライフスタイルに着目した研究が試みられている。しかしながら,高齢者研究においては主に健康問題との関連でライフスタイルが取り上げられており,社会老年学の領域においてもライフスタイル研究は緒に就いたばかりである。また,メディア研究では,ポケットベルや携帯電話,インターネットなどのニューメディアの利用とライフスタイル

の関係に関心がもたれてきたが (Novak, 1990), テレビ視聴行動とライフスタイルの関係に焦点を当てた研究は見られない。

　また, 高齢者だけ取り上げて, 調査してみても, それは高齢者だけのニーズなのか, それとも成人全般のニーズなのか言い切れない。

　ところで, 高齢期を心理社会的発達の最終段階としてではなく, 生涯発達論的観点から人生を4区分したときの達成・充実・完成の期間であるサード・エイジの一時期としてとらえる考え方がある。サード・エイジャーとは, その期間にある人々を指す。サード・エイジの概念は暦年齢を基準としたものではないが, 便宜的に40代あるいは50代以降を指すなど, いわば中高年の代名詞として使われることも多い。中高年層の生活が多様化している今日, 現在およびこれからの高齢者／高齢化問題を究明していく上で, 高齢者層に限定することなく, サード・エイジャーを対象とすることが老年学研究や受け手研究にとっても意義あることであると考えた。

　そうした中で, テレビの福祉的な利用という視点から, 高齢者のライフスタイルとテレビ視聴行動の構造を明らかにするために, サード・エイジャーを対象とするライフスタイルとテレビ視聴行動に関する調査研究を実施することに至った。もっともテレビだけ調査してみてもテレビのどのような側面が高齢者のさまざまなニーズに対応しているのかははっきり知ることはできない。そこで, ライフスタイルに関する先行研究と受け手に関する先行を研究の知見を基に, メディア接触行動とライフスタイルの分析枠組みを作成し, 1万8070人を対象に調査を実施した。その調査結果の一部をこの本にまとめた。

　高齢人口が増えるにつれ, テレビの重要性はますます高まり, 人口の多い層の志向性に社会全体が影響されざるを得なくなってくる。もちろん, これまでと同じようなテレビとはいうわけには行かないだろうが, 高齢化社会の基盤メディアがテレビということには変わりはないと思われる。そうなれば, 今後テレビをどのように活用していくべきか, 高齢者の視点に立った研究がますます重要になる。テレビの福祉的な利用という視点から展開してきた本研究が, 今後の高齢化社会における高齢者生活福祉やメディア利用に関する基礎的研究と

して位置づけられれば幸いである。

　この研究を進めるに当たって実に多くの方の協力を得た。まず，本書の出版の元となった博士論文では，博士後期課程の指導教官である小田利勝先生には研究の始めから終わりまで一方ならぬお世話になり，心からお礼を申し上げる。また，副査の先生方をはじめ，お世話になりました神戸大学の先生方，学生方にも非常に感謝している。学校内ですれ違った時などにもいつも優しく声をかけて頂き，激励の言葉をかけて頂いたこと，大変ありがたく思っている。

　そして，岩手大学の指導教官である山崎先生と横井先生，留学生センターの松岡先生，岡田先生，岡崎先生，宮本先生，副学長の斉藤先生をはじめとする多くの先生方，同期の皆さんをはじめとする，先輩方，後輩たちにお世話になったおかげで神戸大学に入学でき，この研究ができたと思い，心から感謝している。

　新疆ウィグル自治区におけるアンケート調査の実施に，全力でご協力してくださった新疆ウィグル自治区教育庁，ウルムチ市教育局，トクスン県教育局，トルファン市教育局，イリ市教育局イリ県教育局，ホータン市教育局，ホータン県教育局などの皆様に感謝したい。また，実際に長い時間をかけてA4判18頁に及ぶアンケート調査に協力してくれた高校生と高齢者の皆様にも特に深く御礼を申し上げたい。

　実は，安心してこの研究に取り込むことができたのは，国際ロータリ財団の奨学金と日本政府国費研究留学生としての奨学金があったおかげであり，大変ありがたく思っている。盛岡の江村先生，鈴木先生，小山田先生，栃内先生，森先生，水沢の及川先生，小見先生，神戸の吉田先生ご夫妻をはじめとする，多くのロータリアンの皆様が研究や生活のことを気にしてくださり，相談相手になってくださる一方で，時にはまるで本当の家族のようにいろいろ親切にしてくださる心のこもったサポートにはいつも感謝している。

　学文社田中千津子社長には構成から出版に至るまで一貫して親切丁寧なお世話をいただいた。原稿の修正過程では細かいところまでアドバイスを幾度となく頂戴しながら進め，思ったよりも何倍のご迷惑をおかけした。ここにお詫び

とお礼を申し上げる次第である。

　最後に，夫の全面的な支えと励ましに感謝したい。この研究が何とか形になったこと，そしてここまでやり続けられたことは皆様のおかげだと思う。ここですべての方々の名前を挙げることができないが，ご協力いただいたすべての皆さんに心よりお礼を申し上げる。この感謝を忘れず，今後も中国と日本の文化交流に貢献できるように，ひいては新疆ウィグル自治区と日本の架け橋になれるように，精一杯がんばっていきたいと思う。本書が，ささやかながらそうした架け橋の一端になれば幸いである。

夏扎提古丽 沙吾提（シャザディグリ シャウティ）

目　次

第Ⅰ章　問題の所在と研究の目的 …………………………………… 11
1. 高齢者のテレビ視聴行動研究　11／2. テレビ視聴行動とライフスタイル　12／3. サクセスフル・エイジングとサードエイジャー　14／4. 本研究の目的　19

第Ⅱ章　高齢者のテレビ視聴行動研究　―受け手研究を中心に― ……… 24

第1節　受け手をめぐる諸理論　24
1. 弾丸理論　27／2. 効果研究　29／3. 影響研究　32／4. 利用と満足研究　36／5. 内容分析　39／6. 受容研究　42／7. カルチュラル・スタディーズ　43／8. 個人差論　46／9. 社会分化論　48／10. 社会関係論　49／11. 社会的（関係）資本論　50／12. 文化規範論　53／13. 培養分析　55／14. 情報処理理論　56／15. ライフスタイル研究　58／16. これまでの受け手研究からの知見　62／17. 今後の受け手研究における留意点と課題　64

第2節　受け手の類型　65
1. 受け手の二重性　67／2. 集団または大衆としての受け手　68／3.「満足族」としての受け手　71／4. メディアの受け手　72／5. メディア通路と内容によって画定される受け手　73／6. 大衆受け手の解消：新類型の出現　75／7. 受け手～送り手関係の多様なモデル　77／8. 生活者としての受け手　79／9. 受け手行為の捉え方について　82

第3節　日本における高齢者のテレビ視聴行動研究とその知見　84
1. 時野谷浩の「利用と満足」研究　84／2. 香取淳子の調査研究　85／3. 高齢者のテレビ視聴行動に関する社会老年学的研究　―小田利勝の研究事例―　88／4. 日本における先行研究からの知見　90

第4節　中国における高齢者のテレビ視聴行動に関する研究
　　　　―夏扎提古丽・沙吾提の研究―　91

1. 研究の目的　91／2. 調査の方法　93／3. アンケート調査の項目　95／4. インタビュー調査の項目　96／5. 調査結果（Ⅰ）―新疆ウィグル自治区における高齢者のテレビ視聴行動　97／6. 調査結果（Ⅱ）―新疆ウィグル自治区におけるウィグル族のテレビ視聴行動　103／7. 考　察　112

第Ⅲ章　ライフスタイルの概念と測定をめぐる課題 …………… 114

第1節　ライフスタイルの概念　114
はじめに　114／1. 社会学におけるライフスタイルの概念　115／2. 心理学におけるライフスタイルの概念　131／3. マーケティング領域におけるライフスタイルの概念　144／4.「生活様式」から「ライフスタイル」への変化　148

第2節　ライフスタイルの測定尺度　153
1. AIO アプローチ　153／2. LOV アプローチ　158／3. RVS アプローチ　161／4. VALS アプローチ　164／5. VALS2 アプローチ　169／6. JAPAN-VALS™ アプローチ　171／7. i-VALS アプローチ　173／8. ODS-LifeStyle Indicator アプローチ　175／9. CHINA-VALS アプローチ　176／10. ソーシャル・トレンドアプローチ　180／11.「ポスト構造主義」理論におけるライフスタイル研究　181／12. ライフスタイル類型システム　183／13. グローバル・モザイク　184／14. RISC のアプローチ　188／15. これまでのライフスタイル尺度からの知見　193／16. 今後のライフスタイル研究における測定上の留意点と課題　195

第3節　高齢者ライフスタイルの測定上の留意点と課題　199
1. 高齢者のライフスタイルに関する調査研究の現状　199／2. 高齢者のライフスタイルに関する先行研究からの知見　210／3. 高齢者ライフスタイルの測定上の留意点と課題　213

第4節　高齢者のライフスタイルの概念と測定指標をめぐる課題　216
1. ライフスタイルの操作的概念をめぐる課題　217／2. ライフスタイル測定尺度をめぐる課題　221

第Ⅳ章　本研究の枠組み ……………………………………………… 228

第1節　本研究におけるライフスタイルの定義と測定指標　228
第2節　ライフスタイルの形成に影響する要因に関する検討　234
第3節　ライフスタイルからみた高齢者のメディア接触行動の
分析モデル　242

1. 高齢者のライフスタイルとメディア接触行動の分析モデル　242／2. 本研究におけるライフスタイル形成に影響する要因　244／3. 本研究におけるメディア接触行動とテレビ視聴行動　245

第Ⅴ章　調査計画と調査概要 ………………………………………… 247

第1節　調査計画と調査の実施過程　247
  1.調査課題　247／2.調査の実施過程　247
第2節　調査項目と質問内容　255

第Ⅵ章　ライフスタイルを構成する変数に関する尺度の作成 …… 258
  1.本章の目的　258／2.調査データ　259／3.調査項目　259／4.分析方法　260
第1節　生活態度変数（社会観）に関する尺度の作成　260
  1.因子分析による生活態度測定項目の類型　261／2.生活態度測定尺度の信頼性　263
第2節　生活行動変数に関する尺度の作成　267
  1.生活行動の類型化　267／2.生活行動を構成する尺度の信頼性　273

第Ⅶ章　ライフスタイル尺度の作成と回答者のライフスタイル・セグメント ……………………………………………………………… 280
第1節　ライフスタイル尺度の作成　280
第2節　ライフスタイル・セグメントからみたデモグラフィックの差異　284
  1.ライフスタイル・セグメント間における男女差　284／2.ライフスタイル・セグメント間における民族差　286／3.ライフスタイル・セグメント間における地域差（都市部と農村部）　287／4.ライフスタイル・セグメント間における職業差　288／5.ライフスタイル・セグメント間における学歴差　290
第3節　分散分析によるライフスタイル・セグメント間のデモグラフィック差異　293
  1.ライフスタイル・セグメント間における「年齢」の差異　296／2.ライフスタイル・セグメント間における「通学年数」の差異　297／3.ライフスタイル・セグメント間における「年間所得」の差異　299／4.ライフスタイル・セグメント間における「1ヶ月生活費」の差異　301

第Ⅷ章　テレビ番組選好を構成する変数の測定尺度の作成 ……… 304
  1.因子分析によるテレビ番組の類型　305／2.テレビ番組の選好を測定する尺度に関する検討　307

第Ⅸ章　ライフスタイル・セグメント別に見た
テレビ視聴行動 ………………………………………… 310

　第1節　ライフスタイル・セグメント別に見たテレビ視聴時間　310
　第2節　ライフスタイル・セグメント別に見たテレビ番組選好　312
　　1.ライフスタイル・セグメント別に見た「教養・啓発番組」選好　315／2.ライフスタイル・セグメント別に見た「ニュース番組」選好　317／3.ライフスタイル・セグメント別に見た「音楽番組」選好　319／4.ライフスタイル・セグメント別に見た「報道解説・特集番組」選好　321／5.ライフスタイル・セグメント別に見た「娯楽番組」選好　322／6.ライフスタイル・セグメント別に見た「ドラマ・映画番組」選好　324／7.ライフスタイル・セグメント別に見た「学習番組」選好　326

第Ⅹ章　テレビ視聴行動を規定する要因 ………………………… 330

　第1節　サード・エイジャーのテレビ視聴時間を規定する要因　331
　第2節　テレビ番組選好を規定する要因　334
　　1.「教養・啓発番組」選好を規定する要因　337／2.「ニュース番組」選好を規定する要因　338／3.「音楽番組」選好を規定する要因　338／4.「報道解説・特集番組」選好を規定する要因　339／5.「娯楽番組」選好を規定する要因　340／6.「ドラマ・映画番組」選好を規定する要因　340／7.「学習番組」選好を規定する要因　341／8.要約と結論　342

第Ⅺ章　結論と考察 ……………………………………………… 345

　　1.ライフスタイル間におけるテレビ視聴行動の差異に関する知見　348／2.ライフスタイルのテレビ視聴行動への影響に関する知見　350

　参考文献　356

　索　　引　377

第 I 章
問題の所在と研究の目的

1　高齢者のテレビ視聴行動研究

　王琪延（ワンチヤン）は，1987年に北京市で，さらに1997年には北京市社会科学院と協力して，全国40の都市部で生活時間調査を行なっている。その調査結果では，① テレビ視聴時間の長さは年齢が上がるにつれて増大していること，② 中国の都市部高齢者の自由時間における主な活動はテレビ視聴行動であること，また③ 高齢者たちの一日のテレビ視聴時間は4時間くらいで，テレビ視聴行動の時間以外は，ラジオ，新聞等のマス・メディア接触時間もかなり多いこと，などが明らかにされている（王琪延（ワンチヤン）：1999）。

　その後，马惠娣（マヘリティ）たちも，2001年に北京，上海，天津，ハルビン，四川省乐山，雲南省大理や丽江などの都市部で，生活時間調査を行なっている。その調査結果では，① 自由時間が全体として増大しているなかで，特に高齢者の自由時間が一番多いこと，② その全体としての自由時間のなかでもテレビ視聴時間が一番長いこと，さらに③ テレビ視聴時間は高齢者の場合が一番長いこと，などが明らかにされている（马惠娣（マヘリティ）：2004）。

　しかし，今日なお中国では高齢者のテレビ視聴行動に関しての研究は理論面でも実証面でもまだ十分に深められておらず，中国における高齢者のテレビ視聴行動には未解明の部分が多い。

　日本でも中国でも，高齢者が自由時間に行う行動の中ではメディア接触行動が最も多く，その中心はテレビ視聴行動であることが指摘されている（香取，

2000；小田，2004；夏扎提古丽，2006a など）。新疆ウィグル自治区の高齢者を対象として行った調査研究では（夏扎提古丽，2006a；2006b；2007a；2007b；2007c；2007d；2008；2009a；2009b；2010a；2010b；2011），性や年齢，地域，民族，自由時間，家計，学歴，生活志向，社会関係等によるテレビ視聴行動の相違の解明を試みたが，残された課題も多い。とくに，高齢者の日常生活や態度・意識とテレビ視聴行動の関係について十分に分析することができなかった。この課題は，今後の高齢化社会における高齢者の生活福祉やサクセスフル・エイジングにテレビが果たす役割を考える上でも重要な課題になると考える。

2 　テレビ視聴行動とライフスタイル

　1953年2月1日，日本最初のテレビ局——NHK東京テレビジョン局が開局した。その「開始記念式典」冒頭，NHK会長古垣鉄郎は「NHK東京テレビジョン開局に当たって」と題して，次のように述べた。

　「本日，日本文化史上に画期的な一ページを開きます。……その影響するところは，単なる一部階層の慰安や娯楽の部面にとどまらずして，国民生活全体の上に革命的とも申すべき大きな動きをもつものであります。テレビの性能の中には，国民の生活様式を一変させる程度の大きな力を持っております」。テレビの登場は，国民生活全体の上に革命的ともいえる大きな作用を演ずる，と古垣が述べていた点に注目したい（藤竹，1985）。

　最近では，テレビ離れがよく話題となるが，時間量という点から考えると，テレビ離れがまだ確証しえない，むしろ日常化している。例として，中国のデータを取り上げる。中国の中央テレビ局が行った調査研究によると，1997年の中国のテレビ人口の普及率は86.2％で，中央テレビ局の視聴率が，第一チャンネルは83.7％，第二チャンネルは55.20％，その他のチャンネルは20％前後である。また，新聞，ラジオ，テレビという3種類の主要メディアの中で，人々がもっとも頻繁に接触し，時間がもっとも多いのはテレビであり，人々に与える影響がもっとも大きいのもテレビであることが明らかにされている

（CCTV ホームページ）。しかも，1997年6月末まで，中国のテレビ視聴者の数は10.94億人に達しており，これは世界最大規模の視聴者集団であるとされている。

以上の数量的な事実は，人々のテレビ視聴の日常化を示している。かつて，テレビ導入期に，日本のある研究者はテレビを水道にたとえた。水道の蛇口をひねると水が出るように，テレビはスイッチひとつで外界の情報を家庭に届けるからである。テレビはこの点において水道にたとえられるばかりではなく，日常化という点でも水道や電気にたとえることができると思われる。人々は日常生活において，水道や電気の存在をことさら意識することがあるであろうか。朝，水道の蛇口をひねったら水が出たこと，あるいは夜半に目を覚まし，電灯をつけたら明るくなったことに新鮮な驚きを感じ，それを日記に書くことはないだろう。

もし，水道や電気のことを日記に書くとしたら，それは特別な場合に限るだろう。例えば，断水とか停電のように。テレビに関しても同様である。ことさらに意識の上にはのぼらない，しかし，何となくテレビを見て生活しているのが現代である（藤竹，1985）。

更に，次の点を指摘したい。それは，テレビが人々のライフスタイルとなったことを示している。テレビでさまざまな都市や町が登場したり，あるいは各層の（言い換えると様々な）人々が登場する番組がある。例えば，「公民与法」，「今日说法」，「国际空间站」，「世界与自然」「munbat toprak」，「中华民族」，「今日访谈」，「konglumdiki sozlar」，「身边事」等等。これらの番組には，様々な階層の人々が登場する。また，「社会全接触」，「社会窗口」では，いろんな都市や町が写し出される。さまざまなだけではない。ひろいあげていけばかなりの数にのぼるであろう。これらの番組を見ると，テレビは毎日，その番組の中で，典型的な都市的生活様式を絶えず描き続けていることがわかる。

また，テレビが日常化した時代においては，テレビを見ることを，人々は特に意識しなくなった点に留意したい。確かに現代人はテレビをなんとなく見ることが多くなった。居間から出てきた人をとらえて，今あなたはどんな番組を見ていましたかと尋ねたら，即座には答えられない人が相当数いるのではない

か。では，何も見ていなかったのかというと，決してそうではない。なぜならば，人々はテレビを媒介にして，共通のコードを確認し合っているからである（Baran, 2003）。人々はテレビでの出場者を見ながら，自分と大して変わらない人々が，特筆大書するほどの特異性を示さず，自分よりも少し変わっているに過ぎないから，そしてたくさんの共通のコードを共有しているから，共感と親近感を寄せることができ，また安心して，なんとなく見ることができるのであろう。例えば，いわゆる視聴者参加番組で，人々は出場者と自分との間に，それほど大きな距離が存在しないこと，すなわち共通のコードでつながれていることを，確認している（藤竹，1985）。

つまり，人々にとっては，第一に，テレビを見るという行為が日常化し，テレビのある生活がライフスタイルとなっている。第二に，人々はテレビを見る行為を通して，自分たちのライフスタイルを確認している。テレビの世界が描いているライフスタイルが，ほかならぬ自分のライフスタイルであることを，確かめている。この構造があるからこそ，歌手のしぐさを真似ることも，また自然に，そして日常生活の雰囲気の中で当然のこととして，できるのであろう。第三に，さらに，人々は，こうして受け取ったライフスタイルが，自分だけのものではなく，同じほかの人々にとっても，ライフスタイルとなっていることを，テレビを通して実感している。ライフスタイルに関するコードの共有性についての実感である（藤竹，1985）。

現代社会にとって，テレビ視聴はライフスタイルの一部なのである。テレビは全社会的規模において，同じ理解水準と感覚水準で，お互いの生活を了解することのできる地盤を用意してくれているのである。テレビが現代社会を跳躍台にして，現代的生活の仕方という「均一的な」ライフスタイル，言い換えると都市的なライフスタイルの普及にローラーをかけたと言ってもよいであろう。

3　サクセスフル・エイジングとサード・エイジャー

　サクセスフル・エイジングは，老年学あるいは高齢化研究と称される領域の

中で極めて早くに登場した用語であり,最も古くから一貫して研究されてきたテーマである(小田,2004)。サクセスフル・エイジングという概念を提唱したのは Havigurst (1961) であるが,Rowe and Kahn の"Human Aging: Usual and successful"と題する論文(Rowe and Kahn, 1987)が New York Times に紹介されたことと,啓蒙書として出版されたことがきっかけで,サクセスフル・エイジングに関する概念が一般にも広まるようになった。

彼らによると,サクセスフル・エイジングというのは,病気がないというだけではなく,また,諸機能が維持されているというだけではなく,それらが,日常生活に積極的に関与していて活動的な人生を送っていることと結びついていなければならないというのである。そして,長期縦断的研究の結果に基づいて,高齢者における病気や障害は,生体の加齢過程に伴う変化に起因するだけではなく,外的要因の影響が大きく,年齢が上がるにつれて遺伝的要因の影響力は相対的に低下し,変わって非遺伝的要因の影響力が相対的に上昇するから,個人および環境から外的危険因子を除去することができれば諸機能の喪失を最小限に食い止めることができ,活動的な高齢期の生活を送ることができる(Rowe and Kahn, 1987; 1997; 1998)。

Havigurst (1961) がサクセスフル・エイジング研究の意義を唱えてから40年が過ぎた(小田,2004)。その間に中国も日本も大きく変わった。高齢化が一層進み,高齢者・高齢化問題は,量的にも質的にも当初とは比較にならないほど深刻化している。そして,社会のすべての集団の物質的,非物質的ニーズに十分に応えることができるということを前提にできるほど社会は豊かではなくなってきている。とくに中国では,ひとりっ子政策による急速な少子化が高齢化に拍車をかけており,長期的な経済低迷や年金問題をはじめとして高齢者問題は一層深刻化している。社会全体の条件が著しく悪化していることによって,サクセスフル・エイジングの社会的意義を変えつつある。

この点に関して,小田(2004)が次のように述べている「高齢化問題が深刻化している今日では,サクセスフル・エイジングは,個人の側だけではなく,社会の側の関心と要請に関わる課題にもなった。その関心と要請とは何かとい

えば，俗な表現を使えば，高齢者が社会の負担にならないように命尽きるまで自立した生活を送り，社会に有用な存在であり続けてもらいたい，ということである。こうした社会的要請は，個人の側の関心と要請に関わるサクセスフル・エイジングと大きな違いはないが，異なるところは，社会的要請としてのサクセスフル・エイジングにいかに応えるかが個人の側の課題になったということである」。

　他方，サクセスフル・エイジングの問題は，成人一般に期待される職業的役割を果たし終えた後の退職後の生活をいかに過ごすかが課題とされてきた。高齢期の社会的適応に関する代表的な理論（学説）とされる離脱理論や活動理論もそのことが前提になっており，高齢期の生きがいをめぐる論議もそうである。しかし，高齢化が急速に進んでいる今日，高齢期の始را，あるいは成人期の終期を先延ばしして，高齢者の役割としてではなく，成人としての役割をいかに長期にわたって遂行するかが課題とされるようになってきている。俗な表現を使えば，老いることが許されなくなったということであり，老いが役割免除の理由にならなくなってきたともいえる。サード・エイジそしてサード・エイジャーというアイディアは，少子高齢社会において個人の側と社会の側の双方から生まれるべくして生まれたということができよう。その意味では，サード・エイジをめぐる課題が，今日およびこれからの少子高齢社会の焦点を形成することになるといえる。

　ここでいうサード・エイジとは，高齢期を心理社会的発達の最終段階としてではなく，生涯発達論的観点から人生を4区分したときの達成・充実・完成の期間であるサード・エイジの一時期としてとらえる考え方がある（小田, 2001；2004）。サード・エイジャーとは，その期間にある人々を指す。サード・エイジの概念は暦年齢を基準としたものではないが，便宜的に40代あるいは50代以降を指すなど，いわば中高年の代名詞として使われることも多い。他方，サード・エイジャーという考え方は，就業・退職形態が多様化するに連れて退職と年齢の関連が不明確になり，退職者や退職後の生活といった場合，それが指示する内容が一意的なものではなくなった中で登場してきた概念であ

り，現代における高齢者の存在は一様ではなく，多種多様な存在であることを意味する概念でもある。したがって，小田（2004）が指摘しているように，現在，そしておそらくは将来も，高齢化問題の焦点を形成するのは，このサード・エイジャーであることは疑いがない（小田，2001）。

　The Third Age という言葉は，フランス語系あるいはスペイン語系の語句 *Troisième Age* の英語表現である（Laslet, 1996）。Laslet（1996）は，誕生から死までの人間の一生（life course）を，「依存・社会化・未熟・教育の時代」であるファースト・エイジ（the first age），「成熟・自立・生殖・稼ぎと貯蓄・家族と社会への責任の時代」であるセカンド・エイジ（the second age），「達成（personal achievement/fulfilment）の時代」であるサード・エイジ（the third age），「依存・老衰・死の時代」であるフォース・エイジ（the fourth age）の4段階に区切った。しかし，それは，さまざまな心理社会的発達段階の区分や幼年・生産年齢・老年あるいは前期高齢者（young old）・後期高齢者（old old）・晩期高齢者（oldest old）といった人口の年齢階層区分とも異なる。ラスレットは，このことを繰り返し強調している。このことが彼のライフコース4段階区分説を心理社会的な発達段階論や年齢階層区分と異なる独自のものにしているわけであるが，それが，また，彼の4段階区分説をわかりにくくさせているのかもしれない。彼は，既に記したように，サード・エイジを人生の最盛期／達成・完成期と位置づける。ファースト・エイジやセカンド・エイジは，その準備段階の時期といえる。ところが，人生の最盛期は，そして，その始期と終期は個人によって異なる。それがいつかという判断は，本人の主観に委ねられることさえあろう。その個人の人生の目標や生き方，そして身体的活動能力や健康度によって異なるからである。要するに，誰でもが同じような人生の4段階を経るわけではなく，その期間や時期も異なるということである。フォース・エイジがごく短期間あるいは全くないままにサード・エイジで人生を終える場合もあれば，サード・エイジをセカンド・エイジと同時に，あるいはファースト・エイジと同時に生きることもできる。Laslet（1996）は，サード・エイジをセカンド・エイジと同時に生きる例として優れた芸術家のライフコースをあげ，運動

選手はファースト・エイジの期間に既に「達成の時代」であるサード・エイジを生きていることになるという（小田，2004）。

　サード・エイジにおいては，人々は，セカンド・エイジにおける働いて収入を得ることや貯蓄すること，独立心や責任感を醸成して人間的成熟をめざす，といったことに対する社会的強制力は弱まる。それらは，このサード・エイジにおいては既に達成されていなければならないからであり，サード・エイジが人生の頂点とか完成の時期とされるのもそのためである。社会的強制力が弱まるということは，行動や思考，生活の様式がより自己管理的になるということである。目標設定およびそれを実現する手段や方法，時期の選択についても，より一層主体的になり（ならざるをえなくなり），動員できる個人的諸資源が種々の活動の量や質，そして生活様式を左右するようになる。その結果，このサード・エイジにおいては，それ以前の時期に比べて各個人の生活様式の違いが顕著になる（2001）。

　他方，個人的資源の多寡や水準の相違は，それ以前の時期において既に所有していたか（与えられていたか），あるいは獲得したか否かによるところが大きいといえるが，それ以上に重要なことは，サード・エイジにおいてそれらを効果的に活用できるか否か，そして，それらを更に洗練できるかどうかということであり，また，新たに獲得できるかどうかということである。したがって，自ら設定した目標の実現や種々の生活課題を処理する上で必要な個人的資源を洗練し，開発することが，サクセスフル・エイジングへ向けたサード・エイジの大きな課題とされるのである。そして，そのことは，個人のサクセスフル・エイジングにとどまらず，社会のサクセスフル・エイジングにとっても重要な課題となるのである。

　したがって，今後の高齢化社会における高齢者福祉やサクセスフル・エイジングの問題を考える上で，サード・エイジャーに焦点を当てて展開させることの利点が多いと考える。しかも，これまでに中国で行われた老年学領域における調査研究では，サクセスフル・エイジングというアイディアを取り入れた研究が見られない。また，サード・エイジャーという概念を取り入れた研究も見

られない。したがって，今後高齢化が急速に進んでいくことが予測されている新疆ウィグル自治区おいて，サクセスフル・エイジングの視点から，サード・エイジャーに焦点を当てて研究することが重要であると思われる。サクセスフル・エイジングやサード・エイジおよびサード・エイジャーをめぐる課題は多様であるが，中高年層の生活が多様化している今日，現在およびこれからの高齢者／高齢化問題を究明していく上で，高齢者層に限定することなく，サード・エイジャーを対象とすることが老年学研究にとっても意義あることであると考える。そこで，本研究では，そういったことを考慮に入れ，サード・エイジャーを対象に研究を試みたいと考えている。

4　本研究の目的

　最近の受け手研究を見ると，メディア接触に関する研究の多くが，メディア使用とライフスタイルに焦点を当てて行われている（Becker and Conner, 1981; Eastman, 1979; Hornik and Schilinger, 1981）ことがわかる。彼らは異なったライフスタイルの形成がさまざまなメディア使用へ，どのように導くかを検証した。

　マス・コミュニケーション領域におけるライフスタイル研究の新しい方向はニューメディア技術の採用と使用に焦点をおいている（例えば，MacEvoy, 1997; Wan, 2003; Ran, 2006 など）。例えば，MacEvoy（1997）は，生活へのアプローチで新しい，インフォーマティブな，刺激的な，社交的な，ファッショナブルな，そして挑戦的なものを強調するリーダたちが，新しいメディアのヘビーユーザーであることを見出した。

　また，McQuail（1997）によると，「大衆としての受け手は受動的である。なぜなら，彼らは集団的活動を遂行できないからだ。しかし，いかなる本当の意味での社会集団も一つの共通の目標を能動的・意識的に選択し，そのために努力する仕方を持っている」。また McQuail は「彼らのメディア選択，メディアにたいする注目と反応は，多かれ少なかれ一定の能動性を持っている」（McQuail, 2002）と述べている。受け手を，単に能動的な「集団」と受動的な

「大衆」の二者択一で十分把握できないだろう。そこで，ライフスタイルの分析を導入すると，「受け手⇔送り手」，「受動的⇔能動的」とした対立を克服できるのではないかと考える。

ライフスタイルで分類された人間は，ばらばらになった大衆でなければ，ある共通の利益と目的のもとで結ばれた社会集団でもない。人々は，受け手としての個人でありながら，必要に応じて送り手にもなり，さらにさまざまな社会的ネットワークを通じて連携する可能性もある。

他方，Novak（1990）は，VALSとLOVが消費関連の行動に関して，七つの伝統的な変数（性・教育・結婚状況・民族・収入・保守性）のみの説明力と比較した場合，ライフスタイル変数を追加投入することで説明率が有意に向上するケースがVALSでは24項目，LOVでは16項目であったとしている（Novak, 1990）。

また，堀内（1975）はライフスタイル・セグメンテーションの説明力について，電通の調査報告書を紹介している。この報告書では，ライフスタイル・セグメンテーションと年齢・所得水準・職業などの従来からのデモグラフィック要因の有効性を比較したところから，全体的にはライフスタイル・セグメンテーションの方が従来からある変数より説明力が高い場合が多いことなどが指摘されている。

これらの研究結果から言えば，ライフスタイルの説明力が高いことになる。したがって，これまでのライフスタイルの概念と測定尺度を改善することによって，より多くのことを説明することができるようになるのではないかと考えられる。

そこで，本研究ではライフスタイルの観点から高齢者のテレビ視聴行動，特に番組選好の構造を明らかにすることを目的として研究を展開させる。中国新疆ウィグル自治区サード・エイジャーのマス・メディア接触行動，特にテレビ視聴とライフスタイルに焦点を当てて，ライフスタイル間におけるテレビ視聴の差異を明らかにすることを目指している。中心的な関心は次のとおりである。すなわち，「テレビ視聴（番組選好）がライフスタイルによってどのよう

に異なっているのか，そして，異なったライフスタイルが彼らのテレビ利用または番組選好にどのような影響を与えているのか」ということである。

　これまで自分が試みてきた研究からは，中国新疆ウィグル自治区における高齢者のメディア接触行動，特にテレビ視聴行動とライフスタイルに関して次のようなことが考えられる。

① 高齢者のテレビ時間がライフスタイルによって異なっている。
② 番組選好や内容選好もライフスタイルによって異なっている。
③ メディア接触行動，とくにテレビ視聴行動がライフスタイルの形成に影響している。
④ テレビによって都市的ライフスタイルが普及している。
⑤ 近代化率が高い都市部の高齢者のライフスタイルが近代化率の低い都市部の高齢者のライフスタイルより多様化しており，都市部の高齢者のライフスタイルが農村部の高齢者より多様化している。
⑥ 都市部の高齢者の場合，近代化が進み人間関係が薄くなってきており，近所の交流も少なく，子供との同居率も低いということで，孤立的なライフスタイルが形成されている。
⑦ 農村部の場合，人が多くて，土地が少ない，労働力が十分で，高齢者が参加する必要がなく，他のやることもないということで，有閑的なライフスタイルが形成されている。
⑧ 農閑期で，他に何もしないで，意義があるどんな活動にも参加しないぼんやりしたライフスタイルが形成されている。他方，都市部では学習したり，ボランティア活動にも参加するといったように，さまざまな活動を行う忙しいライフスタイルが形成されている。
⑨ 農村の高齢者のライフスタイル構造にはっきりとした季節的変化が現れる。農業生産の季節性があるため，農業または農業と関連がある仕事に従事する高齢者のライフスタイルは依然として明確な季節性を持つことになる。他方，都市部の高齢者のライフスタイルでは外出しやすい季節（春，秋，夏）と外出しにくい季節（例えば，冬）による差異がある。

⑩ 以上で取り上げたことと関連するが，農村の場合は，農業の忙しい時期と忙しくない時の生活行動の差があるけれども，平日と土日の差がほとんどない。
⑪ 性別，学歴，収入などによって農民高齢者の参加する活動や生活態度が異なり，これらの違いがライフスタイルの違いをもたらす。
⑫ 高齢者が生活行動を誰と一緒にするかによって生活行動として現れるライフスタイルも違ってくる。
⑬ 農村部高齢者の中では，親族や友人の訪問，近所や他人の家にお話・遊びに行く，庭でお話しをする，友達と家あるいは外で一緒に集まって何かをする等が好きな高齢者が多く，社会関係の量と頻度が多いのが特徴であり，社交型ライフスタイルが形成されている。
⑭ 新疆の人々が歌を歌ったり，踊ったりするのが好きで，高齢者の場合もmaxrap（歌ったり，踊ったりするのが中心のパーティ）や娯楽活動に参加することが多く，娯楽型ライフスタイルが形成されている。
⑮ 都市部の高齢者の中では，何かを勉強をしたり，自己向上を求めるような活動をする高齢者が多く，学習型ライフスタイルが形成されている。
⑯ 高齢者の家族構成によって生活行動として現れるライフスタイルも違ってくる。
⑰ 高齢者の個人的収入または家庭の収入の多少によってライフスタイルが異なる。

　以上取り上げたこれらの命題を経験的に検証したものはない。現在の研究は，新疆ウィグル自治区サード・エイジャーのライフスタイルは彼らのメディア接触行動，特にテレビ視聴行動にどう関係しているか。言い換えると，①異なるライフスタイルグループに属している高齢者は，テレビ視聴時間に差異があるのか，②異なるライフスタイルがもたらすテレビ視聴，番組選好に差異が見られるのか，③ライフスタイルがテレビ視聴行動，特に番組選好にどのように影響しているのかなどを調べることによって，それらの命題を検証す

ることができると同時に，高齢者の生活福祉やサクセスフル・エイジングに資する番組提供やメディア政策などに役立つものと考える。

　テレビは情報とコミュニケーションの手段として，高齢者によく利用されている（小田，2004；夏扎提古丽，2006b）。過去20年間の中国の生活水準の上昇は1990年代の階級価値へと戻り（O'Neill, 1997），そしていろいろなクラスターの異なったライフスタイルを出現させた（Cui and Liu, 2001; Leuug and Wei, 1999; Ran, 2006）。中国の13億人の異なったライフスタイルの成長がメディア利用のパターンを形成する上で影響を与える（Ran, 2006）。その意味でも，このように高齢者のライフスタイルとメディア接触についての研究を行うことで，社会的変化におけるマス・メディアの役割に，そして，高齢者の生活のおけるマス・メディアの役割を明らかにすることを通じて，高齢化社会においてマスメディア（特にテレビ）をどのように活用していくべきか，どのような内容や番組が高齢者生活に役立つのか，などの問題に光をあたえることができるだろう。

　ライフスタイルは時代と共に変化するもので，時代を超えた普遍的なものではない。だから，各時代ごとのデータが残っていれば，時代の様子がはっきりわかり，時代ごとの比較もできるようになる。その意味で，普遍的なライフスタイルを説明できる質問票を残すことが非常に大切なことである。

第Ⅱ章
高齢者のテレビ視聴行動研究
―受け手研究を中心に―

第1節　受け手をめぐる諸理論

　受け手理論はその時代におけるメディアの発達状況と受け手のニーズとの関係に影響されるから，時代の進展とともに受け手理論も変化すると考えられる。

　メディアを含む大衆文化に対するもっと厳しい批判は，イデオロギー領域における左派，特に1940年代と1950年代にマルクス主義の伝統を引き受けた「フランクフルト学派」(Frankfurt School) によるものである。フランクフルト学派によると，大衆受け手は一群のまったく寄る辺がない被害者であり，「虚偽意識」(false consciousness) を積極的に推進する資本主義メディアにコントロールされ，搾取されている。これは，彼らがあらゆる階級アイデンティティと団結意識を失ったことを意味している (Hart, 1991; Jay, 1973; Rosenberg and White, 1957)。

　1950年代，Mills (1951 and 1956) はアメリカ社会に対する激烈な批判の中で，独占的メディアと広告産業に直面したときに，普通の民衆に現れた過度な依存性を詳細に描いている。Mills (1951 and 1957) によれば，人々の自己アイデンティティと自己実現に基本的な心理的要求を満たすことにおいては，メディアが人々のそれに対する極度の依存を生み出す機能を持っており，受け手の形成様式は，事実上彼らが自分のために弁解できないことによるものである。Marcuse (Marcuse, 1964) によると，大衆受け手の形成は，コントロールと同質化過程のある構成部分であり，コントロールと同質化がいわゆる「一次元的社

会」(one-dimensional society) を引き起こす要因になる。また，批判理論の見解に従うと，消費者と受け手の必要はある種の「虚偽的ニーズ」(false needs) であり，人為的に刺激された要求である。この種の要求を満たすことは，支配的地位にある資本家階級の利益獲得を促すばかりであろう。

第二次世界大戦直後に現れた世代のメディア批評家たちは，つねにポピュリズム的傾向と民主主義に近い考えを持っていたが，マス・メディアの受け手が複雑で巧みな新たな「意識産業」(consciousness industries) の搾取に抵抗できる能力があるかどうかについては，悲観的な態度を持っていた。その次世代の文化批判学者といえば，主にイギリスのHoggart (1957), Williams (1961), Hall (1977), アメリカのGitlin (1978), Carey (1975 and 1977), Newcomb (1976) とほかの一部の学者が代表である。彼らは主に「大衆」受け手の主流の興味と選好について，あらためて解釈を行った。彼らは「大衆」という概念を放棄し，「民衆文化」(popular culture) と「低俗文化」(low culture) を同列に論じることを拒否する (McGuigan, 1992)。彼らによると，民衆文化とは「高級」文化（ハイ・カルチャー）と異なる一種の文化類型であり，低俗なものではない。そのため，できるだけ民衆文化の地域性と特殊性に基づいて説明を加えたほうが望ましい。

とはいえ，左派による批判の矛先はやはり商業メディアに向かっており，商業メディアの傷つきやすいメディア消費者に対する搾取を非難した。Gitlin (1978) にいわせると，マス・コミュニケーション研究の中で，いわゆる受け手が能動性と抵抗力を再現したという見方は，おおよそひとつのイデオロギー転換であり，その目的はいまだに続いている現実を覆い隠し，独占資本主義メディアに対する批判をそらすところにある。この受け手研究学派，特に「利用と満足」理論が受け手をメディア経験の中で「主導的」(in charge) な立場にいると強調することが，実際受け手の自主性を誇張していると見られ，多くの人の批判を受けている (Elliott, 1974)。

ある刷新的な意味がある理論転換の中で，カナダ人のSmythe (1977) は次のような見方を提示している。すなわち，「受け手は実際スポンサーのために働

いており，余暇時間を利用してテレビを見るまたは新聞を読むが，この労働はメディア機関にある新しい〈商品〉として包装され，スポンサーに売り渡される。同じ受け手はまた余計なお金を使ってメディアで宣伝する商品を買い，再びメディア機関のためにお金を払うことになる。商業テレビ・システム全体と新聞システムは，みんな受け手に対する苦心した搾り上げに頼り，彼らの剰余価値を搾取しながら生き延びていく。この工夫をこらした新しい理論は，真新しい視点から大衆受け手現象に説得力に満ちた解釈を与えた」と述べている (Smythe, 1977)。したがって，論理的には「受け手がメディアを必要とするばかりではなく，マス・メディアも受け手を必要とする。同じ論理から，受け手研究とは一種のコントロールと管理（支配）を強める重要な道具に過ぎないと見ることもできる」という結論を得ることができるだろう。

　90年代に現れた一部の批判理論は，「メディア産業はしばしば生き生きとしたテレビ視聴者を一連の商業情報，いわゆる「視聴率」(ratings) に転化する」と非難している (Ang, 1991)。視聴率は，「スポンサーとテレビ・ネットワークとの間で，受け手商品の売買を行うときに共同して遵守する基本原則」として描かれている。Ang (1991) は，「テレビ視聴は，何百万人もの人々が毎日継続的に行っている文化活動」であるが，「視聴率言説」(ratings discourse) は「こうしたすべての人々の視聴活動を捉え，それらを『テレビ視聴者』という単一の，客体化された，簡略的な概念の中に納めてしまう」と指摘している。これらの見方は，メディア産業の最も重要な特徴，すなわち，受け手は本質的に非人格化された，搾取の対象で，同時に商業マス・メディアは受け手によって養われており，その逆ではないことを明らかにしたのである。

　Ball-Rokeacha と DeFleur (1976) が打ち出したメディア依存理論は，受け手がメディア・システムに服従するのは現代社会のひとつの常態であるという仮説に基づいている。Gerbnerと共同者たち (1990) が提出した文化的指標理論 (cultural indicators theory) でも，テレビというメディアは人々を惑わせるある種の魔力を持つと仮定している。まさに，われわれが見ていくように，受け手については，非常に強い批判的潮流が絶え間なくむくむくと湧き上がっている。

イデオロギー批判，社会的配慮，道徳的説教，文化ペシミズムが交じり合っており，最近では，カルチュラル・スタディーズが受け手をこれらの束縛から解放するためにたゆまない努力をしているが，なんといっても成功したとはいえない（McGuigan, 1992）。

このように，受け手は絶えず論争に満ちた対象であるため，受け手研究の目的はさまざまで，よく転換するのも不思議ではない。しかし，これら全ての研究にはいくつか共通する基本的な特徴がある。このことは，人々は受け手という無形の，変容中の，あるいは見知らぬ社会的存在を「構築する」（construct），「位置づける」（locate），「確認する」（identify）ときに，役に立つのである。ただし，これらの研究で取られている方法，構築された受け手理論，および理論に対する応用のどちらにおいても，かなり大きな相違点が存在する。そのため，受け手としての高齢者のテレビ視聴行動を明らかにすることを目的とする本研究では，これまで行われたさまざまな受け手理論を整理し，それらの共通点と差異を確認することを通じて，本研究（高齢者のテレビ視聴行動に関する研究）にふさわしい研究枠組みは何であるかについて考察することが重要であると考える。したがって，以下においてその詳細を取り上げる。

1　弾丸理論（Bullet Theory）

ピストルの弾丸を撃ち込んだり，注射針で薬を注入したりするように，マス・メディアの効果は，即効性を持ち，その影響力は大きいという考え方から展開された理論で，初期の受け手理論である。この理論においては，「送り手の出したメッセージは基本的には受け手に届くものであり，その伝達が完全ではないとすれば，不完全さの原因はその過程におけるノイズにあると考えられる」とされている。

張慧远（2005）によれば，ラジオ放送が本格的に始まった1920年代以来のマスコミ研究者らが，「マス・メディアの影響は絶大である。なぜならわたしたちはマス・メディアがなければ世界の出来事ばかりでなく身近な地域の出来

事さえ知ることができないからである。裏を返すと，わたしたちはそれほど無力な存在である」と考えていた。マス・メディアの放つメッセージがピストルの弾のように人々の心を直撃するというイメージでマス・メディアの影響を過大にとらえたのである。

　多くの研究者が，このような弾丸理論には明確な社会的背景があったことを指摘している（张慧远, 2005；竹内, 1982；1985）。

① 1933年ドイツでは，ヒトラーのナチスが政権をとり，ラジオ・新聞・映画といった当時のマス・メディアを完全に掌握してしまうことによって，大衆の支持を確立させた。一方，ルーズヴェルトも1930年代に「炉辺談話」としてラジオを政治的に利用し一定の効果を上げていた。

② オーソン・ウェルズが1938年10月30日にCBSラジオのドラマのなかで「火星人がアメリカに侵略し光線であたりを焼き払いながらニューヨークに向かっている」と放送した。これを本当のニュースとまちがえた推定約百万人の人々が神に祈ったり家族を助けに走ったり救急車や警察を呼んだりしてパニックになったという。

③ 第二次大戦中には戦意高揚のためアメリカでもプロパガンダ［政治宣伝］がマス・メディアを駆使してさかんにおこなわれた。なかでも1943年9月21日朝8時から次の日の午前2時まで，戦時国債キャンペーンのため人気女性歌手ケイト・スミスを使ってラジオのマラソン放送がおこなわれた。その結果，たった一日で3900万ドルという並外れた額の戦時国債を売り上げた。

　その後，Katz（1973）とLazarsfeld（1969）らがこの考え方を修正し，このような弾丸理論の基本前提をなす論点が二点あると指摘している。第一に，マス・メディアから流れでるメッセージを受け取る人々は何百万というバラバラな原子としてのマス（大衆）であるという仮定である。第二に，あらゆるメッセージが直接的かつ強力な刺激となって個々の人間に無媒介な反応をひきおこすという仮定である。

　ところが，Klapper（1960）が1940年のアメリカ大統領選挙におけるマス・

メディアの影響について実証的に調査をした結果，強力効果説の基本前提はどうもあやしいという結論になった。すなわち，受け手の人々はバラバラな大衆でもないし，マス・メディアの発するメッセージをそのまま受け入れたりしないという結果が得られたのである（竹内，1982）。こうして素朴な強力効果説はみごとにくつがえされてしまう。

弾丸理論は，マス・コミュニケーションの受け手に関する最初の体系的理論であるが，この理論は一般の人々のメッセージを評価する能力を過小評価している。しかも，Baran（2003）が指摘しているように，メディアの効果が生じる速さと範囲を過大に評価しており，メディア効果を制限する個人的，社会的，文化的要因を無視しているといったような限界がある。

最後に注目する価値があるのは，郭慶光（1999）が指摘した次のようなことである。すなわち，「皮下注射モデルのように，マス・メディアの意見が直接人々へ届くわけではない。マス・メディアの意見は，まず「集団」へ取り込まれる。そこで，opinion leader が介在して情報修正が加えられてから，末端の人々へ届くと考えた研究者らによって，社会分化論説や文化規範論などが生まれたと思われる」ということである。

2　効果研究（effects）——メッセージの「効果」を考察する研究

効果という用語は多義的であるが，人々の態度や行動を一定の方向に動かそうとする意図を持ったコミュニケーションが受け手のなかに引き起こした変化という意味で使われることが多い（竹内，1977）。「宣伝効果」，「広告効果」，「キャンペーン効果」などの用例はすべてそうである。この場合，メッセージに接触する前と後で，受け手の態度なり，行動なりが，メッセージの示唆する方向に（送り手の意図する方向に）どれだけ変化したかということが問題の焦点となる。

戴元光（2003）によれば，メディア研究の発展を三段階に区別することが出来る。

第一段階は，世紀の変わり目から1930年代の後半にわたる。そのころは，メディアは，メディア研究が十分発達しているところでは相当な力を持っており，メディアやその内容をコントロールしうる人々の意思に多かれ少なかれしたがって，意見や信念を形づくり，生活習慣を変え，行動を積極的に造り出しうる，と信じられていた。これらの信念は，第一次世界大戦中に，広告業者たちや政府の宣伝技術者たちによって，共通に持たれ，強められてきた。ヨーロッパでは，2つの大戦にはさまれた数年間における独裁国家によるメディア利用が，すでに信じられる向きのあった信念を，より確かなものにしたようだった。それは，メディアは巨大なほどに強力なものになりうるという信念である。このような信念に沿って，しかもその信念を受け入れるつもりで，調査や実験を用い，社会心理学に大いに依拠しつつ，科学的な実証研究が始められたのである。

　第二段階は，おそらく，1930年代の初めに，アメリカ合衆国で行われたペイン基金による一連の研究によって始められたといってよい。これらの研究は，1960年代の初めまで続けられた。さまざまなタイプの内容，特にキャンペーン状況における映画や他のメディアを積極的な説得や啓蒙活動に用いることができるかどうかということであったり，あるいは，非行，偏見，攻撃行動，性的刺激といった点で有害な影響をもたらすかどうかを，それらを防止するという観点から査定してみることであった。初期の実証研究に関しては，Klapperが1960年に発表した論文（Klapper, 1960）が，今なお強い影響力を持つが，それは「マス・コミュニケーションは，通常，受け手に対する効果の必要にして十分な要因として作用するのではなく，むしろ，媒介的な諸要因の連鎖を通じて機能する」と結論づけることによって，実証研究の段階を封じてしまった。このことは，メディアがあらゆる状況の下で効果が無いことを示すのではなく，それが社会関係の既存の構造や特定の社会的文脈の中で作用するということであった。これらの社会及び文化的な諸要因は，受け手の選択や注意や反応を形成するのに一義的な役割を担っている。特に，広告やプロパガンダによって生計を立てている人々は，このような評価を受け入れることは困難であ

った。しかしながら,「効果はない」という結論が,社会科学者たちによって流布させられたということもほとんどない。むしろ,効果の全過程がすでに書き尽くされたということを疑問に感じた人々や,メディアが実際に重大な社会的効果をもたらしているという可能性を捨てがたく思った人々によって,この結論が再検討された。

　理論と実証研究の第三段階は今も進行中であり,顕在的効果と潜在的効果がなお追求されているが,初期の実証研究の結論を否定することなく,関連していそうな社会過程及びメディア過程についての修正された諸概念に従って追求されている。初期の実証研究は,特定内容への「接触」度と態度や意見や知識についての測定された変化あるいは偏差との相関を求めるようなモデルに,非常に大きく依存していた。それに対して,効果研究の新たな革命は,次のようなものに注目が移ったことによって特徴付けられる。すなわち,長期的変化,態度や情緒よりもむしろ認知,文脈・傾向・動機づけといった媒介諸変数によって演じられる役割,また,意見風土の集合的現象,信念の構造,イデオロギー,文化の型,さらには制度形式といったものへの注目の移行である。

　1950年代から1990年代にかけて,実証的メディア研究はメディア効果の研究にばかり集中していた。DeFleur（1989）は,「マス・メディア研究における学術調査や現代理論の発展を支配してきた熱烈な問いは,単純な表現,すなわち,『何がマス・メディアの効果だったのか』に集約できる。それは,私たちを説得するという観点から見て,私たち個々人にマス・メディアがどのように影響を及ぼしてきたのか,という問いである」と書いている。

　次々と行われた多くの効果研究が①個人差と,②集団の成員であること,あるいはその人間関係という2つの要因の存在を確証し,これらの要因がどのように働くのかに関する検討を行った。DeFleur（1989）は,マス・コミュニケーションの効果に関し,現代の思想を集約する具体的な公式化」を提案し,この一連の研究群をまとめ上げた。そこで,彼が個人差理論と社会分化論,社会関係論を取り上げている。これらの理論について,少し後で述べるが,ここで留意する必要があるのは,これらの理論が説得と態度変容の理論から導かれて

いることである。

3　影響研究―影響（マス・コミュニケーションの「影響」）を考察する研究

陈龙（2001）が述べているように，「影響」という用語もまた多義性をまぬがれないが，ある種のメッセージ内容が受け手の行動様式や意識の上にもたらす結果に言及している場合が多い。送り手がそのメッセージにこめた意図よりは，メッセージ自体の客観的特性に注目が向けられ，そうした客観的特性を持ったメッセージに接触することから予想される受け手の反応のパターンが問題とされるのである（陈龙，2002）。

江下（2000）は「影響」をめぐる議論は，しばしばマス・コミュニケーションの現状に対する批判的姿勢を伴っていることを指摘している。また，彼によれば，「影響」をめぐる議論の背景にある問題意識は，「マス・コミュニケーションは，人々の上に何をもたらしているのか」ということである。

マス・メディアの影響といってもいろいろな現象がある。メディア学者のMcQuail（1983）は，一方に送り手による意図的・非意図的効果という軸を置き，もう一方に短期的・長期的という効果の寿命を軸にして，メディアの影響を四つの象限へと類型化している（図Ⅱ-1）。

江下（2000）は，McQuailが提示したこの図式の中で言及されている影響というものの中で「集合的リアクション」として括られる現象に，パニックや暴動と呼ばれるものがあると述べており，例として，日本で1973年に発生した第一次オイルショック時のトイレットペーパー騒ぎのことをあげている。

風俗的な流行にもメディアの影響を見い出せる。たとえば，コンサートやスポーツの会場などで行われる「ウェーブ（Wave）」は，テレビに映ったアメリカでの状況が，またたくまに広がった例である。昔から細々続いていた「風習」が，メディアに取り上げられたとたん，全国規模の「ファッド」（愚行）となることもある。ストリーキングはその代表例で，もともとはアメリカやフランスの大学に見られた新入生歓迎の儀式に過ぎなかったのである。

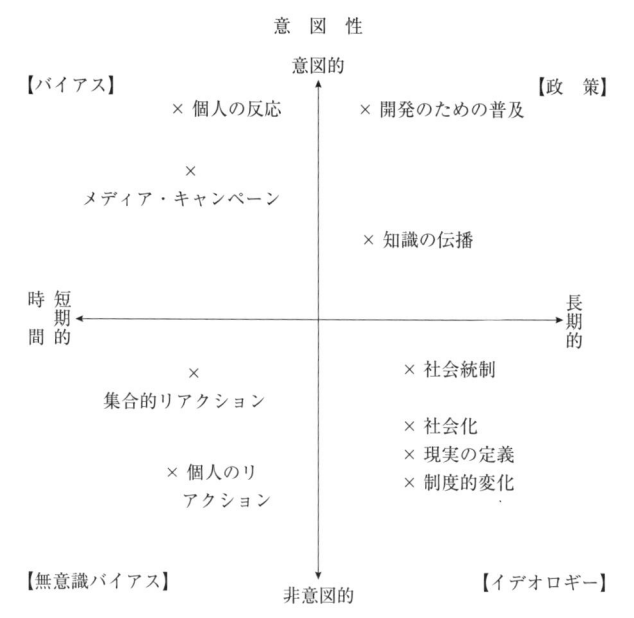

```
                        意 図 性
                        意図的
    【バイアス】            │        【政 策】
       ×個人の反応      │  ×開発のための普及
                        │
            ×           │
       メディア・キャンペーン │
                        │  ×知識の伝播
                        │
   時 短                 │                    長
   間 期 ←───────────────┼───────────────→   期
     的                 │                    的
                        │  ×社会統制
         ×              │
      集合的リアクション      │  ×社会化
                        │  ×現実の定義
        ×個人のリ          │  ×制度的変化
         アクション         │
                        │
   【無意識バイアス】        非意図的    【イデオロギー】
```

図Ⅱ-1　メッセージを受信することからの影響

　佐々木（1996）によれば，メディアの影響に関する研究は，単一事例研究，フィールド研究，実験的フィールド研究，実験室における研究などの方法により実施され，現在までに主として，カタルシス理論，観察学習理論，脱感作理論，カルティベーション理論という4つの理論モデルが提唱されている。

① 単一事例研究

　犯罪者などの事例史を調べる方法。因果関係を明らかにできないため，影響の有無を証明することもできない。

② フィールド研究

　研究対象となる人々をいくつかの集団に無作為に割り当てることなく，その行動を調べる方法。各集団間で見い出された差がいかなる原因によるものなのか特定できない。したがって，因果関係を証明することもできない。

③ 実験的フィールド研究

　研究対象となる人々をいくつかの集団に無作為に割り当て，その行動を調べ

る方法。各集団間で見い出された差がいかなる原因によるものなのか特定しやすい。但し，未知の影響を統制することが困難，という限界がある。

④ 実験室における研究

　研究対象となる人々を比較される条件に無作為に割り当て，条件を制御した実験室でその行動を調べる方法。さまざまな変数を統制できることから，因果関係を特定しやすい。ただし，実験室での結果を現実世界にそのままあてはめるべきではない，という批判がある。普段，特異な事件が起こると，マス・メディアは事件と暴力表現・性表現などを結びつけて報道することがある。この種の報道は①の単一事例研究と同じように，因果関係を明らかにできないため，悪影響の証明にはならないと考えられる。また，犯罪統計を基礎にメディアの発達と犯罪の増減を議論する方法は，②のフィールド研究と同じように，犯罪の増減がいかなる原因によるものなのか特定できないという欠点がある。したがって，この種の議論は悪影響の証明にも否定にもつながらないと考えられる。

　次に影響研究に関する主な理論を見ると，以下のようなものがある（張慧元，2005）。

(1) カタルシス理論

　メディアに接することで，それらが"はけ口"となり，攻撃衝動などが減少するという理論。支持する証拠が少なく，研究者の間では評価されていない。

(2) 観察学習理論

　メディアに接することで，そこに描かれた行為を学習し，状況によっては学習した行為を実行するという理論。支持する証拠は多いが，悪いモデルから悪い影響を受けるだけでなく，良いモデルから良い影響を受ける傾向もあるとされている。但し，どういう状況で学習されやすく，またどういう状況で学習内容が行動化されるのかはよく分かっていない。

(3) 脱感作理論

　リラックスした状態でメディアに接することにより，そこに描かれた内容と弛緩状態が条件づけられ，描かれた内容への抵抗感が弱まるという理論。支持する証拠は多く，神経症患者の治療にも応用され，効果を発揮しているとい

う。暴力表現などとの関連では，脱感作を起こしやすい内容や効果の及ぶ期間などが今後の研究課題とされている。

(4) カルティベーション理論

　メディアに接することで，メディアに描かれた世界と現実の世界を混同するという理論。暴力表現などとの関連では，現実世界には実際よりも暴力があふれているという認識が深まり，社会に対する不安が増大するとされている。支持する証拠が少なく，研究者の間ではあまり評価されていない。

　最近の影響研究の主な事例としては，以下のようなものを取り上げることができる。

① 「健康サービス利用におけるマス・メディアの影響」（Grilli ら，1999）に関する研究
② 「メディア接触が脳死臓器移植への態度に及ぼす影響に関する研究：ドナーカード保持行動及びリスク・イメージ」（和田ら，2003）に関する研究
③ 「子どもとインターネット」に関する調査研究－米国を中心に－」（文部科学省，2002）
④ 「メディアの違いがニュース記事の記憶に及ぼす影響－新聞とネットニュースの比較」（中島ら，2011）
⑤ マス・メディアが及ぼすステレオタイプ化への影響―外国人に対するネガティブイメージへのはたらきの検討―」（金田宗久ら，2006）
⑥ 「メディア使用が情報化社会レディネスに及ぼす影響―中学生と高校生に対する2波パネル研究―」（橿淵ら，1999）
⑦ 「インターネット利用が人生満足感と社会的効力感に及ぼす影響」（安藤ら，2004）に関する研究
⑧ 「インターネット使用が中学生の孤独感・ソーシャルサポートに与える影響」（安藤ら，2005）に関する研究

4 利用と満足研究（Uses and Gratifications）

「効果」や「影響」とは異なって，「利用と満足」という言葉はむしろ見馴れない用語といえるが，例えば，テレビのアクション・ドラマを見て気分が爽快になったとか，ホーム・ドラマの中の嫁と姑のやりとりの場面が，実生活での問題の解決にとって示唆的であったという結果を指している（郭慶光，1999）。より一般的に定義づけるとすれば，マス・コミュニケーション内容との接触を通じて受け手が経験した心理的・行動的な効用ということが出来る。受け手の反応を考えるにあたって，「効果」の概念が送り手の意図を出発点とし，「影響」の概念がメッセージ内容の特性を基準としたのに対して，「利用と満足」という概念は，生活者としての受け手の欲求を光源として反応を照射しようとするものである。

また，李彬（2003）が指摘しているように，「効果」，「影響」に関する議論では，受け手の選択作用は媒介変数として扱われているのに対して，「利用と満足」研究が論じられる場合には，受け手の要求は反応過程における独立変数として扱われる。すなわち，どのような要求のパターンを持った人間が，マス・コミュニケーションのどのようなメッセージから，どのようなパターンの満足と効用を引き出しているか，が問われるのである。その問題意識を一言でいえば，「人々はマス・コミュニケーションをどのように扱い，それによって何を得ているのか」ということである。

竹内（1976）によれば，「利用と満足」の実態に関する注目とその最初の研究は，1940年に刊行された『ラジオと印刷物』という本の中で最初に公表された。この本は，当時全米の8割以上の世帯に普及したラジオの社会的影響を，印刷媒体との比較を通して解明しようと試みた一連の調査研究の報告書である。それらの主な結果は以下のとおりである（竹内，1976；陈龙，2001）。

① 娯楽番組の聴衆行動を細かく分析することによって，シリアスな番組に劣らない啓蒙的な機能が発見されるかもしれないということ
② 自分の知識程度についての自己満足，出場回答者への同一視による自己の

拡張，知識が増えることへの満足感，クイズ番組を話題にすることで得られる日常生活上の効用などの「利用と満足」の実態
③「娯楽」「消費的」といったレッテルで一括されてしまいやすい番組の中にも教育的機能の萌芽が存在すること
④ 番組制作者の意図や内容自体からは一見予想されないような，思いがけない利用や満足が受け手一人ひとりの生活行動や人間関係の文脈の中でしかも彼ら自身のイニシアティヴによって，引き出されているという事実に注目させたこと

ところが，1950年代に入ると「利用と満足」研究はほとんど影をひそめてしまう。その理由として，宣伝や広告などのいわゆる「説得コミュニケーション」に対する期待と危惧が，その「効果」の分析に研究者の関心を向けさせたことと「利用と満足」の研究に内在した方法上の限界，具体的には，① 分析手続きの定式化（少数の被調査者に対する突っ込んだ面接を通して，詳細かつ多面的な情報を引き出すという事例調査の手法に依存していた）と ② 結果の一般化（少数の事例に基づく情報がどれだけの一般性を持ちうるかについても，検証がなされないままに終わっている）などを見過ごすことが出来ない（竹内，1976）などがあげられる。

1960年代から70年代にかけて，「利用と満足」研究は再び研究者たちに注目されるようになり，復活の兆しが見え始めた。そして，1960年代から1970年代にかけての「利用と満足」研究の復活のきっかけは，① カッツとフォークスの論文や，② 1960年代から70年代にかけての「利用と満足」の研究が1940年代の研究の理論的，方法的限界への挑戦などであり，代表的な研究として，ライレイ夫婦の研究，シュラムらの研究とパーリンの研究，D. モーレイの研究などがある（郭慶光：1999；竹内，1976）。

1960年代から70年代にかけての「利用と満足」研究で明らかにされた主なことは，① マス・コミュニケーションとの接触やその利用のパターンが，受け手の心理的マトリックスの中で，受け手のイニシアティブによって決まってくることと，② 受け手の心理的マトリックスは受け手の経験している社会関

係に規定されていることなどである。

　日本や中国における「利用と満足」研究に関する研究への注目は比較的遅かった。というのも，世界的には1940年代から始まっている「利用と満足」研究は，1977年の竹内の研究をはじめとして，日本のマス・メディア研究領域に入ってきており，中国の場合は，1984年新華社出版社がシュラムの「マスコミュニケーション概論」という本の中国語版を出版したことをきっかけに中国のマス・メディア研究領域に入ってきたからである。

　1980年代に入ると「利用と満足」研究はマス・メディア以外のメディアへも応用されるようになった。例えば，Williamsら（1988）はKatz（1974）らが構成した34のメディア関連欲求を使い，それらの満足のためにケーブルテレビ・ビデオカセット・電話・対面接触など12のメディアはどれほど重要と思うかを調査した。

　ニューメディアの分野では，例えばRubinら（1989）はホームビデオの利用と満足の調査を行い，池田（1998）はパソコン通信の利用動機と利用行動を正準相関分析を用いてパターン化し，マス・メディアにはなかった利用を発見している。

　日本における「利用と満足」に関する代表的な研究としては，① 竹内の「利用と満足」研究（1976, 1977, 1982, 1985），② 時野谷の「利用と満足」研究（1985, 1986），③ 田中伯知の「利用と満足」研究（1998, 1999, 2002），④ 香取の「利用と満足」研究（1984a, 1984b, 1996a, 1996b, 1999, 2000）などがある。これらの研究の中で，時野谷と香取の研究が高齢者のテレビ視聴に注目したものとして，竹内の研究は，日本において先駆的な枠組みを考案したものとして注目される（時野谷と香取の研究を高齢者のテレビ視聴に関する先行研究として第四節で取り上げることにする）。

　また，「利用と満足」研究が中国においても多くの研究者の関心を集めており，マス・コミュニケーションの受け手に関する理論研究の一種として，数少ないけれども本格的に取り込まれ始めている。中国における「利用と満足」研究の中で，特に重要と思われるものとして，① 郭慶光（1999年），② 戴远光（2003年），③ 李彬（2003年），④ 卜卫（2002年），⑤ 张国良と王玲宁（2003

年)，⑥ 周玉黍 (2005年)，⑦ 段曉容 (1999年)，⑧ 祝建華 (2004年)，⑨ 楊金鵬 (2004年)，⑩ 謝新洲と蒙軍ら (2003年)，⑪ 姚君喜 (2004年) などの研究成果として公表された論文がある。このように，様々な面で「利用と満足」理論についての研究が行われている。

しかし，中国で「利用と満足」研究の枠組みでの調査研究が見え始めていたといっても，テレビといえば，まだ子供の社会化に対する影響への関心の方が高く，高齢者の視聴行動に関する研究はそれほど重視されていないのが現状なのである。

ところで，「利用と満足」研究には理論的な弱点があるとする研究者も多くいる。例えば，Swank が Katz らの「利用と満足」研究に対して① 線的構造で把握に終始していること，② 要求が指標化されていないこと，③ 充足をもたらすものとしての非メディア行動が含まれていないことなどを批判している (夏扎提古丽，2006a)。

その一方では，一部の研究者 (香取，1996；時野谷，1986) らが「利用と満足」研究が高齢視聴者研究にふさわしいものとして研究を行っているが，多くの研究者が指摘しているように，この「利用と満足」研究の研究視角に理論としての弱点があるため，高齢者のテレビ視聴行動を全面的に把握することは難しい。筆者も本来「利用と満足」研究の研究枠組みとしての弱点を改善し，調査を試みたが，残された課題が多い。そこで，本研究では高齢者のテレビ視聴行動研究にふさわしい測定尺度と理論の構築を試みることをひとつの目的として研究を展開させていきたいと考えている。

5 内容分析 (Content Analysis) 研究

内容分析研究は，メッセージの内容を主観性と直観によって解釈するのではなく，研究対象となる事象に関するメッセージを科学的に解釈しようとする手法 (有馬，2007；李彬，2003；郭庆光，1999) であり，以下において，いくつかの代表的な定義を紹介する。

マレッケ (1964) によれば，この手法は，第一次世界大戦，第二次世界大戦において，心理戦のために敵国の宣伝資料などを分析する手法として発展したものである。特に第二次世界大戦中，アメリカの国会図書館に置かれた戦時コミュニケーション実験研究部 (Experimental Division for the Study of Wartime Communications) では，敵国の出版物の分析・研究が盛んに行われ，それらの手法から，内容分析が確立されたのである。
　Berelson (1954) は，「内容分析は，コミュニケーションの明示的内容の客観的，体系的及び量的記述のための調査技術である」と定義している。
　一方で，内容分析の課題について Berelson (1954) は 17 項目の用途に区別

表Ⅱ-1　Berelson (1954) が示した内容分析の用途と研究例

1. コミュニケーション内容の特性に関するもの
① コミュニケーション内容の時代の変化を記述する（岩男，2000）
② 学問の発展をたどる（Riffe and Freitag, 1997）
③ コミュニケーション内容の国際比較を行う（Furnham and imadzu, 2002）
④ 複数のメディア間の比較を行う（秋原，2001b，秋原・福田，2001）
⑤ コミュニケーション内容の目標達成度を評価する
⑥ コミュニケーションが基準を果たしているかを評価する
⑦ 調査の一環として自由回答などを整理する
⑧ プロパガンダ・テクニックを暴露する（George, 1959）
⑨ "読みやすさ" "聞きやすさ" を測定する
⑩ 文体的特徴から作者を推定する
2. コミュニケーション内容の原因に関するもの
⑪ 送り手の意図，特性を明らかにする（国広，2001）
⑫ 精神分析的観点から個人と集団の心理状態を測定する
⑬ プロパガンダの存在をつきとめる
⑭ 政治的・軍事的情報を得る
⑮ 時代精神・文化的価値を明らかにする
3. コミュニケーションの効果に関するもの
⑯ 受け手の関心ごとを明らかにする（岩男，2000）
⑰ 受け手の態度・行動への影響を推測する

した（表Ⅱ-1）。

　さらに，本研究との関連で注目する価値があるのは，高齢視聴者研究として70年代の後半以降に，比較的よく行われているものに，内容分析研究があることである。

　例えば，ガーブナー（Gerbner, 1980）らは，ゴールデンアワーのテレビドラマに登場した高齢者の割合が実際の人口構成比に比べ，はるかに低いことを指摘した。このような傾向はそれ以前にも，アンセロ（Ansello, 1977），グリーンバーグ（Grennberg, 1979）などの研究によって指摘されている。

　内容分析研究はこのように現実とテレビで描かれる像とのずれを明らかにすることによって，偏見やステレオタイプの構造を浮き彫りにする。このような内容分析研究が明らかにしたものは，テレビと消費社会との密接な関連性と現代社会に潜む高齢者排除である。

　このように多少の例外はあるにせよ，テレビ全体を見渡せば，高齢者を軽視し，否定的に描くものの方が多い。これはテレビ局が若壮年層を対象とした商品のターゲットとして視聴者を捉える一方で，高齢者層を軽視する傾向にあることの証拠だと解釈できる。

　香取（2000）が指摘しているように，内容分析研究からは対象を変えても同様の結果が出るだけで，この種の研究に基づいて高齢者の生活向上に向けた取り組みができるとも思えない。大多数の人々が抱いている高齢者のイメージがわかったとしても，それが高齢者の置かれている立場を変えるわけでもないし，社会一般に扱いがよくなるわけでもない。むしろ一連の内容分析研究からはテレビが高齢者の否定的なイメージの形成に寄与していることが確認されただけである。研究成果は高齢者の待遇改善の要求に利用されるくらいで，それ以上の社会福祉的な貢献が出来るというものではないように思われる。

　他方では，メッセージには発信者の意図が組み込まれているのであるから，その意図に即して，受け手にどのような効果があったのかが問題になる。たとえば，人々の争点を形成するマス・コミュニケーションの議題設定機能を検証するためには，一方で争点形成にかかわるメッセージの内容分析が必要であ

り，他方では受け手を対象としたメッセージによる効果分析が必要であろう。このように，研究課題によっては内容分析のみならず，他の分析をあわせて用いることが要求されるだろう。

6　受容研究 (Reception Analysis)

　Baran (2003) によると，受容研究とは，バーミンガム大学現代文化研究センターの最も著名な学者である Stuart Hall がメディア内容の解読（デコーディング）についての考えを説明する中で提案したアプローチであり，メディア内容の，ある特定の形態を，さまざまなタイプのオーディエンス個々人がどのように理解するのかに焦点を当てたオーディエンス中心理論である。そして，また受け手分析とも言われる。

　社会学者である Alasuutari (1999) は，近年，受容研究は第3段階に入ったと述べていた。第1段階は Hall (1973) のエンコーディングとデコーディングのアプローチ，第2段階は，Morley のエスノグラフィングによる先駆的なオーディエンス研究が中心である。第3段階は，批判理論の論者たちが動機付けた，よりマクロ的な視点に立った関心へ回帰しようとしている。張慧遠 (2005) によると，それは，やりがいのある研究課題を確立するために，こうした批判理論の関心と受容分析を統合しようとする試みの現れである。

　実際，受容分析は現代カルチュラル・スタディーズにおける受け手研究の支流であり，独立した学派でないとする研究者もいる (McQuail, 1997)。受容研究は主に，「読者」のメディア・テキストに対する「解読」における役割を強調する。上述したように，受容分析は通常，明確な「批判的」矛先を持っており，受け手のマス・メディアに対する主導性と支配的意義には，抵抗と転覆の力があると公言する。その主な特徴は，一般的に質的方法とエスノグラフィーの方法で研究を行うことにある (Morley, 1992; Seiter ら, 1989)。

　McQuail (1997) によると，受容研究の主な特徴を，以下のようにまとめることができる。

① 受け手は自分の理解にしたがって，メディア・テキストについての「解読」を行い，またその中から意味を構築し，楽しみを得る（しかもこれらは全て不確定または予測不可能である）。
② 受け手が興味を持つのは，メディア利用の過程とそれが特定の言語環境の中における展開様式である。
③ メディア利用は典型的に特定環境の産物であり，社会的責任を志向する。これは「解釈集団」に参与することで徐々に形成されたものである。
④ 異なるメディア内容の受け手は通常異なる「解釈集団」から構成される。「解釈集団」メンバーは大体共通の言葉（言語様式）とメディアの意味を理解する枠組みを共有している。
⑤ 受け手はそもそも受動的ではなく，受け手のメンバーたちもそれぞれ異なる。その中で，一部の人は他の人よりもっと経験を持ち，もっと積極的・能動的である。
⑥ 研究方法は通常「質的」で，深く掘り下げており，一般的にエスノグラフィーの方法を使う。また，内容，受け入れ行為と言語環境を結びつけて観察を行う。

7 カルチュラル・スタディーズ（Cultural Studies）

カルチュラル・スタディーズ（Cultural studies）は，イギリスに始まり20世紀後半に主にアングロサクソンの研究者グループの間で盛んになった学問の傾向を意味している。政治経済学・社会学・社会理論・文学理論・メディア論・映画理論・文化人類学・哲学・芸術史・芸術理論などの知見を領域横断的に応用しながら，サブカルチャーなどを手がかりに産業社会の文化と政治に関わる状況を分析しようとするもの。スチュアート・ホールとディック・ヘブディジによって1964年にバーミンガム大学に設立された現代文化研究センター（CCCS-Centre for Contemporary Cultural Studies）がこの造語の起源であり，また主要な震源地となった（Wikipedia, 2007）。

日本語に直訳すれば「文化研究」だが，日本国内ではもっぱら「カルチュラル・スタディーズ」と表記されている（上野，2000）。
　カルチュラル・スタディーズにおいては，多くの場合，ある特定の現象がイデオロギー，人種，社会階級，ジェンダーといった問題とどのように関連しているかに焦点が当てられる。そして，カルチュラル・スタディーズの研究対象は日常生活における意味と行動である。文化的行動には，所定の文化において人々が特定の行動（テレビを観るとか，外食をするなど）をする仕方も含まれる。どんな行動をするにせよ，さまざまな道具を用いる（iPod，拳銃，……）。カルチュラル・スタディーズは，人々がさまざまな道具や行動にどんな意味と用法を与えているかを研究する。資本主義が世界を覆いつつある（いわゆるグローバリゼーション）今日ではカルチュラル・スタディーズは，西洋世界のヘゲモニーに対してローカルないしグローバルなさまざまな形式で行われている抵抗について批評をおこなっている（Graeme, 1999）。
　Baran（2000）は，カルチュラル・スタディーズの主要な特徴として次のようなものをあげている。
① カルチュラル・スタディーズはその主題とする事象を文化的行動と権力との関係という見地から吟味する。例えば，ロンドンの白人労働者階級若者のサブカルチャーを研究する時には，若者の社会的行動が支配的階級とのようにかかわっているかが考察される。
② その目的には文化をその複雑な形式すべてにおいて捉えること，そしてそれが自らを浮き立たせている文化的・社会的コンテクストを分析することが含まれる。
③ それは学問分野であると同時に，政治的批判と行動の場でもある。
④ それは知識分野のあいだの乖離を露呈させ調停することを試み，暗黙の「文化的知識」と，客観的で「普遍的」な形式の知識との距たりを乗り越えようと試みる。
⑤ それは近現代社会に対する倫理的評価と政治的行動の急進的な路線へのコミットメントを行う。

吉見（2000）によれば，カルチュラル・スタディーズではテクストという概念は文字言語だけを意味するわけではなく，映画，写真，ファッション，髪型などにも適用される。すなわち，全ての有意味な文化的産物がテクストと呼ばれるのである。同様に文化という概念も広い意味で解釈される。カルチュラル・スタディーズにとって文化とは従来のハイ・カルチャーとポピュラーカルチャー（大衆文化）だけを含むものではなく，日常的な意味と行動も含んでいる。実際，カルチュラル・スタディーズの主要な研究対象は後者なのである。さらに最近の研究手法としては，比較文学の手法を応用した比較文化研究（比較カルチュラル・スタディーズ）がある（鄭徴予，2003；王长潇，2005；崔欣，2005）。

　カルチュラル・スタディーズは統一的な理論ではなく，さまざまな異なる手法，方法論，学問的観点を包含する研究領域であるが，他の領域の研究者からカルチュラル・スタディーズが一括して批判の対象になることも多い。カルチュラル・スタディーズを一過性の流行扱いにして済ますことも珍しくない。イェール大学人文学部教授 Bloom（1994）は，カルチュラル・スタディーズ系の文学研究を明白に敵視しており，英文科というものがカルチュラル・スタディーズ科に代わってしまうという懸念を示している。

　ここでは，省略するが，カルチュラル・スタディーズに対する最も強烈な非難は物理学者の Sokal（1996）が行ったもので，このいわゆるソーカル事件はカルチュラル・スタディーズの雑誌『ソーシャル・テクスト』を舞台に起こった。

　他方，カルチュラル・スタディーズの立場にたつ学者たちの側でも文芸批評，科学，経済学，社会学，人類学，芸術史等旧来の学問分野に対して批判を加えてきた。

　マス・コミュニケーション領域におけるカルチュラル・スタディーズのもうひとつの中心的な見解は，メディア利用そのものを「日常生活」のひとつの重要な構成部分であると考えていることだ。人々のメディア利用活動は，あるサブカルチャー集団の特定の社会言語環境と社会的経験と結びついた状況のもとでしか理解することができない（Bausinger, 1984）。受け手の受容についての分析は，重点的に受け手を「解釈集団」（interpretive communities）として研究している

(Lindlof, 1988)。この概念は，共通の社会的経験を持つ人々は，ある問題に対してしばしば共通の認識をもち，また共通の解釈モデルをもつことをさしている。

趙艶萍（1999），Baran（2003），崔欣（2005）などの多くの研究者が指摘しているように，カルチュラル・スタディーズ研究は以下のような限界がある。
① マクロな視点のレベルでは，あまり説明力がない。
② 研究の焦点が個人にあり，社会に及ぼす効果と比べてあまりに狭く絞られすぎている。
③ 概して科学的な検証を欠いており，主観的観察に基づいている。
④ 科学的検証を行おうとする際，伝統的でない（問題のある）研究方法をとりがちである。

8　個人差論（Individual Variation Theory）

DeFleur（1998）によれば，個人差論は"刺激—反応"モデルを基礎とする行動主義の観点からは，受け手の特性を明らかにするような，時間経過でいつまでも変わらない受け手が存在することはまったく無いとする理論である。アメリカの有名なマス・コミュニケーション学者 DeFleur（1989）によって提出されたこの理論は，個人という観点から，マス・コミュニケーションによって刺激を受ける行動を含めて，あらゆる形態の個人行動を説明することを目的とするものである。

張国良（2001）によると，20世紀初頭，人間のパーソナリティの変異性ないし特異性の根源をめぐって，「遺伝か環境か」の大論争がおきた。心理学者たちが人間の学習と動機に関する研究を行うに連れて，人々の心理的な性格の形成がまったく異なっていることがしだいに明らかになった。個人差論によれば，指紋と同様に，すべての人間のパーソナリティが他の人間のそれとは異なると見られるようになった。個人はすべて彼らが所属している文化の行動パターンを共有しているが，他方でそれぞれの個人は，ニーズ，知覚，習慣，信条，価値，態度，技能などについて異なった認知構造を持っている。やがて，こ

うした認識がマス・コミュニケーション研究に新たな思考様式をもたらしていた。

個人差論によれば個人差として現れるものは次の様である（谢新州，2004；张国良，2001）。

① 人々の心理構造の違いが，彼らの傾向と行動の違いを決定している。
② 生まれつきの才能とその後の学習によって個人間の差異が形成される。したがって，個人差は学習過程にその起源があるといえるのである。この観点は，行動主義の学習理論によるものである。
③ 一人の心理構造が他の人と違うのは，彼らが客観的環境を認識する（学習する）時に獲得した立場，価値概念と信仰が違うためである。
④ 個性の違いは受け手が客観的な物事を処理する時に置かれた社会環境の違いによる。
⑤ 個性は人々が客観的世界を認識した主要成果のうちのひとつであると同時に，「学習」することを通じて形成された固定的な素質である。

受け手の行動を理解する際に，個人差が重要であるということが明らかになると，メディアを利用する人もそれを認識するようになった。社会の大きな，そして強力なこれらの人々とは，広告，PR，慈善運動，政治家の状況，説得的キャンペーンなどに関してその結果を明らかにする責任があった。

このように，基本的な作業は，メディアの受け手に物を売り，政治家を売り込み，親社会的な行動を売り込む戦略を理解し，開発するための原理として「市場分轄」の概念におかれた。アプローチは，翻って，どのような人が，どのような動機，利害，態度，その他の心理的条件を基にして購入し，投票し，与え，あるいは行為するかを確認することをねらいとした市場調査の必要性を強調することになった。広告，公共情報キャンペーン，マーケティングで用いられる説得の「サイコダイナミックス」に関する研究は，心理的実験と計測の方法論を市場調査に持ち込んだのである。選好，態度，ニーズ，価値などの心理変数に関する測定は，消費者や投票者の動機にいくつかの視点を与えた。この点で，認知変数を計測する際に有効であると証明された動物の学習に関する研究とサイコダイナミックスの手続きで心理学者が広く用いてきた実験フォー

マットは，消費者のブランドに関する認知，候補者認知，アピールに対する選好などの要因を検証するために採用された（谢新州，2004；张国良，2001）。

以上見てきたように，個人差理論はメディアの影響が形成されるときの個人差の影響を洞察しているという面で，これまでの受け手理論と異なり，受け手を考察するときに個人の視点から考察する必要があるという重要な視点を提供してくれたのである。しかし，この理論には，個人のパーソナリティの影響力を過大評価しており，所属集団の影響などの社会的要因を無視しているという限界があるという点にも留意する必要がある。

9　社会分化論 (Social Differentiation Theory)

社会分化論は社会類型論 (Social Categories theory) または社会カテゴリー説ともいわれる。社会カテゴリー理論は「ある刺激に直面した時の行動は多かれ少なかれ都市工業化社会には，多様な共同体，集合体，あるいは社会的カテゴリーが存在することを前提とする」(DeFleur, 1970)。さらに，社会的に同じような背景（年齢，ジェンダー，年収，宗教）を持った人々は，同じようなパターンでメディアに接触し，そのメディア接触に対して同じような反応を示すであろうとする。これらの考えの一般化の一部は，ラーザースフェルドの研究に由来するものであるが，多くの研究者が行った調査と実験はともに，社会カテゴリー理論の妥当性を立証してきたのである（谢新州，2004）。以下において，DeFleur (1970 and 1989) や谢新州 (2004)，及び张国良 (2005) の研究を参考に，社会分化理論を紹介する。

コミュニティや他の大規模な集団に関する定量的な経験論的な研究に基づくこの考え方は，個人差論のように個人の心理構造に目を向けるのではなく，出現しつつあった都市産業社会の社会構造に目を向けるものであった。

この理論は，マス・メディアの受け手が年齢，性別，民族，学歴，職業，経済収入や居住地域などの側面の人口学的属性によって，異なる「社会集合体」を形成するとする。これらの人々は社会構造の中で性質，特徴，地位が似たよ

うな人たちの集合体であるため，彼らが似たような人格（または性格），比較的に一致した社会観，価値観などのさまざまな観点や考え方をもっている。そのため，彼らはほとんど同じようなメディアを選択し，同じような内容に接触する。しかも，メディアが提供している情報に関しても同じような反応がでる。アメリカでは，この理論がマス・メディアの受け手をたくさんの「社会グループ」に分けている（谢新州，2004）。

社会分化論は社会学領域における研究で最もよく使用されている人口学的特性を用いて社会現象を説明した。すなわち，人口特性が同じカテゴリーの社会の組み合わせを代表する。調査研究の伝統が成長するにつれ，社会カテゴリーを基礎にした人々の行動に関する統計的な比較が，共通の戦略となった。社会の分化が異なった行動パターンを作り出すということが多くの研究において発見された。言い換えれば，社会カテゴリーで同じアイデンティティを共有している人々は，しばしば同じやり方で行動するということである。この原理は，後のマス・コミュニケーション研究の理論的発展にとって，大きな重要性を持つことになった（DeFleur, 1989）。

以上述べてきたように，特定の社会カテゴリーに属している人々固有の特徴やそれに関連した行動に関する知識は，受け手理論に関する研究を発展させる基礎を提供した。この知識は，人が異なれば違いがあるものとして受け手のメディア接触行動，選好などを研究するための調査方法が必要であることを指摘していた。たとえば，異なった所得，年齢，学歴，民族的背景を持っている人々のメディア接触行動に差があることが，ごくありふれた事であることを明らかにした。事実，社会分化論に関する調査研究でよく用いられたこの人口学的・統計学的諸要因は，いまや日常的な事になっている。

10　社会関係論（Social Relation Theory）

DeFleur（1989）によれば，社会関係論は，マス・コミュニケーションに反応する際に，受け手が行使する選択の基盤をさらに理解するための理論であり，

非公式の社会関係が，人々がメッセージ内容を選択し，解釈し，それに基づいて行為する様式を形づくる重要な媒介要因であるとする理論である。

　この理論によって，人間の社会関係のパターンが，メディアからの情報がどのように人々に到達し，その後人々はその情報に対してどのように行為するのかに影響を与える重要な要因であることが明らかになった（DeFleur, 1989）。

　このような問題についての重要な研究の中で，Katz（1979）らが，「ライフ・サイクルの位置」が，誰が誰に対して，どのような領域に関して影響を与えるかを決定する重要な変数であることを発見した。たとえば，メディアを通じて，ファッション，ヘアースタイル，化粧品などに頻繁に接触する若い女性は，これらのことにほとんど関心のない専業主婦からリーダとして扱われる。たくさんの家族を抱えた既婚の女性は，他方で，家庭用品，市場，スーパーマーケットのバーゲンなどについてアドバイスを求められることになる。

　この理論によれば，社会的紐帯を確立している人々は，彼らの友人や家族に関係があると認識した争点や話題をそれらに無関係なテーマよりも注目する。さらに，友人関係のパターンも，読書，視聴習慣の方向付けや再方向付けに大きな影響を与える。社会関係は，個人が嫌いなメディア内容にさえ注目させるのである！　多くの主婦は夫を喜ばせるために「スポーツ番組」を我慢し，多くの夫たちも，家庭の平和を保つために「料理番組」を見てきたのである（DeFleur, 1989）。

　以上見てきたように，社会関係論は社会関係と団体の圧力などのマス・メディアの役割と反役割に対する影響を重視する理論であり，マス・コミュニケーション理論がますます発展してきた標識ともいえる。しかし，社会関係の影響を強調しすぎて，マス・メディアの社会に対する巨大な影響を過小評価するのも，正確な評価ではないと考える。

11　社会的（関係）資本論（Social Capital）

　社会関係資本（Social capital）は，人々の協調行動が活発化することにより社

会の効率性を高めることができるという考え方のもとで，社会の信頼関係，規範，ネットワークといった社会組織の重要性を説く概念である。人間関係資本，社交資本，市民社会資本とも訳される。また，直訳すると社会資本となるが，概念としては区別される。基本的な定義としては，人々が持つ信頼関係や人間関係（社会的ネットワーク）のことである。上下関係の厳しい垂直的人間関係ではなく，平等主義的な，水平的人間関係を意味することが多い。しかし，この語には実に多様な定義があり，Portes（1998）の文献によれば，共同体や社会に関する全ての問題への，万能薬のように使われている言葉だが，1990年代終わりからは学会外でも社会的に有名な語となった。

　一方，社会の結びつきを強める機能を社会関係資本が持つことを強調したのが，アメリカのColeman（1988 and 1990）である。彼は，社会関係資本を「個人の協調行動を起こさせる社会構造や制度」と定義しており，社会関係資本の豊かな例として，ニューヨークのダイヤモンド卸売市場を取り上げている（Coleman, 1988）。また，コールマンは社会関係資本には3つの形態があるとしている（Coleman, 1990）。第一には，社会構造の信頼性と期待と義務であり，ネットワーク内に醸成される信頼関係により，人々が助け合ってよい結果を生み出そうとする期待が生まれ，それが人々の守る義務となっていく。第二は，情報ポテンシャルである。ネットワークの充実によって，有用な情報が手に入れやすくなったり，他者の知識やスキルを利用しやすくなる，知識交換・知識創造が可能になるところに，社会関係資本の一形態が見られる。そして，第三は，規範とそれを逸脱した場合の効果的罰である。ネットワークにおける規則性や行動規範の発達により，物事の取引にかかるコストを削減できることが，社会関係資本の一形態であるという。

　その後，社会関係資本という概念はその意味するところを拡大し，多義的に論じられるようになったため，社会関係資本の議論をするときには，まず何を指して社会関係資本と定義するのかを確認しなければ議論ができないほどの状態になっている（坂本, 2004）。

　このほかに信頼に重点をおいて集合的視点から社会関係資本を論じた研究者

としては，Fukuyama（1999）がいる。彼は，その著書『「大崩壊」の時代』の中で，社会関係資本を「ある集団の中で共有され，人々の協力の基盤となる一連のインフォーマルな価値観や規範」と定義している。

今日，この社会関係資本（Social capital）の概念は国際機関や欧米各国はじめ日本などにおいても広く注目され，さまざまな概念規定や研究が試みられている。また，国際開発援助場面に有効な概念であるとされ，世界銀行や OECD（Organization for Economic and co-operation Development：経済協力開発機構）といった国際機関によっても研究が進められている。たとえば，OECD はこの概念を，「グループ内部またはグループ間での協力を容易にする共通の規範や価値観，理解を伴ったネットワーク」と定義している。また，市民同士のコミュニケーションの密度や，市民と行政のパートナーシップが活発であるほど，豊かな社会が形成されるという考え方に立ったソフトな概念であるとしている（坂本，2004）。

そこで，受け手に関する研究での応用を見ると，そのほとんどが，人々のメディア利用の社会関係資本となる社会ネットワークへの影響に関する研究であり，中でも特にインターネットを利用することが社会関係となるにはどのように社会ネットワークを形成できるのか，それは対面コミュニケーションによる社会ネットワークとどこが異なるのだろうかといったような問題については，北米を中心にさまざまな調査研究が行われてきた。しかし，そこには，「インターネットの利用が対人的接触を減じ，社会ネットワークを縮小・弱体化する」という結果と，「対人的接触を増大させ社会ネットワークを維持・補完する」というそれとは反対の結果を見い出した研究がある。以下においていくつかの例を取り上げる。

宮田（2005）は，インターネットの利用が社会関係資本の形成と効果にどのように関わっているのかについて研究を行い，社会関係資本を形成し活用できるようなインターネットの利用は，個人の持つメディアリテラシーによって異なることを明らかにしている。

また，テレビ視聴との関連で行われた研究としては，Putnam の研究（1993 and 1995 and 2000）や Norris の研究（1996），及び Uslaner の研究（1998）などが

あるが,「テレビ視聴が社会関係資本の低下をもたらす」(Putnam, 1993 and 1995 and 2000) という Putnam の主張に対しては, Norris (, 1996, 2003) や Uslaner (1998, 2000) が否定的な見解を述べている。

社会（関係）資本論を用いて受け手研究を行った場合, 以下のような限界がある (Baran, 2003)。

① メディア利用の社会関係資本の形成における影響を過大評価している。
② メディア利用の社会関係資本の形成に対して影響が生じる環境と生じない環境の区別がない。
③ 社会関係以外のメディア効果を制限する個人的・社会的要因を無視している。

12 文化規範論（Cultural Standard Theory）

文化規範理論は Defleur が『マス・コミュニケーション理論』(1966) の中で提出した理論である。彼によれば, マス・メディアが間接的に人々の行動に影響するのは, メディアが情報を提供することを通じて一種の道徳的・文化的規範を形成する力があるからである。そして, 人々が知らずにメディアが提供している「参考枠組み」に立脚して社会現象や事実を説明し, 自分の観点と主張を表明する。メディアのこのような影響は突然発生するものではなく, 長い期間にわたって少しずつ積み重なり, 感化されて知らず知らずのうちに思想や性格が変わっていく中で, 受け手の思想や脳裏に浸透して行くものである。

DeFleur が 1970 年にさらに「文化規範論の重要な内容は, マス・メディアがある課題を選択的にあるいは最優先に表明をすることを通じて, 受け手の間に一種の印象を形成する。また, ここでの最優先の命題に関する一般的文化規範はある特殊な方法で構成または確定される。人々の行動が文化規範に導かれる。このようにメディアが間接的に人々の行動に影響するのである」と説明している (DeFleur, 1970)。この理論のモデルは, 次のようである。

| 説得性のある情報 | → | 社会道徳と文化規範過程 | → | 何が社会的に承認される行動であるかについて定義や解釈を行う | → | 外的行動の変化 |

　その後，DeFleur（1975）によって提示されたこの理論の最初の段階の公式には，彼の次のような考えが含まれている。すなわち，「マス・メディアは，ある種のテーマを選択的に提示し，強調することで，強調された主体に関する共通の文化規範が，ある種の方法で構造化され，定義されているのだという印象を受け手に作り出す。個々の行動が，習慣的に，ある特定の主題ないし考察に関する文化的な規範（あるいは規範とは何であるのかということに関する行為者の印象）によって導かれているとするならば，そのときマス・メディアは，間接的に行為に影響を与えていることになるであろう」（DeFleur, 1975）。

　この理論は，その後かなり詳細に展開された。DeFleur が 1989 年に出版した本の中では，この理論が，社会組織のあらゆる構成要素——すなわち，規範に加えて，役割，格づけ，制裁——を含めるように拡大された。

　その後の Gerbner（1976）のテレビ視聴行動に関する研究が文化規範論に非常に有力な支持を与えた。Gerbner（1976）は，一連の問題に関する回答で「重視聴者」と「軽視聴者」に大きな差があることを明らかにした。「重視聴者」が選択した回答が，テレビが提供または強調した「解釈」と「結論」であり，「軽視聴者」の回答はそうではないが，彼らも自分が重要だと思っているメディアの中からその根拠を探すのであることを明らかにした。

　この理論によれば，マス・メディアは，現代社会においての社会組織の集団についてパターン化されたイメージを作り出す主要な源泉である。すなわち，メディアはその内容で，現代の社会生活で知られているような実質的にあらゆる種類の集団規範，役割，格づけ，そして制裁を描くのである。最近多くの研究者によって行われている，受け手の環境意識の形成，民主主義意識の形成，ダイバーシティ意識の形成等々に関する長期的効果研究が，直接または間接的にこの点を支持していることを示していると言えるだろう。

13 培養分析（Cultivation Analysis）

　1970年代と1980年代にジョージ・ガーブナーによって作られた理論である培養分析は，社会でメディアが果たす役割に関してマクロな視点から問題を定義している。この理論は，マクロな視点の文化理論とミクロな視点の文化理論を結合した，ハイブリッドな内容を提示している。研究者の中には，今後の研究の原型になりうるものだと評価する者もいるし，研究方法の悪い例とだと見る者もいる。Baran（2003）は培養分析をめぐるこの論争は，マス・コミュニケーション理論の発展の中枢をなす論争のひとつであると見なしている。限定効果パラダイムが依然として強い影響力をもちつつも衰える兆しを見せ始めたころに，この論争が始まった。

　Baran（2003）によれば，培養理論を提唱し，それを広めたガーブナーらが用いた質問の一例を示すと以下のようなものである。

　ある一週間に，あなたが何らかの暴力に巻き込まれる確率はどれくらいあるだろうか。10分の1？　それとも100分の1だろうか。実際にはアメリカ人100人あたりに0.41件の暴力犯罪が起きている。つまり200分の1以下である。しかし，ゴールデンタイムのテレビ番組の世界では，全登場人物の64％以上が何らかのかたちで暴力に関わっている。あなたの答えは実際の世界に近いのだろうか，それともテレビの世界に近いのだろうか。

　しかし，ガーブナーらの主張は，単にテレビをより多く視聴する人は政府による公式データが示す正しい答えよりも「テレビの答え」（TV answer）に近い答えをする，といったものよりかなり複雑である。彼らの中心的な主張は，テレビが，ある世界観を「培養する」もしくは作り出すというものである。そして，その世界観は，不正確である可能性があるにも関わらず現実（reality）となるのである。

　Baran（2003）によれば，培養分析の有効性は以下のようなものである。
① マクロレベルとミクロレベルの理論を結合している。
② テレビ固有の役割について，詳しく説明している。
③ 広く共有されている人文学的な仮定に，実証的な研究を適用している。

④ 観察可能な行動の変化以上のものとして，効果を再定義している。
⑤ 様々な効果の問題に適用できる。
⑥ 社会変化の理論的基盤を提供している。

その一方で，多くの研究者が培養分析の方法論上の問題を指摘している。そして，Baran（2003）も述べているように，培養分析は，① テレビ内容の同質性を仮定している，② テレビの重視聴者だけに焦点を当てている，③ テレビほど利用されていないメディアには，適用しにくいといったような限界がある。

したがって，メディア接触全体を視野に入れながら，テレビ視聴行動全体の把握を試みようとする本研究における理論枠組みとしては，もの足りない部分があると考える。

14　情報処理理論 (Information Processing Theory)

川上（1993）によれば，情報処理理論は，処理のメカニズムや戦略について，きわめて多様で異種の考え方を実に幅広く集めたものであり，メディアのオーディエンスの能動性を研究するための，また別の方法をも提供している。研究者たちは，メディアの提供する情報を，人々がどのように取り込み，処理し，蓄えるのかを理解しようとしている。

システム理論と密接に関係しているが，情報処理理論は，個人が日々の一瞬一瞬に知覚する膨大な情報をどのように取り込んで理解するのかを，機械のアナロジーを用いて説明と解釈を行っており，個人を，情報を取り扱う能力と戦略が組み込まれた複雑なコンピュータとして描いている（Baran, 2003）。

この他に情報処理理論からの有益な洞察として，意識的に気づいていることの限界が認識されたことがあげられる。アメリカの文化では，意識的な思考過程に高い価値をおいているため，意識的なコントロールが間接的にしか及ばなかったり，またはまったく及ばない心的過程の有用性については，懐疑的になりがちである。人々は意識と合理性を結びつける。合理性とは，入手可能な関連情報すべてを注意深く評価し，賢明な選択をする能力である。一方，人々は

意識的でない心的過程に対しては，コントロールできない情動や動物的直感，はては精神的疾患に結びつける。ときには，運動選手の行為は意識的思考なしにできる典型的なものだという理由で，彼らの優れた業績をおとしめることもある。人々が，意識的でない心的過程に大きく依存していることをなかなか認めようとしないのは，驚くべきことではない（陈默，2001；陈龙，2002）。

　ここでのポイントは，全般的情報処理作業は非常に複雑なので，意識的にコントロールすることは有用でも効果的でもないということである。私たちは型どおりの情報処理に頼り，通常，意識的な作業は，止むを得ない場合のみに限定しなければならない。例えば，ある種のシステムダウンの兆しがあるとき，また，型どおりの処理ではニーズにうまく合わないとき，そうしたときには意識的な取り組みが必要になるだろう。

　情報処理理論はマス・コミュニケーション研究で大変広く用いられ，人々がテレビ・ニュースをどのように読み取って（decode）学習しているかについての研究を導き，情報処理理論をその解釈に用いた数多くの研究が行なわれている（Davis, 1990; Davis and Robinson, 1989; Graber, 1987; Gunter, 1987; Robinson and Davis, 1990; Robinson and Levy, 1986）。こうした研究は，大量のオーディエンスを対象とした調査や小規模の実験室実験など，タイプはさまざまであるが，得られた知見は驚くほど似ている。人々がテレビ・ニュースをどのように処理しているか，かなり明確な説明図式が現れつつある。

　情報処理理論には，メディア内容について幅広い探求を可能にする大きな力が潜在している。研究者たちはこの理論を，広告（Lang, 1990）や，テレビで報道される政治内容，また子ども向け番組といった多様な話題に応用し始めている。この研究のおかげで，私たちがメディア内容を理解し利用することにおいて，生まれつきもっている認知能力をどのように調整していくのかが急速に解明されつつある。私たちのこの能力は，テレビの見方を学んでいく子どもたちが最も鮮やかに示してくれる。

　最後に注目する価値があるのは，情報処理理論はあまりにもミクロなレベルを志向しすぎており，型とおりのメディア消費を強調しすぎている．認知に焦

点を当てすぎて，情動などの要因を無視しているなどの限界があることも多くの研究者によって指摘されている（Baran, 2003 など）ことである。

15 ライフスタイル研究（Life Style）

「ライフスタイル」という概念は，態度と行動などに相似する一つの指標として，異なるメディアの使用モデルを描写・分類するときによく使われる（たとえば，Donohew, Palmgreen and Raybure, 1987; Eastman, 1979; Pingree, 1994）。

この概念は，社会階層の差が人々の食生活の嗜好，身振り，服装などの側面にいかに影響しているかということにおいて，われわれに本質的に熟知されたとはいえ，実際複雑な歴史を持っている。フランスの社会学者 Bourdieu（1979 と 1987）はひとつの創始的な仕事を成し遂げた。つまり，人々の異なった文化的な好みと社会・家庭背景との関係を考察し，悠久の研究の伝統を再現した。「文化資本」（cultural capital）の階層による分布，および大衆（あるいは流行）文化の本質などの問題の検討において，彼は大いに貢献した。ある意味で，ライフスタイルは人々の自己選択的な行動とメディア使用様式であるといえる。この意味では，ライフスタイルという概念は次のような仮説を避けた。すなわち，「人々のメディアに対する好み（伝統的な審美と芸術的な好みとは異なり）は，その置かれている社会階層と受けた教育水準に決定される」ということである。

しかし，ここで重要なのは，McQuail（1997）も指摘しているように，ライフスタイルという概念に関わるひとつの重要な問題は，適切な分析の次元を見つけることである。Johansson と Miegel（1992）は3つの次元に分けている。ひとつ目は社会全体の次元（国際比較に用いる），2つ目は社会と文化の内部の異なる次元，3つ目は個人の次元である。後者に対し，彼らは「ライフスタイルは，個人がその独自の，個性的な社会的・文化的アイデンティティを図る意図を表す」と考えている。第2の次元はもっともよく使われるものである。ただしかなりあいまいな結果になることもよくある。第3の次元においては，何

人かの個人がいれば，それなりの数のライフスタイルが存在する可能性があるとしている。

　多くのメディア研究者が，「ライフスタイルの概念は，メディアと人々の社会文化体験との間に意味関連があるさまざまな様式を理解するために役に立つ」と考えている。特に，広告マーケティングの研究においては，ライフスタイルという概念は消費者の分類をおこない，広告目標を確定し広告設計をするために役立つ。この点では，基礎的な人口統計の指標よりもっと適切である。特に心理学の観点から見ると分類はもっと正確である。ライフスタイル研究の発展は，もう社会学と心理学の範疇を超えている。ひとつの著名な事例はMitchell（1983）によるものである。彼はアメリカ人のライフスタイルを9種類に分けた。彼によると，9種類の中でもっとも重要なのは帰属者（Belongers），追い抜く者（Emulators），成功者（Achievers）といった3種類である。メディア利用の社会的・心理原因に対するある研究の中で，それと関係がある分類が得られた。特にDonohew他（1987）が社会とコミュニティ行動主義の観点から，束縛されない家庭の主婦（Disengaged Homemakers），外向的活動者（Outgoing Activists），抑制的な活動家（Restrained Activists），労働階級からの出世者（Working-Class Climbers）の4種類を確定した。この分類は，ただ態度と信仰様式によるメディア利用の各側面を区分しただけではなく，性別による差異の重要性をもあらわしている。

　ライフスタイル研究の新しい方向はニューメディア技術の採用と使用に焦点をおいている（例えば，MacEvoy, 1997; Wan, 2003; Ran, 2006など）。MacEvoy（1997）は，生活へのアプローチで新しい，インフォーマティブな，刺激的な，社交的な，ファッショナブルな，そして挑戦的なものを強調するリーダーたちが，新しいメディアのヘビーユーザーであることを見い出した。

　他の最近の研究（Schiffmanら，2003）では，消費者の個人的価値と興味ある使用の間の関係を詳しく調べている。この研究で，個人的価値観とライフスタイルの特徴は価値のリスト（LOV）を尺度として用いている。このリストはインターネットの使用に関するもので，ビジネス関連の使用，調査関連の使用，

オンラインショッピングと娯楽関連の使用を含んでいる。この研究によれば，インターネット使用での差異は，個人的価値の違いによるものである（Ran, 2006）。

そして，中国でも21世紀に入ってから，メディア領域におけるライフスタイル研究が出現してきた。中国のメディア領域におけるライフスタイル研究への注目は比較的に遅いが，2000年に公表された唐魁玉と贺芳（2000）のインターネットとライフスタイルの現代性という論文をきっかけに多くの研究が行われており，これまで掲載された論文が26篇もある。ここでは，最近のものとしてRan（2006）の研究を取り上げる。

Ran（2006）は中国人のライフスタイルとポケット・ベルと携帯電話利用に関する調査研究を行い，消費者のライフスタイルを生活拡張者，目立つ消費，広告依存型，西欧化，社会活動と影響者，経済的抑制という六つのライフスタイルを作り，中国都市部の消費者を現状維持者，苦闘者，価値追及者，上昇者，ヤッピーという5つのライフスタイル・セグメントにクラスター化して，ポケット・ベルと携帯電話の使用が特別なライフスタイルの追求によって動機付けられることを明らかにしている。また，異なったライフスタイルでのメディア使用の差異の分析を行い，5つのセグメントで，新聞閲読，TV視聴，ラジオ聴取，広告接触で有意差があったとしている。特に上昇者は新聞閲読，TV視聴，ラジオ聴取で最も時間を使っていることと，現状維持者のセグメントでは，それに比べて，新聞閲読，TV視聴，ラジオ聴取に一番時間を使っていないだけではなく，広告接触も一番少ないこと，ヤッピーは広告接触が最も高いことを明らかにしている。

しかしながら，Donohew（1987）も指摘しているように，どの調査で出てきたライフスタイルのタイプも，特殊な数とかで修正されるべきではない。異なったサンプル，変数，方法上の技術，そして急速に変化するコミュニケーション環境は，非常に異なったタイプの解を出す可能性がある。理論的研究で，より許されるべき関心は，多くのメディア，社会的，心理学的，そして他の変数の間で示唆される種類の関係である。マス・メディア接触に関する受け手をめ

ぐる理論で，最終的な命題になるのは，これらの関係であって，ライフスタイルのタイプではない。

　以上見てきたように，これまでの受け手に関する調査研究で用いられている理論はさまざまであり，それぞれ異なっているが，最近では受け手研究で最も良く使われているのは「利用と満足」研究，カルチュラル・スタディーズとライフスタイル分析である。中でも特にライフスタイル分析を用いて行われた研究が多い（Becker and Conner, 1981; Eastman, 1979; Hornik and Schilinger, 1981; Rogers, 1995; MacEvoy, 1997; Schiffman 他，2003 等）。最近の受け手研究でライフスタイル尺度としてよく使われているのは Wells and Tigert らの AIO（Activities, Interests, Opinions）尺度，Rokeach（1973）の価値観表（Rokeach Value Survey）と Kahle（1983）の価値観表（List of Value, LOV），そして，VALS（Values and Life styles）などがあるが，その詳細は第Ⅲ章で取り上げることにする。

　以上，この節においてはマス・コミュニケーション領域における受け手に関する既存の主要な理論とそれらの特徴および受け手に関する基本的な議論は整理しえたものと考えるが，見逃している優れた尺度も多いと思われるし，取り上げなければならない研究で残したものもあるに違いない。例えば，受け手を中心とした初期研究──Schramm（1954）によって提出された選択の分数式（シュラムによる図式で，個人はどのようにメディア及びメディア内容を選択するのかを，報酬への期待と要求される努力に基づいて示している），1980 年代にアメリカに形成されたフレーム分析（日常生活を理解するために人々がどのようにどのような予期をするのかについてのアーヴィング・ゴフマンの考え）（Baran and Davis, 2000），Neumann（1984）の沈黙の螺旋理論（メディアによって，社会で支配的な意見である，と報道された意見に相反する意見を持っている人は，他者に拒否されるのを恐れて，その意見を表明しなくなる，という考え），Lazarsfeld（1944）の多元的エリート論（メディアからの政治情報は，すでに政治についてよく知っていたり，政治活動に関わっているほんの一握りの人々に情報を伝えることを除けば，ほとんど役立っていないとする理論。この理論では，そうした一握りの人々が，その聡明さをもって他のすべての人々を代表して政治に関わるだろうと考える）なども，

受け手のメディア利用に関わる重要な理論である。そこで，以下において本研究のテーマとの関係で得られた受け手に関する先行研究からの知見を整理する。

16 これまでの受け手研究からの知見

　以上見てきたように受け手をめぐる理論も，首尾一貫した形で展開されてきたわけではない。むしろ，それらの理論は社会学的，心理学的，文化人類学，哲学などのさまざまな領域の分析法を相互に関連させてきた。また，一方ではマス・コミュニケーション学の分野と，他方では心理学，社会学，人類学，経済学，マーケティングなどの様々な分野と収斂の場合でもあった。いずれにしてもそれらの受け手理論による経験的調査研究が行われている。しかし，本研究で取り上げることができた研究は膨大な量の研究のごく一部に過ぎない，しかも高齢者を扱ったものを中心に取り上げたわけでもないが，今後の受け手研究をより一層推進するための主要課題との関連で明らかになった点がいくつかある。

① 初期の受け手，例えば，弾丸理論，影響理論，効果理論は，メッセージの受け手への影響や効果に焦点を当てており，これらの理論における受け手は受動的である。
② 個人差論，社会関係論，社会関係資本論，社会分化論は，受け手自身（個人または集団，団体）から出発しており，メディアと受け手の関係について分析している。
③ 文化規範理論はマス・メディアから出発し，マス・メディアの内容が受け手にどのような変化をさせているか，社会のためにどのような文化規範を打ちたててくれているかについての研究をしている。
④ 受け手理論の中では，「利用と満足」研究が重視されて進められており，それらの理論では受け手が能動的に捉えられている。
⑤ 「利用と満足」研究，受容分析情報処理理論にも，まさにこれこそというひとつの理論はない。どれもこの先どう展開するのか未定の，比較的発展の初期段階にある理論である。

⑥「利用と満足」研究，受容分析，情報処理理論というこれらの3つの理論は，人々はどのようにして，そしてなぜ，ある特定のメディア内容を理解し，そこから学習するのかに焦点を当てたミクロな視点の理論があったが，最近ではどれも，よりマクロな視点の問題を扱う方向へと移行している。

⑦情報処理理論は，どんなに単純なメディア・メッセージにも存在する膨大な量の情報を個々人がどのように処理し理解するのかを説明するもので，人々はテレビ・ニュースをどのように読むのかといった状況にうまく応用されてきている。

⑧受け手が受動的であるという見方から始まった受け手理論は，受け手が能動的であると捉えるようになっており，最近では受け手を能動的な受け手と捉えている研究が多い。

⑨受け手をめぐる理論は，社会学的，心理学的，文学，哲学，文化人類学などの様々な領域の分析法を相互に関連させてきている。

⑩受け手の理論は，最近では特に市場理論との関連で展開されるようになっている。

⑪これまでに行われた受け手に関するさまざまな理論とそれらに基づく調査研究で最もよく使われている受け手のメディア利用を測定する指標は，人口学・統計学属性変数，個人的要因，社会関係，ライフスタイルの形態などである。

⑫ライフスタイル分析は，受け手をめぐる新しい理論として用いられており，日本や中国におけるマス・コミュニケーション研究領域にも登場しているが，それらの研究は西欧の調査研究で用いられた尺度を引用し，多少の修正を加える程度にとどまっている。

⑬受け手に関する調査研究は主に経済が発展した国や地域で行われている。

⑭受け手をめぐる諸理論とそれらの発展はメディア技術とメディア産業の発展と深く関わっている。

⑮受け手に関する調査研究においては，個人的差異，個人が所属している集団，社会関係，イデオロギー，人種，社会階級，ジェンダーといった側面

からの把握が重要である。
⑯ 受け手研究においては，メディアが情報を提供することを通じて一種類の道徳的・文化的規範を形成する力があるということに留意する必要がある。
⑰ 受け手研究に関しては，社会状況または社会の経時的変化に留意する必要がある。
⑱ 受け手研究においては，地域の特性（社会カテゴリーの特性）の視点も重要である。
⑲ 受け手研究においては，物事や社会問題に関する見方による共通点と相違点にも留意することが必要である。
⑳ 受け手研究においては，メディア情報が受け手の生活や考え方などに影響するということにも留意する必要がある。

　以上のように受け手をめぐる理論に関する先行研究の検討の結果として明らかになったことは，どれも受け手研究が今後発展するために当面取り込まなければならない主要課題に関連して重要である。そしてまた，本研究の調査対象地である中国における受け手研究に関連しても重要である。

17　今後の受け手研究における留意点と課題

　以上受け手をめぐる諸理論に関する研究から明らかになったことを取り上げたが，以下において，受け手に関するさまざまな理論に関する先行研究の整理から得られた，今後の受け手研究において重要だと思われる留意点と主要課題について触れておくことにする。

　第一に，受け手のタイプが多様化してきているといわれているが，このような受け手の多様性と一致するような受け手の分類が出来ていない。

　第二に，ライフスタイル分析は，受け手をめぐる新しい理論として用いられており，日本や中国におけるマス・コミュニケーション研究領域にも登場しているが，それらの研究はインターネットや携帯電話などのニューメディア技術の採用に限定されている。

第三に，メディア接触行動，特にテレビ視聴行動が高齢者のライフスタイルと関係があるかどうか，どう関係しているか。言い換えると，
① 異なるライフスタイルがどのように高齢者のメディア利用，特にテレビ視聴行動の違いをもたらすのか。
② 異なるライフスタイルグループに属している高齢者は，マス・メディアの利用に差があるのか。
③ ライフスタイルの違いによってテレビ視聴，番組選好に差異があるのか。
④ メディア接触行動，特にテレビ視聴行動が高齢者のライフスタイルにどのように影響しているか，などが明らかにされていない。
　したがって，本研究で必要としている受け手の理論とは，以上取り上げた課題の解明に寄与できるような測定尺度である。しかし，以上見てきたようにこれまでも多くの理論が提案され，使用されてきたが，これらの課題や問題点を解決できる理論は未だ開発されていないといってよい。そして，本研究は，テレビ利用を含むメディア接触の多様性に焦点をあて，以上のような課題に答えようとしている。したがって，本研究でライフスタイルの観点から高齢者のメディア接触行動について研究することによって，以上取り上げた課題を明らかにすることができると同時に，「高齢化社会においてマス・メディア（特にテレビ）をどのように活用していくべきか，どのような内容や番組が高齢者の生活に役立つのか」などの問題を明らかにすることもでき，高齢者の生活福祉やサクセスフル・エイジングに資する番組提供やメディア政策などに役立つものになると考える。
　そこで，以下第2節において，これまで提示された受け手の類型に関する先行研究を基に，ありうると思われる受け手の類型について整理を行い，受け手の多様性の解明に向けて受け手行為に関する基礎的な考察を試みることにする。

第2節　受け手の類型

　第1節で述べたように，マス・コミュニケーション領域における受け手研究

は，1930年代から始まっており，それぞれの研究における受け手の概念がさまざまであり，それらの各理論における受け手行為が多くの要素，特にメディア特徴，内容の文化的特性，個人のパーソナリティ，及び受け手の経験に影響する社会環境などの要素と関係していることがわかる。そこで，受け手の類型について理解することが受け手行為に関する研究において非常に重要であると考える。この節においてまずこれまでの先行研究を基に，受け手の類型について整理を行い，受け手行為をどのように捉えるかについて若干の考察を試みる。

有名なマス・コミュニケーション研究者であるMcQuail（1997）は，7つの側面から受け手の類型を説明している。McQuailが『AUDIENCE ANALYSIS』というこの著書の中で，1999年までの受け手研究を踏まえたうえで，受け手の類型について非常に要領よくまとめているので，受け手の類型については，主としてMcQuailの著書『AUDIENCE ANALYSIS』の第二章「受け手の類型」という論文を準拠して説明する。

しかし，私はその際，受け手の類型をMcQuailが紹介した7つの側面に分けるのではなく，8つに分けることにする。なぜならば，McQuail（1997）がメディア産業とメディア技術の発展に伴う受け手類型の歴史的流れをまとめており，新しいメディア技術の影響で受け手集団の規模が縮小し，数が増加していることにもふれているが，「受け手」はコミュニケーション手段を通して「送り手」へと転換するという点についてほとんどふれていないためである。最近公表されているマス・コミュニケーション領域における受け手のメディア利用に関する調査研究を参考にすると，かつてのように，ただ受け手を大衆または集団と見なすことがなくなり，受け手のタイプも多様化しており，受け手のメディア接触行動の多様性と一致するように受け手を分類する必要があることがわかる。そのため，以下では第7の側面までの受け手の類型については，McQuail（1997）の見解を中心に，Schramm（1954）やVogel（1994），張国良（2000），Ran（2006），Karen（2003）らの研究を参考にして取り上げて，8番目の受け手類型として，生活者としての受け手という受け手類型についての考えを紹介する。

1　受け手の二重性

　マス・メディアの発展してきた歴史は，受け手が社会発展の産物であると同時に，またメディアとその内容の産物であるということを明らかにした。人間の必要性は，彼らによりふさわしい内容の供給を求める。言い換えれば，マス・メディアは人々の関心を集める内容を選択的に提供するのである。もし私たちが第一の観点に立つと，マス・メディアをひとつの反応だと見ることができる。つまり，国家社会，地域社会と既存の社会集団の普遍的な必要性に対するひとつの反応である。同様に，マス・メディアは一連の特定個人——例えば政治活動家，ビジネスマン，若者，スポーツファンなど——が自発的に表した各種の趣味に対するある種の反応でもある。他方，私たちは受け手をメディア発展の産物だと見たら，新しい技術が（映画，ラジオ，テレビ，パソコン，携帯電話などの発明のように）常に新しい受け手をもたらし，新しいメディア・チャンネル（例えば新しいパソコン，新しいi-phoneなど）も新しい受け手をもたらすことが見えてくる。

　メディアの受け手の形成と変化は絶え間なく行われており，かつて受け手について行われた明確な区分は，今は例証されがたくなり，人々にも受け入れがたくなった。時が経つにつれて，メディアは既存の社会集団に内容を提供したか，それともメディアの提供した内容は新たな社会集団を作りだしたかは，ますます区別しにくくなってきている。メディア創造の必要性（media-created needs）と受け手の「自発的」必要性との間の境界線も区別できなくなっている。あるいは両方が必然的に融合したといえよう。それにもかかわらず，受け手の自発的な必要性と送り手の創造した必要性両方を区別するのは，依然として理論的に有益である。McQuail（1997）は，このようなことを視野に入れ，「社会の需要とメディア創造の需要，および操作の異なる次元——マクロな次元とミクロな次元——にしたがって，受け手が次のような4種類に分類される」としている（表Ⅱ-2）。

表Ⅱ-2 マス・メディア受け手の分類

		源　泉（source）	
		社会（society）	メディア（media）
次元	マクロ	社会集団と公衆	メディアまたはチャンネルの受け手
	ミクロ	満足グループ	特定のメディア内容の受け手

注：この表はMcQuail（1999）より

2　集団または公衆としての受け手

　集団または公衆としての受け手とは，受け手として確定される前に既に独立して存在していた人々のグループのことである。しかし，近頃の最も典型的な例は歴史上存在するか，または小さい範囲において現れている。なぜなら，集団を構成する一部の条件，たとえばメンバーの間の相互作用の存在や，規範的調節と「境界線」（boundedness）があることなどは，現代社会においてますます揃えにくくなり，ましてそれらの条件で受け手を分類するのはなおさら困難であるからであろう。にもかかわらず，一部の政党，宗教団体，またはその他の社会団体などが組織とメンバーのために出版している一部の新聞雑誌はいまだにその基準に適している。政党と宗教新聞雑誌は，かつて内部の交流を促進させ，外部の活動を支持するために通常指導層から基礎組織までといった上から下へとの連絡様式をとり，凝集力を強め，グループ全体のイメージを際立たせていた。

　現在の状況では，もしマス・メディアの受け手が依然としてある種の社会集団であるというならば，最もふさわしい事例は地域新聞の読者群とコミュニティ・ラジオ局の聴衆，ローカルテレビ局の視聴者であろう。ここでいう受け手たちは共に，少なくともひとつの重要な社会・文化的特性を共有している。彼らはひとつの共通の空間を持ち，或いは同じコミュニティに居住している。人々の地域意識とアイデンティティを強めるという点においては，地域メディアは顕著な効果を発揮する（Janowitz, 1952; Mcleodら，1996; Rothenbuhlerら，1996; Stamm, 1985）。地元メディアであるということは，それらのメディアに幅

広い関心領域を画定し，提供した（レジャー活動，環境保護，就職，社会的連携等）。地域メディアの広告は，主に地元の取引と労働力市場のために奉仕する。また，地域の社会力と経済力はともに地元メディアの統合作用を強化する。たとえば，ある地域メディアが廃業したとしても，その受け手である地元のコミュニティは依然として持続的に存在できる。

しかし，ニュースがもっと中立化する（あるいはもっと客観的になる）動向は日々強くなっており，発行部数の競争（および新聞業界の集中する傾向）もいっそう激しくなってきている。これらはある程度新聞の政治的色合いを薄めている。そしてさらに，いまだに存在する受け手のアイデンティティを弱めた。このような競争の中で，新聞は数がもっと多く，構成がもっと幅広い読者群を獲得しようとしているが，政治的立場が鮮明な新聞は，しばしば老化・衰弱している読者群を抱えることの象徴となってしまっているのが現状であるといえるだろう。

同様に，社会集団としての受け手が何を意味するかは，対立するもうひとつの極端，つまり大衆受け手または全体受け手について考察することを通じて説明しよう。例えば，テレビ産業が発展したある段階において，全国的テレビ放送機関の多くは，数少ないいくつかのチャンネルを放送しており，場合によってひとつのチャンネルしか放送されていなかった。これらのチャンネルは国民全体に向けて放送しなければならない。もし，受け手に全ての人が含まれているなら，テレビの送り手は政治上またはその他の側面でのバイアスを避けなければならず，そうではなければ，彼らは受け手全体における異なる社会集団を引きつけるのが難しくなる。

公共放送システムはまるでアラームのように人々にヒントを与えている——特定の社会状況とメディア構造のもとで，受け手は相変わらず馬が合う社会集団とみなされうる。経験が私たちに伝えてくれるように，より幅広い文化と社会環境の変化，そして市場の圧力の衝撃に直面する公共放送システムそのものが脆弱であるけれども，この変化の動向は公共放送システムのもとでの受け手の形成様式と，完全に対立的であるのは明らかである。

前述の事例は，コマーシャル放送システムの下での状況と対照的である。コ

マーシャル放送システムの下では，受け手は顧客または消費者である。「消費者第一主義」を含む市場規則が全てを圧倒する。それにもかかわらず，メディア経営者は依然としてマス・メディアの送り手たちをリードしている可能性があり，受け手を自治集団または自発的で積極的な公衆と見なし，送り手はそれに明確な責任を持つ。例えば，政治ニュースを全面かつ公正に報道することなどがある。

合法的であるか否かにも関わらず，地方のケーブルテレビと地方のラジオ放送の発展は，異なる通路やマイノリティ（各種の聴衆集団のように）の声を増加させる可能性をも整えている（Jankowskiら，1992; Kleinsteuberら，1990）。このような発展は，明確かつ強烈なアイデンティティを持ち，自分のメディアを持つことを希望する集団（group）にとって非常に役に立つ。移民出身のマイノリティと少数派言語の話し手たちもその中から得をするのである。強大な主流メディア陣営に対抗しがたいが，このような小規模のメディアの存在は持続的で意味がある。同様に，これらのメディアの生存には，それに適した経済的・社会的状況が必要なのである。

人々にもっと親しまれ，社会集団の基準にもっとふさわしい受け手類型は，その命名と出版物に関係がある。出版物というのは，印刷メディアのことをさす。それはある特定の，しかも分布が広いネットワークの中で伝達し，常に専門的身分と社会地位の象徴となる。そこで，人々は共通の目標，趣味と物事に対する理解を持ち，時には受け手集団はある特定の公共的議論によって形成される。ある意味では，ひとつの想像上の境界線で，公共領域における「受け手」と，個人的，専門的または業界の中の「受け手」を見分けることができる。もっぱらある特定機構内部メンバーのために出版した印刷物あるいは専門的，科学的雑誌・書籍等は，明らかに後者に入る。社会的活動を熱心に支援している人のために提供する出版物は，前者に入る。新しいメディア技術の進展により，メディア内容の再生産と伝達はかつてよりさらに容易になり，さらに安くなってきており，このような受け手の成長を促進した。インターネットとウェブは現在の技術領域における最新の成果である。新しい技術は，古い伝達

（放送）の通路を保持したばかりではなく，小集団と極めて分散的な公衆のためにも新しい伝達（交流）の通路を開発してくれたといえるだろう。

3 「満足族」（gratification set）としての受け手

　「満足族」（gratification set）としての受け手は，メディアに関わる趣味，ニーズや愛好などの多様な可能性に基づいて形成または再編された受け手をさす。「族」という言葉は，受け手は典型的に分散された，相互に関係しない個人から構成されたことを意味する。「公衆」としての受け手はメディアに対する需要と興味は非常に幅広い。しかも，共通の社会的特徴の中から調和と統一を得る。しかし，「満足族」としての受け手は特定の需要または需要類型によって決められ，これらの需要は社会的経験に由来するにも関わらずそうである。ある程度，このような受け手は伝統的な公衆的受け手に取って代わったといえる。これは，メディアは特定の消費者の必要性を満足させるために，明確な対象に向けた番組を製作・放送したことによるものである。全ての公衆（地域，社会階層，宗教または政党のどちらかを基盤に形成されたかに関わらず）がそれぞれ専用のメディアを持つことと異なり，受け手の多くの積極的なニーズは，それに相応する供給を呼び起こしたのである。

　このような現象は新しいものではない。なぜならば，早期における大衆新聞，エピソード，ファッション，ファミリー雑誌のように，長い間受け手の広範かつ多様であり，部分的に一致する需要にあわせてきたのである。これらの出版物が提供したのは，主に実用性がある情報，娯楽，コラムであり，それらは人々の日常生活において潤滑剤の効果を持っている。現在，宗教と政治的な影響の後退，およびメディア商業化の動向が強化していることは，このようなメディアの成長を速めている。

　実際の「満足族」としての受け手構成は，常に変動している。あるテレビドラマ，映画，文芸作品，音楽などによって形成された受け手群は，特定であり，しかもまたたくまに過ぎ去るものである。しかし，これらの受け手の形成

を促した原因そのものは，一種の循環的な役割を持つ，予測できる効力の産物である。人間は自分の経験に基づいて特定の社会心理的ニーズが生まれる。このようなニーズを特徴とする受け手概念は，受け手に関する「言説」(discourse) の中で重要な意味を持ち，また受け手を描くときに役立つ。ある種の社会的または文化的指標に従って潜在する受け手を分類する方法は，メディア産業にとっても非常に重要である。なぜならば，それは新しいメディアサービスの開発と市場競争に適応するために指針を提供してくれるからである。

4　メディアの受け手

　メディアの受け手という概念は，例えば「テレビ視聴者」と「映画観衆」等のように，人々の選択するメディアの種類によって受け手を画定する概念である。最初にこの画定方法を利用したのは前述した「閲読公衆」(reading public)，すなわち，教育が普及していない時期における，閲読ができて，確かに読書をしていた数少ない人たちの場合である。この画定様式は受け手の範囲を拡大させ，ある種のメディアに接触した全ての人が受け手に大ざっぱに含まれるようになるけれども，ここでは，一般的にその行動と自己意識によってある種のメディアに定期的に接触するかどうかを判断できる人を指している。

　それぞれのメディア，すなわち新聞，雑誌，映画，ラジオ，テレビ，蓄音機・CD などは，それぞれの消費者と支持者群を作らなければならない。インターネットとマルチメディアなどの「ニュー・メディア」の普及に伴い，この過程はいまだに継続している。前述の方法で人々を幾つかの類型に分類することは決してそんなに難しくない。しかし，一歩進んで広範囲に及ぶ社会人口統計学の観点からこれらの受け手について行った区分は，大ざっぱで精密ではない。

　メディア経済学においては，メディアの代替可能性 (substitutability) に関する問題は，昔から非常に重要であり，さらに各種のメディアは如何に自分の受け手を保持するかという問題にまでなっている (Picard, 1989)。受け手群の規模の大きさと人口学的・統計学的特徴などの問題以外にも一部の要素を考えな

ければならない。一部の情報は家庭環境に適しており，家族の老若男女を問わず受け入れることができる。例えば，テレビをみることなどである。そして，ほかの一部の情報は比較的に個人化しており，さらに良俗を乱すこともある。例えば，ポスターや雑誌などである。一部の内容は情報を提供する言語環境に適しているが，その他の一部のものは娯楽・余暇環境に適している。この観点から見ると，各種の異なるメディアの受け手を分類するときに，その経済社会的特徴を配慮するだけではなく，メディアの伝えている具体的な内容および受け手がメディア行動をとるときの社会文化的環境と言説状況にも配慮しなければならないことがわかる。

5 メディア通路と内容によって画定される受け手

　受け手をある特定のメディア，例えば，書籍，新聞などの読者，映画，テレビ番組などの観衆または視聴者，ラジオ番組の聴衆者などと画定するのは，大きな問題がないように見える。「ブック・キーピング」の伝統方法で行われた受け手研究において，このような区分が最も適しており，実証研究においても何かの問題を引き起こすこともなかった。集団関係または集団意識の潜在的な次元についていかなる配慮の必要もないし，またどんな心理的動機の変数についても測定する必要もない。まさに，こうした実在的（concrete）な意味において，受け手はあらゆるメディア商業活動の基礎になる。この理由で，人々は常に優先的に特定の放送内容と放送通路の受け手を画定する根拠とする。特にメディア産業と関係する研究においてそうである。

　同様に，この種の受け手概念は，市場概念と一致する。市場論理に従えば，受け手は特定のメディア商品の消費者と見なされる。受け手は，お金を払う一連の消費者を含んでおり，また人々にそれぞれのメディア商品を単位として値段を掛け合ってスポンサーに転売する人数とお金の多少をも含んでいる。このような受け手は「視聴率」（ratings）といわれるものであり，またメディア商業によっては非常に重要な「数字」（numbers）でもある。あらゆるメディア産業

のゲーム規則では，利潤問題にかかわりがなくても，視聴率は番組が成功したか否かについて主要な基準を提供している。徐々に，視聴率は受け手という専門用語の主な意味となり，しかも，受け手を説明する唯一の直接現実的な意味と明確な市場価値を説明する専門用語となってきた。それには，同じく受け手をメディア商品（product）——いかなるメディアにとっても最も重要で，疑いの余地もないメディア効果（effect）——と見なす考えが含まれている。

　ここで，これまで最も複雑なメディア・マニアと熱狂的な愛好者の問題について簡単に触れることにする。この問題はメディア・スター，タレント，番組とテキストに極端に加わるマニアのことをさす（Lewis, 1992）。Lewis（1992）らによれば，彼らの特徴は，いつも彼らを引きつけるものにおびただしい数量，そして量を越すまで関心を向けており，しかもほかのメディア・マニアに対し強烈な感覚とアイデンティティをもつことである。メディア・マニアには何らかの付加的な行動様式もあり，しかもそれが服装，ことば，ほかのメディアの利用と消費などの側面で現れる。

　ファン現象はしばしば批判的な観点（見方）を引き起こす。これらの観点（見方）は，ファン現象をひとつの未熟で無知な大衆文化の産物であり，典型的な大衆行為と見ている。伝統的な観点から見ると，このような現象はいくぶん荒唐無稽に見える。例えば，Elvis Presley（1937〜1977，20世紀のアメリカ音楽業界の最も重要な代表人物）のようなすでに他界したスターに対する崇拝などである。しかし，それらは，メディア経験に基づいた異なるサブ・カルチャーとアイデンティティが形成される可能性を高めた。メディア・ファンたちはいつも社会集団を組織するだけにとどまらず，彼らはまた非常に積極的に自らが関心を持っているあるいは愛好する対象との間で相互作用を行う。しかも，ファン現象は非常に古い歴史をもつ現象として，いわゆる大衆文化に完全に限定されたものではない。スポーツ，オペラ，バレー，演劇や文学などの領域においては，本質的にまったく同様の現象は長い間ずっと存在しており，その例は至るところで見られる。

　批判学派の視点は，「ファン現象の出現はメディアの励ましを受けた結果で

あり，メディアが支配と搾取を行ったことのひとつの明証である。また，メディアは受け手とメディア商品とタレントとのつながりを強め，自己宣伝を強化し，商品の販売やほかのメディア副産物の中から大量の利潤を獲得しようとしたことの一つの明証である。このようにすることが，商品の生命周期を伸ばし，利潤を最大化させることに役立つ」と考えている。これと同時に，他の見方では，「もし上述の批判学派の考えの全てが真実であれば，ファン現象が反映しているのはメディアのコントロールではなく，受け手の「生産力」である」(Fiske, 1992) とされている。この見方に従えば，メディア・ファンたちはメディアが提供する内容の中から能動的に新しい意味を作り出し，文化的な識別システムの樹立を通じてスタイルの展示を行い，社会的身分のアイデンティティを強化し，協会を形成することを通じて，メディア・ファン集団をメディアの支配とコントロールのもとから解放できることになる。

　メディア・ファンを社会集団と見るにせよ，またはメディア従事者の人為的な製造物であると見るにせよ，彼らはここで検討している受け手問題にいっそうの複雑性をもたらしたのは確かである。メディア・ファンから形成された受け手は，まったくメディアのマーケティング戦略の簡単かつ受動的な目標ではない。あらゆるメディア内容によって形成された実際の受け手グループにおいても一部のマニアが現れる可能性がある。そして，また一部のメディア内容は，メディア・ファン集団の形成を招くが，ほかの内容は必ずしもそうとは限らない。これは大幅にメディアによって決定付けられる。特に音楽，書籍，映画などの領域ではそうである。メディア・ファンの形成は予測できないもので，しかもよく期待はずれにやってくる。例えば，なぜ一部のテレビ番組と映画は人々の狂熱的な愛好を引き起こすのか，しかもほかの時間と場所でも絶えず新しい視聴者を引きつけるのかを解釈しようとすれば非常に難しい。

6　大衆受け手の解消：新類型の出現

　以上検討してきた各種の異なる受け手類型には，ひとつの共通の特徴があ

る。すなわち，マス・メディアと関連していることである。マス・メディアはひとつの「中心―周辺」式の放送の流れであり，情報の発信者にとって，「受け手」はそれと分離した未知のものである。メディアの生産，発行，消費もそれぞれ分離されている。歴史的に見ると，「受け手」の発展は，ある場所に集まって一緒に見るあるいは聴く人の群れから始まっている。規模が次第に拡大するのに従い，この人の群れがますます分散的になり，いっそう非人格化されてきた。最後に，マス・メディアの受け手とは，同じ時間で同じ情報に注目する巨大な集合となる。ただし，非常にはっきりしているのは，たとえそうであっても，「マス・コミュニケーション」には，依然として異なる受け手類型が存在し，また各種の「受け手―発信者」(audience-sender)関係も存在する。規模が大きい，匿名，大量の受け手がいるような「発信者―メディア」(sender-media)関係も，唯一の可能な存在ではない。現実的には，多くのメディア受け手のグループは，規模が小さいだけではなく，そのうえ社会と感情の絆を通して放送源と緊密につながっている。

　人々はしばしば受け手が表した社会関係（独立なものかどうか，隔離したものかどうか，不公平なものか否か等），および明らかに現れた社会集団の特徴（凝集性，境界性，恒久性など）の程度の違いに基づいて，受け手を分類している。また，前述した公衆または社会集団としての受け手について検討したところに見られたように，これらの概念で画定した受け手の概念はそれぞれ大きく異なっている。もし社会学の観点から受け手を見るなら，特にほかの原因がなければ，人々のメディア利用行為(media use behavior)についてのさまざまな社会関係を考えなければならない。特に，新しい相互に作用しているメディア技術の発展は，人々にこの問題についての注目を引き起こしている。

　また，持続的に増加しているインターネットとマルチメディアの使用者については，次のように理解することができるだろう。彼らは一グループのホットラインまたはほかの音響設備を使用しているように，インターネットとマルチメディアをよく使う個人である。これらの人は本当の受け手ではないが，彼らもメディア利用者である。

最近，受け手研究の新たな発展と新しい送り手──受け手関係が出現した。例えば，個人の意図（例えば，ある旅行を計画する）と公共目的（例えば，ある公共的な問題について意見を形成する）の融合により協議型メディア利用モデルが現れてきた。また，インターネットがますます普及したことより，個人間のコミュニケーションのような公共「対話」(conversational) モデルがもっと広範に応用されるようになったのに対し，登録モデルは，個人受け手および個人間のコミュニケーションを，公衆が利用できるデータに転換することを可能にした。

7　受け手〜送り手関係の多様なモデル

　最後に受け手類型に関して言及する価値があるのは，受け手と受け手経験についての分類を行うには，少なくとももうひとつの考えの道筋があるということである。それは情報源と受け手との間の関係に着眼し，態度と目的の違いによって受け手を区分するものである。McQuail（1994）によれば，3つの放送関係モデルを利用して，これについて適切な解釈を行うことができる。ひとつは送達（transmission）モデル；もうひとつは表現（expressive）あるいは儀式（ritual）モデル；第三は注意（attention）モデルである。

　McQuail（1997）は，この三種の受け手の位置づけおよびそれに関連する経験のモデルを，大まかに以下の概念でまとめることができるとしている。すなわち，認知過程（cognitive processing），共有と規範的参加（sharing and normative commitment），関心供与（attention giving）という3つの概念である。それらの間ではお互い排斥せず，あるいは相容れないことがない。異なるメディア，異なるチャンネルや特定内容を区分するときにも必ず役に立つとはかぎらない。それにもかかわらず，こうした分類に従ってみると，受け手の間には依然としてあるシステム的かつ普遍的な差異が存在する可能性がある。

目標としての受け手

　送達モデルでは，放送過程は基本的にある種の持続的に行われる信号と情報

の伝達過程と見なされ，その目的は受け手をコントロールあるいは影響することにある。情報の受け手は，意味を意図的に伝達させる目的地（destination）と目標（target）と見なされる。このモデルは広告戦略などに用いられ，また教育情報と様々な公共情報の送信活動にも用いられる。同様に，それはまた受け手のいわゆる道具的な利用行為に現れる。例えば，上で概括した「協議型」（consultative）メディア利用行為の中のようである。

参加者としての受け手

　儀式あるいは表現モデルによれば，マス・コミュニケーションは「共有と参加」と定義される（Carey, 1975）。マス・コミュニケーションは，情報の送り手と受け手との間で絶えず共通性を増加させるものであり，送り手の目的によって，受け手を変化させるものではない。Carey（1975）によると，このマス・コミュニケーションは「空間的に情報を拡散するためではなく，時間的に社会の安定を維持するためである。情報を教える活動ではなく，共通の信念の表現」である。いずれにせよ，マス・コミュニケーションは道具的または功利的なものではない。受け手の態度も遊戯的，個人的または道徳堅守的であるかもしれない。本質的には，すべての受け手成員は皆参加者であるといえる。

観覧者としての受け手

　第三の受け手類型は次のようなコミュニケーション・モデルから生まれた。すなわち，情報源は何とかして情報または信念を伝達するものではなく，コミュニケーション効果に注目せず，ただ視聴者の関心を集めるためである。いわゆる受け手の関心とは，視聴率で判断し，その後，切符売り場の収入と広告費などとして引き換えるものである。メディア業界または社会における地位と影響力として引き換えできる。人気度と有名人は，純粋な公衆前での露出度が高い産物のようなものであり，放送の「効果」（effect）または視聴者「鑑賞度」（appreciation）の測定結果ではない。一方，マス・メディアの送り手にとっては，高い視聴率は最も明確かつ最も商業的な価値があるフィードバックと報償

様式を提供している。しかし，受け手の「観客」的（spectatorship）関心は一時的なものであり，集中的に行うわけではない。それは，「意味の伝達」（transfer of meaning）がなければ，意味の共有もなく，さらに送り手と受け手との間での深いつながりもなくなることを意味する（Elliott, 1972）。受け手がメディアのために使う時間は——それはただの時間つぶしであり，娯楽の形式であり，またはただ個人の自由を享受する一つの形式にすぎないにもかかわらず——関心を確定する主な基準である。

8　生活者としての受け手

　受け手が接触したメディアの内容をほかの人に話すか（全てではないけれど）ということに留意する必要があると考える。例えば，視聴者はただの受け手でおそらく留まらない。すなわち，ただ外部から入るばかりではなく，外部へ発信する側面もある。例えば，家族・親戚・友達などと話しているときに前日のテレビドラマの話題が出てくるといったように，メディア接触を彼／彼女が主体的に参加しうる環境の中で確認する（共有する→それによって孤独感を解消）必要性が出てくる。その確認作業が，極端な場合ただほかの人と一緒にテレビを見ることだけで達成できる。ずっと一人でテレビを見て，見たものをほかの人に話さないで，完全に「受け手」になる人はおそらく存在しないだろう。視聴者が発信できる範囲で「送り手」にもなろうとする願望を持っているだろう。演劇（劇場での），映画（映画館での）は，人々が集まり，お互いの存在を確認しあう公的空間を形成する。テレビは，家族レベルで同じ機能を果たすことがありうるが，現代社会においては，一人でテレビを見る「孤独な観衆」の存在も十分ありうる。それらの人はただ見ることで全てを済ませて，満足感を得ているかというのは疑問である。

　このように「受け手」はコミュニケーション手段を通して「送り手」へと転換し，そこで何らかのバランスをとり，安定感を持っている。誰とテレビの話（または新聞記事の）をするか，どんな内容についての話をするか，テレビにつ

いての話（またはラジオ番組，新聞記事などについての話）から満足感が得られるかなどを探求すること，「受け手―送り手」のバランスの観点からメディア接触行動の意味を探求することは非常に重要だと考える。

　McQuail（1997）によると，「大衆としての受け手は受動的である。なぜなら，彼らは集団的活動を遂行できないからだ。しかしいかなる本当の意味での社会集団もひとつの共通の目標を能動的・意識的に選択し，そのために努力する仕方を持っている」。McQuail（1997）はまた「彼らのメディア選択，メディアに対する注目と反応は，多かれ少なかれ一定の能動性を持っている」と述べている。受け手を，単に能動的な「集団」と受動的な「大衆」の二者択一で十分把握できないだろう。そこでライフスタイルの分析を導入すると，「受けて⇔送り手」，「受動的⇔能動的」とした対立を克服できるかもしれない。

　ライフスタイルで分類された人間は，ばらばらになった大衆でなければ，ある共通の利益と目的のもとで結ばれた社会集団でもない。人々は，受け手としての個人でありながら，必要に応じて送り手にもなり，さらにさまざまな社会的ネットワークを通じて連携する可能性もある。そこで，これらとの関連で，テレビ視聴行動を次のような二つの類型に分けることができるのではないかと考える。

　① 対抗型テレビ視聴行動：テレビ局と視聴者はもちろん社会的に対等的な位置におかれていない。つまり，視聴者が送り手になり，テレビ局を受け手とすることはほとんどありえない。こうした不利な状況から脱却するために，視聴者は自分の意見をテレビ局にフィードバックする，あるいはほかの人とのコミュニケーションの中に取り入れ，それによって「受け手＝送り手」というバランスをとる。対抗型の視聴者にとって，テレビ視聴は主体的な営みであり，相当意識的に決定されたことである。すなわち，テレビから得たものは，視聴者にとって重要な意味を持つ可能性が高い。この場合，テレビ視聴行動が視聴者の生活に与える影響が大きいだろう。視聴者は，意識的に視聴行動をするという意味では能動的である。しかし，これは逆にテレビ放送の内容に対する依頼性が高いということを意味する。したがって，テレビ内容に対しては受動的でもある。

② 相対化型テレビ視聴行動：相手が知り合いであろうと，テレビ局であろうと自分の知っていることを話す（出す）という孤独回避・自己確認が人間に本質的に存在する。すなわち，諸個人の生活全体における「受け手・送り手のバランス」を追求する願望がある。そしてテレビはここで，話題の提供者という役割を果たす。いい話題かよくない話題か別として，とにかく話題を提供している。テレビを話題にする人間にとって，第一の目的は「送り手」になろうとする希望を満足させることにある。その時，「受け手」が存在しなければならないが，それがテレビ局ではなくてもいい。ここでテレビ局に対する主張は相対化され，二次的なものになってしまう。テレビ視聴と視聴者の生活全体に与える影響が実際少ないだろう。視聴者にとって，テレビはただコミュニケーション手段の素材にすぎず，それ以上の意味を持たない。視聴者は，番組内容に対する選択志向性が低く，テレビ放送に「流されてしまう」という点では，受動的である。しかし，放送の内容自体がさほど重要な位置におかれておらず，視聴者の生活全体にとって副次的な意味しかもたない。テレビ放送の視聴者に対する影響がブロックされるのである。したがって，視聴者はテレビ内容にとって能動的でもある。

対抗型・相対化型と，テレビ視聴時間の多寡と組み合わせると，4タイプのテレビ接触行動が出てくる。また，衛星テレビが見えるか否か，健康状態がどうか（簡単にいうと健康・健康ではない），諸個人のコミュニケーション手段全体におけるテレビの位置，好きなテレビ番組などによって，テレビ視聴がたくさんのタイプに分類できる。

こうして得た受け手の類型とライフスタイルとの関連を見ると，なんらかの相関関係が出てくるのではないかと思われる。他方では，消費者気質の増大が見られる。言い換えると，さらにより大きなメディア・イノベーションの適用，あらゆる種類のメディア内容のいっそうの生産，およびメディアに費やす利用可能な時間とお金の増大が，目標集団をより詳細に記述することや，次第に特定化される「市場」の開拓を要求するようになってきている。そこで，第Ⅲ章において，これまでのライフスタイル研究について検討を行い，中国の高

齢者のテレビ視聴行動とライフスタイルの構造を解明できるような理論枠組みの構築を試みる。

9 受け手行為の捉え方について

　まず，定義から見ると，受け手は大衆としては受動的である。なぜなら，彼らは集団的活動を繰り広げることができないからである。しかし，動機の強弱，注意の程度，巻き込まれた深度，愉快度，批判的または刷新的な反応，生活のほかの方面との関連などの諸側面から見ると，個人のメディア活動，彼らのメディア選択，メディア関心と反応には，多かれ少なかれある程度の能動性があるだろう。

　また，一方では，「能動的な受け手」というテーマに関して，影響の試みに対し受け手が能動的に抵抗し，メディア情報源と相互的な「取引」関係をもつという知見が多くの研究から得られた（例えば，レイモンド・バウアーの研究，彼は「頑固な受け手」という表現を使っている）。このような研究では，受け手の動機付け研究を用いたひとつの応用として，効果の程度と種類は受け手の欲求に依存するだろうという考えにしたがい，メディア効果のプロセスが検討されてきた。そのほかにも，これまで行われた多くの研究において，次のようなことが示されてきた。すなわち，「人々が自分たちのメディア行動の有用性について抱く考えには，繰り返し見られるパターンがあり，その主要な要素は，学習や情報，自己洞察と個人のアイデンティティ，社会的接触，気晴らし，娯楽，時間つぶしと関係がある。受け手たちがメディアや内容について，それらがあたかも有益であるように実際に考えていることは明らかであり，彼らによって抱かれる考えは内的に一貫し，また報告されるほかの種類の行動とも一貫する傾向がある」ということである。

　また，一般的には，受け手は上述した各側面において能動的であればあるほど，彼らはメディアの勧誘，影響とコントロール行為に対しては柔軟性があり，抵抗力がある。これについては，スポンサーと宣伝者たちには別の見方が

あるかもしれないが，普通はいい現象だと見られている。理論的には，能動的な受け手はメディア送り手にもっと多くのフィードバック情報を提供しており，送り手と受け手の間ではもっと多くの相互作用が行われる。受け手と送り手両方の相互作用を促進するには，新しいメディア技術がもっと大きな潜在力を持つと見られている。

　さらに，その一方，上述したように，受け手を消費者市場としてみなし，また千人を計算単位としてスポンサーに売る商品としてみることもできる。ここで重要なのは，消費者の人数と消費力である。他方，実際のマス・コミュニケーションの目的にしたがって，規範的な専門用語で受け手を描くことができる。ここで考慮すべきなのは，受け手の構成，受け手と送り手および放送内容との関係，受け手の関心とフィードバックの質，受け手の忠誠度，関わる程度と継続性などであろう。

　ここで論争の中におかれているのは，研究の目的は受け手をコントロールするためか，それとも受け手を解放し，保護するためかということである。この問題は，異なる研究方法，異なる学派の間における内在的偏見に，必然的に結びつく。量的研究，サンプリング調査，実験研究を行う研究者と，その他のさらに多く質的に研究を行い，さらに深く，徹底的な研究方法を取る研究者の間では，根本的な概念の衝突がある。そのため，受け手研究の歴史はずっと混乱に満ちていた。前者は，経営管理目標のためという傾向が強いのに対し，後者は自分の立場を守り通すと揚言し，受け手「側」に立とうとしている。

　現在，受け手集団の規模が縮小し，数が増加している。しかも，固定的で予測可能なグループ・メンバーを形成することはほぼ不可能になっている。マス・メディアは如何に「自分の」特定の受け手グループを特定し維持するかが，ますます難しくなってきた。人々のメディア利用様式はただ多種多様で絶え間なく変化するライフスタイルの一部にしかならないのである。したがって，メディア技術やメディア産業が発展した地域における受け手研究においては，人々のメディア接触行動をライフスタイルの一部として考える視点が重要であると思われる。

第3節　日本における高齢者のテレビ視聴行動研究とその知見

1　時野谷浩の「利用と満足」研究（時野谷，1986）

　時野谷浩は，実際に高齢者のテレビ視聴行動を対象として，マス・コミュニケーションの受け手研究の中心にある「利用と満足」研究の理論的枠組を適用している。

　時野谷は，特に1970年代後半以降の「利用と満足」研究が受け手の心理的《過程》を考察することから，マクラウドとベッカー，レヴィとヴィンダール，パームグリーンなどの「利用と満足」研究の構成概念をもとに，テレビ視聴行動のパラダイムを考案した。また時野谷は，このパラダイムを受け手としての高齢者に適用した際に，カッツとブラムラーとギルブッチの見解を参考にして，このパラダイムは3つの理論的前提（①「利用満足研究では老人としての受け手においては要求を充足するホメオスタティックな過程を前提としている」，②「老人視聴者は目的志向的行動としてテレビ・メディアを利用する」，および③「要求を充足する手段として，テレビは唯一のものでなく，機能的代替手段のひとつとしてテレビを利用する」）をもつことになると主張した。

　時野谷は，自分自身の実際の研究ではそれらの前提だけではなく，さらにデモグラフィック変数の分野をも含むように設計すると共に，国際比較の可能性も考慮した上で，高齢者視聴者の視聴行動を把握するための研究全体の枠組みを設定し，これに基づき，1984年に東京都世田谷区で高齢者の視聴動機―充足に関するアンケート調査と面接調査を行った。

　時野谷は，老人視聴者のテレビ視聴動機についての調査結果を単純集計した結果，第1位に情報，第2位に娯楽，第3位に便宜性，第4位にリラックスがあがることを指摘し，情報と娯楽は老人にとっての基本的動機であると述べている。また彼は，人間関係に関する動機は低く，受動的な情緒的動機も低いことも指摘している。さらに，彼は，単純集計の結果を更に因子分析した結果，

第1因子は娯楽型,第2因子は人間関係,第3因子は情報型となっていることを確認し,これは老人のテレビ視聴パターンであるとしている。

時野谷は,他方,日本と米国の高齢者のテレビ視聴行動の動機を比較する調査研究を行った。その結果,彼は,①テレビの視聴動機が類似していること,②テレビ視聴時間の平均もほぼ同じこと,③情報のための視聴動機が娯楽のための視聴動機に続いていること,さらに④人間関係のための視聴動機は低いことなどが日米の高齢者の間で共通であるのに対して,①日本の高齢者の方がテレビ視聴動機の水準が高いこと,②テレビ視聴行動の主要な動機(情報,娯楽,便宜性,リラックス)でも日米の差は著しいものがあること,③主要動機以外にも,経済性,習慣,話題,興奮などの項目でも日米間で相違が認められることを指摘したうえで,「日米老人の視聴構造には大きな差がある」と結論づけている。

2　香取淳子の調査研究

香取淳子は,高齢者の生活に寄与できるメディア利用の基盤を提供することを目的として,高齢者のテレビ視聴行動について調査研究を行っている。

1)　研究全体の理論的枠組

香取は,まず研究の理論的枠組みとしては,マス・コミュニケーションの受け手研究の中心にある「利用と満足」研究の枠組を適用している。香取は特に,P. エリオットが「利用と満足」研究を「理論」というよりはむしろ「方法」だと批判したことや,J. G. ブルーマーが生活満足度を軸に展開される老年学の活動理論は,マスコミ接触を要求の充足過程とみなす「利用と満足」研究のパラダイムに相応しているとしたことや,T. J. ヤングが過去の「利用と満足」研究をレビューして高齢者にとってのテレビの機能を総括していたことなどを視野に入れている。と同時に彼女は,C. スワンクがE. カッツらの「利用と満足」研究に対して行った批判(①線的構造で把握に終始していること,②要求が指標化されていないこと,③充足をもたらすものとしての非メディア行動が含

まれていない）を参考にし，また竹内がメディア接触行動を通して充足を求めようとする人々の心理過程についてさらに検討する必要があるといった見解を踏まえている。そのうえで彼女は，第一に，「指標として一般化するには実態から抽出した要求タイプをさらにふるいにかけ，一種のスペクトルとして機能するよう，実態からは把握出来なかったタイプも創出してつけ加える作業が必要である」，第二に，「対象を変えて何回も調査を行い，その度に抽出される要求タイプを整理し，補完し，相互排除的に要求タイプを調整する必要がある」と考え，高齢者のテレビ接触行動の実態を把握できるように調査の枠組みを設定し，調査研究を行っている。

また香取は，スワンクがそれまでの「利用と満足」研究の弱点を改善して行った調査で得られた結果（「① 社会とかかわりを持ち続けている高齢者は，そうではない高齢者に比べてはるかに情報源に依存する傾向にある」，および「② 高齢者にとってテレビ利用は，社会とのかかわりを促進するばかりではなく，場合によってその代償作用をも果たしている」など）を参考にして，香取自身が行った調査研究の結果と時野谷が高齢視聴者を対象にした調査研究で得られた結果（①「高齢者の視聴動機が娯楽，情報，人間関係維持などであること」，②「視聴動機としての情報の位置づけが日米で異なっていること」，および③「高齢視聴者研究において，その生活文化の影響を看過できないこと」など）を合わせて検討した。そして香取は，さらに多くの先行研究を検討して，「利用と満足」研究は，高齢者の社会的，経済的，心理的，文化的な生活実態に即してテレビの機能を把握できるという利点があるため，研究視角に理論としての弱点があったとしても高齢者の生活向上に寄与できる部分は多いという理由から，「利用と満足」研究のパラダイムこそ高齢視聴者研究にはふさわしいと結論を出し，この「利用と満足」研究を下敷きにして調査研究に取り組んだ。

2) 調査研究の結果

香取は，この調査研究において，基本的には，性差，家族構成および日ごろの活動形態という３つの観点から高齢者テレビ視聴行動を考察している。そして，香取がこれらの観点から取り上げたものは，主として，テレビ視聴時間，

余暇活動状況，生活背景，生活満足感，マス・メディア接触状況，テレビ視聴による充足内容，および好きな番組などの項目である。

　香取が高齢者テレビ視聴行動を考察するに当たって採用した３つの観点のうち，最も注目されるのは，日ごろの活動形態という観点である。この観点は，香取によれば，高齢者の余暇活動の内容に着目して，その余暇活動を分類することによって高齢者を類型化し，各類型の高齢者のテレビ視聴行動を考察するためのものとされている。こうして，香取は，①「目標を設定してそれに邁進する『達成動機づけ』の強いタイプ」（＝「学習活動タイプ」），②「即時的な充足を求めて，さまざまな活動にいそしむ『遊戯動機づけ』の強いタイプ」（＝「趣味活動タイプ」），および③「そのいずれもの動機づけが低く，日ごろ取り立てて何もしないタイプ」（＝「無活動タイプ」）の３類型を設定している。

　香取がこれらの類型に即してまず注目するのは，テレビに対する依存度，すなわちテレビを「視聴」している時間的な度合いが，無活動タイプにおいて最も高く，学習活動タイプにおいて最も低いという点である。しかも，香取がこの点に関連して強調するのは，テレビを積極的に活用しているのが趣味活動タイプであって，無活動タイプでなく，また，テレビからさまざまな充足を得ていたのも学習活動タイプであって，無活動タイプではないという事実である。要するに，香取によれば，「テレビ依存傾向を見せる者が積極的にテレビを活用しているわけではなかったし，テレビから多くの充足を受け取っているわけでもなかった」というのである。

　さらに，この問題とも関連することであるが，香取は，特に無活動タイプをさらに３種類に分類して，①「日ごろ取り立ててなんらかの活動をしているわけではないが，自発的に行動し，自ら情報を入手することを志向する『自律』タイプ」，②「情報も娯楽もなにもかもテレビから得ようとする『他律』タイプ」，③「なにかをしようとする意欲そのものが減退してしまった『老衰』タイプ」を類型化したうえで，これらが順番に老化の段階の類型でもあると述べている。この無活動タイプの類型化の試みは，香取の高齢者テレビ視聴行動の研究が，マス・コミュニケーションの受け手研究の範囲にとどまらない

で，テレビの福祉的機能の問題にも迫ろうとしているためであろう。実際，このことは，香取が高齢者テレビ視聴行動に関する彼女自身の研究成果をまとめた『老いとメディア』の巻末で，「これまでのところ高齢者の情報行動の中心はテレビ視聴行動であり，本研究も視聴行動を中心に展開してきた。とりわけ，高齢者の生活にどう寄与できるのかといった社会福祉的な観点からの調査研究を試みてきた」(香取，2000)と述べていることからも明らかであろう。

3 高齢者のテレビ視聴行動に関する社会老年学的研究—小田利勝の研究事例—

　小田は，高齢者のテレビ視聴行動に関する研究の一端として，テレビ視聴時間を規定している諸要因と高齢者の番組選好の解明を試みることを目的として，1999年に神戸市で高齢者の視聴行動に関するアンケート調査を実施した。

　小田は，この調査研究では，テレビ視聴行動の一般的特質を考慮して，高齢者のテレビ視聴時間に関する次のような仮説を設定して，この調査研究を進めている。

① 「身体的・精神的な活動能力や経済力が低いとテレビ視聴時間は長くなる」
② 「自由時間が多ければ（多いと感じていれば）視聴時間は長くなる」
③ 「本来の欲求が充足されていなくて生活満足感が低いと視聴時間は長くなる」
④ 「テレビ視聴以外の他の行動が制約ないし限定されていると視聴時間は長くなる」
⑤ 「社会関係の量や頻度が少ないと視聴時間は長くなる」

　そこで小田は，これらの仮説に関連する，身体的活動能力，精神的活動能力，経済力，自由時間，生活満足感，社会関係の利用や頻度に関する変数のほか，性，年齢，学歴（就学年数），職の有無などの一般的な人口学的・社会的属性を変数として用いて，テレビ視聴時間を規定している要因を明らかにすることによって，設定された仮説を検証することを試みている。

　小田（2004）は，その結果，人口学的・社会的属性との関係では，高齢者のテレビ視聴時間は，年齢が上がるほど長く，就学年数が長いほど短くなり，単

身世帯であることや自由時間が多いほど長くなることを確認している。

また小田は，態度・意識変数との関係では，高齢者のテレビ視聴時間が，「自由時間があると感じている」人や，「生活全般に対して不満感がある」人や，何かしようと思ってもできない理由を「気力がないから」と考えている人や，「老後生活観が否定的」である人ほど長いことと，「幸福感を強く感じている」人や「心理社会的老化度を強く意識している」人ほど，テレビ視聴時間が短くなるということを確認している。

こうして，小田によれば，高齢者が自由時間のかなりの部分をテレビ視聴に当てていることや，高齢者のテレビ視聴時間が人口学的・社会的属性だけでなく，態度・意識によって大きく異なることを確認できたことにより，仮説を支持する結果を得たと結論している。

さらに小田は，高齢者のテレビ視聴時間と番組選好との間には密接な関連が認められることも確認し，テレビを長く視聴する高齢者が好んで見ている番組は「娯楽番組」と「映画番組」であることと，その反対が「学習教養番組」であることを明らかにしている。しかも小田は，番組選好度も，テレビ視聴時間と同様に，生活形態や生活意識を反映していることを指摘している。

以上のように，小田の高齢者テレビ視聴行動の研究の特色は，その研究が社会老年学の立場から行われていることである。このことは，小田自身がこの調査研究の論文の最後のところで，「テレビ視聴行動を通じて，高齢期における生活の一端が明らかにされたと考える」と述べている点にも表れているように思う。

最後にこのことに関連していえば，小田は「生活全般に対する不満感や否定的な老後生活観を抱いているほど視聴時間は長い」という前述の知見について，「何もすることがなくて家の中に引きこもってテレビばかり見ている高齢者の生活満足感や幸福感が低いのは当然のことであろう」とか，あるいは「何かする気力が無くて老後生活を否定的に考えている高齢者はテレビを見るほかにすることがないから視聴時間が長くなるのは当たり前だ」といった常識的な解釈に対して，自分自身の解釈を次のように述べている。すなわち，「そうした高齢者はテレビを見ることに代わる行動を選択せずに，あるいは選択し得な

いままに，テレビを長時間見ることによって不満感や否定的老後生活観を幾分かは解消しているのではないか，テレビが無ければテレビ視聴時間の長い高齢者は，その時間をどのように過ごすことになるだろうか」。

しかし，この知見については，第三の解釈も可能ではないかと思う。すなわち，それはテレビ番組がテレビ視聴行動以外の行動のための手がかりや，生き生きした老後生活を過ごすためのヒントを提供し得ないでいる結果とみる解釈である。そして，そのような手がかりやヒントを提供することも，テレビ局の高齢者関係の番組制作の逆説的な役割，しかも今日的な役割であるといえるのではないだろうか。

4 日本における先行研究からの知見

本研究では以上述べてきたように，日本における高齢者のテレビ視聴行動に関するマス・コミュニケーション研究と日本の高齢者テレビ視聴行動に関する社会老年学的研究などの先行研究について検討してきた。その結果，高齢者のテレビ視聴行動に関する調査研究を実施する上での留意点と課題との関連で明らかになった点がいくつかある。

(1) 日本の高齢者のテレビ視聴行動に関するマス・コミュニケーション研究
　　―特に「利用と満足」研究を中心に―

この節では，日本の高齢者のテレビ視聴行動に関する調査研究を確認した。その結果，日本の高齢者視聴行動研究の一つの特徴として注目される点として，特に「利用と満足」研究の場合，理論的研究枠組みを明確にした実証的研究が見られること（特に，時野谷，香取らの先行研究事例）が見出された。彼らの調査研究から確認できたことは以下の通りである。
① 国際比較の可能な研究枠組みを考案して，日米比較調査に着眼したことによって，視聴行動における文化の影響が大きいことが明らかになった。
② テレビが利用と満足に関して，情報メディアとしての利用による満足とい

う視点だけではなく，福祉的な充足による満足という視点も重要になる。
③ 高齢者テレビ視聴行動の研究においては，特に自由時間の（余暇）活動形態別に考察することの意義が大きい。

(2) 日本の高齢者のテレビ視聴行動に関する社会老年学的研究

　以上述べたように，日本の高齢者のテレビ視聴行動に関する調査研究のひとつの特徴としては，「利用と満足」研究の場合，理論的研究枠組みを明確にした実証的研究が見出せることが注目されるが，日本の高齢者視聴行動研究のもうひとつの特徴として，高齢者視聴行動の問題が高齢期における社会的適応の向上に関わる問題として取り組まれ始めていること（小田の研究事例）が確認できた。

　ちなみに，テレビ視聴行動に関する研究のほとんどは，マス・コミュニケーション研究分野において行われてきた。けれども，最近になって，社会老年学あるいは老年社会学の研究分野においても，高齢者のテレビ視聴行動に関する研究が見られるようになった。小田利勝が高齢者のテレビ視聴行動に関して行なっている調査研究は，そのような研究として注目される。

第4節　中国における高齢者のテレビ視聴行動に関する研究——夏扎提古丽・沙吾提の研究——

　第Ⅰ章で取り上げたように中国では高齢者のテレビ視聴行動に関する研究は非常に少なく，主として高齢者を対象とした調査もほとんど行われていない。そうした中で，最近，筆者が「高齢者のテレビ視聴行動」に関する調査研究を試みた。その概要は，以下の通りである。

1　研究の目的

　中国でテレビ視聴行動に関する調査研究が試みられるようになったのは

1980年代以降のことであるが，本格的な調査研究が行われるようになったのは比較的最近のことである。例えば，王琪延(ワンチヤン)（1999）や马惠娣(マヘウイテイ)（2004）は都市部における生活時間調査の中でテレビ視聴行動を取り上げている。それらの調査研究では，高齢者の生活時間の中でテレビ視聴時間が占める割合がかなり大きいことが明らかにされている。しかし，高齢者のテレビ視聴行動を真正面から取り上げた研究は少なく，中国における高齢者のテレビ視聴行動は未だ十分に解明されてはいない。高齢化が進む中で，高齢者のテレビ視聴行動を明らかにすることは，高齢期における自由時間の使い方や情報入手の仕方，日常生活の過ごし方などさまざまな面に関係する重要な課題であると考える。そして，高齢化の進行は，テレビ視聴者の中で高齢者の割合を増大させることになるため，テレビ局がどのようにして高齢視聴者のニーズを満足させるかも，今後ますます大きな課題になると考えた。

ところで，中国における近年のマス・コミュニケーション研究（陆晔，2004；陈宗山，2000；郭庆光，1999；卜卫，2002；李彬，2003；戴元光，2003 等々）と新疆においてこれまでに行われた受け手に関する調査研究（陈宗山，1989＆2000；韩强，1999；阿斯玛，2002；张允，2005 等）から示唆されることは次のような点である。

①テレビ視聴行動は民族間の共通点と相違点に着目する必要がある。②テレビ視聴者の居住地域（農村部と都市部）の相違に留意する必要がある。③テレビ視聴者の好む番組（自民族の言語で放送されている番組）と実際に視聴している番組には大きなズレがある。

他方，日本における高齢者のテレビ視聴行動に関する調査研究から示唆されることは次のような点である（時野谷，1986；香取，2000；小田，2004 等）。①明確な理論的枠組みに基づいた実証的調査研究が重要である。②テレビ視聴行動には生活文化が大きく影響している。③テレビは情報メディアや娯楽メディアとしてだけではなく，福祉的利用という視点からとらえることが重要である。④高齢者のテレビ視聴行動を研究する際には余暇活動を形態別に考察することが重要である。⑤社会老年学の観点から高齢期における生活満足や

社会的適応力との関係で高齢者のテレビ視聴行動を分析することが重要である。

以上のような先行研究の検討を基に（詳細は，夏扎提古丽，2006a），本研究では，新疆ウィグル自治区における高齢者のテレビ視聴行動の特徴を明らかにし，高齢者福祉におけるテレビの可能性を考察した。

2　調査の方法

2005年6月8日から7月25日までに，新疆ウィグル自治区で高齢者のテレビ視聴行動に関するアンケート調査とインタビュー調査を実施した。

新疆ウィグル自治区は，日本の4.5倍に相当する広大な面積を有し，49民族，総人口1,900万人からなる多民族地域である。首都はウルムチ市で，漢民族，ウィグル族，回族，カザフ族，モンゴル族などの13民族が暮らしている。総人口は208.2万人（2005年第5回人口統計調査）で，そのうち，60歳以上人口は15万人を超えている。そして，今回のインタビュー調査の調査対象地域のひとつであるトクスン県はトルファン盆地の西部に位置している県で，ウルムチ市から162キロメートルの距離にある農業中心の地域である。総人口は10万人で，そのうちウィグル族が75％以上を占め，漢民族は20％，回族は7％である。

アンケート調査の対象者は，ウルムチ市の中学生の祖父母世代（高齢者層）と中学生の父母世代（中年層）である。調査は，新疆ウィグル自治区教育局とウルムチ市教育局の支援の下に，ウルムチ市の中学17校（遠隔地区にある学校を除く全中学校）の1年生と2年生約1万人に調査票を配布し，中学生が質問票に従って祖父母や両親に対して聴き取り調査をする，という方法で行った。その際，各中学生には次のようにして回答者を一人に限定するように依頼した。まず，中学生が聴き取り対象者を性別・年代別で区別し，男子生徒の場合は祖父→祖母→父→母の順に，女子生徒の場合は祖母→祖父→母→父の順に回答者を決める（表Ⅱ-3）。

両親より祖父母を優先することで高齢者の回答者を少しでも多くするととも

表Ⅱ-3 中学生の聴き取り優先順

回答者 聴き取り者	女		男	
	65歳以上	65歳以下	65歳以上	65歳以下
女子中学生	1番目	3番目	2番目	4番目
男子中学生	2番目	4番目	1番目	3番目

表Ⅱ-4 アンケート調査回収票

	65歳以上	65歳以下	合計
ウィグル人	755	962	1,717
漢民族人	2,036	727	2,763
合計	2,791	1,689	4,480

に，また祖父母がいない場合には中年層である両親のどちらかを回答者にすることですべての中学生が必ず一人の回答者を得ることができるようにした。回答者を決める際に聴き取りに当たる中学生と同性の回答者を優先することにしたのは，回答者の性別偏りをなくすための工夫である。このような手順で回収した有効票数は4,480である（表Ⅱ-4）。

インタビュー調査では，アンケート調査で取り上げた質問項目の具体的な内容と，アンケートの質問項目に含められなかったテレビ局に対する要望や不満などを取り上げた。前述したように先行研究から高齢者のテレビ視聴行動については地域別の相違を無視できないという知見が得られているが，ウルムチ市は大都市地域というだけでなく新疆ウィグル自治区の政治経済の中心地として特別な地域でもあり，調査結果がアンケート調査を行ったウルムチ市だけにあてはまる結果ではないことを確かめるためには，ウルムチ市以外に少なくとももう一地域を対象地域にする必要があった。都市対農村という視点と中心市対地方地域という視点から比較するため，65歳以上の高齢者に対するインタビュー調査をウルムチ市とトクスン県の2つの地域で行った。回答者数はウルムチ市で335名，トクスン県で196名の合計531名である（表Ⅱ-5）。

表Ⅱ-5　インタビュー調査回答者の民族と年齢

	ウィグル人		漢民族人		合計
	65歳以下	65歳以上	65歳以下	65歳以上	
トクスン県	4	159	2	31	196
ウルムチ市	—	172	1	162	335
合計	4	331	3	193	531

3　アンケート調査の項目

　アンケート調査の項目数は26項目である。日本で行われた高齢者のテレビ視聴行動に関する調査研究から，性別，年齢，学歴，家族形態などが高齢者のテレビ視聴行動に影響するという知見が得られていることと，これまで新疆で行われたメディア接触行動に関する調査研究が示しているように民族，地域の視点からの研究が非常に重要であることから，主に小田（2004）の調査票を参考に基本属性項目に関する質問文を作成した。また，香取（2000）や時野谷（1986）の調査研究から，高齢者のテレビ視聴行動において人間関係の影響を見過ごすことができないという知見が得られていることから，香取（2000）の研究を参考に人間関係に関する質問文を作成した。さらに，香取（2000）の調査研究によれば日本ではテレビが高齢者の重要な娯楽源，情報源になっていることから，情報源と娯楽源に関する質問文を作成した。

　香取（2000），小田（2004）らの調査研究と中国のこれまでの調査研究によると，多くの人がメディア接触行動を行っていることや，老後の生き方によってテレビ視聴行動が異なっていること，経済状況，健康状態，ゆとり感，生活満足感などもテレビ視聴行動に影響する要因であることが明らかにされている。そこで，自由時間行動に関する調査項目，老後の生き方に関する項目，経済状況，健康状態，ゆとり感，生活満足感に関する項目を設定し，小田（2004）の質問票をもとに質問文を作成した。

　高齢者がどのような番組を好んでいるのかを明らかにするために，小田（2004）の調査票をもとに，テレビ番組の好みについての質問文を作成した。

その際，小田（2004）の調査票にある24種類の番組をそのまま使用せず，小田が調査結果を基に，主成分分析を用いて集約した5つの類型（社会情報番組，娯楽番組，映画番組，実用番組，学習番組）を用いて，それぞれの類型に当たる新疆のテレビ番組の番組名を取り上げて，調査項目とした。

　さらに，香取（2000）などの調査研究で，高齢者が高齢者向けの番組を避けたがるという結果が出ており，新疆の高齢者も同じ傾向をみせているのかどうかを明らかにするため，「高齢者向けの番組」と「高齢者を扱った番組」を取り上げて，前述の5種類の番組と同じカテゴリーを用いて好んでいるかどうかを尋ねた。

　本調査研究の特徴のひとつは，高齢者がテレビによってどのようなニーズを充足していて，どの程度テレビ番組に満足しているかを調査していることである。これらの質問には，香取（2000）の調査研究で取り上げられた12種類の項目を用いた。そして，高齢者が今後提供して欲しいテレビ番組の内容についての質問項目も用意した。

4　インタビュー調査の項目

　インタビュー調査の質問は32項目である。質問の前半では，アンケート調査で取り上げられた項目に自由回答形式で答えてもらった。質問の後半では，高齢者がどのテレビ局の，どのチャンネル，どの番組を最も好んでいるか，番組を選択する基準やテレビ局，番組への意見，テレビ番組に満足しているならどのような部分に満足し，どのような部分に満足していないかなどを質問し，最後にテレビ番組に提供して欲しいことや，テレビに望んでいることなどについての質問を加えた。これらの質問は，高齢者がテレビに何を求めているかを考察する時の参考にすることと，高齢者のテレビ視聴行動の地域差を具体的に検討することを目的に設定した。

5 調査結果（Ⅰ）―新疆ウィグル自治区における高齢者のテレビ視聴行動

　高齢者のテレビ視聴行動を分析する方法にはさまざまなものが考えられるが，ここでは，高齢者のテレビ視聴度と番組選好度を従属変数として，人口学的・社会的属性，生活意識，生活背景，自由時間行動，最も多く接触しているメディアは何であるかなどの諸要因を独立変数とする重回帰分析を行った。主な結果は以下の通りである。

(1) 自由時間とメディア接触

　中国の北京，上海などでこれまで行われた調査研究と日本でこれまで行われた調査研究では，高齢者が自由な時間にする最も多い行動はメディア接触行動であり，中でもテレビとの接触率はどの世代よりも高いことが明らかにされている。しかし，今回の調査では，高齢者が自由時間に行う行動の中ではメディア接触行動は最も多い行動ではなかった（表Ⅱ-6）。ただし，最も多く接触するメディアはテレビであるという点では一致していた（表Ⅱ-7）。

表Ⅱ-6　自由時間最も多い行動についての民族比較

	ウィグル族	漢民族	合計 %	合計 実数
メディア接触	11.3	9.7	10.2	217
趣味活動	28.8	42.2	37.9	803
社会参加	4.6	4.9	4.8	102
友人・家族との団らん	29.8	17.6	21.5	456
家事や孫の世話など	14	11.9	12.6	266
ゆっくり休む	4	9.3	7.6	161
その他	7.6	4.3	5.4	114
合計（人）	681	1438	100	2119

カイ2乗値＝83.784（df＝6, p＜0.005）

表Ⅱ-7　最も多いメディアについての民族別比較

民族別	ウィグル族	漢民族	合計	
			%	実数
テレビ	56.9	58.5	58	1225
ラジオ	21.6	11.1	14.5	306
新聞	7.9	16.5	13.7	290
雑誌・本	9.4	6.4	7.4	156
インターネット	3.5	6.9	5.8	123
ビデオテープ	0.6	0.6	0.6	13
合計（人）	680	1433	100	2113

カイ2乗値=74.536（df=5 p<0.005）

(2) テレビ視聴度の重回帰分析

　ウルムチ市の高齢者のテレビ視聴度と番組選好に影響を与えている要因を検討した結果，次のようなことを明らかにした。なお，以下で述べる結果は投入するFの確率を 0.05 以下，除去するFの確率を 0.1 以上として変数増減のステップワイズ法（step-wise forward regression）による重回帰分析を行った時の最終ステップの結果である。

　高齢者のテレビ視聴度の促進要因は「経済状況がよい」こと，自由時間で一番多い行動として「ゆっくり休む」を選んでいること，「70-74 歳」であり，阻害要因は自由時間があまりないことであった。

(3) 番組選好の重回帰分析

　テレビ番組を大きく7つに分類して番組選好の規定要因を探った結果は次の通りである。

　『社会情報番組』を選好する高齢者は，男性で年齢が相対的に若く，高学歴で生活満足感が高く，社会参加をし，積極的に生きている高齢者であった。

　『映画番組』を選好する高齢者は，趣味活動や家族・友人との交流が多く，積極的に生きている高齢者であった。また，この種の番組は特に漢民族に好まれていることがわかった。

　『娯楽番組』を選好する高齢者は，年齢が相対的に若く，テレビよりもイン

表Ⅱ-8　視聴度に関する重回帰分析

	β	有意確率	偏相関係数
民族（B）			
性別（B）			
65-69			
70-74	.044	.049	.044
75-79			
文盲			
文字を読める			
小卒			
中卒			
高卒			
積極的に			
のんびり			
健康非常にいい			
健康いい			
健康あまりよくない			
経済非常にいい			
経済いい	.044	.048	.044
経済あまりよくない			
自由時間たくさんある			
自由時間かなりある			
自由時間あまりない	-.127	.000	-.128
生活満足感4段階			
一番多い行動がメディア接触			
一番多い行動が趣味活動			
一番多い行動が社会参加			
一番多い行動が友人家族との交流			
一番多い行動が家事や孫の世話			
一番多い行動がゆっくり休む	.053	.017	.053
重相関係数（R）		.151	
調整済みR2乗		.021	
赤池情報基準量（AIC）			
Mallowsの予想基準量			
分散分析	平方和	自由度	平均平方
回帰	54.91	4	13.727
残差	2345	1990	1.179
全体	2400	1994	
F値	11.6		

第Ⅱ章　高齢者のテレビ視聴行動研究

ターネットをよく利用しており，積極的に生きている高齢者である。そして，この種の番組はウィグル族の高齢者に好まれていることがわかった。

『学習・教養番組』を選好する高齢者は，健康状態がよくて生活満足感も高く，自由時間の中で「趣味活動」や「家族・友人との交流」が多い高齢者であった。『実用番組』を選好する高齢者は，生活満足感が高く，積極的に生きている高齢者であり，この種の番組は特にウィグル族に好まれていることがわかった（表Ⅱ-9）。

日本でこれまで行われた高齢者のテレビ視聴行動に関する調査研究では，高齢者が高齢者向けの番組を避けたがるという知見が得られているが，今回の調査では，ウルムチ市の高齢者にはそうした傾向は見られず，『高齢者を扱った番組』（高齢者のことが取り上げられている番組）も『高齢者向けの番組』も多くの高齢者に見られており，特にウィグル族の高齢者に好まれていることがわかった（表Ⅱ-10）。

高齢者関係の番組視聴の規定要因は以下の通りである。『高齢者を扱った番組』の促進要因は，自由時間で一番多い行動として「社会参加」あるいは「家族・友人との交流」を行っていること，「生活満足感」，「経済状況が非常によい」であり，阻害要因は，最も多く接触しているメディアは「インターネット」や「雑誌・本」であることと「自由時間があまりない」ことであった。『高齢者を扱った番組』を選好する高齢者は，経済状況が非常によくて，生活満足感が高く，自由時間行動の中では社会参加と家族・友人との交流が多い高齢者のことということになる。

『高齢者向けの番組』の促進要因は，自由時間が「たくさんあること」や「生活満足感」，「積極的」に生きていること，自由時間で一番多い行動として「メディア接触」，「社会参加」あるいは「家族・友人との交流」を行っていることであり，阻害要因は最も接触するメディアは「新聞」，「雑誌・本」であった。『高齢者向けの番組』を選好する高齢者は，生活満足感が高く，自由時間がたくさんあって，積極的に生きている，そして自由時間で主にメディアと接触したり，社会参加や家族・友人との交流が多い高齢者ということになる。

表Ⅱ-9　好んで見るテレビ番組の重回帰分析（ステップワイズ法による最終解の標準化係数）

	社会情報番組			映画番組			娯楽番組			学習教育番組			実用番組		
	β	有意確率	偏相関係数	β	有意確率	偏相関係数	β	有意確率	偏相関係数	β	有意確率	偏相関係数	β	有意確率	偏相関係数
民族（B）															
性別（B）	.091	.000	.093	-.122	.000	-.123	.233	.000	.236				.103	.000	.101
65－69	.116	.000	.074				.049	.017	.053						
70－74	.148	.000	.096										-.046	.035	-.046
75－79	.062	.000	.045												
文盲										-.063	.014	-.054			
文字を読める															
小卒															
中卒															
高卒	.072	.001	.074												
積極的に	0.161	.000	.107	.049	.020	.051	.164	.000	.112				.046	.033	.047
のんびり	.153	.000	.102				.119	.000	.081						
健康非常にいい										.050	.026	.049			
健康いい															
健康あまりよくない	.073	.001	-.075	-.064	.003	-.066	-.061	.003	-.065	-.069	.002	-.069			
経済非常にいい															
経済いい															
経済あまりよくない															
自由時間たくさんある															
自由時間かなりある															
自由時間あまりない															
生活満足感4段階	.105	.000	.107							.128	.000	.129	.089	.000	.089
一番多い行動がメディア接触															
一番多い行動が趣味活動				.103	.000	.098				.063	.008	.058			
一番多い行動が社会参加	.042	.048	.044												
一番多い行動が友人家族との交流				.070	.003	.066				.048	.041	.045			
一番多い行動が家事や孫の世話							-.081	.000	-.086						
一番多い行動がゆっくり休む							-.115	.000	-.120				-.075	.001	-.076
最も接触するメディアはラジオ				-.220	.000	-.219	-.143	.000	-.145	-.122	.000	-.121			
最も接触するメディアは新聞				-.113	.000	-.115	-.104	.000	-.107	-.050	.023	-.050			
最も接触するメディアは雑誌・本	-.081	.000	-.084	-.087	.000	-.089	-.061	.004	-.063	-.064	.003	-.064			
最も接触するメディアはインターネット	-.137	.000	-.140				.088	.000	.092						
最も接触するメディアはビデオテープ	-.049	.021	-.051										.057	.008	.058
重相関数（R）	.287	.312	.360	.233	.193										
調整済みR2乗	.077	.094	.125	.050	.034										
赤池情報基準量（AIC）															
Mallowsの予想基準量															

分散分析	平方和	自由度	平均平方	平方和	自由度	平均平方	平方和	自由度	平均平方	平方和	自由度	平均平方	平方和	自由度	平均平方
回帰	117.1	13	9.008	144.6	8	18.1	234.2	11	21.3	66.0	9	7.3	52.6	6	8.8
残差	1301	2049	0.635	1340.4	2054	0.7	1569.8	2051	0.8	1150.8	2054	0.6	1367.0	2056	0.7
全体	1418	2062		1484.9	2062		1804.0	2062		1216.8	2063		1419.6	2062	
F値	14.2	27.7	27.8	13.1	13.2										

表Ⅱ-10 高齢者関係の番組についての重回帰分析

	高齢者対象の番組			高齢者向けの番組		
	β	有意確率	偏相関係数	β	有意確率	偏相関係数
民族（B）	.154	.000	.156	.225	.000	.228
性別（B）						
65-69						
70-74						
75-79						
文盲						
文字を読める						
小卒						
中卒						
高卒						
積極的に				.118	.000	.082
のんびり				.092	.004	.064
健康非常にいい						
健康いい						
健康あまりよくない						
経済非常にいい	.071	.001	.073			
経済いい						
経済あまりよくない						
自由時間たくさんある				.106	.000	.106
自由時間かなりある				.081	.000	.081
自由時間あまりない	-.131	.000	-.134			
生活満足感4段階	.140	.000	.139	.157	.000	.0157
一番多い行動がメディア接触				.061	.004	.064
一番多い行動が趣味活動						
一番多い行動が社会参加	.044	.037	.046	.066	.001	.071
一番多い行動が友人家族との交流	.061	.004	.063	.042	.046	.044
一番多い行動が家事や孫の世話						
一番多い行動がゆっくり休む						
最も接触するメディアはラジオ						
最も接触するメディアは新聞						
最も接触するメディアは雑誌・本	-.059	.005	-.063	-.056	.006	-.060
最も接触するメディアはインターネット	-.065	.002	-.069	-.076	.000	-.082
最も接触するメディアはビデオテープ						
重相関数（R）		0.338			.393	
調整済みR2乗		.0111			.150	
赤池情報基準量（AIC）						
Mallowsの予想基準量						
分散分析	平方和	自由度	平均平方	平方和	自由度	平均平方
回帰	176.9	8	22.1	234.0	11	21.3
残差	1369.9	2055	0.7	1280.5	2052	0.6
全体	1546.8	2063		1514.5	2063	
F値	33.2	34.1				

6 調査結果（Ⅱ）—新疆ウィグル自治区におけるウィグル族のテレビ視聴行動

　ここでは，上で述べたアンケート調査とインタビュー調査の両方から得られたデータのうち，ウィグル族の回答票だけについての分析結果を報告する。なお，総数が335の場合はインタビュー調査から得られたデータで，総数が1,717の場合はアンケート調査から得られたデータである。

（1）自由時間とメディア接触行動

　前述の5.調査結果（Ⅰ）で取り上げたように，中国の北京，上海などでこれまで行われた調査研究と日本でこれまで行われた調査研究では，高齢者が自由な時間にする最も多い行動はメディア接触行動であり，中でもテレビとの接触率はどの世代よりも高いことが明らかにされている。しかし，新疆ウィグル自治区で実施したこの調査では，ウィグル族高齢者の自由時間において，メディア接触行動は顕著に多い行動ではなかった（表Ⅱ-11）。そして，自由時間の使い方には地域差が認められ，トクスン県では，「家事や孫の世話」が「メディア接触」を大きく上回っている。

表Ⅱ-11　自由時間に行う最も多い行動の地域別比較（単位：%）

	地域		合計	
	ウルムチ	トクスン	%	実数
メディア接触	25.6	21.5	23.6	79人
趣味活動	22.7	10.4	16.7	56人
社会参加	4.1	3.7	3.9	13人
友人・家族との団らん	29.1	22.1	25.7	86人
家事や孫の世話など	7.6	35.0	20.9	70人
ゆっくり休む	9.3	6.1	7.8	26人
その他	1.7	1.2	1.5	5人
無回答	0.0	0.0	0.0	0人
合計	172人	163人	100.0	335人

カイ2乗値＝56.7（df＝7, p＜0.005）

(2) 性別のメディア接触行動

ウィグル族が最も多く接触しているメディアは，男女ともにテレビであった（表Ⅱ-12）。しかし，男性に比べて女性のテレビ接触率が若干高く，新聞やインターネットの接触率は男性の方が高くなっており，メディア接触における性差が認められた。

表Ⅱ-12　性別のメディア接触（単位：%）

メディア	男性	女性	合計（人）
テレビ	56.9	65.0	1,045
ラジオ	15.3	14.5	256
新聞	9.6	6.5	139
雑誌・本	8.6	8.6	148
インターネット	5.8	3.1	77
ビデオテープ	0.6	0.5	10
無回答	3.1	1.8	42
合計（人）	873	844	1,717

カイ2乗値=20.99（df=6, p<0.005）

(3) 地域別のメディア接触行動

メディア接触行動には有意水準5%では有意な地域差は認められないが，有意水準10%では有意差が認められる（表Ⅱ-13）。トクスン県在住の高齢者のテレビ接触率がウルムチ市在住の高齢者のそれよりも若干高い。この違いには，新聞との接触率ではウルムチの割合が高いことが反映されている。

ここで留意していただきたいのは，中国における県と市の産業と文化，教育水準が日本における県と市の関係と逆になっていることである。つまり，中国では市の方が県よりも，全ての点で上位にある。その点に注意すれば，ウルムチ市の新聞閲読率がトクスン県の新聞閲読率よりかなり高いのも理解できるだろう。一般に言えることは，活字メディアは電波メディアに比較して，文字に慣れ親しんでいる，高学歴者の接触率が高い。表Ⅱ-13は，その傾向をはっきりと示しているといえるだろう。

表Ⅱ-13 地域別のメディア接触（単位：％）

メディア	ウルムチ	トクスン	合計（人）
テレビ	74.1	79.8	257
ラジオ	15.1	16.6	53
新聞	9.9	1.2	19
雑誌・本	0.6	1.2	4
インターネット	0	0	0
ビデオテープ	0	0	0
無回答	0	1.2	2
合計（人）	172	163	335

カイ2乗値＝12.24（df＝6, p＜0.1）

（4）ウィグル族高齢者の好む番組の性差と地域差

1）性差（表Ⅱ-14）

　実用番組以外では有意水準5％で男女差が認められた。「社会情報番組」を「よく見る」割合は男性では約50％であるが，女性では約30％である。「社会情報番組」は男性に，より好まれている番組であることがわかる。「映画番組」と「教養番組」についても同様のことがいえる。これに対して，「娯楽番組」は女性により好まれていることがわかる。

　「よく見る」割合と「時々見る」割合を男女別なく合計すると，「社会情報番組」84％，「娯楽番組」82％，「実用番組」81％，「教養番組」79％，「映画番組」74％になる。どの番組も多くの高齢者によって見られていることがわかるが，「社会情報番組」や「教養番組」，「実用番組」を好む割合が高いことは，多くの高齢者にとってテレビが知識や最新情報の収集源になっていることをうかがわせる。「娯楽番組」を見る割合が高いことは，ウィグル族が昔から歌や踊りが好きな民族で，「女子は歩けるようになると踊る，男の子は話せるようになると歌う」という民族主習慣の要因によるものと言えるかもしれない。

　また，ここで留意したいのは，「映画番組」を見ている割合が他の番組に比べて小さいことである。インタビュー調査を行った時に，韓国の『もう一度会

表Ⅱ-14　ウィグル族が見ている番組の性別比較（単位：%）

番組の種類	視聴程度	男性 (873人)	女性 (844人)	合計 %	合計 (1,717人)
社会情報番組	よく見る	48.6	34.8	41.8	718
	時々見る	35.6	49.8	42.6	731
	ほとんど見ない	8.4	9.7	9.0	155
カイ2乗値=44.66	全然見ない	3.8	3.7	3.7	64
(df=4, p<0.005)	無回答	3.7	2.0	2.9	49
映画番組	よく見る	23.4	19.2	21.3	366
	時々見る	48.6	56.0	52.2	897
	ほとんど見ない	16.7	16.2	16.5	283
カイ2乗値=12.42	全然見ない	8.0	6.5	7.3	125
(df=4, p<0.05)	無回答	3.3	2.0	2.7	46
娯楽番組	よく見る	36.1	45.1	40.5	696
	時々見る	41.4	42.4	41.9	719
	ほとんど見ない	14.2	8.2	11.2	193
カイ2乗値=33.7	全然見ない	5.5	2.6	4.1	70
(df=4, p<0.05)	無回答	2.9	1.7	2.3	39
教養番組	よく見る	33.9	28.2	31.1	534
	時々見る	45.8	50.7	48.2	828
	ほとんど見ない	12.4	15.2	13.8	237
カイ2乗値=12.26	全然見ない	5.4	4.4	4.9	84
(df=4, p<0.05)	無回答	2.5	1.5	2.0	34
実用番組	よく見る	29.2	29.1	29.2	501
	時々見る	50.9	51.8	51.4	882
	ほとんど見ない	10.3	10.4	10.4	178
カイ2乗値=1.53	全然見ない	4.9	5.1	5.0	86
(df=4, n.s.)	無回答	4.7	3.6	4.1	70

いたい』といったような教育性があるテレビドラマなどは好きでよく見るという人でも，一部が訳されて放送されている映画やドラマの中で，裸の人が出てきたり，子どもと一緒に見ることができない映像や話題が出てくるから見ない

ようにしている，と答えた人がかなりいた。ウィグル族が「映画番組」を他の番組よりも見ないのは，北京や他の地方のテレビ局が制作したドラマや映画，あるいは外国のドラマや映画などを放送した際，ウィグル族の民族道徳意識や考えなどに矛盾するものがあるからであると思われる。民族文化や習慣のテレビ視聴への影響を考慮に入れる必要があり，ウィグル族の高齢者が満足できる番組提供を考えるとすれば，ウィグル族の高齢者が具体的にはテレビをどのように利用し，どのような満足を得ているかを明らかにすることが今後の研究課題である。

2) 地域差（表Ⅱ-15）

「教養番組」には1％水準で地域差がみられたが，他の番組に関しては有意水準10％でも地域差が見られなかった。番組選好度には居住地の影響はみられないということである。

(5) 高齢者関係の番組への選好

日本でこれまで行われた高齢者のテレビ視聴行動に関する調査研究では，高齢者が高齢者向けの番組を避けたがるという知見が得られているが，今回の新疆ウィグル自治区での調査では，ウィグル族の高齢者にはそうした傾向はみられず，「高齢者を扱った番組」（高齢者のことが取り上げられている番組）も「高齢者向けの番組」も多くの高齢者にみられている。

1) 性別にみた高齢者関係の番組の選好（表Ⅱ-16）

有意水準を10％にすると「高齢者を扱った番組」については性差が認められるが，その差は小さい。女性の方が見ている割合が幾分高い。「高齢者向けの番組」に関しては有意差は認められなかった。

表Ⅱ-15 ウィグル族が好む番組の地域別比較（単位：％）

番組の種類	視聴程度	ウルムチ (172人)	トクスン (163人)	合計 %	合計 人
社会情報番組	よく見る	57.6	65	61.2	205
	時々見る	30.8	27.6	29.3	98
	ほとんど見ない	9.3	6.1	7.8	26
カイ2乗値=3.12	全然見ない	2.3	1.2	1.8	6
(df=4, n.s.)	無回答	0	0	0.0	0
映画番組	よく見る	43	38	40.6	136
	時々見る	40.7	51.5	46.0	154
	ほとんど見ない	7.6	7.4	7.5	25
カイ2乗値=7.58	全然見ない	8.7	3.1	6.0	20
(df=4, n.s.)	無回答	0	0	0.0	0
娯楽番組	よく見る	65.7	56.4	61.2	205
	時々見る	22.1	31.3	26.6	89
	ほとんど見ない	6.4	8.6	7.5	25
カイ2乗値=5.77	全然見ない	5.8	3.7	4.8	16
(df=4, n.s.)	無回答	0	0	0.0	0
教養番組	よく見る	58.1	41.1	49.9	167
	時々見る	31.4	34.4	32.8	110
	ほとんど見ない	4.7	14.1	9.3	31
カイ2乗値=15.17	全然見ない	5.8	10.4	8.1	27
(df=4, p<0.005)	無回答	0	0	0.0	0
実用番組	よく見る	60.5	53.4	57.0	191
	時々見る	32	36.8	34.3	115
	ほとんど見ない	3.5	5.5	4.5	15
カイ2乗値=2.38	全然見ない	4.1	4.3	4.2	14
(df=4, n.s.)	無回答	0	0	0.0	0

表Ⅱ-16　ウィグル族高齢者の高齢者関係の番組視聴の男女別比較（単位：%）

番組の種類	視聴程度	男性 (873人)	女性 (844人)	合計 %	合計 人
高齢者を扱った番組	よく見る	15	15.9	15.4	265
	時々見る	52.1	56.2	54.1	929
	ほとんど見ない	17.8	15.8	16.8	288
カイ2乗値=8.70 (df=4, p<0.1)	全然見ない	11.6	8.1	9.9	170
	無回答	3.6	4.1	3.8	65
後継者向けの番組	よく見る	21.2	21.8	21.5	369
	時々見る	52.7	56.2	54.4	934
	ほとんど見ない	15.8	14.5	15.1	260
カイ2乗値=6.03 (df=4, n.s.)	全然見ない	7.8	5.2	6.5	112
	無回答	2.5	2.4	2.4	42

2) 地域別にみた高齢者関係の番組の選好（表Ⅱ-17）

　地域別にはいずれの番組においても有意な差が認められなかった。この結果から，高齢者関係の番組に対するウィグル人の好みは，都市部と農村部による違いはないことがわかる。

表Ⅱ-17　ウィグル族高齢者の高齢者関係の番組視聴の地域別比較（単位：%）

番組の種類	視聴程度	ウルムチ (172人)	トクスン (163人)	合計 %	合計 人
高齢者を扱った番組	よく見る	52.3	44.2	48.4	162
	時々見る	39	42.9	40.9	137
	ほとんど見ない	3.5	8.6	6.0	20
カイ2乗値=4.92 (df=4, n.s.)	全然見ない	5.2	4.3	4.8	16
	無回答	0	0	0.0	0
高齢者向けの番組	よく見る	51.2	50.3	50.7	170
	時々見る	37.8	41.1	39.4	132
	ほとんど見ない	7	6.7	6.9	23
カイ2乗値=1.89 (df=4, n.s.)	全然見ない	4.1	1.8	3.0	10
	無回答	0	0	0.0	0

(5) テレビから得ているもの

ウィグルの高齢者はテレビから何を得ているかを12の項目を提示して複数選択式で尋ねたところ（表Ⅱ-18），「知らなかったことを知り，視野が広くなる」と「生活に役立つ実用的な知識が得られる」がともに約70％を占めており，テレビが多くの高齢者にとって知識と情報の収集源になっていることがわかる。それらに続くのは，「番組の中に好きでたまらないと思える人がいる」，「社会のために役立つための手がかりが得られる」，「生活のわずらわしさや悩みを忘れてくつろげる」，「風景や舞台装置を見て楽しい気分になる」の4項目で，これらは50％を超えている。

以上の項目以外は選択率が大きく低下している。とくに，「身の回りの人間関係に役立つ知識が得られる」の選択率は低く，同じ役立つ知識といっても実用的な知識に比べて身近な人間関係に関連する知識をテレビから得られるという高齢者は少ない。そして，情緒的な満足感をテレビから得ている人は多くな

表Ⅱ-18　ウィグル族がテレビから得ている充足内容の性別比較（単位：％）

充足内容	男性	女性	合計	
			％	人
知らなかったことを知り，視野が広くなると思う	68.6	71.0	69.8	1,198
生活に役立つ実用的な知識が得られる	60.4	67.3	63.8	1,095
番組の中に好きでたまらないと思える人がいる	55.7	58.5	57.1	980
社会のために役立つための手がかりが得られる	54.5	55.0	54.7	940
生活のわずらわしさや悩みを忘れてくつろげる	51.8	55.2	53.5	918
風景や舞台装置を見て楽しい気分になる	48.6	54.6	51.5	885
番組の人物に比べ，自分の方が恵まれていると感じる	31.0	29.6	30.3	520
世間の動きに遅れないですむ	23.5	27.1	25.3	434
番組の中に尊敬し，見習いたいと思う人がいる	23.9	25.8	24.8	426
自分がその場にいあわせているような気分になる	21.6	22.4	22.0	378
番組に夢中になって，我を忘れてしまう	17.0	17.5	17.2	296
身の回りの人間関係に役立つ知識が得られる	15.6	17.3	16.4	282
合計（人）	873	844	486.4	1,717

注：複数回答のため％の合計は100％を超える

いこともわかる。

　性差がうかがわれる項目は少なく，あえて指摘すれば,「生活に役立つ実用的知識が得られる」や「生活のわずらわしさや悩みを忘れてくつろげる」,「風景や舞台装置を見て楽しい気分になる」の３項目は女性の選択率が男性のそれを若干上回っている。

　以上はアンケート調査による大規模サンプルでの結果であるが，インタビュー調査においても同様の質問を試みたところ異なった結果が得られ，地域差も大きかった（表Ⅱ-19）。

　大規模サンプルの結果よりも全体的に選択項目が分散している。その中でも,「世間の動きに遅れないですむ」と「自分がその場にいるような気分になる」の２項目の選択率が高い。全体的な傾向は大規模サンプルの結果に従った方がよいと考えるが，共通するところは「身の回りの人間関係に役立つ知識が得られる」の選択率が低いことである。

表Ⅱ-19　充足内容の地域別比較（単位：％）

	ウルムチ	トクスン	合計 %	合計 人
世間の動きに遅れないですむ	44.2	69.9	56.7	190
自分がその場にいるような気分になる	39.5	69.3	54.0	181
生活に役立つ実用的な知識が得られる	43.0	46.6	44.8	150
番組の中に好きでたまらないと思える人がいる	59.3	27.6	43.9	147
生活のわずらわしさや悩みを忘れてくつろげる	37.2	45.4	41.2	138
社会のために役立つための手がかりを得られる	27.9	55.2	41.2	138
番組に夢中になって，我を忘れてしまう	35.5	45.4	40.3	135
知らなかったことを知り，視野が広くなると思う	34.3	44.8	39.4	132
番組の人物に比べ，自分の方が恵まれていると感じる	33.7	40.5	37.0	124
風景や舞台装置を見て楽しい気分になる	36.0	37.4	36.7	123
身の回りの人間関係に役立つ知識が得られる	37.2	35.0	36.1	121
番組の中に尊敬し，見習いたいと思う人がいる	33.7	37.4	35.5	119
合計（人）	172	163	506.9	335

注：複数回答のため％の合計は100％を超える

地域別では全体としては高い選択率を示した「世間の動きに遅れないですむ」と「自分がその場にいるような気分になる」の2項目と全体では中位にあった「社会のために役立つための手がかりを得られる」，そして，「番組に夢中になって，我を忘れてしまう」，「知らなかったことを知り，視野が広くなる」はトクスン県在住の高齢者の選択率がウルムチ在住の高齢者のそれを大きく上回っている。これに対して，「番組の中に好きでたまらないと思える人がいる」はウルムチ在住の高齢者の選択率が圧倒的に高い。

以上のような地域差をどう解釈するかは難しいが，次のようなことを指摘できるのではないかと考える。ウルムチのような都市部ではテレビは知識や情報の収集源としてよりも娯楽の手段としての比重が高く，テレビの登場人物に感情移入をして楽しんだりスターに対するファンの気分を味わっている。

トクスン県のような農村部においては，テレビは知識や情報を得る手段であると同時に日常性を忘れさせる楽しい娯楽の手段になっている。全体的にトクスン県在住のウィグル高齢者はウルムチ在住のウィグル高齢者よりも多くの項目で選択率が高いことを考え合わせると，テレビは都市部に比べて農村部において，より多様な機能を発揮しているといえるだろう。

以上，テレビから得られる充足内容をみたが，テレビ視聴を通して得る充足内容には性差はあまりないが，都市部と農村部という地域的性格による違いが認められた。

7　考　察

中国とくに新疆ウィグル自治区において本章で報告したような高齢者のテレビ視聴行動に関する調査研究は初めての試みといってよい。本章では，調査研究の一部を報告したに過ぎないが，以下のようなことが明らかになった。

日本の高齢者に比べて新疆ウィグル自治区の高齢者のメディアとくにテレビとの接触率は高くはなかった。しかし，最も多く接触するメディアはテレビであること，そして，新疆ウィグル自治区の高齢者のテレビ視聴行動には民族や

性別などが影響している場合と，そうではない場合があることがわかった。そうした結果に基づいて，高齢者福祉の観点から考えなければならない点をいくつかあげておきたい。

　ひとつは，民族と性別が高齢者のテレビ視聴行動に影響していることがわかったが，今後の調査においては「高齢者」と一括するのではなく，前期高齢者や後期高齢者などもうすこし細かい年齢階層区分を用いることが必要である。2つめは，今回の調査では分析できなかったが，高齢者の世帯類型や高齢者の生活に家族がどのように関わっているかを検討して，高齢者の家族生活とテレビ視聴行動との関連を分析することが必要である。3つめは，生活満足度とテレビの視聴行動との関係を明らかにすることである。4つめは，放映されている番組への満足度とテレビ視聴自体の満足度との関係を明らかにすることである。このことは，テレビ番組をどのように改善するかという課題につながる。それは，「実用番組」や「娯楽番組」が漢民族の高齢者にあまり好まれていないこと，「映画番組」はウィグル族の高齢者に好まれていないことなどの結果からも，番組提供者側が高齢者のニーズを的確に把握していないといえるからである。テレビが高齢者のテレビ視聴の満足度を高め，ひいては高齢者の福祉の増進につながるためにもテレビ番組とそれに対する高齢者の評価をより詳しくみる必要があるということである。5つめには，高齢化が進むにつれて，中国においても高齢期の生き方や考え方も多様化してくることが考えられる。そうした中でテレビが果たす役割や番組内容を考えるときには，視聴者としての高齢者のライフスタイルを分析し，それとの関連でテレビへの評価や要求を理解してゆくことが重要であろう。

第Ⅲ章
ライフスタイルの概念と測定をめぐる課題

第1節　ライフスタイルの概念

はじめに

　ライフスタイルという言葉は，人間・集団・組織の行動，さらには一国の経済，文化について記述・議論されるときなど，さまざまな分野・領域・場面で用いられている。ライフスタイルという概念は社会老年学やエイジング研究と呼ばれる領域では国内外ともにあまり使われていないが，高齢者の自立生活や受け手としての高齢者問題を考えるに当たって有効な概念であると考える。そこで，本章では，ライフスタイルの概念とこれまでのライフスタイル研究の測定尺度を整理することを通じて，高齢者（サードエイジャー）のライフスタイルの説明モデルの構築を試みる。

　ライフスタイルに相当する英語は Lifestyle であり，『広辞苑』第四版（1991）では，ライフスタイル（Life style）を「生活様式」。特に，趣味・交際などを含めた，その人の個性を表すような生き方」と説明されている。
　また，『現代エイジング辞典』（1996）の初版では，ライフスタイルについて「生物学的，心理学的，社会学的ニーズにあうようその人が取る全般的な生活のパターン。はじめはアドラー（Adler, A.）がその人の生き方を示す言葉として使い，「生の様式」と訳されている。最近では，働き人間，遊び人間のようにその人の生活上の価値の重点によるタイプわけとしても使われる。行動医学では，生活パターンとしてのライフスタイルは，さまざまな病気や早死の危険因

子として注目されている」と説明されている。

ライフスタイル研究を行っている研究者らによると，広い意味でのライフスタイルとは，人のすべての生活行動の全体のことであり（高丙中，1998），狭い意味でのライフスタイルとは消費行動と個人の余暇活動の様式である（王伟光，1988）。

ライフスタイルという言葉は，元々異なる領域で異なる意味合いで用いられており，社会学ではマルクスが起源とされている（马姝，2004）。マルクス，ウェーバー，ヴェブレン，ブルデューなどの社会学者，アドラー，オルポート，コールマン，モサックなどの心理学者がライフスタイルについて論じている。彼らの研究を通じて，欧米におけるライフスタイルに関する理論発展の大筋を見ることができる。即ち，ライフスタイル概念は次第に属性の概念から独立的な概念に発展したこと，最初ライフスタイル概念はただその他の概念を区分するために存在する補佐的な概念であった。欧米社会が消費社会に入るに従って，ライフスタイルの研究は消費領域に集中して，"消費方式"はライフスタイルの代名詞になり，ライフスタイルも社会学のひとつの独立研究領域になった。以下においてまず，これまで行われてきた各領域におけるライフスタイル研究の概念について取り上げることとする。

1 社会学におけるライフスタイルの概念

ライフスタイルは社会学領域の中で重要な位置を占めているカテゴリーであり，マルクス，ウェーバー，ヴェブレン，ブルデューなどの社会学者がライフスタイルについて論じている。以下においてその詳細を取り上げることとする。

1) マルクス主義古典理論での論述

ライフスタイルはマルクス唯物論の中の重要な範疇である。1845～1846年，マルクスとエンゲルスは唯物史観を創立するために書いた初めての名著『ドイツ・イデオロギー（序文第1巻第1章）』の中で，"生活様式"を史的唯物論の

中心の概念——「生産様式」と密接な関係を持つ概念として提出した。このようにマルクスとエンゲルスは多くの著書の中で「生活様式」という概念を使っている。例えば，マルクスとエンゲルスの『ドイツ・イデオロギー』，マルクス『ルイ・ボナパルトのブリュメール十八日』，マルクス『政治経済学批判・序言』などがある。マルクスとエンゲルスはだいたい次のような幾つかの意味で「生活様式」という概念を使っている。

一，生活様式は階級区分の重要な指標である。

　マルクスとエンゲルスによると，社会の生産関係と経済の関係を基礎に階級を区別できるが，階級の社会属性は生産関係と経済関係だけにとどまらない。したがって，彼らは生活様式を，階級を区分するときの一つの標識であると考えた。例えば，マルクスは『ルイ・ボナパルトのブリュメール十八日』の中の，フランスの農民階級についての分析では，生活様式を指標として使っている。彼は「分割地農民は膨大な大衆を形成しており，その成員はみな同じ生活状況にあるが，相互にさまざまな関係を結ぶことがない。彼らの生産様式は，彼らを相互に交流させる代わりに，互いに孤立させる。この孤立は，劣悪なフランスの交通手段と農民の貧しさによって助長される。彼らの生産の場，分割地は，耕作にあたって分業や科学の応用の余地がなく，したがって発展の多様性，才能の差異，社会的諸関係の豊かさの余地がない。個々の農民家族はみな，ほとんど自給自足し，その消費物の大部分を直接自ら生産し，こうして生活資料を，社会との交流でよりも，むしろ自然との粗暴な交換で獲得する。分割地，農民，家族。その傍らにまた別の分割地，また別の農民，また別の家族。こうして例えば一袋分のジャガイモがひとつのジャガイモ袋をなすのと同じように，同じ単位の量の単純な足し算によって，フランス国民の大多数が出来上がる。数百万人の家族が彼らの生活様式，利害，教養を他の階級の生活様式等々から分離し，それらに敵対的に対置させる経済的生存諸条件の下で生活している限りでは，彼らはひとつの階級をなす」と述べている（マルクス，1996：pp. 180～181)。当時フランスの農民階級は他の階級と異なり，論理的に

は彼らの生産関係と経済条件に決定される一方，現象的には彼らの特殊な生活様式，利害と教養に現れているということであろう。この分析は西欧の生活様式研究に先導的な役割を果たし，その後の研究に基本的な考えを築きあげたともいえよう。

二，生活手段を生産することは，間接的に物質的生活を生産すること。

　マルクスは，生活手段というのは，「消費財源の中に年々はいって行く（または，この表からは除外されている蓄積がなければ消費財源の中にはいりうるであろう）すべてのもののこと」(Marx, 1972：p. 289) だと定義している。また，マルクスは「人間自身は，彼らが自分たちの生活手段を生産——彼らの身体的組織によって条件付けられている措置——しはじめるやいなや，みずからを動物から区別し始める」（マルクス，1998：pp. 16～17）と述べており，生活手段を生産することは，人間が動物から区別される最初の歴史的行為であると考えた。そして，生活手段の生産と生活の関係については，『ドイツ・イデオロギー』の中で次のように書いている。すなわち，「人間は彼らの生活手段を生産することによって，間接的に彼らの物質的生活そのものを生産する」（マルクス，1998：pp. 16～17）。

三，生産様式は生活様式を制約する。

　これは，マルクスとエンゲルスの最も根本的な観点であり，この見地は特に次の重要な論述の中で現れている。マルクスは『ドイツ・イデオロギー』の中で，「諸個人が，彼らの生命を表出するとおりに，彼らは存在しているのである……したがって，諸個人が何であるかは，彼らの生産の物質的諸条件に依存する」と述べている。また，マルクスとエンゲルスは生産様式が生活様式を制約すると考えた。マルクスとエンゲルスのこの考えは『マルクス・エンゲルス全集』第13巻〈経済学批判〉の前書きの中で明確に述べられている。すなわち，「物質的生活の生産様式が，社会的，政治的及び精神的生活過程一般を制約する」。

　つまり，マルクスとエンゲルスの議論からわかるように，（どのような生産様

式があれば，そのような生活様式がある），生産様式が生活様式を決定するのである（Marx, 1965：p. 9）。

四，生産様式はまた人間の活動様式のひとつであり，したがって生活様式のひとつの側面でもある。

　マルクス・エンゲルスは，生産様式は生活様式の一つの側面であると考えている。例えば，『ドイツ・イデオロギー』の中で，「人間が彼らの生活手段を生産する様式は，さしあたりは，生産手段そのものの特性に依存する。生産のこのような様式は，それが諸個人の肉体的存在の再生産であるという側面からだけ考察されるべきではない。それは，むしろ，すでにこれらの個人の活動のある特定の方法，彼らの生命を表出するある特定の方法，彼らのある特定の生活様式なのである。諸個人が，彼らの生命を表出するとおりに，彼らは存在しているのである」（マルクス，1998：pp. 16〜17）と述べている。

五，生産力の発展は生活様式の変革に対して決定的な働きをもつ。

　マルクスとエンゲルスは，生産力の発展は生活様式の変革に対して決定的な働きをもつと考えており，マルクスは次のように述べていた。すなわち，「ここ数年，いかなる機械発明もジーン紡績機と精密紡績機の発明のように，生産様式，そして労働者の生活様式をこんなに大きく変えることができなかった」（マルクス，1998）。「ここで，正しく本質的な関連を表した。『機械の発明』は『生産様式上の変化』を引き起こし，しかもここから生産関係上の変化を引き起こし，そこで社会関係上の変化を引き起こし，『結局』『労働者の生活様式』の変化を引き起こした」（マルクス，1998）。これらの話は社会生活の各領域の変革の順序とランクを掲示して，生産力は社会全体の変化の原動力であることを説明しているといえるだろう。生産力の発展はまず生産用具の変化（機械的な発明など）が標識になり，引き続いて生産様式と生活様式の変化を引き起こす。更に社会関係の変化が起こり，最後に生活様式が変化するのである。

2）マックス・ウェーバー（Max Weber）の身分を区分する社会指標

　マルクスに続いて，ウェーバーは生活様式の問題について更に明確な関心を表した。ウェーバーは階級と身分の社会学的意味を定義する中で生活様式（Lebensfuhrung）という用語を鍵概念として用いた。ウェーバー研究における生活様式に関する主な見地を整理すると次のようになる。

一．生活様式は身分状況の主な構成要素である。

　ウェーバーは生活様式を，階級状況と異なる身分状況の主な構成要素として考えている。例えば，『経済と社会』〈支配の諸類型〉の中で，ウェーバーは階級とは同一の階級状況（class situation）にある人間のそれぞれの集団であると考え，階級状況を「(1) 財貨の調達，(2) 外的社会的地位，(3) 内的境遇の典型的なチャンスのことであり，それは財貨または給付資格に対する処分権力の程度と種類から生じ，また，所有の経済的秩序の内部で所得あるいは収入を取得するために，この処分権力を利用しうる所与の方法から生じてくるもの」（ウェーバー，1970：p. 207）と定義した。

　そして，階級状況は身分状況と一致しないと言及し，身分状況を「社会的評価の点における積極的または消極的な特権づけ」と定義している。そして「身分状況は「(a) 生活様式の種類――したがって，(b) 形式的教育方法……(c) 出自に基づくまたは職業にもとづく威信」などの要素に基づいている」（ウェーバー，1970：pp. 214～215）と述べている。

　また，ウェーバーによれば，「身分集団は，共通の名誉体系の履行と生活様式の共有とを，その成員に求める。このような理由により，生活様式は身分状況を可視化し，それを観察可能とする。ふるまい，服装，思考，態度のモードなどが，その外見的特徴を現す指標となり，身分は生活様式に表現される財の消費の原則に従って成層化される」（ウェーバー，1970）。

　以上を要約すれば，ウェーバーによるここでの生活様式は身分状況の構成要素であり，生活様式の概念は，あくまでも階級状況と区別される身分状況を記述する手段なのである。

二．生活様式は身分状況を認識する方法である。

　ウェーバーによれば，身分は以下のような状況のもとで成立しうる。すなわち：(a) 第一次的には，独自の身分的生活様式を通じて，その中でもとりわけ職業の性質を通じて（生活様式的身分ないしは職業身分），(b) 第二次的には，世襲カリスマ的に，身分的出自に基づく効果的な威信要求を通じて（出生身分），(c) 政治的または教権制的な権力を独占物として身分的に専有することを通じて（政治的ないしは教権制的身分）である（ウェーバー，1970：p. 216)。したがって，ウェーバーの成層論においては，生活様式とは身分の直接的表現である社会的評価を「様式化」(Stylization) する鍵概念である。

三．同じ生活様式をもつ人は同一の身分に属することがあっても，同一の階級に属するとは限らない。

　ウェーバーによれば，同じ生活様式を持つ人は同一の身分に属することがあっても，同一の階級に属するとは言い切れない。ウェーバーのこの考えは次の論述の中で表れている。すなわち，「身分状況は，一定の種類のまたは多義的な種類の階級状況に基づいたものでありうる。しかし，それは，階級状況だけによって規定されているのではない。……他面において，身分状況が——他の要素と共同してまたは単独に——階級状況の因となることがありうるが，しかし，だからといって，それは階級状況と同一ではない将校・官吏・学生の階級状況——これらは彼らの財産によって規定される——はきわめて種々様々なものでありながら，しかも彼らの身分状況には分化がないということもありうる。というのは，教育によって作りだされた生活様式のあり方が，身分的に重要な諸点で同一であるからである」(ウェーバー，1970：pp. 215〜216)。

　このように，ウェーバー理論の中で，生活様式の意義は主にそれが"身分"と"階層"を区分する一種の方法である。

　ここで，生活様式はただ二次的な概念であり，単独に説明する必要はないが，注意すべきなのは，ウェーバーはすでに消費様式の観点から生活様式に注目し始めたことである。例えば，『経済と社会』の中でウェーバーはこう述べ

ている——「すべての身分制的社会は，習律的に——生活様式の諸規則を通じて——秩序づけられており，したがって，経済的に非合理的な諸消費条件を作り出し，このようにして，独占的な専有と自分の営利能力を自由に発揮する可能性を排除することによって，自由な市場形成を阻止するものである」(ウェーバー，1970：pp. 216〜217)。つまり，生活様式は，特定の身分集団が身分状況を観察可能にするための「経済的に非合理的な消費」をする原動力になるわけである。その為，方法上，人間の消費法則でライフスタイルを認識できるのである。消費様式で生活様式を把握するこの考えが，後の欧米におけるライフスタイル研究の主流になったのであろう。

つまり，ウェーバーは，社会階層を理解するために，「階級」(class)のほかに「身分状況」(status group)というコンセプトを提案したのであり，「階級」(class)や「身分状況」によって生活様式，生活態度，人生観などの点で類似性があるという意味で，生活様式「Lebensfuhrung」(style of life)を使っているのであり，生活様式を「身分」や「階級」などを観察できる現象として考え，生活様式を間接的な研究対象としていたのである。言い換えると，ウェーバーの研究において生活様式は第二次的概念であり，ウェーバーの研究における生活様式は身分状況の記述概念として用いられたことにとどまっているのである。

けれども，ウェーバーが生活様式を観察可能な外見的特徴とみなしたという観点が，例えウェーバーの研究においては第二次的概念であったとしても，生活様式に関するその後の研究の思考を構造化し，いくつかの伝統的研究を生み出す起源となっているといえるだろう。

3) ヴェブレン (Thorstein Veblen) の有閑階級の理論

ヴェブレンのライフスタイルに関する研究においての主な貢献は，彼が歴史社会学の方法で特定のライフスタイルと特定の社会階級の相関性を深く掘り下げ，システム的に分析したところにある。彼の研究は，階級と社会地位に対する生活様式概念の認識上の価値と解釈力を十分示している。彼の名著「有閑階級の理論」は，生活様式を階級地位と名誉の社会的標識としている。

ヴェブレンはまず，生活様式は階級の地位と名誉の標識として存在すると認識する。そして彼は，人類社会の異なる歴史の発展段階で，人々が名誉に対する判断基準も異なっているため，異なる階級地位の指標の生活様式も異なっていると考えている。こういう認識をもったヴェブレンによれば「名誉は原始社会の武勇（英雄的行為）に起源する。目に見える武勇の証拠——戦利品——は人間の生活の装飾品としての不可欠な特徴を現すものとして，思考習慣の中に組み込まれる。攻撃は公認の慣行的行為になり，こうして略奪品が，成功した攻撃の自明の証拠として役立つのである。野蛮時代のこの文化段階で受け入れられたものだが，抗争は，自己を主張する価値の高い慣行として公認される。略奪または脅迫によって入手した有用なものやサービスは，成功した競技の慣例的な証拠として役立つ。こうして対照してみることを通じて，略奪以外の手段で財を取ることは最高の地位にいる男に相応しくない，と判断されるようになる。同様な理由から，……，労働は不名誉のゆえに，厭わしいという性質を獲得するのである……」（ヴェブレン，1998：pp. 27～28）。「価値や名誉に関する古典的な野蛮時代における野蛮文化の常識に従えば，命を取ること—獣であれ，人間であれ恐ろしい敵対者を殺すこと——が，最も名誉のあることである。………」（ヴェブレン，1998：p. 29）。「後の発展段階では，慣例的な承認された英雄的行為の印として役立つような，記章や名誉の表徴を身につけることが習慣になるが，それは，同時に象徴する英雄的行為の量と程度を示唆している。人口密度が高くなり，人間関係がさらに複雑でおびただしいものになってくると，生活の一部始終は精密化と淘汰化，位階や記章の体系へと発展を遂げるのであって，記章の典型例が紋章，メダルおよび名誉勲章である」（ヴェブレン，1998：p. 57）。そして，産業社会に入るにつれ，蓄積された富は，徐々にではあるが，ますます優越と成功の慣例的な特徴としての略奪的な記念品にとって代わってしまう。それゆえに，定住的な産業の成長とともに，富の所有は，評判や名誉の慣習的基礎としての意義や効果を相対的に高める」（ヴェブレン，1998：p. 39）。また，「労働を回避することは慣例的な富の証拠であり，したがって社会的地位の慣例的な刻印でもある。こうして，富が賞賛に値する

ものだというこのような強調が，閑暇に対する活発な強調を導くことになる(53p)。「高度に組織化された産業社会では，立派な評判を得る為の基礎は，究極的に金銭的な力に依存している。金銭的な力を示し，高名を獲得したり維持したりする手段が，閑暇であり，財の顕示的消費なのである。…」（ヴェブレン，1998：p.99）。"有閑"なライフスタイルは豊かさの現れとなった。…，「有閑」は個人の成功，つまり，自ら生産労働を通して物質の生活の保障を獲得する必要がないことを示す。……，ここで，特定のライフスタイルは特定の階級のシンボルになった」（ヴェブレン，1998）と考えた。つまり，ヴェブレンによれば「有閑」は社会格差のシンボルで，一種のライフスタイルなのである。

　これらの有閑紳士の有閑な生活様式の目立つ特徴は礼儀，しつけを重視し，それらを名誉に値するような閑暇の必要な証拠とする。ヴェブレンはそれを「顕示的閑暇」（conspicuous leisure）と呼んでいる。

　一方で，都市化の進展により，富裕な人たちはお金をもっと実物の消費に投入する。ヴェブレンはそれを「顕示的消費」（conspicuous consumption）と呼んだ。ヴェブレンによれば，有閑紳士は単なる生存と運動能力のために必要な最低限を上回る生活物質を消費するばかりか，彼の消費もまた，消費される財の品質の点で限定されることになった。食物，飲物，麻薬，家，サービス，装飾品，衣服，武器や馬具，娯楽品，魔除け，神像ないし神格といったもののうち，最高のものを自由に消費するのは彼らなのである。このような，より優れた財を消費することが富の証拠であるからこそ，それは名誉を与えるものである。したがって逆に，適切な量と質を消費することができなかったそれは劣等と汚点の刻印になる」（ヴァブレン，1998：pp.87〜88）。顕示的消費が生活様式として社会全体に普及したときに，やっと有閑階級と一致する。同時に，社会経済地位のわりに低い階級はかならず多かれ少なかれこのような消費をまねして，結果的にこのようなライフスタイルのいくつかの要素をもつようになる。特に産業社会になって，このような傾向はさらに著しくなる。

　以上からみられるように，ウェーバーと同じく，ヴェブレンも主に階級地位とライフスタイルの関連性から研究を展開している。これはライフスタイルが

社会科学調査研究の対象として重要な社会現象になったことを示すと思われる。しかし，生活様式（ライフスタイル）は，彼らの研究において，依然として専門の研究対象になっていない。彼らは，生活様式を，階級地位を区分するための道具として使っていた。つまり，生活様式は従属概念であり，独立な研究対象ではなかった。それでも，「彼らの理論は，後の西洋社会学におけるライフスタイル研究に次のような二つの側面で大きな影響を与えた。すなわち，(1) 生活様式の差異によって社会成層と社会集団の差異を認識する，(2) 生活様式を消費様式として研究する，ことである」(Sobel, 1981)。

4）ブルデュー（Pierre Bourdieu）の研究における社会空間と生活様式

ブルデューの研究は現代社会学の中心的な課題の一つである，「個人と社会」あるいは「主体と構造」の対立をめぐる捉え方の問題と深く関連する。彼は歴史，文化，社会構造などの客観的要素と個人の趣味，習慣，社会心理，特に性向などの主観的要素の二者択一的な決定論，および両方を決定要因と捉える二元論的な立場を克服する概念的な試みをした。そしてそのために提出した鍵概念はハビトゥスである。

ハビトゥスとは「構造化する構造，つまり慣習行動および慣習行動の知覚を組織する構造であると同時に，構造化された構造でもある」（ブルデュー, 1990：p. 263）。学歴，職業などに決定される資本の量と構成の違いにより，社会空間が形成されるが，ハビトゥスは社会空間における個人の構造上の位置を規定する。それはブルデューの実証研究から得た「社会的位置空間」と「生活様式空間」の対応を示した図式の中で現れている（ブルデュー，1990：pp. 192～193）。この図式は資産構造を横軸に，資本量を縦軸に，そして時間的経過に沿った両者の変化を第三の軸にとった三次元空間として観念されるものであり，この中にまずそれぞれの職業カテゴリーが配置される（社会的位置空間）。そしてそれにもろもろの慣習行動の指標によって構成されるもうひとつの空間（生活様式空間）が重ね合わされ，両者の複合体である「社会空間」が形成される。

ブルデューによれば，諸個人の生活において，ハビトゥスが慣習行動を通じ

て現れたもの，つまり生活様式は，実際の社会空間における位置に決定され，生活様式空間として現れるのである。『ディスタンクシオン』ではハビトゥスについては次のように述べている。「ハビトゥスとは実際客観的に分類可能な慣習行動の生成原理であると同時に，これらの慣習行動の分類システム（分類原理 principium divisionis）でもある。……，異なる生活条件は異なるハビトゥスを，すなわち単に移動するだけで慣習行動のありとあらゆる分野に適用できるような生成図式の体系を生み出すので，異なるハビトゥスが生み出す慣習行動は，示差的な隔差の体系という形で生活条件の中に客観的に記された差異を表現する諸特性の，体系的な配置構成として現れることになる。そしてこの隔差の体系というのは，その関与的特徴を見定め，解釈し，評価するのに必要な知覚・評価図式をそなえた行為者によって知覚されることにより，生活様式として機能するのである」（ブルデュー，1990：pp.261〜263）。

　さらに，ブルデューは，数あるスポーツの中で，人はなぜそのスポーツを選ぶのかについて，それは自由な選択の結果などではなく，認識体系として各人のなかに無意識に埋め込まれたハビトゥスに導かれての事であると述べ，ハビトゥスが趣味や好みを導く認識体系として重要な役割を演じていることを示している。具体的にいうと，ブルデューによれば，同じスポーツをやっているように見えても，各人にとってそれが同じ意味を持っているとは限らない。あるブルジョワは健康な身体を作るために，またある庶民階級の人は頑健な肉体を求めてスポーツを行っているかもしれない。だからこそ，同じスポーツ—例えばテニス—であっても，そのスポーツの仕方には大きな差異が生じるのだ—プライベートなクラブでワンピースとテニスシューズで行う場合と，市営の競技場を使ってジャージで行う場合の違いのように—。このスポーツ実践の意味の違いは，実は諸階級の持つハビトゥスによるものが大きいとブルデューはいう。他者の視線に縛られ，身だしなみが社会規範にどこまで適合しているかどうかによって自分自身の評価が大きく左右されるプチブル階級の女性たちが，身体を鍛える目的で体操をすること，それが誰にでもできる事から，付き合いたくないような人々とも接触せざるを得ないという付帯的特性のために，サッ

カーやラグビーといった団体スポーツを支配階級が忌避しがちであること（結果，それらは典型的な大衆スポーツとみなされる），むしろブルジョワは，専用の場所で，自分の好きなときに，一人または選ばれたパートナーと行う事のできるような，自らの希少性を主張できるヨットや乗馬などを好むということは，ある種の必然性を持っていると言わざるを得ないのである。

　また，ブルデューは『ディスタンクシオン』において，文化資本の大小が社会階級と極めて強い相同をもつこと，そして文化資本自体が社会的選別の指標となっていること，さらにそうした文化資本は，家庭や学校といった場所を通じて蓄積されていることと，人々の社会的空間での配置は主として経済資本（収入によって測定される）と文化資本（学歴や消費行動によって測定される）を合わせた「資本の総量」によって規定されることをテーマとして取り上げており，階級と慣習行動との関係を描いた共時的な階級図式を提供している。（図Ⅲ-1を参照）。それは，第一に，生活条件に対してどの程度影響力をもっているか，生活条件の改善に利用できる手段や力をどの程度保持しているかという軸―すなわち経済資本（どの程度金持ちか）と文化資本（どの程度頭が良くて，尊敬されているか）の総量の大小による階級的配置（上下関係）―であり，第二に，同じ程度の資本総量を持つ人々のなかでの，文化資本と経済資本の比率（文化資本に偏った学者，経済資本に偏った経営者，双方を豊かに持つ医者・弁護士）の軸である（ブルデュー，2005：pp.192～193）。

　この図表からは，最上位の階層においてみられる対立，商工業経営者と高等教育教授の対立がそのまま，中・下層階級における小学校教員と小商人・職人の対立として，同様の相同をなして社会空間の中に実現されている事を読み取ることができるだろう。この図表の主なる意図は，階級関係が単なる資本総量による対立だけに還元できない事，階級の内部においても様々な対立が存在する事，そしてその対立は，趣味と生活様式の領域における象徴利潤をめぐって行われるという事であろう。

　彼は，図Ⅲ-1で表示されているような経済資本あるいは文化資本のいずれかに特化している人々に加えて，双方のタイプの資本をもっている人々の特定

```
                          資本量 +
                                              商
                                          工  業
                                          業  経
         高等教育教授      自営業         実  営
                                          業  ︵
         芸術製作者    私企業管理職        者  大
                                              商
                      上級技術者                人
                                              ︶
          中等教育教授 公企業・官庁管理職
文化資本 +                                              経済資本 +
経済資本 ─                                              文化資本 ─
         文化媒介者 医療保険サービス従事者
                  美術工芸品関係の職人・商人           自
                 販売系一般管理職・秘書     小       営
         小学校教員   一般技術      職    商       業
         事務系一般管理職           商店員 人 人
                           事務員
                           職工長
                           熟練工
                           単能工
                 単純運搬労働者 農業労働者
                          資本量 ─
```

図Ⅲ-1　社会的位置空間

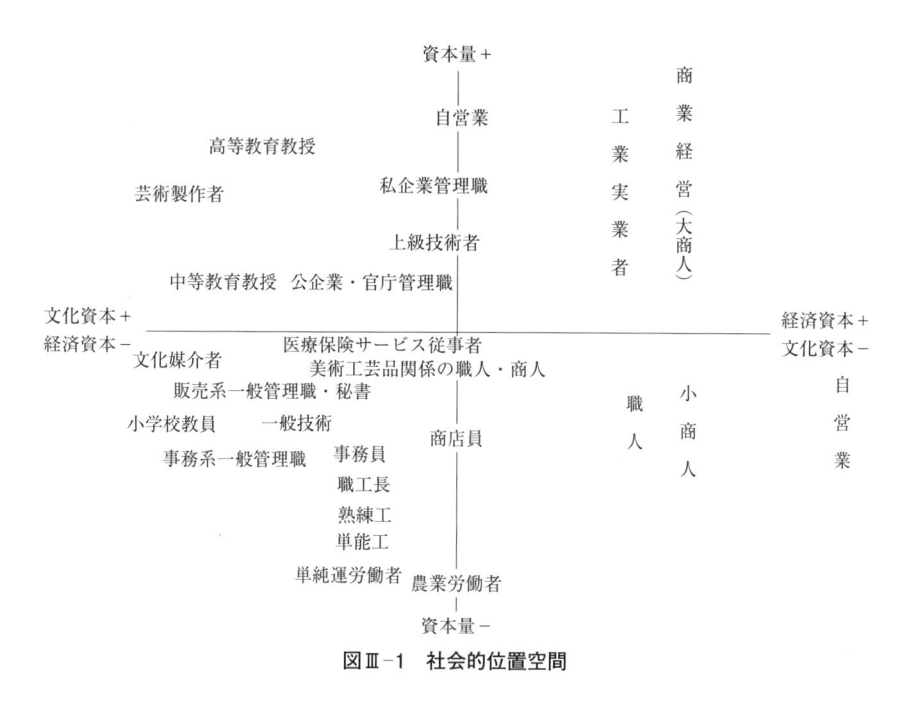

のライフスタイルを分類する。図Ⅲ-2は，ブルデューの生活様式空間を単純化したバージョンである。この図から文化資本と経済資本の4つの可能な組合せがあることがわかる。ブロックAは経済資本と文化資本の両方をもつ人々であり，例えば弁護士や建築家のような消費財における高価な趣味のための経済的資源と正当な文化を理解するための文化資本をもちうる人々である。これに対してブロックDは経済資本も文化資本ももっていない人々であり，具体的にいうと労働者階級と結びついている。ブルデューによれば経済資本と文化資本の制約は人々がブロックDからブロックAに移行することを困難にしている。そして，ブロックBとCは，二種類の資本のうちのひとつが欠けている諸個人のライフスタイルを表している。ブロックC

文化資本	経済資本 +	─
+	Lifestyles A	Lifestyles B
─	Lifestyles C	Lifestyles D

図Ⅲ-2　ブルデューのライフスタイルの分類

は経済資本をもっているが文化資本がない人々であり，例えば沢山のお金を儲けるが，芸術に何ら関心を示さないスモールビジネスの人々といえる。他方ブロックBは多くの金を儲けない（否定的経済資本）が文化資本をもっている人々であり，恐らく元気よく美術館を訪問したり，劇場に行く小学校の教師のような人々が含まれる。

ここで注目する必要があるのは，ブルデューが生活様式について論じたとき，ハビトゥスを鍵概念にしているが，そこでは特に個人の趣味に焦点を当てていることである。ブルデューによれば，趣味には文化資本であれ経済資本であれ，何らかの資本の欠如によって仕方なく受容される必要趣味と，卓越性の象徴である贅沢趣味等があるという。

この2つの趣味の対立は，支配階級・中間階級・庶民階級のそれぞれにおいて，経済資本─文化資本の対立軸に沿った対応関係をそれぞれ持ち合わせている。

もうひとつ注目する価値があるのは，ブルデューがいっている「隔差の体系」が生活様式として機能することは，マルクスとエンゲルス，ウェーバー，ヴェブレンなどによる社会学の伝統と一致していることである。しかし，ブルデューは自分自身の研究では，経済資本だけではなく，文化資本の概念を導入し，また時間的経過に沿った両者の変化に注目することにより，階級構造を多次元的に把握した。これは主に経済資本を指標とし，階級を垂直的に把握した古典理論と異なる。そのため，生活様式もただ階級区分の指標にとどまらず，空間的に分布した社会構造における個人および集団の位置と対応した慣習行動として現れた。

ただし，ブルデューによる生活様式は，古典理論と同じく，彼の研究における中心的な概念としてとられていない。『ディスタンクシオン』における彼の問題関心はあくまでも，「配置構成を維持しようとする支配階級と，これを変容させようとする被支配階級との，上部構造における階級闘争を支配する不可視のメカニズムを解明する」（石崎，1990）ことにあり，生活様式はその従属的な概念でしかなかった。

以上のように，社会学的な研究では，ライフスタイルは特定の社会階層や社会集団において形成された共通の生活行動あるいは生活態度として，「集合的な」意味で用いられている。社会学者の代表例として，Feldmanら（1975）の使い方をみると，彼らはライフスタイルという言葉の意味する範囲を次のようにまとめている（村田，1979）。

① ライフスタイルはひとつの集団現象である（全く個人的な，独自な行動パターンというよりは，様々な社会集団への参加や重要な影響者との関係から形成されるものである）。
② ライフスタイルは生活の多側面，多領域に浸透している（ある個人が生活の一領域でどのように行動するかを知れば，ほかの生活領域でどのような行動をするかを予測できるだろう）。
③ ライフスタイルは「生きがいまたは価値観」（"central life interest"）を含んでいる（生活の中心となる特定の価値や関心や活動が，そのライフスタイルをシンボライズし，他の関心や活動がそれによって強く影響される）。
④ ライフスタイルはいくつかの社会学的変数に応じて，変異を示す（経済的条件や所得水準が同じであっても，地位と役割に応じて，さらに年齢，性別，人種・民族居住地域などに応じて，異なったライフスタイルがありうる）。
⑤ アメリカンライフスタイルは，アメリカ文化と社会の反映である（アメリカの市民たちは単にアメリカ人であるというだけで多かれ少なかれ，ある類似のライフスタイルを共有していることになる）

　以上社会学領域におけるライフスタイルに関する古典的な研究を取り上げたが，これらの研究の整理を通じて，これらの研究の最も主要な領域は，階層（もしくは階級）と消費の2つであることが確認できたと考える。具体的には以下のようなことである。
① ライフスタイルと階層
　ライフスタイル研究史の中で，ライフスタイルと階層（class）の問題は関連している。階層の討論は古代哲学にまでさかのぼることができるけれども，現

代正式に系統的な階級の相違の理論創立の試みをしたのはマルクスからである。その後，多くの理論は彼の試みを繰り返したか，または彼の思想に反駁したのである。

マルクスは，経済の条件によって決められる生活様式は，異なる階級を区分するひとつの指標とした。ウェーバーは社会階層を分けるのに階級と身分状況という指標が必要であると指摘し，階級は人々の生産，商品との関係で区分すると総括した。またこれに反して，身分状況は特定のライフスタイルの体現として商品消費の法則に従って区別するといった。

② ライフスタイルと消費

ウェーバーとヴェブレンの研究は現代社会学において，初めてライフスタイルとの関係で消費の研究を始めた。彼らの理論と方法は後の研究に影響を与え，それにより，ライフスタイルの研究は消費方式の研究へと転化した。欧米の学者におけるこのような研究転化には二種類の情況がある。ひとつはライフスタイルの概念を更に操作性の強い消費方式に転換して，調査の対象を更に具体化し，資料も更に獲得しやすくなったことである。例えば，イギリス学者のEarl.Peterの《ライフスタイルの経済学：騒動を起こす世界の消費行為》の討論のテーマはライフスタイルであるが，調査研究の対象が消費様式になっている。もうひとつはライフスタイルの概念を消費様式に換え，討論のテーマも消費様式にしている。例えば，大量の消費社会の研究である（Soble, 1981）。そして，前述のように，ウェーバーは階級を人々が商品生産と商品の取得関係によって区別しているが，身分状況の中で現れる消費する商品の規則によって区別した。方法上，生産関係，分配制度から階級を認識でき，ライフスタイルから地位を認識できる。同時に彼は，特定のライフスタイルが商品を消費する特定の法則に表われ，つまり，人々はさらに消費の法則からライフスタイルを認識する方法もあるとしている。ヴェブレンは《有閑階級の論理》の中でも，商品消費によってライフスタイルを区分しており，そしてさらに一歩進んで社会階級地位を区分する。彼らの研究は後世の消費と消費社会の研究の元になっている。

2　心理学におけるライフスタイルの概念

　以上みてきたように，社会学的な研究では，ライフスタイルは特定の社会階層や社会集団において形成された共通の生活行動あるいは生活態度として，「集合的な」意味で用いている。これに対して，心理学者のAlfred Adlerは「個人」に焦点を当ててこの概念を取り上げており，心理学におけるライフスタイルの概念はAdler（1958）の研究やさまざまな神経症的パーソナリティのライフスタイルを記述したDavid（1965）の両研究によって知られている。その他に，心理学における古典的なライフスタイル研究としては，オルポート（Allport, 1955, 1961）の研究，コールマン（Coleman, 1964）の研究とモサックら（Mosak, 1999）の研究などがある。そこで以下において，アドラー，オルポート，モサックらの研究を中心に心理学におけるライフスタイルの概念をまとめてみる。

1）A. アドラー心理学におけるライフスタイルの概念

　まず，重要なのはライフスタイル（life style）という言葉は1933年にアドラーが提唱した用語であることに留意する必要がある。

　アドラーはライフスタイルについて以下のように述べている。すなわち，「（子どもにとって）人生をどう考えるかは，言葉や考えとしては表されず，人生に対する態度として根づいており，その個人を表すものとなっている。すなわち，子どもはある一定のトレーニングを受けた後，ライフスタイルを築く手助けとなる自分の法則というものに行き着く。そして，その法則にしたがって彼の人生全体にわたる考え方や感じ方，行動の仕方が見えてくるのである」（Mosak, 1999）。

　そして，アドラーはライフスタイルの発達に影響する要因として次のような3つの要因を取り上げた（Mosak, 1999）。

① 活動の量

　アドラーは，「個人の活動の量は幼少のころに自然と培われるもの」としていた。そしてアドラーは，「一般的に人生で何らかの問題に出会った時に個人

が活動的であればあるほど健全である」と信じた。

② 生物学的要因

アドラーは行動や精神障害の原因として懸念される3つの過重な状況について次のように言及した。すなわち，生まれつき劣等器官を持つこと（すなわち器官劣等性），甘やかされること，無視されることである。

また，Michael（1999）によれば，アドラーは器官劣等性に加えてもうひとつの生物学的要因は脳や中枢神経の発達と関係するとしており，そのことを「ライフスタイルとは，『言葉にもならない考えとしても表現できない』もの」とほのめかした。

③ 精神社会的要因

アドラーは，ライフスタイルに影響を及ぼす要因については，両親の子どもへの影響だけではなく，如何に子どもが両親に影響をしたり，子ども同士が影響しあったり，また，教育のシステムがこれらすべての環境を強化したり，改めたりするかということに興味を示した。

また，ライフスタイルに影響する精神社会的要因のひとつ目には家族の雰囲気，2つ目には如何に価値観を得て「伝える」か，3つ目には親のスタイル，4つ目には兄弟の存在をあげ，最後に文化，地域，学校を取り上げている。

アドラーが定義するライフスタイルとは人間が発達させる信念の体系であり，それは自己概念，自己理想，世界像，論理的信念という4つの構成要素を含んでいる。ここでいう自己概念とは「私は〜です」，「私は〜ではありません」というライフスタイルの中にある信念の全てである。自己理想とは自分の場所を見つけて，その意義を持つために「私は〜であるべき」または「私は〜であるべきではない」ということについてのライフスタイルの信念の全てである。世界像とは，全て「私」に関する信念ではなく，「人生とは〜」，「人間は〜」，または「男／女とは〜」，などといったものである。論理的信念とは「〜することはよいこと」，「〜することは正しい」，「〜することは悪いこと」，「〜することは間違っている」などを中心とした信念のことである（Michael, 1999）。

そしてアドラーは，一方では，「まったく同じ人生はない」といい，まったく

同じライフスタイルがないことを強調しているが，一方では検討される類似点があるとしてライフスタイルを次のように4つに分けている（Mosak, 1999: p. 115）。
① 理想的／共同体感覚タイプ
　唯一破壊的な性質がなく，他者の福利に関心があり，世の中のために協力的に動ける人々のことである。こういう人たちの活動の量が大きく，共同体感覚も豊かである。
② ゲッタータイプ
　あまり活動の量は多くない，共同体感覚も低くて，どれだけ自分が手に入れられるかにだけ関心を持ち，他人に依存して，自分のことを他人にやらせるというタイプである。
③ 独裁的タイプ
　活動の量は多いが，共同体感覚は少なく，他者を支配し，自分の思う通りにさせようとするタイプである。
④ 逃避的タイプ
　ゲッタータイプと似ていて共同体感覚も活動の量も少なく，何かに立ち向かうことを避け，距離を置こうとするタイプである。

　前述したように，アドラーの概念では，行為主体としての個人は，外部の刺激に対する単なる反応者ではなく，能動的で，目標指標的であり，かつ自己統一性をもった存在である。過去における生活環境への対処経験あるいは生活課題の独自な解決方法と，将来に向けた目標志向努力の中に，個人の自己一貫性と統一性が読み取られ，その全体性を「ライフスタイル」と呼んでいる。また，アドラーはライフスタイルを個人の行動を理解し，予測する鍵と考えていただけではなく，精神病患者の治療のためにも重要なコンセプトであると考えている（Mosak and Maniacci, 1999；村田，1979）。
　ここで注目する必要があるのは，アドラーの述べたライフスタイルには，ブルデューのいうハビトゥスに似ているところがあるということである。それは，アドラーは「……言葉や考えとしては表れず，人生に対する態度として根

づいており……ライフスタイルを築く手助けとなる自分の法則というものに行き着く」と述べていることである。

ただし，ブルデューのように社会構造との関連について述べていない。なお，問題関心が異なるため，ブルデューと違って，生物学的な要因を取り上げている。

アドラーの考え方を起源とするライフスタイル概念の使い方としては，オルポート（Allport, 1969）とコールマン（Coleman, 1964）などを取り上げることができる。

オルポートはライフスタイルを「生活の過程で次第に形成されてくるもので，個人の生活処理のすべてを，あるいは少なくてもその大半を，日々方向付け，統合するもの」と考えている（村田，1979）。

コールマンは「個人の知覚，思考，行動の一貫した仕方」をライフスタイルとよび，「各個人は，独自の比較的一貫したライフスタイルを確立する傾向をもつ」と主張する（村田，1979）。

以下において，オルポートによるライフスタイル研究を取り上げることにする。

2）オルポート（Gordon W.Allport）の研究におけるライフスタイルの概念

オルポートは1955年に書いた名著『人間の形成』の中で"ライフスタイル"（1959年に出版されている豊沢の日本語訳では生活スタイルまたは生活型と訳されている）を心理学の中心的な概念———パーソナリティの発達を可能にする傾向性概念との関係で，個性的なライフスタイルという概念を提出した。この本の中で次のように書いてある。「パーソナリティは，ただに〈人類という〉種に共通の欲求という貧寒な賦与に対する刺戟の衝撃によってのみ支配されるのではない。パーソナリティの形成の過程は，同様にまた，それの可能性を実現する傾向性によっても統制されるのである。すなわち，発達のあらゆる段階において独特の人間になる傾向性によって統制されるのである。そうして，〈その場合〉最も緊張を伴う能力のひとつは，個人化（individuation）〈の能力〉である。自己を知覚し，自己批判を行い，また自己高揚をつとめる個性的なライフスタ

イルの形成〈を行う能力〉である」（オルポート，1955：pp. 67〜68）。すなわち，オルポートは「個人化の能力は個性的なライフスタイルの形成を行う能力である」と，明確に述べていたのである。

　このようにオルポートは『人間の形成』という著書の中でライフスタイル（life style）という概念をよく使っており，その他の多くの著書の中でも「ライフスタイル」という概念を使っている（注：しかし，『パーソナリティ』ではModus vivendi，『人間の形成』ではLifestyle という言葉を使っており，どちらも日本語訳では生活様式（または生活スタイル）と訳されているが，本研究ではLifestyleをライフスタイル，Modus vivendiを生活様式と利用することにした）。例えば，以上で取り上げた『人間の形成』のほかに『パーソナリティ』，『人格心理学』（上，下）などがある。まず，オルポートが『人間の形成』の中で使用したライフスタイルの概念とライフスタイルに影響する要因について論じたものを整理すると以下のようになる。

　オルポートは，生産的ライフスタイルに向かって出発するためには，幼時期の安全保証と愛情に満ちた人間関係が非常に重要であると考えた。例えば，オルポートは人間関係の重要性についての分析では，次のように述べている。すなわち，「母子間の不幸な敵対的な関係は，しばしば生涯の後期における有効な治療的処置に対し排除し難い障害を作り出すように思われます。犯罪，精神障害，及び人種的偏見などは，一部は，初期幼時期に〈母親の〉愛情を奪われたり，愛情をさまたげられたりしたことにその証跡をもとめ得る反社会的環境条件から起こる事柄のうちに数えられます。概して，生産的ライフスタイルに向かって出発するためには，ゆったりと最小限度の安全保証が幼児期に要求されると思われます。それがなければ，個体は，安全保証に対する病態的な渇望を発達させます。そして，他の人々に比し成熟の頓挫に堪えきれなくなります。彼が固執する要求，嫉妬羨望及び利己心によって，なおも彼を悩まし続けている渇望を〈かえって〉裏切ることになります。……」（オルポート，1955：pp. 77〜78）。

　オルポートは，また，ライフスタイルは，私たちの価値の図式をあらわにせ

ざるを得ないと言及し，ライフスタイルと価値の図式が密接な関係をもっていることを示している。オルポートは『人間の形成』の中では，まず「健全な成人は，価値の図式（格式）の影響下で発達をとげるものである。この場合，価値図式の実現は，とうてい完全には達成できないとしても，なおそれを望ましいもの（委託）と衝突するか，それとも調和するかにしたがって，習慣の下位体制を捨てたり，新しく形成したりする。簡単にいえば，行為のための能動的な図式が発達する程度に比例して，それらは特殊な選択行動に力動的な影響を及ぼす」と述べており，価値図式を「行為のための能動的な図式」と定義している。そして，「最高の総合をとげたパーソナリティでさえも，自分の持つ価値に合致する行動を必ずしもつねにとるとはかぎりません。不可抗力の衝動，小児病（幼児期異常不全）の連続，良心への違背などは，どんな生活の中にも数えられる原因です。その上に私たちの環境の要求が原因となって，永久に私たちの存在の周辺に止住すると思われるおびただしい数の行動体験を発展させます。これらおびただしい数の周辺的行動体系は，私たちの〈外的〉世界との取引を促進しますが，しかし，けっして私たちのプライベート生活にまではくいこみません。そのような取引のためには，私たちは見かけをつくることを知っています。……私どものいわゆる〈役割行動〉の多くは，この種のものに属します。私たちは皆，自分とは相容されないと見なしている役割を演ずるように強制されています。つまり，さまざまな役割行動は，プロプリウム的なものではなく，単に役をつとめて（その風をよそおって）いる行動にすぎません。しかし，そのような相剋がたくさんあるにも関わらず，私たちは自分の個人的なライフスタイルを発展させます」と述べ，「ライフスタイルの特質のあるものは表面に止住していて，私たちの本性を仮面でよそおう役をします。しかし，同時にそしてまた大部分の場合，私たちのライフスタイルは，プロプリウムから出発して外部へと進み，かくして結局私たちの価値の図式を現にせざるを得ません」と指摘している（オルポート，1955：pp. 170〜172）。

また，オルポートは個人のライフスタイルは，その人の自我＝像のうちに，また他の人々の関係の中に，明確さと有効さとを成就する一つの方途であると

言及し，この方途は，「一貫した手順の線をえらびとり，そうしてそれにくっついて離れないでいれば，徐々に，かつひとりでに発達してくるものである」と定義している。

さらに，オルポートは一方では，一人の人間の持つ教養（文化）は，そこからそのライフスタイルを引き出す環境装置の一つであると述べ，教養がライフスタイルに影響する要因であることを間接的に示している（オルポート，1955：p.180）。

その一方では，オルポートは「パーソナリティは，単に「文化の主観的側面」に過ぎない，といいきるのは決して正しいことではない。……，パーソナリティの文化理論は，他のいろいろな反動行動理論と同じようにライプニッツ的な人間観よりもむしろロック的人生観をとっている。その近代的証例は"様式的パーソナリティ"（model personality），"基礎的パーソナリティ"（basic personality），"階級にしばられた行動"（class-linked behavior），"役割学説"（role theory）などのポピュラーな諸学説の中にみられる」としている。こうした認識を持ったオルポートは「人格的な総合ということが，つねに，より基礎的な事実です。私たちは，一方で，ある文化的価値をプロプリウム的なものとして，私たち自身の生成の道程にとって重要なものだとして受け入れますが，私たちがみな反逆者であり，逸脱者であり，また個人主義者だということも，同じく事実です。私たちの文化の中のある種の要素は，全くこれを棄て去ってしまいます。多くの要素は，単なる場当たり的習慣としてこれを取り入れます。そうして，純粋に私たちの所有である諸要素さえも，私たち自身の個人的ライフスタイルに合わせて，これをつくり変えます。文化は生成の一条件ではありますが，文化だけでそのまま完全な型づけ板になるわけではありません」と考えた（オルポート，1955：pp.180〜181）。

ここで注目する必要があるのは，オルポートがライフスタイルについて論じたとき，「集団からうけた様々な習慣がライフスタイルを特徴付ける」としているが，その一方で習慣をパーソナリティに含まれる概念として扱っていることである。

しかし，その一方でオルポートはライフスタイルを特徴づける習慣が本来的に固有だということではないとしており，この見地は次の論述の中で現れている。「ライフスタイルを特徴付けているそれらの習慣が，私たちの存在感にとって本当に中核的なものではないのです。例えば，私たちの思考〈活動〉とコミュニケーション〈活動〉とを包みこんでいる英語の言語習慣を考えて御覧なさい。私たちの先祖の言葉の中にある私たちに使える概念の蓄積と談話の傾向——これにささえられて私たちの社会的接触が進行する——以上に，私たちの生活に滲透的な影響を与え得るものはほかになにひとつありません。しかも，また，英語を使うということは，通例，私たち人間の存在の中核にとってはまったく外周的なことに過ぎないと感じられます。かりに，どこか外国の侵略者がやってきて，私たちが母語を使うことを禁止したとするならば，事態はこうではないでしょう。そのような時には，私たちの語彙（ごい）やアクセントやそれらを使う自由は，極めて貴重なものになり，また私たちの自我感を包括するものとなる。私たちが作り上げた無数の社会的習慣や生理的習慣についても事情は同じです。これらの習慣は，何かにさまたげられることがなければ，個々に切り離された人間（固体）としての私たちの存在に欠くことのできない本質的なものと見られることは絶対にありません。……，パーソナリティはこうした習慣や技能，準拠枠，さまざまな事実や文化諸価値を包括しております。」（オルポート，1955：pp.94～95）。

　また，オルポートは，「パーソナリティは，私たちが特に自分自身のものと見る生活領域のすべてを包括している」（オルポート，1955: pp.104～110）と述べ，それを「プロプリウム」とよんでいる。そして，プロプリウム（パーソナリティの中心的な相互に重なり合う働きをあらわすための暫定的な中立の言葉）の機能として，身体感覚（Bodily sense），自己同一性（Self-identity），自我挙揚（Ego-enhancement），自我拡大（Ego-extension），推論機関（Rational agent），自我像（Self-image），プロプリウム的希求（Propriate Striuing），知るもの（The knower）といった8つの機能を取り上げており，この8つの機能すべてが人間生成の心理学には欠くことのできない材料だと認められ，また〈その内容に〉含まれていなければな

らないことを指摘している（オルポート，1955：p. 125）。さらに，ライフスタイルを取り扱う適切な心理学は何であるかについて次のように述べている。「ライフスタイルを取り扱う適切な心理学があれば，自我を取り扱う別途の心理学を考える必要なしに済ませられる，というアドラーの議論に言及しておきます。アドラーの主張は未熟なところはありますが，本質的には，ここに弁護したものとは同じだとわたしは信じています。で，それを取り扱うに適切な心理学は，自我の心理学であるということになるでありましょう。それは，プロプリウム的機能を十分にかつ公正に取り扱うでしょう。……」（オルポート，1955：p. 127）。

オルポートによれば，個人の特性は，その人にとって生活様式なのである。『パーソナリティ』の中で，特性の独立についての分析では，特性との関連で生活様式について次のように述べている。「特性ははっきりした境界で見分けられるのではなく，その核となる性質，焦点によって見分けられるのである。この焦点は基本的には特性の目的意味である。つまり，それは，個人にとっての生存と適応の様式としての意味をもっている。おしゃべりな人の多弁の傾向性は，彼にとって生活様式である。同様に，彼のパーソナリティのその他のすべての，焦点を当てられた（相互依存的な）体系，例えば審美的興味，倹約，臆病，こぎれいさ，深い情緒的愛着，政治上の保守主義など——これらはみな生活様式なのである。…」（オルポート，1982：p. 280）。

さらに，オルポートによれば，ある種の特性自体が生活様式なのである。例えば，『パーソナリティ』の中でオルポートはこう述べている——「支配と服従は，心誌の中で便宜的に一つの連続体に入れられるとしても，別々の特性である。服従性とは単に支配性を欠いていることではなく，まったくそれ自体で生活様式（Modus vivendi）なのである。」（オルポート，1982：p. 352）。

最後に注目する価値があるのは，オルポートによるライフスタイルは，社会学の古典理論と同じく，彼の研究における中心的な概念として捉えられていない。『人間の形成』，『パーソナリティ』における彼の関心はあくまでも〈パーソナリティ〉であり，ライフスタイル（または生活様式）はその従属的な概念でしかなかった。

3) モサック (Harold. H. Mosak) の研究におけるライフスタイルの概念

　Mosak ら (1988) はまず生物学的な観点から,「ライフスタイルは, その人にとって《ルールのルール》であり, 本能上に青写真が存在しないときに, 必要とされる行動についての認知的青写真である」と定義している。また,「ここでいうライフスタイルは単にルールを寄せ集めたのではなく, あらゆるルールをひとつのパターン (ルールだけではなく, あらゆる対処行動を統御するもの) に組織したものである」ことを指摘している (Mosak, 1988)。

　また, アリストテレスが論じた原因の一つのタイプ——形相因 (causa formalis) ——とは特定の結末に導く関係性の秩序あるいはパターンであるという概念を取り上げ, アリストテレスがいうこの形相因の意味では, ライフスタイルは行動の「原因」であると述べている。そこで Mosak (1988) は, ライフスタイルは次のような二つの意味で行動の「原因」として作用していると考えた。

① ライフスタイルはどのような法則であっても制限を加えているという意味では, 制限因であり, 動きの線に方向を与えている。しかし, 動きを強化したり抑制するフィードバックをもたらしている。ライフスタイルは, ただ時の流れのある一時点での, あるいはある計画のある時点での決定因ではない。それは時の流れのそれぞれの時点において, そして出来事が進展している各段階において継続して決定をするものであり, ライフスタイルの原因的行為は継続的で, いつも状況を定義していて, その状況に応えるためにどうするかを指図する。

② 人は, いつもライフスタイルを変える能力があるので, その限界を超えることができる (これはアドラー理論の立場である) という意味では, 原因としてのライフスタイルは硬直したものではなく,「やわらかい決定要因」である。そして, 行動は避けられないものではなくて, 動きの方向の範囲を定める一連の選択に基づいている。したがって, ライフスタイルは心理療法の教育的経験とか, 時には主観的な真実の自己の気づきや認識に結びつくような人生経験をすることで超えられる。

　以上のような考えをもった Mosak (1988) はライフスタイルの構成要素を,

①「何であるか」，つまり，個人としての自己の本質と直面している「現実」の本質についての確信と，②価値や「何であるか」をつかもうと努力する中での行動についての信念，及び③「行動への教示」にわけている。

ここで Mosak（1988）が提示している「何であるか」についての確信とは「私は何か？」という自己像と人生一般が「どのように作用するのか？」，「社会（私と他者の関係）は何か」という世界像のことであり，「どうあるべきか」についての確信とは，「人生がどうあるべきか？」という理想世界と，「何が良くて適切な行動か？」という論理判断のことである。そして，行動への教示とは，「私は何を達成しようか？」，「私はどのようになるべきか？」という主要目標・自己理想と「どのようにするのか」という方法のことである（Mosak, 1988）。

そして，Mosak（1988）はさらに，ライフスタイルに影響する要因として次のような5つの側面の要因について論じており，また実証研究を通じてそれを証明している（Mosak, 1988）。本研究との関係で，要約すると以下のようになる。

① 生態的要因

Mosak（1988）は，「自然」が動植物をあらゆる状況に適合させようと創造しているように，あらゆる有用な社会的生活空間（あるいは社会的役割）に適合するために，ライフスタイルの幅が広げられる傾向がある。発達中のライフスタイルへの有用な社会的生活空間の影響は家族布置の議論の中ではっきりしていると述べている。

② 体付きの要因

Mosak（1988）は，体付きの要因として次の2つの要因を取り上げた。

ひとつは，遺伝的要因である。ここで Mosak（1988）は，「見つけられている限りでは，はっきりした遺伝的影響が現れていない」………，しかし，「遺伝とみようが学習されたものとみようが，知性はライフスタイルに影響している要因のようである」と述べている。また，その原因については，「知性は対処行動の道具であり，対処能力は使う道具の影響を受けるからである」と述べている。

もうひとつの要因は体付きであり，体付きは次のようにライフスタイルに影

響する。すなわち,「とても可愛い女の子は,平凡な子よりも環境から異なった影響を受けるだろう。たくましくて運動能力のある子は,あまり能力のない子には恵まれないチャンスを見つけるだろう。また,機知に富んだ子どもは,愚鈍な子どもが見逃している代替案が判かり,大人から認められることがよく起こるそうである。しかし,これらの全ての要因について,遺伝的に「与えられたもの」への社会状況の反応は,遺伝的特性がライフスタイルに影響する程度を決める。…………,そのほかに肉体的欠陥も子どもの主観的反応次第で,ライフスタイルの発達に影響することがある」。

③ 発達的連続

発達するうえで決定的な重要な時期が起こることは,アドラー派心理学も認めていることであり,人であるためのある種の技能は幼い段階から練習が必要であり,それがないと十分に学習することができないから,幼い頃の経験はライフスタイルに影響する。……,大人のライフスタイルを理解するという目的において,ある経験が生じた発達上のその時点は,その経験が後にもたらす効果,つまり発達途上にあるライフスタイルのプログラムに適合するように経験が認識され加工される方法よりも重要度が低いと考えられている。全て実際的な目的があるので,ライフスタイルの原型は5歳までには結構うまく形成されるようである。したがって,その年齢前の経験は,最終的なライフスタイルに及ぼす影響としては,一般的に後の経験より重要である。

④ 文化的要因

文化とは,世界についてある基本的見方を提供しているものなので,ライフスタイルが発達するうえである傾向を助長する。個人的冒険心とか,個人的業績を強調する文化は,伝統に従うことを強調する文化とは異なった行動を奨励する。さらには,価値が,性,年齢,社会的経済的地位,皮膚の色,出生の場所などに付与されているが,その価値は全て文化に影響される。また,成長期の子どもの自己を取り巻く世界像とその世界の中にいる子ども自身の役割といったものに影響する。つまり,文化は,成長期の子どもに世界を評価する上で用いる価値を,そして,理想と目標についての準拠枠を提供しており,ライフ

スタイルの発達に影響している。

⑤ 家族の影響—家族布置

　Mosak（1988）によれば，家族布置の主な構成要素は，兄弟布置，家族価値，家族の雰囲気，親の行動，そして子どもそれぞれが演じた家族役割である。

　出生順位と兄弟布置に影響する要因としては，競合，子どもが生まれた実際の順序（例えば，1番，2番，3番，…10番，11番など），年齢差，家族の大きさ，家族外の競争者，性差，死者と生存者，特別な兄弟，ひいきなどを取り上げている。

　気分（ほとんどいつも家族の中にある全般的な情緒的トーンのことである），秩序（階層的関係と一連の出来事のこと），関係性（その家族にある一貫した相互作用の状態のことである）が家族の雰囲気に影響すると述べており，それと同時に家族の雰囲気は子どもが後の人生で期待することに影響するだけではなく，世界観と呼ばれているライフスタイルにも影響するとの提言をしている。

　Mosak（1988）が，人がライフスタイルの機能をどのように使っているのかを見れば，ライフスタイルをもっと的確に定義することができると考え，人々が使用していると思われる次のような8種類の機能を取り上げている。すなわち，① 体系化と単純化の機能，② 選択機能（彼によれば，実際に，選択は次のような7種類の機能として現れる。具体的には，方向設定，選択的知覚，行為を導く，予測と予想，レーダーの機能，意思決定機能，考古学的機能），③ 経験のコントロール機能，④ 強化機能，⑤ 自己防御機能，⑥ 問題解決機能，⑦ 自己を規定する機能，⑧ 自己を考察し判断する機能などである（Mosak, 1988）。

　そして，Mosak（1988）は「ライフスタイルを理解していれば，その人を理解しているのだ」と強く断言していた。さらに，「ライフスタイルを知ることは，その人本来の診断に役立つだけではなく，ある期間中に人に働きかける人（心理療法家，カウンセラー，教師，その他）にとって存在し続ける基準点として使える」と指摘している。

　また，Mosak（1988）はライフスタイルを知ることがセラピストに特定の利益をもたらすことを指摘した。Mosak（1988）はこの考えを『ライフスタイル

診断』の中で次のように明確に述べている。「パーソナリティ構造における変化がライフスタイルにおける変化になる。したがって，ライフスタイルは基準点であるだけではなく，パーソナリティの再構成が目標であるあらゆる心理療法の焦点となっており，セラピーにおけるパーソナリティの変化の総量評価をする道具として役に立つ」（Mosak, 1988）

3　マーケティング領域におけるライフスタイルの概念

　以上見てきたように，ライフスタイルという用語は，元来社会学の分野で使われていたもので，それは人々の生活様式，行動様式，思考様式といったあらゆる生活諸側面の文化的，社会的，個人的，集団的，あるいは地域的な差異をトータルな形で表す言葉である。また，心理学におけるライフスタイルと人間の信念の体系，個人そのものの現れである。いわば，ライフスタイルとは，多面的な生活システムと個人側面を包括的に捉える複合的な概念といえる。

　アメリカにおいて，マーケティング分野で初めてライフスタイルの問題が取り上げられたのは，1950年代の終わりごろである。そして，マーケティング学者としていち早くライフスタイルコンセプトを提唱し，ライフスタイルコンセプトをマーケティング分野で定着させたのは，Lazer（1963）である。彼は，ライフスタイルが「社会全体あるいは社会の中の集団の特有のライフスタイル」と考えた（Lazer, 1963）。彼はライフスタイルを次のように定義づけている。「ライフスタイルは，総合的かつ最も広い意味に解釈すれば，社会全体，あるいは社会のセグメントに特有な，他から区別される特徴的生活様式をさしている。それは，ある文化または集団の生活様式を表現し，かつ，それらを他の文化や集団から区別するような独自の要素や特質を意味している。ライフスタイルは，文化，価値観，諸資源，シンボル，ライセンス，サンクションなどの諸要素が働いた結果である。ひとつの観点からすれば，消費者が購入する財の総計や，それらの購買品の消費の仕方は，社会のライフスタイルを反映している。したがって，アメリカ人のライフスタイル，日本人のライフスタイル，

中国人のライフスタイル，消費者のライフスタイル，さまざまな社会階層及びライフサイクルの異なった段階にある集団ごとのライフスタイルについて述べることが論理的である」。

古典的な消費行動学の教科書において，Solomon（1999）はライフスタイルにもっとも具体的な定義――「人の時間とお金を使う様式」――を与えた。人々は，何が好きかということに基づき，それなりに時間を使い，可処分所得（disposable income）を費やす。そして自分をある特定の集団に繰り入れるということであろう。

多くの文献において，ライフスタイルの概念は市場調査と消費者行動が基である（Mitchell, 1983; Pitts ら, 1984; Plummer, 1974; Wells, 1974）。それは人々の生き方，お金の使い方，時間の配分方法や（Cosmas, 1982; Hawkins ら, 1983），彼らのパターン化された行動（Pingree and Hawkins, 1994）にかかることだ。Zablocki と Kanter（1976: p270）はライフスタイルを分けられた選好や嗜好を基とした集合と定義した。Peter と Olson（1994: p463）はライフスタイルを人々が生活する上でのやり方と定義し，彼らの活動，興味，意見を含むとしている。従って，マーケティング研究におけるライフスタイルは次のような4つの次元を含む（Ran, 2006）。

1 活動―個人の消費行動，何を買い，時間をどう過ごすか
2 興味―仕事，レクリエーション，ファッション，食事に対する消費者の好み
3 意見―地方，世界，経済的社会的問題に対する見解と感情
4 デモグラフィックス―消費者の社会経済的性格

AIO 尺度，言い換えると態度，興味，意見の一覧表（Cosmas, 1982; Plummer, 1974; Valette-Florence ら, 1990; Williams, 1981）は目的とする市場をセグメントする有効な方法を用意している。例えば，Mitchell（1983）は生存者，支持者といった9つのライフスタイルをアメリカの消費者に対して開発した。似たようなライフスタイルは中国の消費者についても開発され，（Cui and Liu, 2001; Swanson,

1998; Leung and Wei, 1999）ファッショナブル，ソフィスティケイツ，社会流動性，生活拡張者，金銭―感覚苦労者などが含まれている（IMI, 2007）。

　国立国会図書館の文献検索（NDL-OPAC）と国立情報学研究所の論文情報ナビゲータ（CiNii）で「ライフスタイル」をキーワードにして日本国内の文献を検索した結果，消費行動研究の文脈で行われた研究が大勢を占め，そのほとんどが若者あるいは15～65歳の人々を対象としていた。また，Google（http://www.google.com.cn.）Yahoo!（http://www.yahoo.com.cn.）捜狐（http://www.sohu.com）らのホームページで中国語で「生活方式」と入れて検索した結果も日本と同じく，ライフスタイルに関する研究のほとんどが，消費行動との関係で行われており，高齢者を対象とした研究が散見される程度であった。

　マーケティング領域において，ライフスタイル問題が大きくクローズアップされ，重要な研究領域とされるのは，まさに，企業政策の上からマニュアルに規定された消費者像の解明ではなく，消費者が自らの価値観と目標に基づいて独立した生活システムを形成しているとする，まさに生活者としての姿を理解し，把握したいという希求から起こっており，生活者の多面的な側面を明らかにするライフスタイル研究に着目するのであろう。

　最近のマーケティング領域でよく見られるAIO分析，RVS尺度，LOV尺度，VALSらを中心とするライフスタイル分析法は，基本的に生活者の生活に対する考え方を独立的に浮き彫りにさせる手法といえ，それによって，基本的な生活の仕方をひとつのライフスタイルとしてパターン化するものである。そして，マーケティングはその独立したライフスタイルの創造・維持・発展に，参加者または支援者としての対応をとる。独立したライフスタイルパターンの解明に関わるマーケティング領域におけるライフスタイル研究の量の多さには目をみはるものがある。マーケティング領域における既存の研究を整理・分類した研究も，既にいくつか出されているため，ここに改めて取り上げることは避けるが，第2節ライフスタイル・アプローチの整理の部分で多少触れることにする。

　Gonzalezら（2002）によれば，マーケティング領域におけるライフスタイル研究は主に以下の4つの方面に集中している。

1. 市場分析：ある特定の人間集団に市場分析を行う。たとえば，Cosmas（1982）は女性消費者に対する市場分析をした。

2. 消費者の特徴を描くこと：ある特定の人間集団を選び，彼らのライフスタイルの特徴を描く。例えば，Burnett（1981）は献血者のライフスタイルの特徴を分析した。

3. ライフスタイルの比較分析：2種類の消費者を選び，彼らのライフスタイルの相違を比較する。例えば，Jackson ら（1991）の家庭主婦と職業女性のライフスタイルに対する比較。

4. ライフスタイルの成り行きに関する分析：いくつかの時点におけるライフスタイルの特徴を比較し，発展の成り行きを探しだす。例えば，Pressemier と Handelsman（1984）の消費者のライフスタイルの転換に対する研究。

つまり，マーケティング領域におけるライフスタイル研究は，方法的には社会心理学的なアプローチであり，データは主として個々の消費者の生活にかかわるものである。そこでの課題は，消費者のライフスタイル変数を計量的に操作することにより，ライフスタイルの構造や類型を明らかにすることなのである。

日本や中国では，このように起源の異なるライフスタイル概念が流動的で使用されている。目的や関心の違いで，社会学的定義に引き寄せて，特定の集団に共有されたライフスタイル，例えば，『アメリカ人のライフスタイル』（ロイス and 池田，1990），『消費者としてのライフスタイル』（藤竹，2000）などを問題にすることもできれば，心理学的な定義に引き寄せて，既存の集団と共有されない固有のライフスタイルを問題にすることもある。実際の研究からいえば，ライフスタイルを社会学における階層研究のように階層，階級など既存の集団に一方的に規定されるものとして取り上げたものはない（村田，1979）。

最後に，包括的・多次元的概念としてのライフスタイルということでは，村田が「ライフスタイル全書—理論・技術応用」で取り上げているライフスタイルの概念がある。すなわち，村田（1979）によれば，ライフスタイルとは，生活主体が，①生活の維持と発展のための生活課題を解決し，充足する過程で，②自らの独自の欲求性向から動機づけられ，③自らの価値態度，生活目標，

生活設計によって方向付けられ，④外部社会（企業，政府，地域社会など）が供給する財・サービス，情報，機会を選択的に採用，組み合わせ，⑤社会・文化的な制度的枠組みからの制約の中で，⑥日々，週，月，年あるいは一生のサイクルを通して，能動的，主体的に設計し，発展させていく，⑦生活意識と生活構造と生活行動の3つの次元から構成されるパターン化したシステムである。

　以上から，ライフスタイルの概念はこうして，社会学や心理学，経済学の間で，それぞれ異なったニュアンスを込めたまま使われてきていることがわかる。また，ライフスタイルという概念も「生活様式」から「生活スタイル」へ変化してきたことも伺われる。しかし，以上ではどのように「生活様式」から「生活スタイル」へ変化してきたかについて触れていない。ライフスタイルの概念を定義づける上で，この変化を理解することが非常に重要であると考える。そこで，以下においてこれまで取り上げた生活様式，ライフスタイル研究と，取り上げることができなかったけれども，ライフスタイル研究において重要だと思われる先行研究を簡単にまとめてみることにする。

4　「生活様式」から「ライフスタイル」への変化

　以上ライフスタイル研究の歴史脈絡，特にその中の主要な考えと基本的な理論方法を述べてきた。西欧にしろ，日本や中国にしろ，各学者によるライフスタイルの概念は数十種類あり，ほぼ論者ごとにひとつの定義がある。これらの定義だけを比較することで要点がなかなかわからないだろう。しかし，それらを学術の歴史の中において考査したことによって次のようなことがわかる。それは，各論者の考えの対象と用いた参考基準が違うかもしれないが，皆「ライフスタイル」で人と人，集団と集団の差異を思考・弁別していることである。

　ここでまず，英文辞書からライフスタイルの比較的規範的な定義を引用しよう。2004年版の『マスコミュニケーションとカルチュラル・スタディーズの中心概念』（Fiske, 2004）において，ライフスタイルとは「文化的アイデンティティと文化活動の弁別的標識（distinctive configurations）である。これらの標識

は現代の状況と文化消費形式と関連する」と定義されている。また,「ライフスタイルの概念はある集団と個人の『生活風格』(style of life)を構成する特殊な様式と顕著な特徴(distinctive features)を描くときに用いる。……ライフスタイルはあらゆる近代社会の構造物の「構成部分」(fragments)として理解され,その中にどの程度の「選択」(choice),「差異」(difference)および創造的・反抗的な文化可能性(cultural possibilities)が包括されているかを表す」と注記している。したがって,ライフスタイルの概念は特定生活資料と社会条件の象徴的な表現の特殊形式を強調する傾向がある。この定義と解釈が強調しているのは「弁別的」,「特定の」,「特殊な」あるいは「顕著な」もの,「標識」,「特徴」または「差異」である(高丙中,1998)だろう。

　英語において,「ライフスタイル」はだいたい style of life から life-style,さらに lifestyle までの変遷(変容)過程をたどってきた。マルクス and エンゲルス,ウェーバー,ヴェブレンのライフスタイル関係の議論は style of life の時期に当たるといえよう。彼らはこのことばに定義を与えなかった。なぜなら,それはほかの概念を解釈するときに使われているからであろう。ただし,専門的な定義がないといえ,彼らの著作の文脈の中で明白で安定した意味が与えられた。前述のとおり,ライフスタイルは生活における階級(マルクスとヴェブレン)あるいは社会身分(ウェーバー)の差異を現している。彼らのいった差異にはもっと深い次元での共通点がある：この差異は個人の主観的選択ではなく,経済状況により全体的に決定されたものである。つまり,ライフスタイルの差異は経済状況によって決定される社会階層の区分に対応しているのである。どの階級あるいはどの階層に属すれば,それなりのライフスタイルをもつかということである。

　その後,「ライフスタイル」はひとつの専門用語までに発展した。その言語的標識は合成語 life-style が広く受け入れたことである。合成語の時代,このことばはすでに学術化されたため,研究者たちは定義をするようになる。文献調査からは,合成語の時代は1970年代まで続いたことがわかる。ここで70年代の2つの事例をあげてその時代の定義の一般水準をみてみよう。

定義1:「われわれはライフ・スタイル（life-style）を広範な概念として見ている。その元で一連の行動と行動志向が含まれており，いずれも個人の時間，気力と金などの資源の投入を必要とする。研究者の調査したこの種の行動はあらゆる可能性を尽くすためではなく，多くの社会科学者の関心を集めた行動様式とコミュニティ類型の関係にとって代表性をもつだけである」(Tallman and Morgner, 1970: p.337)。

定義2:「あるライフ・スタイル（life-style）の定義は特定の集団性の範囲を含むべきだ。個人の支配可能な収入の使用およびこれらの使用の基本的な動機において，集団のメンバーの間では似ているが，集団外の人とは異なる。したがって，ライフ・スタイルに正真正銘の統計学的定義を与えるときには，動機と消費頻度などを分析データにする必要がある」(Zablocki and Kanter, 1976: p.270)。

70年代初期と70年代後期の定義は，古典的な著作者たちの使った意味と連続性がありながら顕著に変化した。連続性というのは，彼らも「代表性」を強調し，集団外との「違い」を強調しており，依然として集団の特徴と集団間の差異を強調しているところにある。変化というのは，個人が重視され始め，ライフスタイルの範囲はもう研究対象の生活全体ではなく，研究者が操作上の便利さのために選択した代表的な行動と行動志向になったことである。しかし，そこではどの行動とその志向を設計するかは，一般的に研究者がコミュニティの類型と関心がある問題によって選択されていた。この定義では，ライフスタイルに，客観的でかつ学者たちの間で承諾を得た研究範囲がなくなっていた（この定義からわかるように，この時期にはライフスタイルにはもう客観的でかつ学者たちの間で承諾を得た研究範囲がなくなったのである）。

1980年代に，lifestyleという単語は西洋の文献に定着した。基本的な意味は相変わらず対象の相対的な差異を研究することであった一方で，新たな変化も出てきた。その変化とは，この時期の学者たちが述べている差異は個人から出発していることである。80年代初期に，アメリカの社会学者ソベルはこの傾向を次のように指摘した。すなわち，「一種類のライフスタイルは個人，集団ないし一種類の文化的特徴まで全て意味があると定義される。しかし，社会科

学者は通常個人レベルでこの概念を使う（もちろん例外もあるが）」（Sobel, 1981）。この傾向の理論上の反映はライフスタイルの定義におけるパーソナリティへの重視である。たとえば英国の著名な文化社会学者 Mike Featherstone は 80 年代の後期にこう述べている：「『ライフスタイル』ということばは今非常に流行っている。現代の消費文化の中で，この用語は比較的に厳密な社会学的な意味で，特定の身分集団（status group）の生活の目立った風格（the distinctive style of life）をさすとき，それは個人性（individuality），自己表現（self-expression）とスタイルに対する自己意識（a stylistic self-consciousness）を含む。個人の身体，服装，物言い，余暇生活，飲食の好み，住む家，車，休日の過ごし方の選択はすべて，占有者／消費者の興味の個人性と風格意識の標識と見なされる」（Featherstone, 1987: p. 55）。80 年代以来，ライフスタイルの概念についての議論では「興味」，「風格意識」，「表現」，「選択」など個人の差異を重要視する修飾語を使うようになってきた。

　つまり，ライフスタイルの画定は，始終対象の「差異性」をめぐって発展してきたのである。それと同時に各時代の学者の間で，「差異性」を認識する立場が変わってきている。古典的な著作者において，個人のライフスタイルの違いは個人が所属する階級・階層によって客観的かつ外在的に決定される。この差異は生活全体を覆い，個人の所属集団との必然的統一性に現れる。したがって，彼らがいう差異は，直接階級・階層の差異である。第二段階においては，差異の客観性があいまいになり，学者たちの議論するところの差異はもう全面的なものではなく，その中に研究者が主観的に認めた，代表性をもつ若干の側面である。この定義は学術的に統計分析の方法と合致する。その時期に流行った統計分析方法は，指標をシンプルにし，変数を操作しやすくしていた。この変化は本質的に社会変化の反映であると思われる。それはこの時期に西洋は発達した資本主義に入り，社会階層が複雑化し，伝統的な階級の境界はさほど明白ではなくなった。個人のライフスタイルの違いは個人の経済的に属する階層と一致するとは限らなくなり，公認された「客観性」といえるものが見られなくなったことであろう。第三段階において，西洋社会は普遍的に自分が消費時

代に属しており，個人のライフスタイルの差異は部分的にしか経済社会的地位を解釈できない，最も目立った作用を発揮しているのは個人の主観的選択であると認識している。そのため，80年代以来の定義ではライフスタイルの差異の立脚点は個人の方向に転じている。正確にいえば，こうした背景の中で個人の趣味で選択されたライフスタイルに実際に関わっているのは風格の問題である。

　以上からわかるように，西洋の学者は80年代から使用している「lifestyle」概念の意味は，「生活様式」から「ライフスタイル」へと変化した。この変化の理論上の反映は，アメリカの社会学者ソベルの80年代初期の論拠である。彼は記号学（言語学）の方法で「lifestyle」を分析し，「style」の意味をさかのぼって探求した（Sobel, 1981）。「style」の訳は「スタイル」，日常用語と美学用語では一般のものと異なる属性を概括するときに使う。彼はGombrichの「多種多様な選択がある前提の下でのみ，ある特殊の方式は表現的（expressive）だといえる……。もし上演者あるいは作者は多種多様な表現形式の中で選択する可能性がなければ，風格とはいいようがない」（Gombrich, 1968: pp. 352～353）ということばを引用し，「スタイルとはあらゆる特殊な識別できる方式であり，芝居はそれによって上演され，作品はそれによって創作され，あるいはそれによって上演され，創作されるべきであり，一部の基本条件が満たされた場合のみ，風格を議論することが意味を持つ」と述べている。また，自分自身の「lifestyle」の定義はGombrichのスタイルの定義に類比できると考えている（Sobel, 1981: p.28）。こうした時代背景と学術環境の下で，Featherstoneが『マスコミュニケーションとカルチュラル・スタディーズの鍵概念』で使用した意味での「lifestyle」の研究が行われるようになったといえるだろう。

　また，以上からライフスタイル概念の特徴は，① 生活主体への着目，② その生活主体それ自身が抱く「価値」への注目，③ その価値による，生活主体の「主体」としての生活諸資源・諸関係との独自な生活システムの組み立て，④ 収斂点としての組み立てられ型，と捉えられていると理解することができよう。

第1節においては，各分野におけるライフスタイルの概念について触れてきたが，第2節では各分野でこれまで行われた代表的なライフスタイル・アプローチを取り上げ，それらを検討することを通じて，ライフスタイルの概念と測定尺度について考察する。

第2節　ライフスタイルの測定尺度

高齢者のテレビ視聴行動とライフスタイルを問題にするときには研究において，まず明らかにしなければならないことは，どのようにライフスタイルを測定するかという尺度構成が必要になる。言い換えれば，どのようなライフスタイルの形態が存在し，それらをどのように具体化するか，という問題意識である。これまでにも多くの測定尺度が作成され，用いられてきたが，高齢者を対象にしたものが少ない。

そこで，以下において，これまで提案され，使われてきた代表的な測定尺度と方法を整理し，新たな測定尺度の開発へ向けた若干の考察を試みることとする。現在，中国，アメリカおよび日本で進められているライフスタイル研究の主要なアプローチとしては次のようなものがある。

1　AIO（Activities, Interests, Opinions）アプローチ

最初のかつ最も広く利用されたライフスタイルの測定方法はAIO法であり，AIOとは活動（activities），興味（interests）意見（opinions）の3つの次元での測定をさす。この端緒的研究は，Plummer（1974）のAIO尺度である。

アンケートで具体的に測定する内容は次のものを含む：(1) 活動：人々はどのように金銭と時間を費やしているかということ；(2) 興味：人々は生活の中で最も重要だと思っていること；(3) 意見：人々は自分と周りの世界を見ること；(4) いくつかの基本的な特徴，たとえばライフサイクルの段階，収入，教育と居住地など（Plummer, 1974）。

以上のように，AIO アプローチは，個人のライフスタイルを活動，興味，意見と人口統計学的属性という4つの側面から把握しようとするアプローチである。

　例えば，AIO アプローチの提唱者とも言える Plummer（1974）は 300 の AIO 項目を質問し，銀行のクレジットカードの利用者と非利用者のライフスタイルを男女別に比較しており，その際 Plummer が用いた AIO アプローチのライフスタイル次元例は表Ⅲ-1 の通りである。

表Ⅲ-1　Plummer の AIO アプローチ

活動 (activities)	興味 (interests)	意見 (opinions)	人口統計学的 デモグラフィック
仕事	家族	自分たち	年齢
趣味	家庭	社会問題	教育
社会イベント	仕事	政治	収入
休暇	地域活動	仕事	職業
娯楽	レクリエーション	経済	家族人数
クラブ会員	ファッション	教育	居住
地域	食事	製品	地理
買物	メディア	将来	都市規模
スポーツ	達成	文化	ライフサイクルの段階

（注：日本語訳は http://www.ec.kagawa-u.ac.jp/~hori/data/ppt/12a.ppt から）

　Wells and Tigert（1974）は，ライフスタイルの AIO アンケートには2種類のタイプがありうると指摘している。ひとつは一般的な（general）アンケート，もうひとつは特定製品（product-specific）のアンケートである。

　1．一般的なライフスタイル区分法。一般的なライフスタイル区分法は多くの場合ひとつの人間集団全体に区分を行うときに用いる。この区分法の仮説は，すべての製品の市場分析はすべて同じである。一般的な分析のプログラムは，まず変数に対して因子分析を行い，変数の次元を下げる。それから，そこから得た因子を更に個別事例に対して行い，ひとつの種類の分析に集めて，若干のライフスタイルの分類を得る。最後に1元配置分散分析（1元配置分散分析（one-way ANOVA）：ひとつの要因に着目して標本群を分類し要因によって観測値に差が生じるか否かを見るデータ解析）を利用して，各類型の人々の差異を探し出す。

2. 特定製品のライフスタイル区分法。特定製品のライフスタイル・アンケートの問題はある種類の製品と関係がある。例えば，この製品と関係がある消費活動の特徴は何か，消費者の製品に対する興味は何か，製品に関する消費者の意見は何かなど。この区分法の仮説は，すべての製品の市場分析システムは同じではない。例えば自動車の市場分析は食品の市場分析とまったく異なる。特定製品の市場分析のデータは一般的な市場分析に類似している。2種類の区分法の違いは，特殊製品区分は区分集団と製品使用量などの変数との関係を探す必要はないことにある。なぜならば，特殊製品区分アンケート自身の設計にはこれらの基本的な問題（Auken, 1978）が反映されているからである。

　欧米では，AIO 尺度はライフスタイル研究でかなり広範に展開されている。高齢者のライフスタイルを検討したものは見あたらないが，Gonzalez and Bello（2002）は AIO の主な応用研究と発見を表3-2のようにまとめている。

　中国で AIO 尺度を用いて行われた調査研究は欧米に比べてスタートが遅く，数が少ない。例えば，香港の学者 Tai and Tam の香港とシンガポールの消費者のライフスタイルに関する比較研究（1996），および大陸，台湾と香港3つの地域の消費者のライフスタイルの比較研究（1997）がある。Tai and Tam（1996）も AIO 尺度を用いて香港とシンガポールの消費者のライフスタイルと消費行動の違いを比較している。15～40歳のサラリーマンを対象としたこの調査では，両国の消費者のライフスタイルで多くの違いがある一方で，消費行動では似ているところが多いという興味深い結果を得ている。

　また，Tao sun ら（2004）が DDB Needham 2001 国際調査のデータを用いてイギリスとアメリカ（個人主義国家）と中国と日本（集団主義国家）の人々のライフスタイルの差異を検討している。ライフスタイル調査表は AIO 尺度であり，飲食，健康概念，消費行動などの16変数に対して4件法で回答を求めたものである。

　このほかに，中国における消費行動の立場から行ったライフスタイル研究といえば，あるのは市場研究会社（たとえば IMI，AC 尼尔森と盖洛普）が定期的にライフスタイル調査報告を出しているだけである。黄京华（2005）は2002年

表Ⅲ-2　欧米における AIO 尺度に関するライフスタイル研究

作者	応用分野	主な知見
Burnett (1981)	社会マーケティング	献血者の人口統計的特徴とライフスタイルの特徴
Cosmas (1982)	日用製品	女性の7種類の消費モードと7種類のライフスタイルを発見
Gutman, Mills (1982)	ファッション	顧客のファッション的なライフスタイルと購買の成り行き
Jackson (1974)	余暇活動	レジャーの態度に関する比較文化研究
Jackson 等 (1991)	社会マーケティング	家庭主婦と職業女性のライフスタイルに対する比較
Kamakura, Wendel (1995)	ファッション	聞き取りの方法で市場分析を行う，アンケートの質問項目を減らすことでコストを下げる
Lesser, Hughes (1986)	行動	地域市場におけるライフスタイルの市場分析
Pressemier, Handelsman (1984)	行動	消費行動の時間による変化
Reynolds (1972)	小売業	ショッピング：消費者のライフスタイル分析
Roberts, Wortzel (1979)	行動	女性用食品の購買における新たなライフスタイル因子
Robertson, Wind (1980)	行動	組織と革新のライフスタイル研究
Tell 等 (1979)	マスメディア	テレビとラジオの受け手のライフスタイル研究
Thompson, Kaminski (1993)	サービスの質の期待	サービスの質の期待に関する市場分析。研究の結果は人口統計方法の結果より優れる
Tigert (1969)	メディア選択	ライフスタイルの再検査法 (test-retest methed)
Valette-Florence (1985)	日用製品	日用製品の消費とライフスタイルとの関係
Valette-Florence (1987)	日用製品	価値観，ライフスタイルと日用製品の消費との著しい関係
Venkatesh (1980)	行動	女性役割の転換
Villani (1975)	マスメディア	ライフスタイル，個性とテレビ視聴行動
Wells, Cosmas (1977)	家庭主婦の役割	フランスとイギリスにおける家庭主婦の役割の比較研究
Ziff (1974)	製品とブランドの分析	ライフスタイルの市場分析

のIMI消費行動とライフスタイル調査研究データを分析し，消費者の人口学的・統計的属性と態度の差異から消費者を7つのグループに分けている。第一グループは質朴な消費者であり，第二グループは潜在消費者，第三グループは消極的な消費者，第四グループは実力型の消費者，第五グループは中堅型消費者，第六グループは弱い消費者，第七のグループは経済型消費者である。彼らの研究は，ある特定の人間集団のライフスタイルの特徴を描くことに集中しており，学術の立場からもっとも厳密な理論研究に基づいたライフスタイル研究は見当たらない。

　ここで留意する価値があるのは，一般的にはライフスタイルとPsychographicsは区別されずに使われ，同じ概念とする場合が多いが，一部の研究者達がライフスタイルとPsychographicsの間に極めて細かい差があることを指摘していることである。例えば，Hustad and Pessemier（1971）らが，《Psychographics》は人々の一般的心理とパーソナリティーを測定するために用いられるが，ライフスタイルは態度，行動と状態を測定することに重点を置くと述べている。また，Wells and Tigert（1971）は，《Psychographics》は人々の一般的パーソナリティーを測定することを少し強調するが，ライフスタイルは人々のニーズ（needs）と価値（Value）の測定を強調するとしている（Wells and Tiger, 1971）。

　また，Ahuvia, A. C. and. 阳翼（2006）は「ライフスタイルは実際「心理地図」研究のひとつの分野であり，その関係は大体図Ⅲ-3のように表すことができる（Ahuvia, A. C. and. 阳翼，2006）」としていることも注目される。

　しかし，統一された尺度集合が用意されているわけではなく，またデータを収集した後にそれらをどう分析してどのような価値システムやライフスタイルを導出するかという統一化された分析手順が確立されていない。そのため，研究者によって抽出されたものに差があり，調査間や研究間で比較できないため，一般性に欠けると考えられている（刘英姿ら，2006）。さらには同じ研究者による異時点間の調査でさえ，異なる価値が導出されるのが普通であり，一般性に欠けるという致命的な欠点を保有している（JMR生活総合研究所ホームページ，2007年8月）。

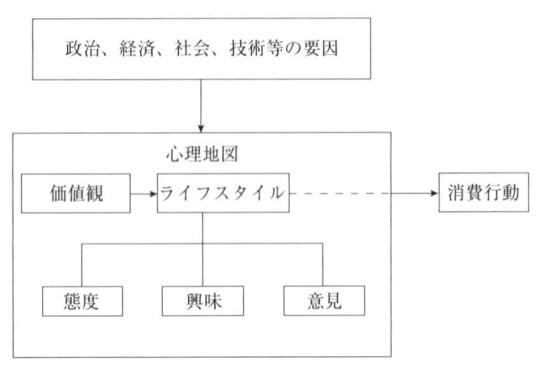

図Ⅲ-3　ライフスタイル、「心理地図」と消費行動の関係図

　現在これらの問題点に注目したものとして，AIO 以外に3つの主要な価値システム／ライフスタイル尺度が存在している。第1のものは，価値リスト（List of Values）と呼ばれる LOV（Kahle, 1983; Veroff ら, 1981）尺度であり，第2のものは Rokeach's（1973）Value Survey と呼ばれる RVS（Rokeach and Ball-Rokeach, 1989）である。最後のものは VALS（Mitchell, 1983）尺度である。以下においてこれらを順に簡述しよう。

2　LOV（List of Values）アプローチ

　消費者の「価値」,「ライフスタイル」を測る尺度の一つである。価値リストとも呼ばれる。ミシガン調査研究センター Kahle（1983），Veroff ら（1981）によって開発された。
　LOV 尺度は，ミシガン大学を中心とした約2,000名のアメリカ人に対する調査結果をもとに，後述の VALS とほぼ同時期に開発された。Maslow（1954）の欲求5段階説に加え，Feather（1975）の価値，そして Rokeach（1973）の18の究極価値などを理論的なベースにして構築されたものである。以下においてその詳細を取り上げる（Kahle, 1986）。
　Kahle は20歳以上の2264名のアメリカ成人を対象にインタビュー調査を行

い，区域消費の差異を明らかにするために，主に価値観の視点から研究し，LOV（list of Value）価値観リストを区域の差異を図る道具とした。Kahle が測定した価値観は，具体的には，self-respect（自尊心），security（安心感），A Sence of Accomplishment（達成感），Being Well-Respected（尊重される），Self-Fulfillment（自己満足），Fun and Enjoyment in Life（生活を楽しむ・享楽する），Excitement（刺激感），A Sence of Belongings（帰属感）及び Warm Relationship With Others（他人とうまく付き合う）などの9種類の価値観である。測定方法において，被験者に以上の9つの価値観の中から彼らが自分にとって最も重要だと思った価値観をひとつ選んでもらうという方法で調査を行い，更に Chi-square 検定法で検定し，区域間の価値観の差異の顕著性を検証するといったような方法で，被験者を類型化したアプローチである（Kahle, 1986）。

Kahle は更に研究を展開させ，1992年には以上取り上げた調査研究の結果を基に，図Ⅲ-4のような概念モデルを提示している（Kahle, 2004）。

Kahle などの研究者らは，価値観と態度，意見などの心理的な変数と行動の間に密接な関連があるため，これらの価値観で見られる差異はそれらの価値観と関連する心理と行動の差異を生み出すのではないかと考え，各区域の価値観と心理と行動の差異を調べるために，郵送によるアンケート調査を実施した。サンプルは640名のアメリカ消費者であり，彼らが採用した測定尺度は二部から構成されており，一部は，LOV 価値観リスト，残りの一部は生活様式に関する項目のリストである。3人の専門家に取り上げた生活様式の質問項目がどちらの価値観に属するかを判断してもらうという方法と因子分析を行い，区域

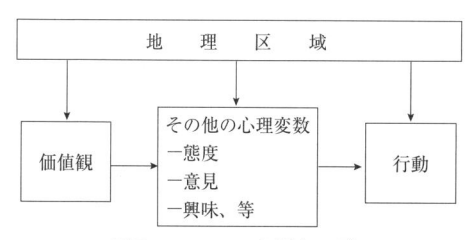

図Ⅲ-4　Kahle の概念モデル

間に見られる価値観違いが，区域間の生活様式の違いをもたらすのかについて検討を行った。その結果，「安心感」と「生活を楽しむ」という２つの価値観と関係する生活様式でははっきりした差異がないことと，「自尊心」，「尊重される」，「帰属感」，「他人とうまくつきあう」，「達成感」，「自己満足」などの６つの価値観と完成する生活様式では区域間の差異があることを明らかにしている（Kahle, 1992）。

　ここで留意する価値があるのは，Kahleら（1983）の初期の研究ではLOV価値観リストを消費行動の差異をみる測定尺度として提示しているが，彼らの最近の研究では価値観とその価値観に属する生活様式の間で差異があることを明らかにしていることであり，価値観と生活様式は同義語ではないということである。しかし，その後におけるライフスタイルに関する調査研究をみると，Kahleらが提示したLOV価値観リストを生活様式を測定する尺度として使用されていることが分かる。

　このような試みのひとつとして，卢泰宏（2005）が中国中山大学の学部生と大学院生を対象に行った調査研究がある。卢泰宏はLOV尺度を用いており，① Personal Value，② Socio-Cultural Value，③ Consumer Decision-Making Styles，④ Leisure（time）activities，⑤ use a media time などの項目への回答を分析している（卢泰宏，2005）。

　また，Schiffmanら（2003）は消費者の個人的価値と興味ある使用の間の関係を詳しく調べた。この研究で，個人的価値とライフスタイルの特徴は価値のリスト（LOV）に頼っている。このリストはインターネットの使用で，ビジネス関連の使用，調査関連の使用，オンラインショッピングと娯楽関連の使用を含んでいる。インターネット使用での差異は，個人的価値の違いによるものである。そのほかに，曹勝雄と徐美婷（2003）らも「旅行者の心理（描写）地図と選択モデルに関する研究」において，LOV価値観表を利用している。

　そして，最近のLOV価値観表を利用して調査研究を行ったものとしては，陳宗玄と林静芳（2006）らの「清境地区の旅行者の満足度と再来願望に関する研究」（陳宗玄ら，2006）や劉世雄（2005）の「中国大学の消費グループに関す

る研究」（劉世雄，2005），及び何雍慶 and 霍志強 and 呂佳茹（2005）「バーチャルネットワークの顧客の価値観に対する影響についての研究―テレビショッピングネットワークを例として―」（何雍慶ら，2005）などがある。

3　RVS（Rokeach Value Survey）アプローチ

　LOV が開発の基礎の一部とした Rokeach（1973）の 18 の究極価値である。当初は 12 の価値項目で調査を開始したが，その後 18 の究極価値に拡張された。そして，過去の文献レビュー，彼自身の判断，そして 30 名の学生と 100 名の非学生とのインタビューを通じて，数百もの尺度が抽出され，経験的調査を通じて，今日存在する 18 の究極価値が構築された。

　Rokeach（1973）が作ったこの Rokeach 価値観調査表（Rokeach Value Survey, RVS）では，価値観が"行動様式"と"最終状態"の 2 つの価値観に類型されており，ひとつの類型は，最終価値（terminal values）と名付けている。もうひとつの類型を手段価値（instrumental values）と呼んでおり，この価値観は好む行為あるいは最終価値観を実現させる手段のことを示している。そして価値観の各類型はそれぞれ 18 項目の内容から構成されている。それぞれの価値観の具体的な内容は表Ⅲ-3 の通りである（Rokeach, 1973）。

　一部の調査研究が，同じ職業あるいは同じ分類の人たち（例えば，会社管理者，労働組合のメンバー，父母，学生）が同じような価値観をもつ傾向があるという結果を得ている。この結果は，奥尔波特の調査研究の結果と一緒で，RVS 価値観が大衆の違いによって大きく差異があることを実証している（周沛，2002）。例えば，会社経営者，鋼鉄業労働組合のメンバー，社区職業員を比較した調査研究では，この 3 グループの価値観の中で同じものが多くあると同時に，顕著な差異（表Ⅲ-4 を参照）があることを明らかにしている。中でも，社区職業員の価値観と他の 2 つのグループの人々の価値観の間で大きな差があり，彼らは平等は最も重要な最終価値であるとしているが，会社経営者が 14 番目，鋼鉄業労働組合のメンバーらは 13 番目の最終価値としている。また，

表Ⅲ-3　Rokeach が提示した二種類の価値観

最終価値	手段価値
快適な人生（裕福な生活）	野心的な（懸命に働く，向上心が強い）
刺激に満ちた生活（刺激的・積極的生活）	偏見のない（開放的な）
達成の感覚（持続的貢献）	有能な（能力と効率がある）
平和な世界（衝突と戦争がない）	陽気な（気楽で愉快な）
美の世界（芸術と自然の美しさ）	清潔な（衛生的，さっぱりしている）
平等（兄弟情誼，機会など）	勇気のある（自分の信仰を守り通す）
家族の安全（愛している人の世話をする）	寛容な気持ち（他人を理解する気持ち）
自由（独立，自主選択）	親切（他人の福祉のために活動する）
幸福（満足）	正直（誠実，真摯）
精神の調和（心の問題がない）	想像力に富んだ（大胆，創造性のある人）
成熟した愛（性・精神的親密）	独立した（自力更生，自給自足）
国家の安全保障（攻撃を避ける）	知的な（知恵）
快楽（快楽的・のんびりした生活）	論理的な（理性的）
心の救い・救世（救世的・恒常的生活）	愛情深い（温情的，優しい）
自尊心（自重する）	従順な（責任感がある，大事にする）
社会的承認（尊重，賞賛）	礼儀正しい（気質がよい）
真の友情（親密な関係）	責任を負う（信頼できる）
別居生活に対して成熟した理解がある	自制した・自己制御（自律的・拘束力）

表Ⅲ-4　会社経営者，鋼鉄業労働組合のメンバー，社区職業員の価値観比較表

group 別 順番	会社経営者		労働組合のメンバー		社区職業員	
	最終価値	手段価値	最終価値	手段価値	最終価値	手段価値
1	自尊	誠実	家庭安全	責任	平等	誠実
2	家庭安全	責任	自由	誠実	世界的平和	親切
3	自由	有能な	快楽的	勇気	家庭安全	勇気
4	成功感	野心的	自尊	独立	自尊	責任
5	快楽	独立	成熟した愛	有能な	自由	有能な

　社区職業員は「他人のために，福祉のために活動すること」を手段価値の中の2番目の重要価値としているが，他の2グループとも14位にしている。これらの差は非常に重要である。なぜならば，会社経営者，鋼鉄業労働組合のメンバー，社区職業員が，会社がやっていることに対して興味をもっている部分が違うからである。会社経営者と他の2グループの中の株主が一緒に会社の経済

や政策などについて話し合ったり，討論したりした時に，彼らはそれぞれ自分自身の好みや価値観から出発する……，それらの個人の価値観が複雑な会社では，何かの具体的な問題や政策に関して意見を一致させるのが相当難しいだろう。

また，中国研究者王新玲（1987），寇彧（1993）らがRokeachの価値観調査表（Rokeach Value Survey）を用いて都市部の中学生を対象に調査研究を行い，道徳判断と職業選択の価値観との関係を検討している。

RVS尺度を用いているが，RVS尺度をそのまま利用するのではなく，多少の修正を加えて行われた調査研究として，杨中芳（1994）と黄光国（1995）の研究をとりあげることができる。

杨中芳（1994）は中国文化の価値体系を次のような三層に分けている。①世界観（宇宙観，変換感，人生の興味，理想的世界，社会／個人との関係，社会的機能，理想的社会構造，個人の地位，理想的個人，理想的人間関係），②社会観（組織制度，基本集団，社会階層，人／集団関係，社会規範，人間関係の構造，人間関係の規範，人間関係の社会化，社会賞罰，社会的連係，社会的配分，社会的公正），③個人観（環境との関係，社会との関係，人間関係，思考様式，行動基準（規範），行動評価，自己発展目標，自己発展過程）である。

杨中芳の分類がRokeachの（RVS）の影響を受けており，世界観に関しての多くの部分はRokeachの最終価値観の部分と一致している部分が多い，しかしRokeachの（RVS）価値観の表では個人主義の部分が多いが，杨中芳は個人と社会の関係を強調している（杨中芳，1994）。

黄光国（1995）はRokeachの価値観尺度を用いているが，そのまま利用したわけではなく，RokeachのRVS分類を基に自分の理論枠組みを立てており，人々の価値観を大きく2種類に分けている。ひとつは，個人の行動に関する価値観で，手段的価値観と呼んでもいい。これは道徳価値観と能力価値観に分けられている。もうひとつは目標状態の存在に関する価値観で最終価値観と呼ばれており，個人的価値観（Personal value）と社会的価値観（social value）に分けている。彼の分類は価値観の階層特性を重視し，最終価値と手段価値に分けて

いるだけではなく，手段的価値観と最終的価値観といった2つの側面を個人と社会，感情と手段，道徳と契約といった分類で説明しているため，異なる文化の人たちの行動を研究する上でも価値があると思われる。

4 VALSアプローチ

　これまでのライフスタイル研究の中で最も完全なのは，アメリカのSRIが提示した価値観とライフスタイルの項目（Values and Life styles, 1978）であり，このVALSアプローチはスタンフォード研究所（SRI）のアーノルド・ミッチェル（Arnold Mitchell）が提示したライフスタイル研究の中で国際的に頻繁に利用されているアプローチである。MitchellのVALSアプローチはリースマンの社会的類型論やマズローの要求の発達段階説を理論的支柱としており，アメリカの2713人を対象に行った800の質問項目からなるアンケート調査のデータを基に個人を生活全般の態度や価値観から大きく4つのグループ（欲求追随群，他人指向群，内部指向群，統合群）にわけ，さらにそれらを細分化してあわせて9つのパターンに分けたものである。その詳細は以下の通りである。

【**必要に駆られた人々のカテゴリー**】（Need-Driven Group）
　必要に駆られた人々は，物質的な財産が非常に限られていて，選択ではなく必要に駆られた人生を送る人々であり，文化の主流から最も離れており，心理的柔軟性が最も乏しく，当代の出来事に最も無関心で，最も引っ込み思案でふさぎ込みがちである。価値は，生存，安全，保障，因襲をめぐるものである。そうした人は，疑い深く依存的で無計画になりやすい。多くは，日々の目先のことに駆られた萎縮した人生を送り，他人の気持ちに鈍感で可能性に対する見通しをほとんどもっていない。

① **生存者型**（Survivors）
　生存者型の人間は極貧，低教育水準，老齢，上方移動経路へのアクセスがほとんどないアメリカ社会で最も不利な環境に置かれている人々である。多くは，かつてライフスタイルの二重ヒエラルキーの高いレベルに関連したライフ

スタイルを生きたことがあるが，現在は不安定な人々である。

② 維持者型（Sustainers）

　維持者型は，貧困の瀬戸際で苦闘しているグループである。彼らは生存者型より生活が楽で，また年齢も若く，多くは希望を捨てずにいる。彼らの価値は生存者型のそれとは大いに異なり，生存者型に典型的な意気消沈や絶望から一歩前進し，自分たちを抑圧していると思われる体制への怒りや，それなりのやる気を持っている。

【外部指向カテゴリー】（Outer-Directed Group）

　消費，活動，態度はすべて，外部指向型の個人が他人はどう考えていると思うかによって決められる。人生の見通しが大きく広がり，他人，数多くの制度，共通の諸目標，そして必要に駆られた人々に比べてはるかに複雑多様な一連の個人的価値と意見を包含するようになるという点で，心理的に，外部指向型は必要に駆られた人々からの大きな前進である。一般にこの外部指向型人間は，文化の主流によく波長があった——実際，文化の主流の大半は彼らが作り上げている——アメリカの中でも最も幸福な人々である。

③ 所属者型（Belongers）

　所属者型人間は社会の主たる安定剤であり，堅固で満ち足りた膨大な中流階級グループを構成している。道徳を維持，防護する所属者型には保守的，懐古的，感傷的，ピューリタン的，順応的な傾向がある。主たる動因は適合，所属して，目立たないことである。彼らの世界は情報に通じており，視野が狭く，家族，協会，伝統が大きな比重を占めている。所属者型人間は何が正しいかを知っている人々で，決められた規則に固執し，知的洗練にはあまり関心を示さない。所属者型は周囲を渦巻くストレスや変わりやすい出来事に煩わされず，満足した幸福な人生を送っている人々であり，周囲の環境とうまく調和した人々である。

④ 競争者型（Emulators）

　競争者型は，所属者型とのそれとはまったく異なる世界に住んでいる。競争者型は体制の上層部に入り込み，成功しようと努力している。彼らの競争の目

的は，達成者型ライフスタイルである。彼らは野心的かつ上方移動的で，地位を意識し，男性的で競争心が強い。多くは自分自身が反対側の世界からきていると見ている。そのため他人に対して非常に疑い深く，操作的であり，現状に腹を立てていて，「体制側」が自分を公平に扱ってくれると思っていない。競争者型には自分の感情をあらわにしない傾向がある。競争者型には，必要に駆られた人々のカテゴリー以外のどの型よりも比率の高い21％の小数民族が含まれている。

心理的には，競争者型は次の意味で所属者型に一歩先んじている。自分自身と体制に多くを求め，所属者型人間のように成り行きに身をまかせず自らの責任で目標に向かって前進する。ところが，競争者型にはしばしば非現実的な目標をもつ傾向がある。多くの場合，実際には達成者型人間への軌道に乗っていないにも関わらず，それに気づいていないのである。

⑤ **達成者型**（Achievers）

達成者型には，ビジネス界，各種の専門的職業，政府の指導者が含まれる。達成者型人間は有能かつ自信にあふれ，能率的である。また，勤勉かつ物質主義的で，名声と成功を指向し，安楽享受的になる傾向がある。彼らこそアメリカンドリームに応えて現行の経済制度を生み出した裕福な人々である。達成者型はアメリカ人のうちで最も適応的な人々で，体制内の自分の地位に大いに満足している。

達成者型は，心理的に，広範囲の価値を持ち，開放的信頼感があり，自分の野心を現実とうまく一致させてきたという点で，競争者型よりはるかに先んじている。達成者型は技術の支持者であり，進んで進歩を受け入れるが，急進的な変化には抵抗する。結局，彼らは頂点にいるところから，急進的な変化が起これば振り落とされかねないからである。

【**内部指向カテゴリー**】（Inner-Directed Group）

外部指向型とは対照的に，内部指向型とわけることができる人々は，内部指向の価値観にしたがうのではなく，主として個人の固有の欲求や願望——内的価値——にしたがって自分の人生を形作る。そうした人々にとって最も重要な

のは「外部」にあるものではなく,「内部」にあるものであり,内的成長への関心が基本的特徴となっている。このように内部指向型人間には自己表現的,個人主義的,人間中心的,情熱にあふれ,多様かつ複雑になる傾向がある。

⑥ **わたしはわたし型ライフスタイル**(I-Am-Mes)

　これは,外部指向型から内部指向型への短期間しか続かない移行段階で,内外両段階の価値観が入り混じっている。典型的なわたしはわたし型は若い人に多く,自己陶酔的で露出症に近いほど猛烈に個人主義である。この段階の人は混乱しきっており,不可解な感情にさいなまれている。そのため,衝動的になりやすい。猫のように気まぐれなのだ。その内部指向性の多くは,大いなる創意工夫,何事も一度はやってみようとする意欲,後日ライフワークへと結晶する内密の探求として現れる。

⑦ **体験型**(Experimentals)

　体験型は直接体験と真摯なかかわりを最も望んでいる人々である。人生はある瞬間には軽やかなショーであり,次の瞬間には強烈かつ時に神秘的な内的な体験である。彼らは(東洋的宗教などの)エキゾチックなもの,(超心理学などの)不可思議なもの,自然なものに魅きつけられる。全体の中で最も内部指向の強いこれらの人々は,同時に最もアーティスティックで,最も情熱的に他人と付き合う人たちである。これは強烈ではあるが,活発段階に彩られた(わたしはわたし段階ほどではないが)人生のこのうえなく楽しい段階であり,知的,精神的に事柄に対する関心の高まりによって特徴付けられている。

⑧ **社会意識型**(Socially Conscious)

　深い社会的責任感が,これらの人々を資源保護,環境保護,消費者保護などの大義の支持へとかりたてる。彼らには活動家になったり,使命感にかられる傾向があり,簡素な生活や自然に魅かれる者も多く,一部には自発的に簡素な生活を始めている人もいる。ボランティアの仕事をするものも多く,維持と保護と治癒につながる質素な人生を生きようとする。社会意識型の人の多くは自己を信頼する度合いが高い。

【内外双方指向カテゴリー】（Group Combined Outer and Inner-Directed Group）
⑨ **統合型**（Integrateds）

　これらの稀有な人々は，すべてを統合し，外部指向の力と内部指向の感受性を融合させている。彼らは心理的な意味で完全に成熟しており，ひとつの問題を多面的に見ることができ，必要であれば指導者となることも，適当と思えば二義的役目を進んで果たすこともできる。

　彼らは通常，物事に対して深い調和感を抱いており，自信があって，自己実現的で，自己表現的で，さまざまな事柄や意見を敏感に感じとり，世界的視野を持っていることもある。社会のリンカーンやジェファーソンとも呼ぶべきこれらの極めて非凡な人々は，比較的未発達な人々の相反する見解を，双方の立場の最も良い点を残すかたちの高次元の解決を生むにあたり，決定的役割を果たす場合がしばしばある。

　アメリカ人はこの9類型のいずれかに分類されるが，類型の間には二重の階層構造と呼ばれる発達的階梯の関係があるとして，図3-5に見られるように，生活環境や社会環境によって，接近するライフスタイルの間を行き来する可能性があることを示している（Mitchell, 1983）。

　このアプローチは，ソーシャル・トレンドやIAOアプローチとRVSアプローチのように特定の価値観やライフスタイル軸に基づいて，人々を類型化する

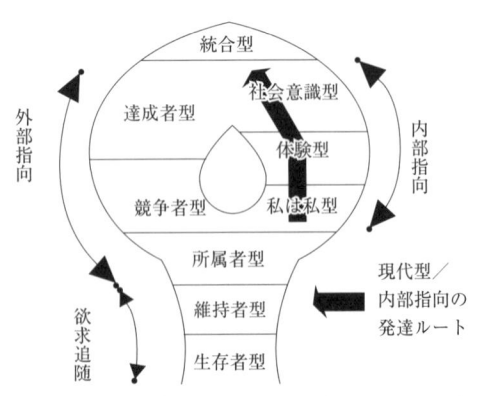

図Ⅲ-5 『パラダイム・シフト』（Mitchell, 1983）

ものではなく，デモグラフィック変数を含む膨大な質問への回答を用いて独自のアルゴリズムで分類している。

つまり，このVALSアプローチの特徴は，最も基本的な価値の次元を追求するのではなく，方法論的には以上述べてきたような，ありとあらゆるライフスタイル変数を用いて，調査を行うのだが，その結果を独特のアルゴリズムを用いて，9つにまとめあげるという，むしろそのタイプ化の方法とその分析の仕方に特徴があるといえよう。

だが，その用いる変数の膨大なこと，そうした膨大な変数を種々な基準で指標化し，さらに一セットの類型にまとめていくという方法などが特徴なのだ。

300個の質問の中から，最終的には，ライフスタイル変数22項目と，フェイスシート項目12問を抽出し，この34問（これを簡略版と呼ぶ）を用いて，以上に述べたような9つのタイプに分類していくのだが，この具体的アルゴリズムは，公開されていない。

このVALSアプローチには，その発展形として，改良が加えられた"VALS Ⅱ"，日本語を第一言語とする被験者を対象に開発された"JAPAN-VALS"，中国人を対象に開発された"CHINA-VALS"などがある。以下において詳細を取り上げることとする。

5　VALS2アプローチ

人口構造の変化と経済の発展に伴い，アメリカ人のライフスタイルも大きく変化し，人口学的データに基づいたVALSモデルでは説明できなくなった。そして，SRI国際調査会社は，35個のPsychographics質問項目を作り，自己志向（Self-Orientation）と自己資源（Self-Resources）軸を用いて，アメリカ人を8グループに分けて，図Ⅲ-6のようなVALS2のモデルを提示している。

ここでの自己志向とは原則志向（Principle Oriented/Ideals Oriented）と地位志向（Status Oriented/Achievement Oriented），行為志向（Action Oriented/Expression Oriented）から構成されている。自己資源とは一人の収入，学歴，自信，健康，

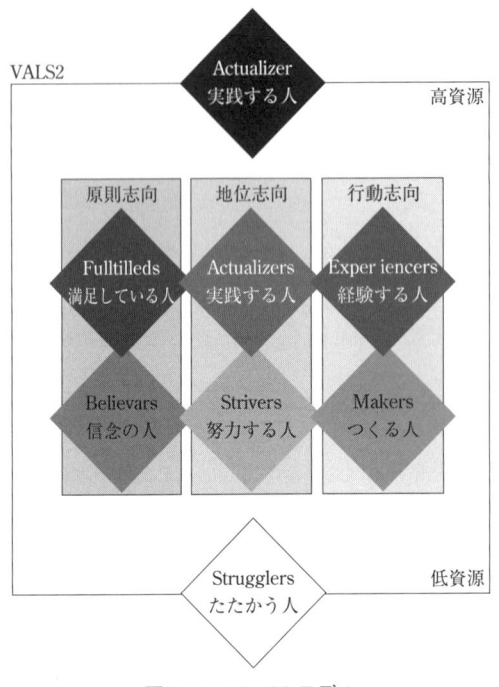

図Ⅲ-6　VALS2モデル

購買力，能力水準，などを示しており，自己資源は高資源と低資源に分けられる。自己志向の3つの傾向と自己資源の高低で人々を6グループに分けている。他の二種類は対極の位置にある人々で，「革新者」と「たたかう人」である。「革新者」が最も多くの資源をもっており，3種類の自己志向もある。「戦う人」がもっている資源は最も少なく，基本的な生活ニーズのために奮闘し，しかも，はっきりした自己志向もない。その詳細は以下の通りである。

① 革新者（Innovators）：この種の人たちは変革のリーダーで，新しい概念や新しい技術を受け入れやすい。また彼らはとても活発な消費者である。
② 思想家（Thinkers）：思想家の人々は原則志向の人々である。また，彼らは秩序，知識と責任に憧れている。保守的で，実際の消費が豊かで，いつも実用用品と長く使える用品を買い求める人々である。

③ 成功者（Achievers）：成功者の社会生活は基本的に家庭，勉強，仕事を中心としており，消費者の中の活発な人々である。彼らはいつも同輩の人たちに成果と成功を見せることができるような商品を買い求める。

④ 経験する人（Experiencers）：経験する人たちは年齢が若く，元気があふれていて，しかも興奮しやすい人々で，彼らは収入のほとんどを服，娯楽，社交活動に使ってしまう。彼らの買い物は自分の外見をよくするためである。

⑤ 信念の人（Believers）：彼らは保守的でしかも伝統的な消費者である。消費者としての彼らはアメリカの製品と名声が高い商品を買う消費者である。

⑥ 努力する人（Strivers）：努力する人々は成功志向で，他の人の意見や見方を気にする。彼らにとって，買い物することもひとつの社会活動であり，同輩の人たちに自分の購買力を見せる絶好のチャンスであるため，彼らはとても活発な消費者である。経済状況が許す限り，いっぱい買い物する人々である。

⑦ 作る人（Makers）：彼らは家を建てたり，車を修理したり，子供の世話をしたりして日常生活を送っている。彼らは何かに使うもの以外の他の物的なものをもつことにあまり興味がない。彼らは価値があるものを買い求めるため，基本的な製品しか買わない。

⑧ 戦う人（Strugglers）：持っている資源が非常に少なく，強い自己志向を見せることもない。彼らは消費の時とても慎重である。また彼らは，自分が好きなメーカーのものに忠誠であり，もしも割り引きで買うことができたら忠誠度が高まる。

6　JAPAN-VALS™ アプローチ

　前述したように VALS はアメリカ人のライフスタイルを分類したものであるが，アメリカの SRI が日本で調査研究を行い，その結果を分類したものを SRI のホームページに載せている。この調査研究では日本人のライフスタイルを 10 種類にわけ，次のような図式（図Ⅲ-7）を提示し，JAPAN-VALS と名付け

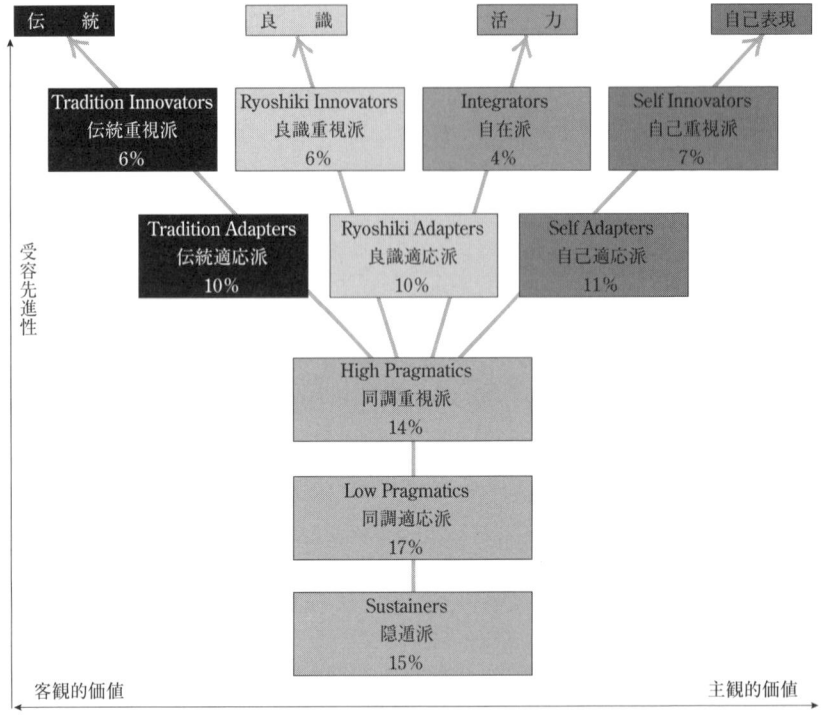

図Ⅲ-7 JAPAN-VALS モデル

ている（図表は久我，1993 を参考に作成した）。

Japan-VALS™ は「ロジャースの普及理論」と心理学の「類似性理論」の2つの理論をもとに作られており，Japan-VALS によると日本人のライフスタイルの特徴は，以下の通りである。

① つましい生活派（9%）：社会の流れに低関心層。静かな生活を送る。長時間テレビを見てすごす傾向がある。
② 雷同派（17%）：社会の流れに鈍感な保守層。生活の中心は家族。流行に関心を示さず，変化を好まない。
③ 同調派（22%）：社会潮流にあとから参加する層。自分からは積極的に新しいものを求めないが，周囲の意見は尊重。

④ 伝統派アダプター（8%）：伝統尊重派を追う層。
⑤ 社会派アダプター（14%）：社会達成派を追う層。
⑥ 自己派アダプター（12%）：自己顕示派を追う層。
⑦ 伝統尊重派（4%）：日本の文化伝統を守り，継承する層。日本の文化，社会的伝統を守る意識が強く，義理・分別を重んじる。
⑧ 社会達成派（5%）：キャリア・社会志向の強い良識層。社会的・文化的関心が強く，客観的ゴールを設定して努力する。趣味も豊富。
⑨ 自己顕示派（6%）：レジャー・ファッション高感度享楽層。流行に敏感で自己表現にこだわる。今をエンジョイする。
⑩ 革新創造派（4%）：新しいものに積極的な高感度消費リーダー。広範囲な関心を持ち，平衡感覚に優れる。経済力・バイタリティーも高く，トレンドにも目を配る。

このほかに，日本人のライフスタイルを研究したものに，余暇開発センターが行った「価値とライフスタイルの研究」がある。余暇開発センターでは日本人のライフスタイルを①伝統出世型，②エグゼクティブ型，③脱伝統家庭型，④消極無志向型，⑤人生享受型，⑥自己充足型，⑦都会派プロフェッショナル型の7つに分類し，これをJ-VALSとした。

また，このような試みのひとつとして，日経産業消費研究所が行った消費の諸領域に対する広範な研究がある（飽戸，1999）。飽戸弘を主査とする一連の調査は日経総合ライフスタイルと呼ばれ，計8回に及ぶ極めて大規模なものである。この調査研究では表3-5のような7つのライフスタイルを抽出している。

飽戸（1994）によれば，以上のライフスタイルパターンが確定されたのは第2回の調査で，その後の六回の調査でも意識構造の安定性が確認されている。

7　i-VALSアプローチ

インターネットのマーケティングへの多大な影響に対応するものとして，上記のVALSをインターネット上での調査に適用したi-VALS（http://future-net.

表Ⅲ-5　日経総合ライフスタイルの類型別特徴

ライフスタイル類型	特徴
上昇意欲型	成功・出世への意欲が強く、そのためには目先の楽しみは犠牲にする
個性追求型	人と違った生活を好み、人と同じ生活は退屈だと考える。自分の判断を尊敬する自己自尊心も高い
無私無欲型	社会の一員として役に立ちたい社会性が高い一方、オピニオンリーダ性や上昇志向は低い
諦観無気力型	生活の仕方に特定の指向性や意欲が乏しい
生活意欲型	オピニオンリーダ性や社会性が高く、人をリードし役に立ちたいと願う一方で、自分の判断を尊重し私生活を楽しむ意欲も見られる
仲間中心型	オピニオンリーダ性が高い一方で自分の自信がなく、仲間の意見に左右されやすい
私生活中心型	社会性やオピニオンリーダ性が低く、多くの人と関わるより、身近な生活を楽しみ、自己の判断を尊重する

sric.sri.com/VALS/ques-nt.html）をあげることができる。しかしながらi-VALSは、VALSに包含される質問をインターネット上で容易に回答できるようにした程度の改良しかされていないといっても過言ではない。すなわち、VALSの結果として抽出される9つの価値（survivor, sustainers, belongers, emulators, achievers, I-am-mes, experiential, societally conscious, integrated）に、インターネットを通じて調査対象となった被験者を単に類型化しようというものである。インターネット時代に特に変化が予測される消費者行動の側面に焦点をあてたというものではないことに留意すべきである（JMRサイエンス、2001）。

このほかに、インターネットのライフスタイルへの影響について調査研究した主な事例として以下のようなものを取り上げることができる。

① 池尾（2003）の「ネット・コミュニティのマーケティング戦略―デジタル消費社会への戦略対応」に関する研究
② 井上（2004）の「インターネット時代のコミュニケーション」に関する研究
③ 総務省（2011）の「ICTインフラの進展が国民のライフスタイルや社会環境等に及ぼした影響と相互関係に関する調査研究」
④ 肖黎（2007）の「ネットショッピングに関する心理分析と企業マーケティン

グ戦略」に関する研究
⑤侯 (2007) の『インターネット利用のライフスタイルへの影響についての実証研究』

8　ODS−LifeStyle Indicator アプローチ

　「ODS−LifeStyle Indicator」は，1975 年にスタートした，人々の心理を測定する尺度であり，ODS マーケティングコンサルティングチームが 1975 年に 6000 人の調査結果データを基にして開発し，その後 30 年以上毎年継続して行われているマーケティング調査で用いている尺度である。この尺度では，人々のライフスタイルと商品・ブランド・コミュニケーションとの因果関係を明らかにすることにより，商品販売を構造的に解明している。

　「ODS−LifeStyle Indicator」では，ライフスタイルを「性格〜価値〜生活嗜好〜消費態度」という因果関係を持った階層的な情報の集合体として定義している。そのため，最終的な消費行動だけでなく，その背景となる性格や価値観など根源的なところまでさかのぼって，なぜその商品は売れたのか，なぜその商品は売れなかったのかを理解する点に特長がある（有田，2006）。

　有田（2006）によれば，以上の定義に基づいた「ODS−LifeStyle Indicator」では，家族意識，自己向上意識，個性表現，享楽意識などの価値観から構成される約 130 の価値観設問に日本人を分類している。2003 年に行なった調査で得られたデータを基に，ライフスタイルをベースに，日本人を次のような 8 グループに分けている（有田，2006）。

① アチーブ：自立達成型⇒知識教養，トレンド情報やアートまで幅広い関心を持ち，達成感を糧に自己向上していくタイプ
② プレジャー：浪費快楽型⇒流行ものや通俗的な楽しみとブランド物が好きで，目立ちたい意識のある，楽天的・享楽的なタイプ
③ ナイーブ：感性・感覚型⇒目立ちたい意識が強く，旅行関心が高く，感覚

的判断をする，未熟な子どもっぽさがあるタイプ
④ リョウシキ：良識社会型⇒ビジネス，政治や環境など社会全体に関心が高く，社会的責任感や道徳的意識を持ち，新たな知識教養を取り入れるタイプ
⑤ ヘイオン：中庸雷同型⇒家族みんなでささやかな生活を過ごすために，一生懸命頑張っている。無難で，人と同じであることを望むタイプ
⑥ キハン：保守規律型⇒性的道徳や地域社会へのかかわり，お中元・お歳暮といった慣習など，昔ながらのモラルを，誠実真面目に遵守するタイプ
⑦ ヤリクリ：やりくり倹約型⇒経済的余裕も，精神的余裕もなく，どうにかやりくりして毎日を過ごしている。頑張る気持ちはあるが，すぐ現実逃避したがるタイプ
⑧ クール：静的無関心型⇒物事に対する関心が低く，自ら何かを発信することに思い入れがなく，世の中をナナメに見ているところがあるタイプ

9　CHINA-VALS アプローチ

　新生代市場監測机构が VALS 類型を参考に，1997 年から 5 年にわたって全国 30 重点都市部の 15～64 歳までの人々を対象に調査を行い，中国の複雑な経済市場の消費者のライフスタイル類型モデル―― CHINA-VALS を提案している。新生代市場監測机构の責任者である呉（2004）は 2001 年に 30 箇所の都市部の 70684 人を対象に行った AIO 調査データを分析し，中国消費者を 5 段階，3 カテゴリーの 14 グループに分けている（図Ⅲ-8）。そして，その 14 グループを次のように名付けている。すなわち，経済族，現実主義族，個性表現族，伝統生活族，仕事堅実族，仕事業績族，現実生活族，穏やかに暮らす族，理性的な事業族，順応族，消費節約族，穏やかに進む族，経済流行族，勤勉な生活族などである（呉，2004）。
　呉（2004）によれば中国消費者に見られるこの 14 グループの特徴は以下の通りである。
① 経済族：消費経済意識が強く，金融投入に関しては冒険家であり，家庭概

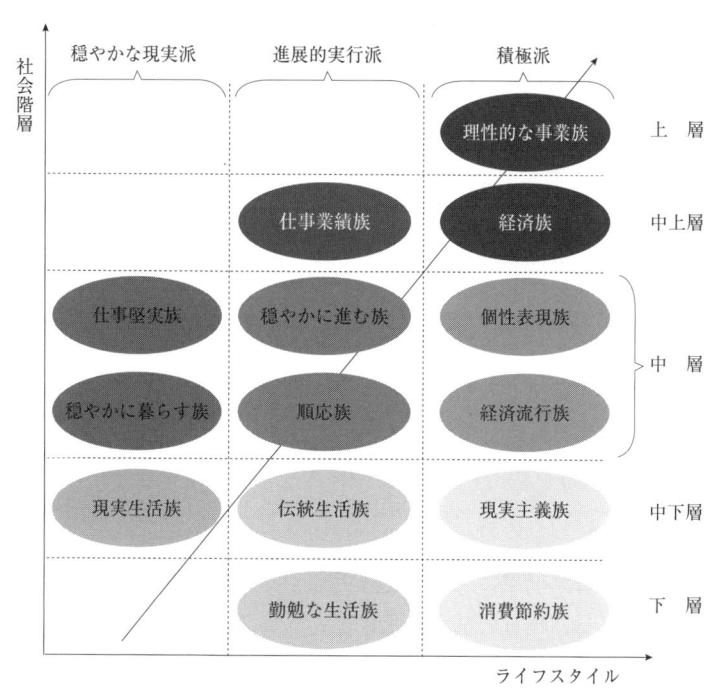

図Ⅲ-8 中国消費者のライフスタイル類型モデル － CHINA-VALS

縦軸:社会階層(上層、中上層、中層、中下層、下層)
横軸:ライフスタイル
上部分類:穏やかな現実派、進展的実行派、積極派

類型:
- 理性的な事業族(上層・積極派)
- 仕事業績族(中上層・進展的実行派)
- 経済族(中上層・積極派)
- 仕事堅実族(中層・穏やかな現実派)
- 穏やかに進む族(中層・進展的実行派)
- 個性表現族(中層・積極派)
- 穏やかに暮らす族(中層・穏やかな現実派)
- 順応族(中層・進展的実行派)
- 経済流行族(中層・積極派)
- 現実生活族(中下層・穏やかな現実派)
- 伝統生活族(中下層・進展的実行派)
- 現実主義族(中下層・積極派)
- 勤勉な生活族(下層・進展的実行派)
- 消費節約族(下層・積極派)

念が弱い。男性が6割以上を占めており，年齢別では差がない。企業管理者，自由営業者，短大卒以上の学歴を持っているもの，収入に関しては中高水準である傾向が高い。

② 現実主義族：生活態度では，現実的なものを追求する傾向があって，物事を独立で，自由に進めるのが最も好きなタイプである。メディア情報を重要視するが，コマーシャルには注意せず，特に有名人のコマーシャルを嫌がる人々で，買い物したとき商品の包装に書いてある説明を注意して見る。現金で買い物をするのが好きで，あまったお金を銀行に預金する。飲食に気をつける。仕事の安定を重要視する。男女別ではほとんど差がなく，政府機関／事業単位の幹部，中低収入の傾向性が高い。

③ 個性表現族：家庭概念が普通で，思いのままに行動をし，生活を楽しむ享

楽主義者である。若者が4割以上を占めており，個人経営者／自由営業者，中等教育の人々の傾向性が高い。

④ 伝統生活族：家庭生活を重視し，比較的に積極的な消費態度を持っており，集団で行動する傾向がある人たちである。女性が6割を占めているが，職業の特性を持つ傾向がはっきりしていない。

⑤ 仕事堅実族：仕事は生きる手段であって，現実主義的精神を持っているライフスタイル。お金を使って質のいいものを買いたがり，しかもコマーシャルをよくみる。自分の家を持ってやっと安心感がでるタイプ。株券に関しては冒険的な趣味を持っている。男女別ではほとんど差がなく，短大・大学以上の学歴者の傾向性が高い。

⑥ 仕事業績（を重視する）族：お金を儲けることを追求するよりも仕事の業績を重視する，いつも興奮したような行動をとる。感情が豊かで，感情行動も積極的で，娯楽活動によく参加する。独特な特徴または独特なスタイルがあるものを買うことが好きなタイプ。コマーシャルや健康に気をつける人々で，成功したい気持ちが強い人々である。専門職の者，短大以上の学歴者，中等収入の人々にこの傾向が高く，女性が6割以上を占めており，年齢別では若者のほうが多い。

⑦ 現実生活族：生活態度に関しては，伝統的な意識をもつ傾向が強く，経済的な収入が比較的低い人々のグループである。国産の商品を買いたがるブランド意識を持っており，買い物したとき比較的によく注意を払うのは商品の包装に書いてある説明である。男女比率はほぼ同じく，55～64歳までの者が34％を占めている。政府機関／事業単位幹部の傾向性が少し高く，中等教育の学歴，中低収入の傾向性が高い。

⑧ 穏やかに暮らす族：行動が現実的で，しっかりしており，メディア情報を読んだり，見たりする習慣がない。自分の家を持つことで安定感がでる人々である。男性が6割以上を占めており，個人営業者／自営業者，自由職業者，中等教育レベル，中等収入傾向性が高い。

⑨ 理性的な事業族：事業成功の欲望が非常に強く，飲食生活は社会レベルを

超えている。男性が７割を占めており，政府機関／事業単位幹部，企業管理者，短大，大学及びそれ以上の学歴者，高収入者の傾向が高い。

⑩ 順応族（社会の流れに従うタイプ）：社会の潮流に従う，個人の主観性が比較的に弱く，他の人の影響を受けやすいタイプである。男女別と年齢別では差がなく，職業特性の傾向性もはっきりしていない。

⑪ 消費節約族：消費に関してとても慎重で，買い物はいろいろ比べて，再三考慮してからにする。財務管理が保守的である。食物消費に関しては主に生理的なレベルでの要求を満たすだけで満足している。買い物したときはブランド意識がなく，娯楽は主にテレビ視聴である。仕事は生きるためである。男女別ではほとんど差がない。企業の一般職員，初等教育レベル（初等学歴）の傾向性が高く，政府機関／事業単位幹部，専門職員，企業管理者（管理職の人々）の傾向性が低い。

⑫ 穏やかに進む族：仕事はただの生きる手段ではない，生活態度としては金銭以外の表現や変化を求める。男女別ではほとんど差異がない。政府機関／事業単位幹部，専門職員，短大・大学以上の学歴者，中等収入者の傾向性が高い。

⑬ 経済流行族：経済資源が限られていて，消費行動が慎重であるが，新しいものや異質のものを求める生活を持っているタイプであり，好きなブランドに対する忠実度が高いだけではなく，新しいブランドや外国のブランドを試みるのが好きで，有名なブランドが身分を高めると思っている。体を鍛えるなど健康維持を重視する。男女別ではほとんど差がなく，職業特性の傾向もはっきりしていない。学歴では，中等教育の傾向性が高い。

⑭ 勤勉な生活族：一般的に流れている情報やコマーシャルに対する関心が限られているが，長時間テレビを見ており，金を儲けるチャンスをねらう意識がある。女性は６割を占めており，55～64歳の者は3.5割を占めている。職業特性の傾向性がはっきりしていない。初等教育で，中低収入の傾向性が高い。

10　ソーシャル・トレンドアプローチ

　ソーシャル・トレンドアプローチとは，特定のライフスタイルが社会状況の変化に伴って増減し，または変動することに注目した分析である。

　これまで取り上げてきたアプローチが，ライフスタイルの個人ないし世帯レベルでの差異に焦点を当てているのに対し，ソーシャル・トレンドアプローチは，マクロ的視点を重視し，経時的変化に注目する点で，その性格を異にしている。つまり，社会全体の大きな動向として，いかなるライフスタイルの変化が生起し，進行しているかを測定する。

　ソーシャル・トレンドアプローチの代表的な研究者である Yankelovich は「Yankelovich monitor」調査によって毎年アメリカで全国規模の調査を行い，アメリカ人の特徴的なライフスタイルの変化を追跡した。彼の『ニュー・ルール』はその成果の一つであり，彼はその中で，1950 年以来のアメリカ社会全体の変化に注目し，「自己犠牲」から「自己充足」へという新しい行動原理の台頭を指摘している（Yankelovich, 1981）。Yankelovich（1981）によれば，1975 年を境界線にして，アメリカ人の価値観が次のように変わった。

(1) 1950 年〜1975 年のアメリカ社会は，経済も文化も，ともに急上昇した「豊かな社会（Affluent Society）」であり，「自己犠牲」が社会の基本的価値であった。「自己犠牲」は経済的代償を得ることができた。

(2) 1975 年以後のアメリカ社会は，文化は上昇し続けるが，経済が急下降の時代——豊かな社会の次に来る「不況の時代（Post-Affluent Society）」である。低成長期に入ったアメリカ社会では社会的規範として「自己犠牲」が以前のように社会的成功を約束せず，報われるものではなくなったため，社会的成功より自己実現や私的満足をまとめる「自己充足」が基本的な価値となり，行動原理として広がってきた。

　つまり，「かつては自己犠牲により，まず成功を勝ち得て，その結果，人生をエンジョイし，自己実現を果たす，という図式であったものが，どうせ成功は困難なので，成功は断念して，その代わりに自己実現を，という時代になっ

たのだ」と考えるのである。これは,ある意味では,激変した経済環境,社会環境に新しく適応していくための,新しい知恵(ニュールール)にほかならないと考えたのであろう。

Yankelovich (1981) によれば,こうした価値観の変化は,就労,家庭,セックス,宗教など,あらゆる生活の分野に浸透していく。かつての家族のため,社会のため,コミュニティーのため,お国のための自己犠牲によって奉仕する生活は,いまは美徳ではなく,自己欺瞞と受け取られるようになり,本当に正しい生き方は自己の欲望に忠実に生きることである,というように価値観が180度転換したのである。

Yankelovich (1981) はこうした価値観の変化は消費生活の面でも決定的な変化をもたらし,ある種の商品(例えば自動車)の購買の理由が社会的成功の指標から自分のライフスタイルの反映へと転換したと指摘し,新しい価値観を持っている人々のことをニュー・ルールと名付けたのである。

11 「ポスト構造主義」(post-structuralism) 理論におけるライフスタイル研究

1990年代から,一部の学者は「ポスト構造主義」(post-structuralism) と呼ばれる方法でライフスタイルを研究し始めた。この理論は製品またはブランドの象徴的な意味に関係する。象徴的な意味とは,消費者がある製品またはブランドでなんらかの意味を表現することをさす。そこで,この理論では,製品をテキスト (texts) として把握する。ご存知のとおり,二人の人が同じテキストを読むときに,その内容についての理解はそれぞれ異なる。これはいわゆる「多義的」(polysemic) ということであり,文が多様な潜在的意味を持つということである(Ahuvia, A. C. and. 阳翼,2006)。

伝統的なライフスタイル研究者は,製品とブランドがすべての人にとってたったひとつの意味しかもたないと考えている。例えばフランスのシャンパンを飲むことは,金を持っていることと世故に長けていることを表す。しかし,ポスト構造主義者は,このような分析は簡単すぎ,実際のところシャンパンのも

つ意味はいろいろな要素で決定されると考えている。例えば，あるアメリカ人が政治集会でフランスのシャンパンを飲むと，その人がフランスの政治的立場に賛成し，アメリカの政治的立場に賛成しないことを意味しているかもしれない。パーティでシャンパンを飲み，しかもこのシャンパンはいくらで買ったとかを他人に教えているなら，その人が比較的に低い社会階層であることを意味している。もしシャンパンを飲みながら他人とシャンパンの味を自由自在に語っているなら，その人がお酒の味見（あじみ）に精通していることを意味する。金持ちではない人が，結婚周年の記念日に妻のために１本のシャンパンを買っているなら，これは彼がいかに妻を愛しているかをあらわす。彼が元手をいとわずシャンパンを買ったことは，妻に対する愛の象徴である（Aaron and 阳翼，2006）。

　これらの例からわかるように，製品の意味はいつも同じとは限らず，状況の変化（たとえば誰が買うか，誰が使うか，使用者は何と言ったかなど）によって変化するのである。伝統的なライフスタイル研究方法では，シャンパンは人と場所を問わずいつもひとつだけの意味をもつと考えているため，研究の結果はあいまいで大雑把なものになってしまう。ポスト構造主義者たちは深く聞き取るなどの方法で，シャンパンについてのもっと詳細な分析を行った。ただしこの方法には，大規模なサンプルを収集しにくく，データ分析も複雑である欠点がある（Aaron and 阳翼，2006）。

　ポスト産業社会（たとえばアメリカ）において，マーケティング水準はかなり高い段階に達しており，マーケティング・マンは営利をもたらす可能性があるあらゆる消費集団を見逃さない。マーケティング・マンは競争で優位になるために，顧客について競争者よりもっと多くのことを知らなければならない。したがって，ポスト産業消費社会においてポスト構造主義の方法が非常に有用である。しかし，中国市場はまだ成熟していない，発展途上の市場であり，マーケティング水準はかなり低い段階におかれている。多くの会社はまだ「非科学的」方策決定の段階にあり，市場研究がまだ普及されていない。したがって，伝統的なライフスタイル研究方法はこうした市場にもっとも適している。

なぜなら,それはポスト構造主義方法より経済的,簡単かつ速やかであり,同時に豊かな消費者情報を提供できるからである。それでも一部の優れた中国企業が欧米で新しい市場を開けているため,彼らにとって,ポスト構造主義の方法を理解するのは相当必要なことであろう(Aaron and 阳翼,2006)。

12　ライフスタイル類型システム

　上述したマルクス主義の創始者からウェーバー,ヴェブレンまでの流儀における2通りの考え以外,ライフスタイルの類型に対する研究は,理論的にも,方法上にも同じく重要な価値がある。この研究志向は理論において人格心理学と社会心理学,方法において質的研究と量的研究を結びつけ,面白い結果を得ている。前述した VALS,VALS2,JAPAN-VALS,CHINA-VALS などがそれに当たる。そのほかにここで一人のフィンランド人学者の研究を紹介する(高丙种,1998)。

　Rosse はフィンランドのある高度発展を遂げている都市万塔市(ヘルシンキ付近)の100名の住民の自伝資料を使い,ひとつのライフスタイル類型システムを打ち立てた。このシステムは4つの主な指標に基づいたものである。すなわち,①生活コントロール。一人(あるいはひとつの家族)で自分の生活を管理できるか,自分が生活の主と思うかをあらわす。②基本的な生活イメージ。この指標は,第一に,経験取得の立場から見ると,個人(家庭)の生活は豊かであるか,つまり生活の中でいろいろな出来事があるかどうか。第二に,出来事の本質は何であるか(有利か不利か)。③個人(家族)生活の社会領域と私的領域を区別できる程度。④主な生活志向の総括。

　彼らはこれらの4つの指標によってライフスタイルを4種類に分けている(高丙种,1998)。

　1)本当に幸福な多面型。基本的な特徴は,外部のコントロールと内的コントロール度が高い。生活が多彩な出来事に満ちており,負の経験が少ない。社会領域と私的領域の間の区別が大きくない。主な生活志向は独立で安定した仕事,家族メンバーとの良好な関係,社会的利益がある。

2) 普通伝統型。外部事件コントロールの程度が低いが，自然的な内的自己コントロールが十分現れている。社会生活と私的生活の区別がかなり小さく，生活の中で有利な出来事があり，不利な出来事もある。主な価値目標が第一種類ほど明白ではないが，それに似ている。

3) 現代的内容なし型。外部と内的コントロールの程度が高い，生活は単調であるが，生活の中で正の経験が多い。多くの出来事は鮮明で，心を動かすものではない。社会生活と私的生活の峻別がはっきりしている。志向問題として，職務の昇進，表面上の大きな成果と個人生活，自己鑑賞がある。

4) 相当不幸な型。外部と内部のコントロール程度が低く，ほとんど不利な生活経験を持ち，たいてい個人生活を志向する。

13 グローバル・モザイク（Golbal MOSAIC）

Michael（2006）によれば，グローバル・モザイクは，イギリスの Experian という会社が提示したアプローチである。

「グローバル・モザイク」というこのアプローチは，地理学的・人口統計学的な分類方法で，住んでいる地域の特性によって消費者を分類しており，「人が自分の住む場所を決めるとき，一般に生活態度や消費行動が自分と似通った人の多い地域を選ぼうとすることは，よく知られた傾向がある」というこの原理に基づいてライフスタイルを分類している。また，人口統計学的な特性について多くの類似点が見られる地域では，モノやサービス，メディアにおける購買力や可能性もかなり似通っているものと考えられる」という考え方を採用している（Michael, 2006）。

Michael（2006）は，『CONSUMER BEHAVIOR』第六版第六章の中で，「グローバル・モザイク」について次のように述べている（Michael, 2006）。

　　このアプローチは消費者を体系的に分類する方法で，現在では，オーストラリア，南アフリカおよびペルーなどの世界各地の 19ヶ国と地域の消費者をカバーしている。Experian は 631 種類の MOSAIC 類型を 14 個の生

活様式パターンにまとめており，それによって8億人の人口を区別している。これらの人々が新たに作り出した国内総生産（GDP）は世界各国の国内総生産（GDP）の約80％を占めている。このアプローチが，生産者が世界中にアピールしていく上で，似たような価値観をもっている消費者を識別することに役立つ有効な手段とされている。

　Experianのある経営者の話によると，「Brooklynの下層の人々に比べてNew YorkのヤッピーとStockholmのヤッピーが多くの共通点を持っている」（Michael, 2006）。

　これらのヤッピーは（MOSAIC分析の中では教育を受けた世界主義者と名付けられている）新しい商品や新しいイデオロギーを最も早く受け入れる消費者であり，彼らはライフスタイルのグローバル化を促進させる上で最も大きな役割を果たしている。どの国でもこのような人たちがいるけれども，彼らのそれぞれの国での比率が異なっている。MOSAICアプローチは，ヤッピーはアメリカでは家庭総数の10％を占めており，日本では7.1％を占めていること，そして，ニュージーランドでは5.8％，イギリスでは4.2％占めており，オーストラリアではわずか3.7％であることを明らかにしている（Michael, 2006）。

また，ACTON WINS株式会社のホームページ http://www.awkk.co.jp（2007年12月18日）によると，現在，国際的なブランドを展開する企業の多くが，この「グローバル・モザイク」で分類された類型を戦略的セグメントとして使用し始めている。なぜならば，「グローバル・モザイク」で分類された類型を用いると，すでに進出している市場で，彼らの商品がそのセグメントに最もアピールしているか，そのセグメントは国によって違うのか同じなのかを見極めることができるだけではなく，また，未開拓市場への商品紹介にあたっても，マーケティング活動の訴求対象を絞り込む際に，既存市場における顧客層のプロフィールを使って絞り込むことができるからである（http://www.awkk.co.jp, 2007年）。

進出先のどこの国でも使える共通のセグメントを選ぶことはブランド・イメ

ージの統一性を守りつつ世界中にアピールしていく上で，非常に有効な手段であると考えられる。最近，国際的な企業や団体がグローバルなマーケティング活動において，その訴求対象を絞る上で「グローバル・モザイク」へのニーズが高まってきているのもそのためであると思われる。以下の図は，「グローバル・モザイク」がカバーしている国々と地域を示したものである（http://www.awkk.co.jp，2007年）。

　この「グローバル・モザイク」アプローチには，その発展形として，それぞれの国の固有のものがあり，たとえば，アメリカのモザイク類型，オーストラリアのモザイク類型，日本のモザイク類型などがある。消費者を分類する基準は国ごとに異なっているが，前述したように前提になっている考え方は同じである。以下において，ひとつの例として「モザイク・ジャパン」の詳細を取り上げることとする。

　「モザイク・ジャパン」は，「グローバル・モザイク」とよばれる消費者のライフスタイル分類システムの開発手法に基づいて，日本の消費者を地域特性と消費行動パターンにより的確に分類したものであり，日本の消費者のライフスタイルを11グループに分けている。そして，それぞれのグループはさらに4個から6個のタイプに分類されていて，全部で50個のタイプで構成されている。その詳細は，以下の表Ⅲ-6の通りである。

図Ⅲ-9　「グローバル・モザイク」がカバーしている国々と地域

表Ⅲ-6 『モザイク・ジャパン』のグループとタイプ

グループ	グループ名	世帯占有率	タイプ	タイプ名	世帯占有率
A	大都市のエリート志向	10.02	A01	流行情報の先駆者	2.59
			A02	高学歴の会社人間	3.20
			A03	大都会暮らし	3.06
			A04	新社会人	1.17
B	入社数年の若手社員	8.11	B05	都会派ホワイトカラー	3.70
			B06	ヤングファミリー	2.14
			B07	独身貴族	1.89
			B08	製造業の若手社員	0.38
C	大学とその周辺	4.07	C09	地方の学園都市	0.17
			C10	研究都市	1.13
			C11	郊外の大学キャンパス	0.35
			C12	学生歓迎・アパート街	2.42
D	下町地域	7.85	D13	木造長屋	1.27
			D14	戦前時代	2.32
			D15	郊外の借家住まい	1.74
			D16	熟練労働者	2.26
			D17	漁業従事者	0.26
E	地方都市	19.97	E18	農業地域のサービス業	3.16
			E19	昔ながらの町・地域の中心	3.55
			E20	田舎の集落	2.66
			E21	地方ニューファミリー	4.23
			E22	市街地周辺	3.33
			E23	地方居住者	3.04
F	会社役員・高級住宅地	5.76	F24	会社役員	1.41
			F25	郊外居住の管理職	2.47
			F26	中流保守層	1.03
			F27	新興住宅居住者	0.85
G	勤労者世帯	9.43	G28	社宅の多いベッド・タウン	1.34
			G29	工場労働者	2.09
			G30	若年勤労世帯	1.80
			G31	長距離通勤者	2.78
			G32	高層アパート居住者	1.42

グループ	グループ名	世帯占有率	タイプ	タイプ名	世帯占有率
H	公団居住者	3.97	H33	社会福祉受給者	1.12
			H34	団地住まいの熟年勤労者	2.06
			H35	団地住まいの高齢者	0.79
I	職住近接・工場町	18.64	I36	町工場の密集地域	2.65
			I37	歴史ある工場地域	5.13
			I38	企業城下町	2.47
			I39	小戸建住宅地域	3.23
			I40	工場隣接集合住宅	2.12
			I41	伝統工芸の町	3.04
J	農村およびその周辺地域	7.53	J42	小さな町の中心地	1.38
			J43	地方のシルバー世代	2.28
			J44	田舎周辺の町	2.05
			J45	活気を取り戻した田舎の町	1.82
K	過疎地域	4.63	K46	地方高齢者地域	0.34
			K47	田舎で農業以外の産業がある町	1.34
			K48	昔ながらの田舎町	0.93
			K49	沿岸・山間地域	1.58
			K50	過疎集落	0.44

14　RISCのアプローチ

　パリの社会変遷（change）研究所（RISC）が40ヶ国以上の国々でライフスタイルと社会文化の変容に関する全世界規模の調査を実施している。全世界における社会思潮に対する当研究所の長期的測定は，それらの思潮の将来変化を予測することを可能にする。また，ひとつの国における変化が他の国に広がる前に，その兆候を見分けることを可能にする。例えば，環境に対する関心は1970年代の初めにスウェーデンに現れ，続いて1970年代後半にドイツに現れ，1980年代になってフランスに広がった。そして，スペインに広がったのは1990年代初めである。

　RISCは1セット（ひとそろい）の質問を利用して，人々が一連の広範な問題

に対する価値観と見方を見ている。それらの問題の回答を総括すると40種類の傾向を測定することが出来る。例えば「精神的」または「性的混乱」などがある。調査対象者の傾向ごとにおける得点を統計学的に分析した上で，あらゆる個人はある仮想の三次元空間に位置づけられる。したがって，RISCは，この仮想空間における人々の位置に基づき，人口を10個の細かい区域に分けている。図Ⅲ-10（RISC International, 1997: p. 14）では，この10個の区域（G=グローバル，L=ローカル）及び彼らの主な生活要望を示している。3つの次元は次の通りである。

● 冒険的／安定的（exploration/stability）：縦軸は，変化や創造性や発散性と開放性に駆使された人と，安定性や親密性や伝統と構造に駆使された人。
● 社会性／個人性（social/individual）：横軸は，集団的要求傾向の人と個人的要求傾向の人を区分する。
● グローバル／ローカル（global/local）：第三の軸は，見知らない環境，多様化された自由関係及び大型のネットワークになじみやすい人と，親密な関係を好み，生活の諸要素が予測できる形で結びつくことを望む人を区分する。

この40種類の傾向のどれかひとつに当該する傾向の中で得点が最高の人の

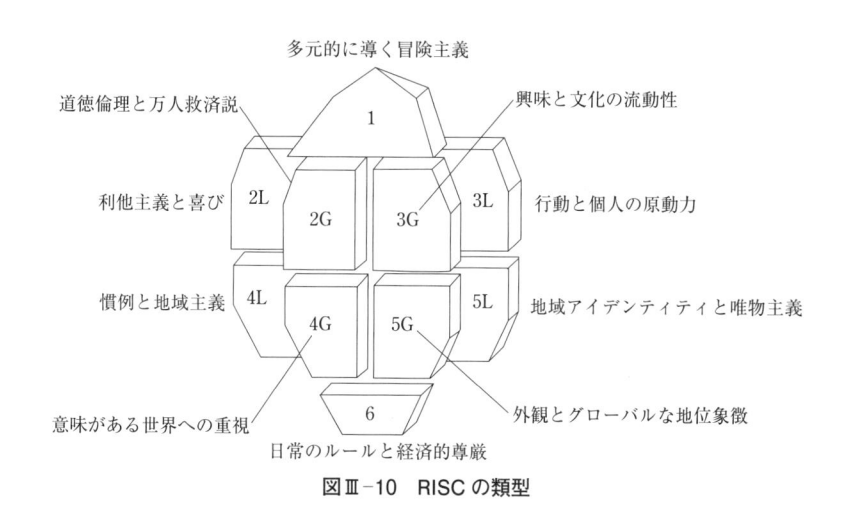

図Ⅲ-10　RISCの類型

集まりで形成した「中心」によって，この空間の中に位置づけられる。したがって，仮想空間図では冒険に関する傾向は図の頂上に位置し，個人主義傾向は右，地域主義の傾向は左にあるから，これらの類型が小さく見える，これによって類推される。各傾向の位置に大きな違いがないにも関わらず，ある傾向における各種人口の比率（国家，年齢層，ブランド使用者）は大きく異なる。

図Ⅲ-11（RISC, 1997）では，イギリスと他のヨーロッパの国の消費者を比較

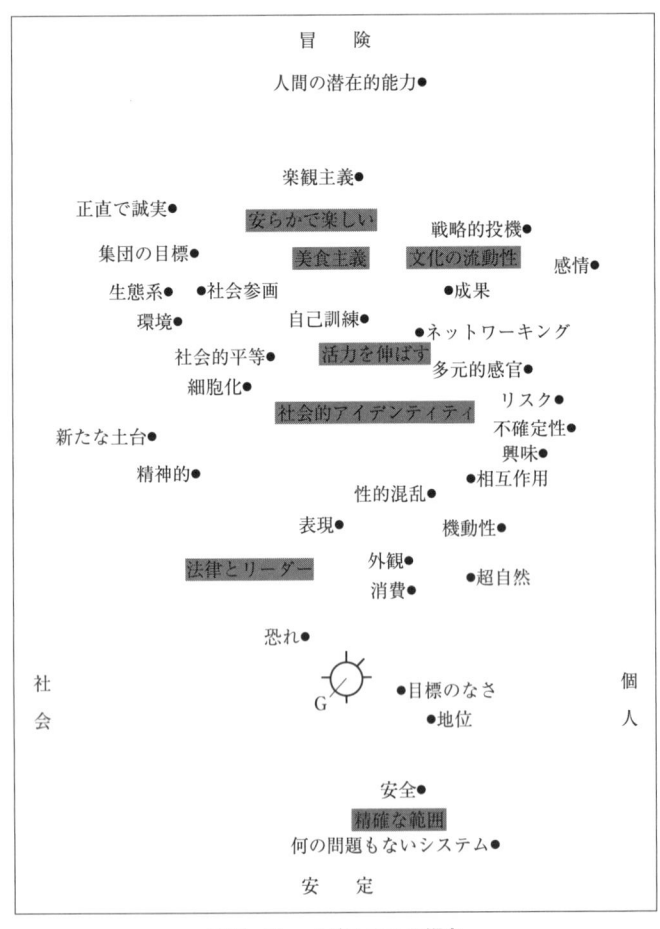

図Ⅲ-11 イギリスでの傾向

している。深い色のマークは，イギリス人にとって，比較的に重要な傾向を示している項目であり，具体的には，文化の流動性，活力を伸ばす，精確な範囲，法律とリーダー，社会的アイデンティティ，安らかで楽しい及び美食主義（生活の中の「いいもの」に対する生活品質の傾向）などである。

　RISC システムの代表的な使い道は，ブランド使用者を見分け，彼らをもっとよく理解すること，それと同時に使用者の分布の時間による変化を把握することなどを含んでいる。また，RISC のデータは，潜在的なターゲット・グループの抽出に用いられ，マーケティング・マンたちにこれらのグループをひきつける商品の利益と普及させる方法を説明できる。図Ⅲ-12（RISC, 1997）は，ドイツにおいて，このシステムが2つのブランドの車の潜在的購買者を区分するときにいかに利用されているかを説明したものである。研究者たちは，消費者に，もし彼らが新しい車を買うとしたら，この2つのブランドは彼らの第一，第二あるいは第三の選択肢になるかどうかをたずねた結果を分析している。その結果，Bブランドを選択した人は，個人主義と体験的傾向があり，約21％の調査対象者はこのブランドに興味を持っていることを明らかにしている。その一方で，調査対象者の約19％はMブランドを好み，彼らは「Vanilla」

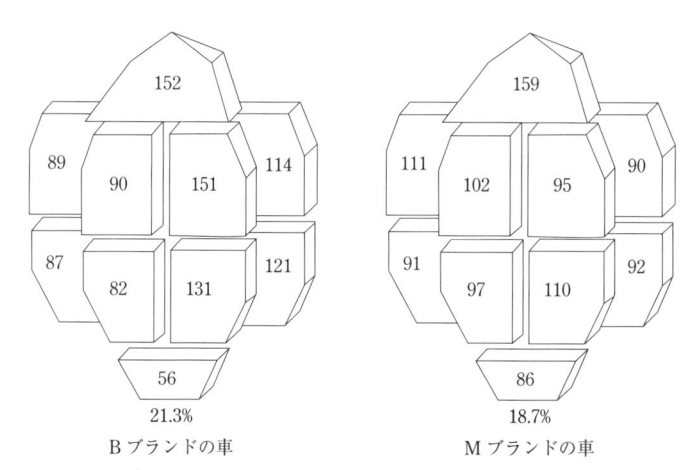

図Ⅲ-12　次の新しい車への選択、ドイツ，Bブランド/Mブランド，1995

らしい個性があることを発見している。

　ドイツでは，2つのブランドの人気度が近いので，問題のポイントは国内でこれらのブランドをもっと受け入れてもらうための細分化された市場の見分けにある。ユニットごとの数字はドイツの平均人口におけるそのグループを形成したデータを説明できる。IQ の計算方法は統一されている。もしあなたの IQ が 100 点だったら，人口全体に比べてあなたの IQ 水準はちょうど平均水準にいることになる。IQ120 点は，この人の IQ 水準は平均より 20％高いことを意味する。逆に IQ80 点は，平均より 20％低いことを意味する。例えば，ブランド B の頂上ユニット（新しいデザイン，新しい技術と新しい機能に最も興味があるグループ）にある 152 の点数は，この部分における消費者の同ブランドの車に対する興味がドイツ人の平均水準より 52％高いことを意味する。

　これらのデータを比較することを通じて，この 2 種類の車の違いを判断することができる。両者はともに多元的傾向の冒険者類型（頂上ユニット）の人々の関心を集める。しかし，その他には，ブランド M の各ユニットの間ではっきりした差異が見られない。逆に，ドイツ人がブランド B を好むのは，明らかに外観と地位を重視し（131），趣味とよその文化に対する探求を重視する（151）傾向にある。この違いは，ブランド B のマーケティング・マンは，その広告を通して車と富裕，生活にこだわりがある姿（ジェームズ・ボンドは最も適切なセレブリティ候補である）と関連させ，この市場ユニットを引き付けていることを意味しているだろう。

　以上見てきたように，最近ではライフスタイル研究で一番良く使われている測定変数は，態度，価値観，活動と興味，人口学・統計学属性変数，メディアの使用モデル，使用頻度などである。中でも価値観が非常に重要である（Hawkins, 2000）。価値観についての尺度としてよく使われているのは前述したRokeach（1973）の価値観表（Rokeach Value Survey）と Kahle（1983）の価値観表（List of Value）である。

　以上，この節においてアメリカ，日本，中国，およびフィンランドにおける，既存の主要な測定尺度とそれらの特徴およびライフスタイルに関する基本

的な議論は整理しえたものと考えるが，見逃している優れた尺度も多いと思われるし，取り上げなければならない研究で残したものも多いに違いない。例えば，吉野正治の（1982）『生活様式の理論―新しい生活科学の思想と方法―』，名東（1977）の『生活者の行動科学―消費者行動の研究―』，Danon ら（1981）の「Aging, A Challenge to Science and Society」（環境因子と生活様式の寿命に与える影響），星野（1975）の「生活様式（ライフスタイル）研究の意義」，千石保（1992）の『中国人の価値観―変わりゆく社会意識とライフスタイル―』，西川ら（1995）『現代ライフスタイルの分析』などで用いられている尺度も，高齢者のライフスタイルをどのように測定するかを考える上で重要である。そこで，本研究のテーマとの関連でライフスタイルの測定尺度に関する先行研究からの知見を整理すると以下のようになる。

15 これまでのライフスタイル尺度からの知見

　ライフスタイルの理論も，調査研究も首尾一貫した形で展開されてきたわけではない。むしろ，このアプローチは社会学的，心理学的，経済学的などさまざまな分析法を相互に関連させてきた。また，一方ではマーケティング分野と，他方では心理学，社会学，人類学，経済学，マス・コミュニケーション学などの様々な分野の収斂の場合でもあった。いずれにしてもライフスタイル・アプローチによる経験的調査結果は，膨大なデータに上っている。また，低次の経験的一般化も試みられている。しかし，それらは高齢者を扱ったものではないが，今後のライフスタイル研究をより一層推進するための主要課題との関連で明らかになった点がいくつかある。

　以上ライフスタイルの測定尺度に関するさまざまなアプローチを取り上げたが，これらの研究から確認できたことは主に以下の通りである。
① 社会学の領域から始まった（生活様式）ライフスタイル研究は，心理学の領域で行われるようになり，最近ではマーケティング領域におけるライフスタイル研究が盛んになっていること

② ライフスタイルというこのアプローチは，社会学的，心理学的，経済学的さまざまな分析法を相互に関連させてきていること
③ ライフスタイルの分析法は，最近では特に消費行動を把握する重要な分析尺度になっていること
④ これまでに行われたライフスタイルに関する調査研究で最もよく使われているライフスタイルの指標は，態度，価値観，活動，興味，人口学・統計学属性変数，メディア使用のモデル，使用頻度などであること
⑤ さまざまな測定指標の中でも，特に「価値観」が重視されて進められており，時には「価値観」とライフスタイルが同義語とされていること（例えば，LOV，RVS，VALS など）が多いが，価値観が指定する内容も研究者によって異なっていること
⑥ ライフスタイル研究は日本や中国の研究領域に登場しているが，それらの研究は西欧の調査研究で用いられた尺度を引用し，多少の修正を加えて進められていること
⑦ ライフスタイルの調査研究は主に経済発展した国や地域で行われていること
⑧ ライフスタイルの測定尺度は，研究領域によって異なっており，分析のレベルがさまざまであること（多くの分析尺度は個人ないし集団を対象としている一方で，D. ヤンケルビッチのような社会的レベルの研究もあること）
⑨ ライフスタイル研究においては，活動，興味，意見，社会的属性という側面からの把握が重要であること
⑩ 最近のライフスタイル研究において価値観をライフスタイルと同義語とする研究が多いこと
⑪ ライフスタイル研究に関しては，自己志向の視点や自己資源の視点が重要であること
⑫ ライフスタイル研究に関しては，「衣」，「食」，「住」，「余暇」に着目することが必要であること
⑬ 購買に関する意識や情報行動については，経済的要因を始めとする個々のデモグラフィック変数／社会経済的変数よりライフスタイルの方が，説明

力が高い場合が多いこと
⑭ ライフスタイル研究に関しては，社会状況または社会の経時的変化にも留意する必要があること
⑮ ライフスタイル研究においては，ライフスタイルが社会全体の経済水準とも関連していることに留意する必要があること
⑯ ライフスタイル研究においては，その人が自分の生活を管理できるかどうか，自分が生活の主と思うかどうか，生活の中でいろいろな出来事があるかどうかとその出来事の本質は何であるかという側面，そして生活の社会領域と私的領域を区別できる程度や主な生活志向などの側面からの考察も重要であること
⑰ ライフスタイル研究に関しては，地域の特性による共通点と相違点に着目することが必要であること
⑱ ライフスタイル研究においては，物事や社会問題に関する見方による共通点と相違点にも留意することが必要であること

以上のようにライフスタイルのさまざまなアプローチに関する先行研究の検討の結果として明らかになったことは，どれも今後のライフスタイル研究が今後発展するために当面取り込まなければならない主要課題に関連して重要である。そしてまた，本研究の調査対象地である中国におけるライフスタイル研究に関連して重要である。

16 今後のライフスタイル研究における測定上の留意点と課題

以上ライフスタイルの測定尺度と測定方法に関する研究から明らかになったことを取り上げたが，以下において，ライフスタイルに関する測定尺度の整理から得られた，今後のライフスタイル研究において重要だと思われる留意点と主要課題について触れておくことにする。

第一に，その場限りのものになっているライフスタイル研究が多いという点

に留意する必要がある。

　周知のごとく，ライフスタイル研究は，実に広範な領域をつつみ，研究量の豊富さには眼をみはるものがある。ところが，これらのライフスタイル研究のかなりの部分がその場限りの，あるいは特定の目的限りの性格を持つものが多い。つまり，ライフスタイルパターンの探索においては，かなり膨大な質問表から得られたデータを多変量解析法とコンピュータを駆使することによって，クラスターを導き出し，その性格に応じた名前を与えるという方法である。一般のライフスタイル研究にせよ，製品関連ライフスタイル研究にせよ，この種の調査研究は調査者の主観的判断に依存する部分が多い。その結果出てくるライフスタイルが，全て類似のクラスター化やパターン化となり，一般ライフスタイル論への期待という点からも魅力が乏しい傾向を作っている。

　第二に，ライフスタイルをどのように測定するかということや測定内容に関しては統一の見解がなく，多様な意見が併存しているという問題点に留意する必要がある。

　AIO アプローチにしろ，LOV アプローチや RVS アプローチ，および VALS アプローチ（それの発展形としての VALS2 アプローチ，i-VALS アプローチ，CHINA-VALS アプローチ）にしろ，これまでの経験的なライフスタイル研究では，態度，価値観，関心，興味，意見のどちらか，または，いくつかを合わせて一つの尺度としてライフスタイルを測定しているが，価値観や興味，または意見が違っても行動として現れるライフスタイルが同じ場合もありうる。例えば，仮にライフスタイルを生活行動で測定するとして，高級自動車に乗っているか，普通自動車に乗っているかという行動を考えてみよう。その場合，どんな人がどんな自動車に乗るかということを，経済資本があるかどうかということと，価値観に左右されると考えると，4つの可能な組み合わせが出てくる。ひとつ目は，お金（経済資本）があって，しかも高級自動車に乗ることに価値があると考える人々で，実際にも高級自動車に乗っている人々。2つ目は，お金（経

済資本）もなくて，高級自動車に乗ることにも興味がない（高級自動車に乗ることの価値はない）人々で，実際にも高級自動車に乗っていない（普通自動車に乗っている）人々。3つ目は，お金（経済資本）がないけど，他のことよりも高級自動車に乗ることに価値がある（あるいはお金がなくてほかのところで困ることになっても，普通自動車ではなく，高級自動車に乗ったほうがいい）と考える人々で，実際に高級自動車に乗っている人々。4つ目は，お金（経済資本）があるけど，高級自動車に乗らなくて，普通自動車に乗ったほうがいい（あるいは高級自動車に乗って，そっちにお金を使うよりは他のことをしたほうがいい）という価値観を持っている人々で，実際にも高級自動車に乗っていない（普通自動車に乗っている）人々である。つまり，価値観が違っていても行動として現れるライフスタイルが一緒の場合があるということである。したがって，価値観をみるより行動をみたほうがいいではないかと思われる。しかし，また同じ価値観をもっていても，行動が違う場合も考えられる。なぜならば，Kahle（1992）の研究で明らかにされているように，同じ価値観をもっていても，その価値観に属する生活様式が異なる場合があるからである。そしてまた，興味や態度，意見と行動の間でも同じようなことがありうる。

　このように考えると，ライフスタイルをただ行動だけみて，価値観，興味，態度，意見と切り離して考えることに問題点が残るだろうし，行動も，価値観も，興味や態度，意見も考慮に入れて測定尺度にすると，膨大な質問表になり，明確な理論枠組みを立てることが困難になる。これは，まさにライフスタイルの測定尺度において，何よりも重要なのはライフスタイルをどのように定義するかということだろう。

　他方，先ほど述べたように，実際にライフスタイルを測定する際には何を指標として，どのように測定するかということに関しては多様な見解が併存している。最善の方法は，考えられる全ての客観的要素と主観的要素を指標にして長期縦断的方法で測定することであるが，その場合でもそれぞれの指標の判定（評価）基準をどのように設定するかという問題と客観的指標と主観的指標との関係をどのように捉えるか，という問題は残る。ここで，これまでのライ

スタイル研究が解決できていなかった方法論上の問題について触れておくことにする。

① これまでのライフスタイル研究では，ライフスタイルの鍵概念と価値観や態度の間の関係を詳しく説明することができる明確な理論枠がない。
② ライフスタイル尺度の選択および指標はほとんど研究者の知覚と想像に基づいているため，ライフスタイル研究者たちがどのような要因を含むべきかについて一致した考えがない。そのため，大量の説明文章を書くことになっている。
③ ライフスタイル研究の目的は人々の行動を説明することである。そのため，ライフスタイル研究は因果研究であるともいえる。この因果関係を説明するためには人が納得するような実験を行って細かく測定する必要がある。しかし，今のところこれは非常に難しい。
④ 測定尺度の項目が多いというのもひとつの問題である。何時間もかかる非常に長い質問項目で得られたデータを信じるのが難しいのではないかと思われる。

以上は，これまでのライフスタイル調査研究のさまざまな測定尺度の問題点をまとめたが，これまでのライフスタイルに関する調査研究にそのような弱点があったとしても，今後のライフスタイル研究において参考にする部分も多いと思われる。

この節では，ライフスタイルに関するさまざまなアプローチを紹介してきたが，以上取り上げたような課題や問題点を考慮に入れて作成された測定尺度は未だ開発されていないといってよい。今必要としているライフスタイルの測定尺度とは，これまで使用されてきた価値観や生活行動，生活態度，生活意識，意見，興味，自己志向，自己資源，社会の変化，パーソナリティなどに類する測定尺度に加えて，これらとの関連を説明できるような測定尺度である。そこで，第3節において，高齢者のライフスタイルに関する研究の現状を確認し，高齢者ライフスタイルの測定尺度の構築へ向けた基礎的な考察を試みることにする。

第3節　高齢者ライフスタイルの測定上の留意点と課題

　以上見てきたように，ライフスタイルの解明にあたっては，個人のデータばかりではなく，地域や集団のマクロデータも用いられる手法としては，因子分析などの計量的分析が行われることもあるし，記述的分析を主としていることもある。

　さらに，ライフスタイルは，しばしば特定の個人の生き方の意味でも用いられている。そこでは，特殊な生き方の事例が具体的に紹介されている。しかし，この種の研究では，個人のライフスタイルの特殊性が強調されているのにしても，その場合は個人の生きた時代の文化的な背景との関連が意識されていることが多い。文化としてのライフスタイルであろう。

　また，これまで行われたライフスタイル研究で用いられたライフスタイルの測定尺度のいずれの尺度にしても高齢者を対象に行った調査研究は見当たらない。そこで，この節ではまず高齢者を対象に行われたライフスタイル調査研究の現状を簡単に紹介し，それらの研究と第2節で取り上げた尺度への検討を基に高齢者のライフスタイルの理論的枠組みを立てる際の留意点と課題について触れておくこととする。

1　高齢者のライフスタイルに関する調査研究の現状

　まず，日本における高齢者のライフスタイルに関する研究においては，健康面や医療との関連，または，スポーツ，住宅との関連で高齢者のライフスタイルに注目したものが多い。しかし，そのどれもが高齢者のライフスタイル全体を説明しているわけではない。

　国立国会図書館の文献検索（NDL-OPAC）で「ライフスタイル」をキーワードにして日本国内の文献を検索した結果，747件の和図書があり，その多くが若者あるいは15〜65歳の人々を対象としていた。次に，「高齢者」と「ライフスタイル」の2つをキーワードにして検索を行った結果，わずか17件の和図

書しかなかった。

　また，国立情報学研究所の論文情報ナビゲータ（CiNii）でも同じように「高齢者」と「ライフスタイル」の2つをキーワードにして検索した結果，運動能力，生活機能，健康，健康感，住宅，スポーツや消費行動との関連で行われた高齢者のライフスタイルに関する調査研究が多かった。また，掲載されているこれらの論文や本のテーマにしろ，そのテーマの広さや深さにしろ，日本では，高齢者のライフスタイルに関する研究が重視されるようになってきたことが伺われる。特に，1990年代から，日本における高齢者を対象とした調査研究が多様化され，多くの研究論文が発表されている（詳細は夏扎提古丽．2009を参照）。

　しかし，これらの調査研究は，国際的に通用する調査項目と調査方法を使うことだけに満足してしまい，日本特有の調査研究理論と方法を作りあげることができていない。国際的に通用されている理論や方法だけを重視して，調査で得られた簡単なデータで満足してしまい，データが含んでいる真実の意味を理解しないで，誰もがいっているようなことを繰り返しいっているような研究が多く，高齢者のライフスタイルといっても，高齢者のライフスタイル全体ではなく，ある側面だけに限ってしまっているなどの問題が残されている。

　したがって，日本における高齢者のライフスタイル研究においては，日本の実態に合わせて掘り下げて取り組むことと高齢者のライフスタイル全体を説明できるような研究枠組みを構築することが，今後の日本の高齢者のライフスタイルに関する研究の課題であるといえるだろう。

　次に，中国における高齢者のライフスタイル研究に関しては，GoogleやYahoo!，捜狐らのホームページで中国語で「老年人」と「生活方式」の2つをキーワードにして中国語での論文検索を行った結果，高齢者を対象とした研究が散見される程度であり，健康との関連の文脈で行われた研究が大勢を占めていた。

　また，中国の老年学情報ネットワークを利用して，全国老年委員会と社会老年学学会のホームページで，2007年12月までに発表された高齢者のライフスタイルに関する調査研究の文献を検索すると，高齢者のライフスタイルに関す

る調査研究は「健康」との関連を重視して進められていることがわかる。これまで公表された高齢者のライフスタイルに関する主な研究成果は次のようなものである。

① 傅晓（2006）の「"生活方式"対城市中老年人的健康影响」（ライフスタイルの都市部中高齢者の健康への影響）（傅晓，2006）という論文
② 阮丽と程玲俐ら（2005）の「生活方式和心理行为对老年性痴呆的影响及干预措施」（ライフスタイルと心理行動の老年性痴呆に対する影響と予防措置）という論文
③ 李亚萍と叶芸（2002）の「城市老年人生活方式对健康影响的调查分析」（都市部高齢者のライフスタイルの健康への影響に関する調査研究）という論文
④ 朱健民（2006）の「老年人生活方式对健康自我完好评价的影响」（高齢者のライフスタイルの健康感に対する影響）という論文
⑤ 卜秀梅ら（2007）の「城市社区老年人自测健康水平与生活方式的相关性分析」（都市部社区高齢者の健康状態の自己予測とライフスタイルの相関性分析）というテーマでの論文
⑥ 張良礼ら（2006）の「应对人口老龄化—社会化养老服务体系构建及规划」（人口高齢化に応対して—社会化養老サービスのシステム構築と規則）という論文
⑦ 王婷等（2006）の「长春市社区老年人健康状况及生活方式调查」（長春市社区高齢者の健康状況およびライフスタイルに関する調査）という論文

また，現代の高齢者のライフスタイルについて検討を行ったものとして，朱宁と谢春萍ら（2004）の「现代老年人生活方式初探」（現代高齢者のライフスタイルに関する検討）（朱宁と谢春萍ら，2004）という論文があり，高齢者の生活習慣病との関連でライフスタイル研究を取り上げたものとして，郭雅娇ら（2004）の「社区老年人不良生活方式干预」（社区高齢者の不良生活様式について）（郭雅娇ら，2004）という論文がある。

それから，介護サービスとの関連で行われた高齢者のライフスタイルに関する研究「社区护理干预对老年人生活方式行为的影响」（社区介護サービスの高齢者のライフスタイルに対する影響）（雷松蕙ら，2006）もあり，生活と心理的な側

面の関係についての大規模な調査研究「1067例老年人生活及心理状況調査」（1067人の高齢者の生活および心理状況に関する調査）（張明芝等，2004）もある。

そのほかに，高齢者のスポーツ生活様式をテーマとしたライフスタイル研究として，汪文奇の「我国老齢化社会進程中老年人体育生活方式的研究」（中国高齢化社会プロセスの中での高齢者のスポーツ生活様式に関する研究）（汪文奇，2004）という論文と劉从梅の「老年人体育生活方式与身心健康関系的研究」（高齢者のスポーツ生活様式と身心健康の関係についての研究）（劉从梅，2006）という論文が注目される。

以上，中国で公表されている高齢者のライフスタイルに関する調査研究を取り上げたが，これらの文献からは，中国における高齢者を対象としたライフスタイルに関する調査研究においては，健康面やスポーツとの関連で行われた調査研究が中心であり，それ以外のテーマで高齢者のライフスタイルを扱ったものは散見される程度であることがわかる。しかも，これらの調査研究でも日本における高齢者ライフスタイルに関する調査研究と同じく，高齢者のライフスタイルの定義や測定はそれぞれの研究者の関心領域によって異なっており，ライフスタイルの概念に関して共通あるいは統一の見解の下で進められている調査研究が見られない。

しかし，それらの研究は，本研究で高齢者のライフスタイルを説明できる枠組みを構築していく上で，また実証的な研究を行う上で，参考になる部分もあると考えられる。そこで，以下では高齢者のライフスタイルの類型について言及している主な研究のうちいくつかを取り上げ，高齢者ライフスタイルの測定尺度の構築へ向けた基礎的な考察を試みることとする。

(1) 既存の統計データに基づいて分類された日本の高齢者のライフスタイルの類型

『高齢者のライフスタイル』という題名の本を出した日本の社会学者，嵯峨座（1999）は，高齢者のライフスタイルとは，「高齢者の集団全体あるいは何らかの基準により明確に確定できるその下位集団にみられる，高齢者の生活の

諸次元，すなわち生活行動，生活時間，生活意識の顕著な傾向である」と定義している。

　嵯峨座（1999）は，このような定義に基づき，既存の統計データや各種の世論調査のデータを用いて，記述的に高齢者の間にみられる生活実態と意識の中心的な傾向とパターンを把握することにより，間接的に高齢者のライフスタイルを明らかにすることを試みた。その際，家族は高齢者の生活を取り巻く社会条件のひとつとして位置づけ，そのほかに性別，年齢，高齢者の地位を示す変数を分類基準として高齢者を分類し，少子化，長寿化，家族の変化といった3つの背景を含めて考察している。少子高齢化社会において顕著な変化が見られる生活分野として，経済活動，家計と資産，健康，介護，学習・社会参加活動を取り上げ，これらとの関連で高齢者のライフスタイルについて議論している。嵯峨座は高齢者のライフスタイルは経済活動，家系と資産，健康，介護，学習・社会活動によって特徴付けられるが，その中で最も中心的なテーマは学習・社会活動であるとしている。

　ここで本研究との関連で注目する価値があるのは次のような2つのことである。

　ひとつは，年をとるにつれて，高齢期の新しい役割にいかに適応していくかが重要であると指摘していることである。この見地は嵯峨座の次の論述の中で現れている「高齢期の発達課題としては，例えば，身心の健康，仕事と活動，バランスのとれた食事，安全・快適な住まい，安心できる収入と貯え，家族や友人との楽しい付き合い，人生上の出来事への準備などをあげることができる。高齢期における人生上の出来事としては孫の誕生，退職，配偶者の病気や死，親または配偶者の介護，自分の病気，子どもとの同居または別居，ひとり暮らしや施設への入所，事故などがある。これらは高齢期にはだれもが直面するだろう事柄である。人は年をとるにつれて，多様な人生過程をたどることになり，高齢期には前述したような出来事に対してより多様な形で，そして場合によっては深刻な度合いにおいて直面することになる。その際，これらの出来事にどう対処し，問題の解決を図っていくかが重要な課題となる。この発達課題を達成するために，私たちは古い地位を捨て新しい地位を取得し，それに伴

った新しい役割を身につけなければならない。これを高齢期への役割移行と呼ぶ。そこでは，新しい役割に上手に適応していくことが問われることになる」（嵯峨座，1999）。

　もうひとつは，自立は高齢者の新しいライフスタイルであるという見解である。例えば，嵯峨座は『高齢者のライフスタイル』という本の最後の結論のところで次のように述べている。すなわち，「高齢者の自立への主体的な営みが，高齢者に対する評価を高め，その地位を高める結果になることをここで強調したい。自立は，高齢者の新しいライフスタイルであり，それを実現している高齢者が増えていることも確かである。実際，仕事に生きがいを感じ，社会参加活動に喜びを感じ，学習に満足を感じている高齢者は多い。健康であること，生産的であること，活動的であることは，自立の条件であり，《幸福な老い》（サクセスフル・エイジング）をもたらすことは確かであろう」と指摘している（嵯峨座，1999）。

　さらに，嵯峨座が「なぜ人は健康であり，生産的であり，活動的であると幸福感を持つのか。もし，仕事が自分だけのためであったら幸福であろうか。活動さえしていれば幸福なのだろうか。決してそうではない。人は，自分が生産的であり，活動的であることが他の人の役に立つことを知ることにより，あるいは少なくても誰かがそのことを評価してくれているという確信が持てる限りにおいて，幸福を感じるのではないだろうか。………このように考えると，健康でなくても，仕事をしていなくても，活動に参加していなくても，自分が他人に意味がある存在であることを自覚できれば，その人は言葉の広い意味で自立しているのである」としており，このような意味での自立した高齢者が増えれば，高齢者は彼らにわけもなく付与された依存者あるいは弱者の地位から脱出できるのではないだろうか」と述べている。

　つまり，以上をみると嵯峨座（1999）は，高齢者のライフスタイルについて議論しているが，個人の側面ではなく，高齢者全体の特徴として取り上げていることがわかる。この点はこれまでの社会学の領域におけるライフスタイルの捉え方と一致している。しかし，伝統的ライフスタイル研究と異なる点は，ラ

イフスタイルの類型化を行っていない（筆者自身も述べている）ことである。

けれども，嵯峨座が高齢者のライフスタイルに関する研究を基に出版した『高齢者のライフスタイル』という著書は，日本で高齢者のライフスタイルに関する最初の著書であり，その意味だけでも注目する価値がある。また，先ほど取り上げたように，高齢者のライフスタイルと関係するものとして，高齢期への発達の視点から高齢期の新しい役割への適応，自立，介護についての捉え方を提案したという点でも，高齢者のライフスタイルに関する研究において功績があるといえる。

(2) ホームステイに学ぶライフスタイル

佐野（1997）がザ・フレンドシップ・フォース（The Friendship Force）活動の関係で関わったことがある外国の高齢者に次のような10項目を基にリポートをお願いするという形で，調査を行っている。その10項目とは，①自己紹介について，②職歴等について，③生活信条について，④生活上の悩みについて，⑤生活の喜び，楽しみについて，⑥習慣の生活リズムについて，⑦趣味・スポーツについて，⑧サークル活動・ボランティア活動について，⑨年間のレジャー計画について，⑩その他，リタイヤード・ライフについて，である。

そして，佐野（1997）は回収できたリポートを基に，日本の高齢者のライフスタイルづくりへの提案として次のような7つのことを取り上げている。

1) いつも分かち合うことが信条
2) 後悔しないように生きる
3) 自分が望むことを人々に対してもすること
4) 友達を一人でも多く持とう
5) 「今日を有意義に過ごした」と言いたい
6) 明日の朝に備えて何かを計画する
7) いつまでも"現役"でありたい

佐野（1997）が高齢者のライフスタイルとして扱っているのは生活行動とい

う側面であり，それらによって高齢者のライフスタイルがどのような特徴を持つかについて議論しているというわけではない。外国の高齢者の生活を特徴付けていると思われるものを取り出し，それが日本の高齢者の新しいライフスタイル作りにおいて重要だと指摘しているのである。

　ザ・フレンドシップ・フォース活動に参加する人たちは，元々ボランティア活動を通じて社会とのかかわりを維持している，いわゆる活動的な高齢者である。したがって，高齢者のライフスタイルの類型というより，活動的高齢者のライフスタイルの現れ方といったほうがよさそうであろう。しかし，佐野（1997）が高齢者の新しいライフスタイル作りの観点から提案した以上の7つの点は，高齢者のライフスタイルを議論するうえでひとつの重要な見方を提供したという意味で，今後の高齢者のライフスタイル研究において参考にする価値があると思われる。

(3) 欧米のシニアライフスタイルに関する事例研究

　これは，Sorce ら（1989）が，アメリカのシニア（60歳以上）のライフスタイルを基準に消費行動をみている研究である。この研究では，シニアが下記の6グループに分けられている（Sorce ら，1989）。

① 独立独歩（Self-reliants）タイプ（全体の25%）

　このタイプのシニアたちは，「安心感を求める程度は低位」で，「冒険心は中位」，「運動は中位」で，「家族（家庭）志向も中位」であり，消費行動の特徴は，「新品でないと買わない」，「退職後のことをたっぷり考えている」，および「教養講座を取ることを楽しみにしている」である。

② 静かな内気タイプ（Quiet introverts）（全体の19%）

　静かな内気タイプのシニアたちは，「自分への信頼は低位」，「安心感を求める程度は低位」，「家族（家庭）志向は中位」の人々である。そして，彼らの消費行動を見ると，冒険心はなくて，教養講座にも興味はない，また新商品を真っ先に買う気はないという特徴がある。

③ 家族志向（Family-orienteds）（全体の 10％）

「自分への信頼は非常に低位」で，「冒険心も低位」，そして，「安全に関しては中位」であるが，「運動に関しては高位」のシニアたちがこのグループに入る。彼らの消費特徴としては，以下のようなものがある。すなわち，(a) 教養講座に興味がある，(b) 新商品を真っ先に買いたい，(c) やりがいのあるプロジェクトにボランティアで参加したい，(d)「中古よりも本当に欲しいものを欲しい」である。

④ 活動的な退職者（Active retirees）（全体 20％）

このタイプのシニアたちは，「安心感を求める程度は非常に高位」，「自分への信頼は中位」，「家族（家庭）志向は中位」の人々であり，彼らは，退職後のことをたっぷり考えており，やりがいのあるプロジェクトにボランティアで参加したいと思っている。そして，彼らは「中古のものは買わない」，「本当に欲しいものには多少多くのお金を使う」と考えている人々である。

⑤ ヤング and セキュア（Young and Secures）（全体の 13％）

「冒険心は高位」で，「運動は中位」，「自分への信頼は中位」，「家族（家庭）志向は低位」，「リスク回避度は最も低位」シニアたちはこのグループに属する。そして，彼らは，「教養講座を取ることには最も興味がある」，「新商品を真っ先に買いたい」と思っている，「ファイナンシャルプランナー（資産運用の専門家）に会う傾向がある」，「中古かどうかよりも本当に欲しいものが欲しい」人々である。

⑥ ソリティア（Solitaires）（全体の 13％）

このタイプのシニアたちとは，「自分への信頼は中位」，「運動は中位」，「安心感を求める程度はやや高位」シニアたちのグループである。特徴として，「ファイナンシャルプランナー（資産運用の専門家）に会う傾向がある」，また「教養講座を取ることには最も興味がある」，そして「新商品を真っ先に買いたい」という側面がある。

ソリティア（Solitaires）は，ヤング and セキュア（Young and Secures）と同様の傾向があるが，ソリティア（Solitaires）の多くが一人暮らしの女性である。

以上みてきたように，Sorce ら（1989）は消費行動を中心に高齢者のライフ

スタイルを見ているが，これまでの高齢者のライフスタイル研究と比較してみると，消費行動との関連でかなり厳密な検討を行い，高齢者のライフスタイルをいくつかのパターンに分けている。そのパターンに分ける時の考え方が，今後の高齢者のライフスタイル研究において参考になる部分があると思われる。

(4) 米国に見る「ライフスタイル先駆者」の6つのパターン

　Yankelovich（ブラウン大学名誉理事，1999）は，「高齢者の生活の質や社会のニーズを満たすためには，高齢者を消費者として，労働者として，地域社会の構成員として積極的に参加してもらえるような構想が必要」と指摘し，参考になるのはアメリカのシニア層にみられる「ライフスタイル先駆者」と呼ばれる人たちであると述べている。

　Yankelovich（1999）がいう「ライフスタイル先駆者」とは，新製品が発売された時に真っ先に買ってみようとするような，消費者の中でも率先して行動をとり，想像力を持っている方々である。そこでYankelovich（1999）は新しいライフスタイルをサードエイジの方々に提供するのではなく，すでに先駆者たちが作り上げたライフスタイルを観察し，残りの大勢の人たちがそれらをたやすく利用できるように考えればよいということを提言している。そして，「ライフスタイル先駆者」と呼ばれる人たちのライフスタイルを次のように六つに分けている。

① 若さを価値とするライフスタイル

　「いつまでも若く活動的に」生きるというパターンである。彼らは活力やエネルギーがあり，エクササイズマシーンを利用したり，積極的に散歩，ショッピング，サイクリングをする精神的にも若い高齢者である。

② 引退後も働くライフスタイル

　少々の収入を得ながら忙しくしているパターンで，アメリカで最もよくあるパターンといえる。このタイプの多くは引退後の充分な資金的余裕を蓄えていないから，ほとんどの人が現役時代の給料より安くてもパートタイムの仕事をやりたいと考えている人々である。

③ 個人の夢を実現するライフスタイル

　昔からもっていた夢，ファンタジーを実現させるパターンである。
④ 知識労働を続けるライフスタイル

　知識労働者として働き続けるパターン。
⑤ ボランティアを軸としたライフスタイル

　他の人を思いやること，その活動を中心としたライフスタイルである。
⑥ 生涯学習を軸としたライフスタイル

　生涯学習を中心とするライフスタイルである。

　ここで注目する必要があるのは，Yankelovich（1999）が「個人の夢を実現するライフスタイル」との関係で，「引退とは，世界一周旅行やヨーロッパに数カ月住むなど，今までずっとやりたいと思っていたことをできるようになることである。しかし，傾向として増えているのは，仕事を含むライフ・スタイルを全面的に変えるという夢である（例えば，ニューヨークの金融アナリストがバーモント州にペンションを買い，自分たちで修復して，小さな田舎町の地域社会に溶け込みながらペンション経営をしたいといった願望等）」と述べていることである。さらに，ヤンケロヴィッチがボランティアを中心としたライフスタイルについて述べた時「思いやりの対象は自分の家族や孫であったりするが，場合によっては友人，隣人，地域社会，または国家，宗教，人類のために尽くしたいと考える高齢者もいれば，思いやる心のひとつとして，博物館，美術館，オーケストラや図書館のような文化的な機関の維持に努めたいという高齢者もいることを例としてあげて，「社会に還元しているとの実感は高齢者にとって非常に大きな動機づけになる」と指摘していることも注目される。

　以上のように，Yankelovich（1999）は先駆者たちのライフスタイルを分析したものを取り上げており，高齢者の生活の質や社会のニーズを満たすためには，残りの大勢の人たちも自力で新しいライフスタイルを作っていかなければならないことを指摘しているのである。

　日本の場合も，中国の場合も，Yankelovich（1999）がいう先駆者がまだまだ少ないし，ほとんどの人々が自力で新しいライフスタイルを発明することがで

きないと思われる。しかし，これからも高齢化が進み，高齢者問題が深刻になっていれば，政府や地域，マス・メディア，学校，企業の協力を得て，以上取り上げたような新しいライフスタイル作りを普及させることが重要になってくると思われる。したがって，ライフスタイルとメディア接触に焦点を当てている本研究において Yankelovich（1999）がいう先駆者のライフスタイルを取り上げる意義がある。また，高齢者のライフスタイルのひとつの現れ方を提供した点で，本研究において参考にする価値があるといえる。

2　高齢者のライフスタイルに関する先行研究からの知見

　以上紹介した高齢者のライフスタイルに関する研究は，文献をみた限りではAIO, LOV, RVS, VALS や VALS2 みたいな理論的基盤がない。したがって，高齢者のライフスタイルに関する研究は分析方法や手段などの面でさらに研究を進める必要があることがわかる。

　他方では，以上取り上げたものの他に，日本の内閣府政府広報室は 1985 年（9月7日～17日）に既に高齢者のライフスタイルに関する世論調査を行っているが，対象者は高齢者に限ったものではなく，30歳以上の人々となっており，日本全国 30 歳以上の者の中から，層化2段無作為抽出法で 5000 人を抽出し，① 高齢期のイメージ，② 高齢期の仕事，家族関係，③ 高齢期の生活，④ 将来の日本，⑤ 政府などに対する要望，⑥ 将来の心構え，などの項目を中心に，高齢期についての国民の意識を調査したものである。また，ここでは省略するが，前述の1.のところでリストとして取り上げた日本における高齢者のライフスタイルに関する研究論文や本のうち，本研究で紹介しなければならない研究で残したものも多い。例えば，城田ら（2001）の高齢者のライフスタイルと夜間睡眠に関する研究，樋口ら（2005）の高齢期のライフスタイルと住み替えに関する研究，胡軍生（2003）高齢者と若者の価値観に関する比較研究，陶立群（2005）らの日中高齢者の余暇活動と文化・娯楽活動に関する比較研究，宮原・小田（2006）が行った高齢期のライフスタイルと運動能力，生活機能との

関連についての研究や芳賀ら（2001）の地域在宅高齢者のライフスタイルに関する縦断的研究なども，高齢者のライフスタイルを測定する上で参考にする価値がある重要な研究である。

しかし，本研究で取り上げた調査研究にしろ，詳しく取り上げることができなかったものにしろ，高齢者のライフスタイル関する調査研究も第一節で取り上げたライフスタイルのさまざまなアプローチと同じく，首尾一貫した形で展開されてきたわけではない。むしろ，研究者の関心領域によって抽出されたライフスタイルが異なっている。けれども，高齢者のライフスタイルの実態がそれらの調査研究によっていろいろな視点から明らかにされつつあるともいえる。

本研究は，以上のように，高齢者のライフスタイルの理論枠組みの構築を目指して，中国や日本における高齢者のライフスタイルに関する調査研究の現状を確認した上で，主な先行研究に対する検討によって進められてきた。その結果，中国における高齢者のライフスタイルに関する調査研究が，当面明らかにしなければならない主要な課題との関連で明らかになった点がいくつかある。そこで，以下において，高齢者のライフスタイルに関する先行研究に対する検討結果の要点を取り上げる。

1) 日本における高齢者のライフスタイル研究の先行事例からの知見

以上見てきたように，この節ではまず，日本における高齢者のライフスタイルに関する調査研究の現状を確認した。日本における高齢者のライフスタイルに関する調査研究から確認できたことは主に以下の通りである。

① 高齢者のライフスタイル研究は，1989年に大久保の論文（1989）をきっかけに，日本のマーケティング領域に登場したが，1990年代初頭から他の領域でも理論的な枠組みに基づく調査研究がみられるようになったこと

② 日本における高齢者のライフスタイルに関する研究は，社会学研究の立場（アプローチ）だけではなく，ほかのさまざまな研究の立場（アプローチ）とともに，総合的あるいは学際的に進められていること

③ 日本の高齢者のライフスタイル研究は，21世紀に入って，理論的な研究，

総合的・学際的な研究さらに比較調査を課題として重視するようになってきていること
④ 日本における高齢者のライフスタイルに関する調査研究の中でも，特に「健康」問題との関連での研究が多く取り上げられていること
⑤ 国際的に通用する調査項目と調査方法を使っている研究も見られる。けれども，日本特有の調査研究理論と方法を作り上げることができていないこと
⑥ 韓国，イギリス，タイ，アメリカ，スウェーデンなど，外国の高齢者のライフスタイルに注目した研究も見られること
⑦ 高齢者のライフスタイル研究に関しては，高齢者のライフスタイルにおける文化の影響が大きいことに留意する必要があること
⑧ 日本における高齢者のライフスタイルに関する研究では，高齢者のライフスタイルの概念と定義は，研究者の関心領域によって異なっていること
⑨ 高齢者のライフスタイル研究に関しては，健康や体力，及び運動能力との関連に着目する必要があること
⑩ 高齢者のライフスタイルの居住地域（大都市と地方都市，都市部と農村部）の差異にも留意する必要があること
⑪ 高齢者のライフスタイルが高齢者の生活の質や生活満足度などに影響するという点にも留意する必要があること
⑫ 高齢者のライフスタイルに関する研究が高齢者の介護問題を考えるときだけではなく，自立支援について考える上でも重要であること
⑬ 高齢者のライフスタイル研究においては，生活行動別に考察することの意義が大きいこと
⑭ 高齢者のライフスタイル研究においては，価値観の視点だけではなく，人間関係の視点も重要になること
⑮ 高齢者のライフスタイル研究に関しては，高齢者の自己認識という視点も重要であること

2）中国における高齢者のライフスタイル研究の先行事例からの知見

　本研究の調査対象地でもある中国で実施された先行調査研究から確認できたことは以下の通りである。

① 21世紀の初頭から始まった中国の高齢者のライフスタイルに関する研究は散見される程度であること
② 中国における高齢者のライフスタイルに関する調査研究は健康，生活習慣病，介護サービス，スポーツとの関連で行われているものに限っていること
③ 高齢者のライフスタイル研究の中でも，特に「健康」問題との関連での研究が多く，中国における高齢者のライフスタイル研究も日本と同じ傾向を示していること
④ 高齢者のライフスタイル研究に関しては，心理的な側面という視点も重要であること
⑤ 農村部の高齢者を対象とするライフスタイルに関する調査研究がみられていないこと
⑥ 高齢者のライフスタイル研究に関して，余暇活動の視点からの考察が重要であること

　以上のように先行研究の検討の結果として明らかになったことは，どれも中国における高齢者のライフスタイルに関する調査研究が，今後発展するための主要課題に関連して重要であるということである。そしてまた，次の「3．高齢者ライフスタイルの測定上の留意点と課題」のところで述べる高齢者のライフスタイルに関する調査研究の留意点と課題を克服することも，早急に取り組む必要がある課題に違いない。

3　高齢者ライフスタイルの測定上の留意点と課題

　以上紹介したように，日本でもアメリカでも，中国でも，イギリスでも，社会学領域や心理学領域またはマーケティング領域における高齢者のライフスタ

イルに関する調査研究が多少行われている。以上高齢者のライフスタイルに関する研究をみてきたが，それらの調査研究は，結局「高齢者と一口で言っても，いろいろなタイプの高齢者がいるよ」という結論で終わっている。そしてここで，今後の高齢者のライフスタイル研究において，留意する点と課題に就いて触れておくこととする。

　既にみたように，高齢者のライフスタイルの概念で指示する内容は，ある研究では消費行動，ある研究では余暇活動とされている。また，価値観，興味あるいは趣味とされている研究もあれば，生活設計とされている研究もあり，生活意識や生活態度とされている研究もあり，生活行動全体または生活全般とされている研究もある。したがって，これらの研究でライフスタイルの概念に基づいて測定しようとするものは「よくすること」や「すること」,「とてもそう思うこと」や「そう思うこと」であったり，または「自分に当てはまること」であったり，そのような意見や態度が「とてもある」や「少しある」ものであったりするから，高齢者に対して提示される質問の形式は，研究者によって異なることになっている。この質問内容や質問形式の違いの問題は，しかしながら当然のことのようでいて，そう簡単に済ますことのできない問題を含んでいる。

　このように高齢者のライフスタイルの測定内容が研究者によって相違がみられるのは，それが包括的な，多次元的な概念であることを前提にしながら，個別専門領域における測定，分析が可能のように操作した概念定義に基づいて研究が進められているからであり，ライフスタイルと同義語とされている価値観や生活態度，生活意識といった概念もまた，それぞれの専門領域における関心事項と分析方法に即して操作的に定義されてきたのである。しかしながら，このような操作的に定義された概念に基づく測定尺度が妥当であるかどうかを判断することは難しい問題である。そして，これらの概念には重なる部分があるにしても，同じ意味で理解することはできないのではないかと考える。たとえば，同じ価値観や態度を持っていても，実際の生活行動が大きく違う場合も考えられる。また，生活意識や趣味などの間でも同じようなことが考えられる。したがって，ライフスタイルを価値観また生活態度，生活意識のいずれかだけ

で測定することに限界があることになる。この限界の問題は，これまでのライフスタイル研究において指摘されたことがないが，今後の高齢者のライフスタイル研究においてだけではなく，ライフスタイル研究全般においても非常に重要な問題であり，ライフスタイルをどのように定義し，またこの定義に基づくライフスタイルと価値観，生活態度，生活意識，生活行動などの関係を明らかにしようとすれば，それら全てを説明できるようなライフスタイルの測定尺度が必要になってくるだろう。しかし，またライフスタイルにおける文化や居住地域などの差異も無視できないという知見も得られており，そうした要因も考慮にいれた測定尺度ということになると，複雑すぎるのではないかという問題が生じるだろう。

　それから，これまでの高齢者のライフスタイルに関する研究では，高齢者のライフスタイルは中年の人々のライフスタイルと違いがあるかどうか，またそれは高齢者だけのライフスタイルなのか，それとも成人全体のライフスタイルなのかが明らかにされていない。また，高齢者の年齢階層による違いがあるかどうかについて触れたものもない。考えてみれば，どの年齢でも，以上の調査研究で高齢者のライフスタイルの類型として取り上げたいくつかのタイプの高齢者でみられたような傾向がみられると思われる。言い換えると，以上の調査研究で取り上げた高齢者のライフスタイルの類型は，それが高齢者だけの特徴ではなく，他の年齢の人々においても同じようなことがいえるのではないかと思われる。たとえば，Sorce ら（1989）の研究でライフスタイルのパターンとして家族志向グループを取り上げているが，家族志向のライフスタイルというのは，人の年齢が何歳であるにせよ，ありうるものである。つまり，ここでの問題はどういった文脈の中で，それを高齢者のライフスタイルとして取り上げているかということであるだろう。また，こういった人たちが，どのタイミングでそのライフスタイルをもちうるのか，それは平日か，休日か，それとも，何か突発的な事件が起きたときか，継続的な不安か，それとも昔からやりたかったことか…などなどを検証しなければならないだろうし，それが高齢になってからのライフスタイルなのか，それとも成人期からのライフスタイルなのか

を検証しなければならない。

　高齢者のライフスタイルを測定する際には，以上のような問題が常につきまとうことに留意しておかなければならないが，広い意味での人間の生活のあらゆる側面を含むライフスタイルを測定することは不可能であるから，それを測定可能なものとして操作的に定義しなければならない。これまでみてきた尺度の多くは，そうした操作的概念のもとで，実際には「価値観」，または「余暇活動」，あるいは「趣味」を聞いて「ライフスタイル」を測定しているのであるが，今日及びこれからの研究においては，高齢者のライフスタイルがどのようなもので，それを測定するにはどのような要素を測定尺度の構成項目に取り上げるかが重要な課題になる。

　ライフスタイルに関する測定尺度や高齢者のライフスタイルに関する研究では，以上みてきたように，これまでも多くのものが作成され，使用されてきたが，以上のようなことを考慮に入れて作成された適切な測定尺度は未だ開発されていないといってよい。価値観や生活意識，生活態度，生活行動に類する測定尺度に加えて，今必要とされている高齢者のライフスタイルの測定尺度とは，価値観，生活意識，生活態度，社会関係，社会文化的特性，パーソナリティなどとの関連を説明できるような測定尺度である。そこで，第4節において，高齢者のライフスタイルに関する先行研究から確認できたことを基に，高齢者のライフスタイルの測定指標と測定尺度について考察することにする。

第4節　高齢者のライフスタイルの概念と測定指標をめぐる課題

　以上みてきたように，これまでのところ，高齢者のライフスタイルについて理論的枠組みを取り上げた研究は見当たらない。また，ライフスタイルの理論も首尾一貫した形で展開されてきたわけではない。むしろ，このアプローチは社会学的，心理学的，経済学的などさまざまな分析法を相互に関連させてきた。また，一方ではマーケティング分野と，他方では心理学，社会学，人類

学, 経済学, マス・コミュニケーション学などの様々な分野と収斂の場合でもあった。上述したこれまでに行われたライフスタイルに関する調査研究からは, ライフスタイルの定義と測定尺度をめぐる課題との関連で以下のようなことが確認できた。

1 ライフスタイルの操作的概念をめぐる課題

　第1節で見てきたように, マルクス・エンゲルスの場合は, 生活様式とは, 諸個人の活動の一定の仕方であり, 人々が生活手段を生産する様式（仕方）であるという見地に立っている。

　そして, ヴェーバー以降の欧米の研究者らは, マルクスがいう生活様式のひとつ目の意味でライフスタイル研究を行っており, ライフスタイルを, 階級（身分）を区別するときの指標にしている。

　Sobel（1981）は, 階層論的な見地からライフスタイル概念に接近しており, ライフスタイル概念を芸術史のスタイル概念から類推して,「何らかの特徴をもち, それゆえ認知しうる生活様式（mode of living）と定義している。

　また, Mitchell（1983）によれば, ライフスタイルは価値, 動機, 信念, 欲求, 夢, 観点の特色ある配列によって定義される独自の生活様式によって描きだされるものである。

　このようにソベルの場合も, Mitchell（1983）の場合もライフスタイルと生活様式が区別されているわけではないが, 主に生活態度としてのライフスタイル論の中に位置づけられる。

　そして, 精神分析学者のアドラーは「個人」に焦点をおいてこの概念を取り上げる。アドラーによれば, 行為主体としての個人は外部の刺激に対する単なる反応者ではなく, 能動的で, 目標思考的でありかつ自己統一性を持った存在である（Mosak, 1999）。過去における生活環境への対処経験あるいは生活課題の独自な解決方法と将来に向けた目標志向努力の中に, 個人の自己一貫性と統一性が読み取られ, その全体性をライフスタイルと呼ぶことにしたのである。

以上からもわかるように社会学者らの研究では，ライフスタイルに含まれている意味が安定しているだけではなく，はっきりしており，どちらとも階級や社会地位の間の生活上の差異を現している。しかも，この差異が個人の選択によるものではなく，経済状況に決定されると述べられている。また，心理学領域においては，個人の主観的選択がしばしば特に目立つ役割を果たしている。

　一方，第1節でも述べたように生活様式概念とライフスタイル概念は本来区別しえないものである。しかし，日本ではライフスタイル論の形成過程で，ライフスタイル概念は生き方や生活態度といった生活意識の問題に収斂し，一方，生活様式は「生活の仕方」の問題に関心を向くことで両者の区分がなされてきている。これは，日本におけるライフスタイル論は，まずマーケティング論の中で用いられたことによるかもしれない。

　また，最近の日本のライフスタイル研究においては，一方では，それらの研究におけるライフスタイルの定義がさまざまである。他方では，暗黙の了解で定義しないままで研究を行っている研究者も増えている（例えば，木村，1998；高橋，2004；波多野，2004 等々）。

　そこで，まず最近の日本におけるライフスタイル研究においてのライフスタイルの定義をみることにする。「ライフスタイルとは，まず個人にとって選択・決定された一定の《生き方》に対する価値志向─いかなる価値にコミット（愛着）し，これを如何にして生活において実現するかについての姿勢と指向のレベルにおいて問題となる」（壽里，1996）と述べている研究者もいれば，ライフスタイルとは「その人間の人生観，価値観，アイデンティティを反映した生き方である」とする研究者もいる。また，ライフスタイルとは「生活空間，生活時間，そして価値観のすべてを包括した，その人の生活様式，生活スタイルである」と（飽戸，1999）定義する研究もある。そのほかに，ライフスタイルを「性格〜価値〜生活嗜好〜消費態度という因果関係を持った階層的な情報の集合体」として定義する研究（有田，2006）もある。

　次に，中国におけるライフスタイル研究者のライフスタイルに対する定義をみると，その定義もさまざまであることがわかる。例えば，王玉波ら（1986）

が「社会学・哲学領域におけるライフスタイルとは，人間が存在そして発展していくためのニーズを満足させるために行われる全ての活動の全体的モデルと基本特徴のカテゴリーである」と定義している。しかし，彼が，1989年になった時にはもう一歩進んで次のように定義している。すなわち，「ライフスタイルは主体の能動的活動と客観的生活条件を組み合わせた産物であり，主体が自分の生活意識の支配の基で，自分自身のニーズと利益のために行う物質的，精神的，多次元的，多段階的活動様式の全体システムである」(王玉波，1986)。これに対して，冒君岡は「ライフスタイルは，一定の物質的条件の基で，異なる社会，異なる民族，異なる階級，異なる階層の人々が生活ニーズを満足させるために，一定の人生概念の基で，さまざまな生活領域において行なう活動的行為習慣の基本特徴である」と定義している。また，王雅林（2004）も「科学的カテゴリーとしてのライフスタイルが一定の社会的客観条件の制約の下で，社会の中の個人，集団と集団の成員が一定の価値観の指導により，自らの生存と発展のニーズを満足させる全ての活動の安定した様式と行為特徴である」と定義している。

　前述したライフスタイルの定義に関する先行研究の整理から，ライフスタイルの概念が初期のマルクス主義における経済指標からヴェーバーにおける身分集団の自己可視化，ヴェブレンの顕示的消費をへて，象徴的アプローチ，さらに最近の多種多様化された時代まで変化してきたことがわかる。本章では，その流れを追いながら主としてライフスタイルの概念とライフスタイルの測定尺度について，先行研究に関する確認と考察を行った。これまでみてきた先行研究からすれば，前述したようにライフスタイルの概念は研究者の専門や関心領域によって異なっており，研究者の間で統一の見解がないことが分かる。

　しかし，実際にライフスタイルを研究する際には，その研究者の特定領域の専門的知識・技術を生かすことのできる"得意な"部分（次元）を扱うことになる。そして，それ以外の部分に関しては，理解は可能あるいはそれが重要であることに理解を示すことはあっても（自分の専門外のことや理解できないことに関しては理解しようとしない，あるいは否定するといったような態度は論外である

が,）必要な専門的知識・技術を持ち合わせていないなら，それらの部分を自らが扱うことはできない。例えば，医学的診断に基づく判断を必要とする部分には，それを専門としない研究者は，関心の有無に関わらず，いわば"手が出せない／手が出ない"ことになる。各領域によって組織される大規模な共同研究が必要とされる理由であるが，その場合でも必ずしもライフスタイルの概念に関して共通あるいは統一の見解の下で研究が進められてきたわけではない。

ライフスタイルとは何か，という概念それ自体に関して議論しようとすれば際限がない。その是非を判定する客観的基準がないからである。測定（分析）することを前提にしない概念議論は，興味深いことではあるが，論者の興味や好みの表明に過ぎないし，そうした議論においては，いずれの定義をよしとするか，あるいは採用するかの基準は共感でしかない。

研究者によってライフスタイルの定義に相違が見られるのは，それが包括的，多次元的概念であることを前提にしながら，個別専門領域における測定，分析が可能なように操作した概念定義に基づいて研究が進められているからである。しかしながら，操作的に定義された概念が妥当であるかどうかをどのようにして判断するかは難しい問題である。この問題は概念の操作的定義を行なう際に常につきまとう問題ではあるが，ライフスタイル研究に関する最もよく聞かれる批判は，実証的な有効性に関するもので，説明力が低い，あるいはライフスタイル類型は実は従来から用いられている性・年齢・所得などデモグラフィック変数や社会経済変数の合成指標に近く，新たに導入する意義が乏しいという指摘である。

他方では，消費行動に関しては七つの伝統的な変数（性・教育・結婚状況・民族・収入・保守性）よりもライフスタイル変数の説明力が高いことを明らかにしている研究（Novak, 1990）もある。この研究結果からいえば，ライフスタイルの説明力が高いことになる。したがって，これまでのライフスタイルの概念と測定尺度を改善することによって，より多くのことを説明することができるようになるのではないかと考えられる。そこで，そうした問題も考慮に入れたライフスタイルの定義と測定尺度の構築が必要になるだろう。

2　ライフスタイル測定尺度をめぐる課題

　これまで第2節，第3節で取り上げた先行研究からもみられるように，ライフスタイルの測定指標もさまざまであり，用いている測定変数もそれぞれ異なっているが，最近の研究で最も多く使われているのは態度，価値観，活動，人口学的属性変数などである。これまでの先行研究の検討結果からすれば，今日および今後のライフスタイル研究において，ライフスタイルの測定尺度に関連して，次のようなことに留意する必要があると考える。

　(1) ライフスタイルとは，それを捉える歴史文脈と深く関わっており，ライフスタイル研究においては，階級・階層との関連に注目する必要があること
　まず，第二次世界大戦前のライフスタイル研究は，ほとんど社会学の分野に限られており，社会集団の階級的分類がその主な目的だったことがわかる。それらの研究ではライフスタイル（正確には style of life）の差異は個人の主観的選択ではなく，経済状況により全体的に決定されたものであり，垂直的な階級区分に対応していた。それは，消費社会が十分発達していない時代の特徴だといえよう。しかし，第二次世界大戦後になると，産業の発展と社会全体の消費力の上昇は，ライフスタイル測定基準の多様化を促進している。ライフスタイルの概念は心理学，マーケティングの分野でも使われるようになり，新生中産階級の中に細分化された社会集団および個人の特徴を表すようになったのであろう。そしてライフスタイルの測定においても，AIO，LOV，RVS，VALS など多くの方法が提出されている。社会学におけるブルデューの研究でも，ライフスタイルが社会空間の中で細分化された職業カテゴリーと対応しており，もはや古典的な垂直的階級区分で捉えきれなくなったからであろう。

　(2) ライフスタイルの多様化という現象は主に先進国（または経済が発展した地域）に限られていることにも注意する必要があること
　世界全体からみると，多くの開発途上国，低開発国には成熟した消費社会が

形成されていないのが現状である。先進国における消費社会の発展は，第二次世界大戦後の資本主義世界システムにおける「中核―周辺」の対立構造，世界経済における垂直的分業とそれに基づく南北格差（先進国と発達途上国の格差）の結果であるともいえるだろう。もし消費様式の多様性を測定指標としたら，世界規模においては，ライフスタイルの差異が依然として経済的に決定されることになるといえよう。世界社会のピラミッド構造の上部にあるのは，中産階級が多数を占める先進国の消費社会であり，同じ地理空間（例えば同じ国）において多様なライフスタイルが展開されるのがその特徴である。その下部にあるのは開発途上国あるいは低開発国の社会であり，消費力が低いのがそれらの社会全体的な特徴であるといえるため，ライフスタイルがそれらの開発途上国あるいは低開発国において地理空間によってまとまっていると思われる。

　他方，マルクスの論述でも見られるように，人類のどの時代でも一定の社会的生産様式が生活様式の本質的特徴を規定している。一定の社会発展段階において，生産力の発展水準が生活様式に最終的かつ決定的な影響を及ぼしている。近代科学技術の進歩と生産力の猛烈な発展が人類の生活様式の変化を促進させる巨大な力になっている。科学技術の革命が元々一種類の社会変革力であり，人類が農業社会から産業社会，そしていわゆる脱産業社会（情報社会）に入るまで，科学技術が人類の生産様式がますます進歩するのを促進させると同時に，人類社会全体的な様相を変えてきた。第一に，毎回の科学技術の革命の発生や先進的な科学技術の応用が，自然を改造して，生活資料を得る能力を強め，それによって人々の物質的生活を改善し，人々の生活の質を向上させた。第二に，科学技術の思想自身が一種類の革命力であり，古い価値観を破壊し，現代的で，開放的かつ先進的な価値理念を立て，人々の生活様式の進歩へ導いた。第三に，毎回の科学技術の革命が人々の生産の組織様式を変え，その上さらに人々の行動様式に影響し，それによって人々の生活様式の合理化を促進させている。つまり，科学技術の進歩がライフスタイル変化の直接動因なのである。

　したがって，経済水準を測定するにはその時代の生産力の発展水準を反映する指標を取り入れる必要がある。一般的に，社会全体の生産力の発展水準を測

定する指標としては国内総生産（GDP）が使用される。しかし，本研究では地域のレベルでのライフスタイルの多様性について分析を行うことを目的にしているため，国内総生産ではなく，域内総生産（Gross Regional Product）を指標として用いる。ここでいう域内総生産（Gross Regional Product）とは都市圏や経済圏，州や県など，一定の地域内で生産された付加価値額を表す。域内総生産には中央政府が行う生産が含まれない場合もあり，全国の域内総生産を合計しても，必ず国内総生産と一致するとは限らない。例えば中国の各省の域内総生産を合計すると，国内総生産よりも大きな値となる。したがって，地域レベルでのライフスタイルの比較を行う時は，域内総生産をそのまま用いるのではなく，域内総生産地域の総人口で割った結果としての一人当たりの県民（市民）所得を用いる必要があると考える。

　以上の検討からもわかるように，ライフスタイルとは，居住する社会（国や地域），所属する民族や階級によって異なるものであり，ライフスタイル研究においては，個人の経済状況や社会関係などの影響よりも先に社会全体の経済水準を無視できないのである。したがって，新疆ウィグル自治区を対象地とする本研究において，経済水準をライフスタイルの形成に影響を与える重要な要因として考え，調査対象地を選ぶときに地域の経済水準を基準とした。

　（3）以上の（2）で取り上げたことを検証しようとすれば，開発途上国・低開発国において，経済が発展した地域と貧困地域の間，および都市と農村の間でライフスタイルの現れ方が異なるかどうかに留意する必要があると思われる。

　開発途上国・低開発国について考えた際も，経済が発展した地域と貧困地域の間，および都市と農村の間では，人々の消費力に大きな差があると思われる。そのため，ライフスタイルの現れ方も大きく異なるのであろう。したがって，それらの地域の社会における人々のライフスタイルを分類し，把握するためには，ライフスタイルを新しく定義し，それに統一した尺度を設定することが必要になる。例えば，ある地域の都市部とその郊外における農村部を比較する場合，消費力の格差の問題が出てくる。例として，本研究の調査対象地でも

あるウルムチ市とトクスン県の状況をみると，ウルムチ市という都市部の人々は全体的に収入が高く，消費力も高い（消費生活に頼らざるをえない）（新疆統計局，2007）。したがって，消費における選択の余地も大きく，ライフスタイルが多様化している可能性も高い。しかし，トクスン県という農村地域になると，全体的に人々の収入が低く，消費力も低い。したがって，消費生活の違いによりライフスタイルを分類するのもあまり現実的ではないと思われる。

開発途上国・低開発国において，経済が発展した地域と貧困地域の間，および都市と農村の間でライフスタイルの現れ方が異なるということは本研究のひとつの仮説でもあり，ひとつの目的でもある。

(4) 以上（3）で取り上げたことを検証しようとすれば，もしくは都市部と農村部，あるいは経済が発展した地域とそうではない地域におけるライフスタイルを同じ枠で分析することを考えようとすれば，分析のレベルを設定する必要があること

以上（3）の仮説が成り立つという前提で考えれば，都市部にしろ，農村部にしろ，全ての人々のライフスタイルを同じ次元で分析することと，ある特定の人のライフスタイルをある特定の次元で分析することの違いが大きいと思われる。したがって，分析のレベルの設定が重要になってくる。視聴者としての高齢者のライフスタイルを考えたときはなおさらのことである。そこで，本研究では暫定的にグループレベルの分析を考えた。ここでいうグループレベルの分析とは，Johansson and Miegel（1992）におけるメディア接触に関するライフスタイルの3つの次元のうちの小集団分析と一致している。

具体的には，Johansson and Miegel（1992）らは，「小集団分析とはいわゆる中流の諸階層の次元での分析としている一方で，社会と文化の内部の異なる次元と位置づけている。また，経済状況だけではなく，文化，社会関係などを含むもの」と考えている。

これは，前述の先行研究の検討からわかったこととして取り上げた「ライフスタイルの多様化という現象は主に先進国（または経済が発展した地域）に限ら

れていることにも注意する必要があること」と関連で設定したものであり，経済が発展した地域におけるライフスタイルの多様化とそうではない地域におけるライフスタイルの現れ方を比較するためにあえて設定したものである。

(5) これまでのライフスタイル研究では価値観がライフスタイルと同義語とする研究が多いが，ライフスタイルの重要な構成要素とする研究もあること

　本研究におけるライフスタイルとは，態度の行動を包括した生活行動のパターンである。また，第3節で例を取り上げて述べたように，価値観が違っていても行動として現れるライフスタイルが一緒の場合もあれば，同じ価値観を持っていても行動が違う場合もあると考えられる。したがって，本研究では価値観をライフスタイルに影響する要因であると位置付ける。

(6) ライフスタイルの測定尺度とその指標の殆どが消費行動関連のものであり，高齢者を対象とするものがないことに留意する必要があること

　第2節で紹介したように，これまでのライフスタイルに関する調査研究で用いられた主なものとしては，AIO アプローチ，LOV アプローチ，RVS アプローチ，VALS アプローチ，VALS2 アプローチ，JAPAN-VALS，i-VALS，ODS-life Style Indicator，China-VALS，ソーシャル・トレンドアプローチ，「ポスト構造主義」的アプローチ，ライフスタイル類型システム，グローバル・モザイク，RISC のアプローチ等があり，ライフスタイルの測定尺度と測定指標がそれぞれさまざまである。しかし，これらのアプローチを用いた調査研究の多くが，マーケティング領域に限っており，消費行動・消費関心などに関する好み・意識，態度などを明らかにするために行われているため，そこで使用されている測定指標も消費行動，消費意識，消費態度が中心の変数になっている。しかし，本研究では消費行動ではなく，メディア接触行動を明らかにすることを目的にしているため，これらの尺度または測定指標をそのまま用いるわけにはいかない。

　また，これまで取り上げてきたアプローチが，ライフスタイルの個人ないし

世帯レベルでの差異に焦点を当てているのに対し，ソーシャル・トレンドアプローチは，マクロ的視点を重視し，経時的変化に注目する点で，その性格を異にしている。つまり，社会全体の大きな動向として，いかなるライフスタイルの変化が生起し，進行しているかを測定するわけであるが，新疆ウィグル自治区の場合，これまでにライフスタイルに関する調査研究が行われたことがないため，ライフスタイルを社会全体の大きな動向としてみることもできないが，本研究が今後におけるライフスタイルの経時的変換に関する調査研究のためになるような基礎的な研究をすることを目指している。

このように，これまでのライフスタイルに関する測定尺度の殆どは消費行動との関連で用いられており，しかも高齢者を対象としたものではないので，必ずしもそれらのいずれかを用いることあるいはいくつかを組み合わせて用いることが高齢者の生活福祉とサクセスフル・エイジングとの関連でライフスタイルを捉えるのに有効とはいえない。さらに，それらの測定尺度や測定指標は高齢者の生活習慣や生活ぶりを視野にいれたものでもないため，高齢者のライフスタイルを捉えるのも有効だとはいえない。

(7) ライフスタイルが生活活動として現れるということに留意する必要があること

第1節でも取り上げたようにマルクス主義古典における生活様式の論述によると，生産様式は人間の活動様式の一つであり，したがって生活様式のひとつの側面である。また，生活様式という概念はただ，食，住などの日常生活のことだけではなく，工業，農業，生活必要品の生産活動を含む生活活動全体を指しているとの見解もある。そして，ブルデューの場合では，生活様式が空間的に分布した社会構造における個人及び集団の位置と対応した慣習行動として現れた。いずれにしても，ライフスタイルとは生活活動として現れているのである。

また，ライフスタイルが，外在的な状況によって規定される側面と，個人が生きる過程のうちで，積極的にある価値を選び取り，その実現をより意識的に

設計し，プログラム化し，そのために外在する状況のさまざまな部分との摩擦・緊張・対抗・適合などを経て表出される側面がある。それと同時に，さまざまな出来事を通ずる生活体験の蓄積と淘汰を経て変化しつつ，次第に彼の存在の一部となり，日常生活における基本的時間と空間の領域—労働生活・レジャー・家族・地域社会・自発的に形成される社会関係などに表出される。それは結果として生活活動全体の違いを生む。ライフスタイルは，このような意味で，人々のおかれた社会的状況と個人としての多様な選択の結果として現れる生活行動全体のことである。したがって，以上のことを考えると，ライフスタイルの測定尺度としては，生活活動を明確に出来る尺度が望ましいということになる。

　そこで，本研究では以上の七つの留意点を参考にしたうえで，これまでの高齢者のライフスタイルに関する調査研究の知見を基に，高齢者のライフスタイルを定義し，それに即した測定指標と調査項目を設定すること自体がひとつの課題である。

第Ⅳ章
本研究の枠組み

第1節　本研究におけるライフスタイルの定義と測定指標

　前述のように，ライフスタイルの概念は，個人から社会全体にいたるまで様々なレベルで取り上げることができる。分析の目的と関心のレベルに応じて，個人，家族あるいは世帯，集団，階層，地域，民族，社会（集計値としての）のいずれかに，そのライフスタイルを想定し，記述することが可能である。したがって，逆にライフスタイルについて語るときは，まずライフスタイルの概念定義，言い換えるとどのレベルに準拠点をおくかを説明しなければならない。

　また，ライフスタイル研究の伝統としては価値観をライフスタイルとみる場合が多いが，価値観だけでライフスタイルを語るには限界があると考える。一方では，これまで検討された尺度を用いた調査研究では高齢者を対象としたものもみられない。他方，最近の社会学におけるライフスタイル研究では，生活態度または，生活行動，もしくは社会関係でライフスタイルを把握しようとするものが多いが，それらのいずれかを具体的な枠組みとするわけにはいかない。しかも，それらを組み合わせて提示された理論枠組みもなければ，それらの関係について検討した調査研究もみられない。

　さらに，本研究ではライフスタイルの観点から新疆ウィグル自治区の高齢者のテレビ視聴行動の構造とその特徴を明らかにすることを目的としているが，これまで使用されてきた測定尺度と測定指標は新疆ウィグル自治区の高齢者の生活習慣や生活ぶりを視野にいれたものではないため，新疆ウィグル自治区の

高齢者のライフスタイルを捉えるのに有効だとはいえない。そのため、これまで理論的に検討してきた枠組みをそのまま使用するわけにはいかないので、これまでに行われた調査研究で得られた知見を基に、理論枠組みを構築し、それに即した項目を設定することが本研究のひとつの課題である。

そこで私はまず、第Ⅲ章の第4節で「これまでのライフスタイル研究の検討結果から確認できたこととして取り上げた、1.ライフスタイルの操作的概念をめぐる課題、と2.ライフスタイルの多様化と測定尺度をめぐる課題を基に、改めてひとつの定義の試みを提案しておきたい。ライフスタイル研究の新しい展開のために、そして、新たな尺度を作成する上でも、ライフスタイルを如何に定義するかが不可欠であると考えるからだ。

ライフスタイルの概念と測定尺度に関してはこれまでにも数多くの議論と提案があるが、未だにゴールデン・スタンダードとみなされるものはない。しかし、共通するところは、ライフスタイルは活動（activity）と興味・関心（interest）、態度・意見（opinion）によって形成される生活パターンとみなされていることである。そこで、本研究では、日常的生活行動と社会観（現代社会に対する態度・意見）からライフスタイルを類型化し、測定尺度を作成することにする。興味・関心に関しては、それが行動となって現れるときに、その個人の生活パターンを形成すると考え、あえて独立させることをせず、その代わりに多様な日常生活行動をとりあげることにする。

したがって、ライフスタイルは以下のような2つの次元を含むことになる。
① 生活態度：現代社会に対する態度・意見
② 行動：個人の生活行動（日常生活をどのように過ごしているのか）

したがって、こうした定義をどのような測定指標で説明するかが大きな課題となる。ここでは、まずライフスタイルの2つの側面の要点を述べ、具体的な測定指標について説明する。これを基に、第3節において高齢者のライフスタイルの理論枠組みの構築を試みる。

(1) 生活態度

　態度は，人々のさまざまな社会的行動を予測または説明するための概念として，社会心理学の分野において非常に重要な位置づけを与えられてきた（藤原，1977）。Allport（1931）は「態度の概念はアメリカ社会心理学において最も特異かつ必要欠くべからざる概念である」と述べている。その他に，これまで提示された態度の代表的な定義には，以下のようなものがある。

　　「態度とは，心理的対象に賛成したり，反対したりする感情であり，認知的細部の挿入なしに記述することはできない」(Thurstone, 1931, p. 261)

　　「態度とは，経験を通じて体制化された精神的，神経的な準備態勢であり，個人がかかわりをもつあらゆる対象や状況に対するその個人の反応に，指示的ないしは力動的な影響をおよぼすものである」(Allport, 1935, p. 805)

　　「態度とは，ある対象の階層を経験し，それによって動機づけられ，それに向かって行動するための先有傾向である」(Smith et al., 1956, p. 33)

　　「態度とは，社会的事象に関するポジティブまたはネガティブな評価，情緒的感情，賛否の行動傾向の持続的体系である」(Krech et al., 1962, p. 177)

　　「態度とは，人々，集団，社会問題，もっと一般的にいえば，人の環境のあらゆる事象に関する組織化された，斉合的な，思考，感情，および反応の様式である」(Lambert and Lambert, 1987, 邦訳 pp. 77–78)

　以上のように，態度概念の定義は論者によってまちまちであり，研究者によって異なっているが，これらの定義を概観するとき，そこには大きく分けて，(1)「評価（感情）」を強調した定義（Thurston, 1931; Osgood et al., 1957），(2)「反応のための先有傾向（準備態勢）」を強調した定義（Allport, 1935; Smith et al., 1956），(3)「評価（感情）」と「反応のための先有傾向（準備態勢）」の両者を含む定義（Krech et al., 1962; Lambert and Lambert, 1987））があることがわかる。

　また，心理学領域におけるライフスタイル研究から，ライフスタイルの主体構造の中で，一定の世界観，価値観および生活観が人々の生活活動を根本的に調整する役割を果たしており，一人ひとりのライフスタイルの選択方向を規定していると伺われる。

そこで，本研究では生活態度を人々の現代社会に関する態度と意見である定義し，小田（2004）の研究で用いられた社会観の測定尺度を基に，生活態度の測定指標を作成した。

　具体的には，小田（2004）で取り上げた社会観に関する46項目のうち，同調，伝統的権威主義に関する項目，儀礼主儀に関する項目，社会的扶養と私的扶養に関する項目，身近な生活空間としての地域に関する項目を本研究での中国の（特に新疆の）人々の生活態度を見る上で適切な指標であると判断し，社会観の測定項目とした。その詳細は，以下のような26項目である。

1. 「同調」もしくは「現状の肯定的評価」に関する項目
　　子どもにとって今の世の中で成長することは幸せだ
　　昔に比べて今の時代は高齢者にとって生活しやすい
　　なんだかんだといっても，今の中国はよい社会だ
　　外国に比べて，中国では高齢者が大事にされている
2. 「伝統的権威主義」に関する項目
　　権威ある人にはつねに敬意をはらわなくてはいけない
　　青少年に何よりも必要なのは親の厳しいしつけだ
　　目上の人には，自分をおさえても従うべきである
　　今の時代でも，やはり家柄や家格は大切にすべきである
　　昔からあるしきたりや習慣は今日でも大切にすべきである
　　今の世の中は義理人情がすたれて暮らしにくくなった
　　専門家や指導者のいうことに従っていれば間違いない
　　何かを決めるときは従来のやり方に従っておくのが無難
3. 「儀礼」に関する項目
　　自分の考えにあわない点があっても，皆の意見に合わせて穏便（おんびん）にことを運びたい
　　高望みをして失敗するよりは，与えられたものに満足することが幸せにつながる
　　自分と同じくらいの年代の人がしていることと同じことをしていれば，ま

ず，安心である
4.「私的扶養」に関する項目
なんだかんだといっても，成人した子どもには，年をとった親の世話をする義務がある
　一般的にいって，高齢者が結婚した子供と同居した場合あまりうまくいかない
家族が大切にしてくれれば，ほかに何もなくても高齢者は幸せだ
5.「社会的扶養」に関する項目
職業を持っている女性が親の世話をしなければならなくなった場合には，仕事をやめるよりも，お金をはらって誰かに世話をしてもらったほうがよい
高齢者にとって，子供に援助を頼むよりは，公の援助を求める方が気楽だ
ホームヘルパーとか食事の配達などの福祉サービスが十分に行われていれば，子供の援助がなくても高齢者は不自由なくやっていける
6. 地域生活に関する項目
いま住んでいるところに愛着がある
都会に比べて，田舎に住む老人は幸せだ
今住んでいる地域ではよそ者という言葉が生きている
近所の人たちとの付き合いにはわずらわしいことが多い

(2) 生活活動

　生活活動様式とは，人々の生活活動条件と生活活動主体の相互作用の基で発生する外在的生活活動状態，モデルと様式のことであり，ライフスタイルの外在体現である。異なる集団の各自のライフスタイルは，必ず一定の規範的，安定的生活活動によって現れる。

　マルクス・エンゲルスの考えに従えば，生活活動の形式には，マクロ的な側面とミクロ的な側面がある。マクロ的な側面としては，生活活動様式は前産業社会のライフスタイル，産業社会のライフスタイルとその後の脱産業社会ライフスタイルなどを含んでいる。前産業社会から脱産業社会まで，社会生産力の向上に伴って，物質製品が豊富になり，人々の生活活動様式もだんだん集団性

から個性化になりつつあり，個人の自主性の生活活動で発揮する役割も日に日に増えた。ミクロ的な側面から見ると，異なる集団，ひいては個人の全てが異なるライフスタイルを表現している。特に現代社会では，一方では社会構造の分化にしたがって，異なる階層，職業の独特なライフスタイルが形成されつつあり，差異も日に日にはっきりしてきているが，もう一方では個人のライフスタイル選択の自主性が強くなってきた。そのため，生活活動様式は社会選択と個人選択の共同作用の結果であると考えることができる。

したがって，本研究では生活活動様式を測定するために，主体がどのような生活活動を行っているか（生活活動の内容）を測定指標として用いる。しかし，テレビ視聴を含むメディア接触行動が本来は生活活動の一部であるが，本研究ではライフスタイル分析を用いてメディア接触行動を説明することを目的としているため，生活行動に関する測定指標の中では取り上げるが，ライフスタイルを類型化する時は除外して考えることにする。

具体的には，小田（2004）で取り上げた生活活動に関する113項目のうち，新疆の人々の生活活動に合う項目として106項目を選んだ。また，小田（2004）が取り上げた質問項目のうち，新疆の人々がよくとる行動ではないと判断した7つの項目の代わりに，「礼拝をする」，「モスクにいく」，「孫へのkurban yet プレゼント」，「子供へのkurban yet プレゼント」，「親へのkurban yet プレゼント」，「配偶者へのkurban yet プレゼント」「孫へのrozi yet プレゼント」，「子供へのrozi yet プレゼント」，「親へのrozi yet プレゼント」，「配偶者へのrozi yet プレゼント」「孫への春節プレゼント」，「子供への春節プレゼント」，「親への春節プレゼント」，「配偶者への春節プレゼント」，「トランプをする」などの15項目を加えた。

高齢者が生活行動を誰と一緒にとっているかによって生活行動として現れるライフスタイルも違ってくる。その場合，例えば，戸外社交活動の仲間，戸外学習活動の仲間，スポーツをやる仲間，戸外娯楽活動の仲間，旅行の仲間について，katar qay（好きな人同士が場所や内容，日程などを決めて輪番で行う娯楽活動の一種類）の仲間について調べる必要がある。そこで，本研究では自由時間

を誰と過ごしているかを尋ねることにする。選択肢としては，家族（子供，孫，配偶者，親），親戚，友達，以前の同僚，近所，単独活動，学校時代のクラスメートなどを取り上げた。

また，生活行動項目のうち，社会参加に関しては，以上の13類型とは別に，各種集団・組織への関わりの程度を社会参加度とする1類型を用意し，「加入しており，いつも活動に参加している」，「加入しており，時々活動に参加している」，「加入しているが，たまにしか活動に参加しない」，「加入しているが，活動には参加したことはない」，「加入していない」の5件法で質問し，それぞれに5〜1を配点した。

以上本研究におけるライフスタイルの定義に基づく測定指標について説明してきたが，そのような測定指標を用いることで，ライフスタイルを簡潔に記述することができるだろうか。ここでは，高齢者のライフスタイルを類型化するためには，以上の測定指標を有効にする枠組みの構築が重大な課題になる。そこで，これらとの関連で次の節において，高齢者のライフスタイルに影響する要因について検討することにしたい。

第2節　ライフスタイルの形成に影響する要因に関する検討

本研究におけるライフスタイルの定義からは，ライフスタイルとはどのような人，どのような集団，どのような社会の人のライフスタイルも，意識を持っている個々の人々の活動様式であるともいえる。人間の活動が能動性，創造性の特性を持っているため，同じ社会条件の基でも異なる主体であれば，まったく違うライフスタイルを形成することがありうる。

また，心理学領域におけるライフスタイル研究から，ライフスタイルの主体構造の中で，一定の世界観，価値観および生活観が人々の生活活動を根本的に調整する役割を果たしており，一人ひとりのライフスタイルの選択方向を規定していると伺われる。しかも，個人の心理的，精神的要因も特有の方式で人々

の生活活動と行為の特徴を調整していることが多くの研究によって明らかにされている。前述したように，現代社会では，個人の価値選択のライフスタイル形成の中での規範的役割と調整的役割が日増しに強まっている。

したがって，ライフスタイルの形成に影響する要素として，① 人口統計学的要素，② 身体的要素，③ 心理的要素，④ 社会的・文化的要素等を取り上げる意義があると考える。

1) 人口統計学的要素

人口統計学的要素としては，調査研究でよく用いられる性別，世帯人数と形態，学歴，年齢，職業，経済状況（収入源，所有住宅，一年間の所得，1か月の生活費）などを用いる。

2) 身体的要素

身体的要素とされるものとしては，「健康」，「身体的運動能力」などがあるが，本研究では，「健康感」，「手段的活動能力」を身体的要素の構成指標とする。

ここでいう「健康」は主観的健康感や自己評価的健康（self-rated health）と呼ばれる。そして，小田（2004）によれば，多くの研究が，主観的健康感が医学的・病理学的診断による健康度や死亡率との関連性が高いことを実証してきており，そうした研究成果は，自己評価的健康の調査が，高齢者の健康に関する情報を簡便で経済的に収集する手段になりうることを教えている。また，医学的・病理学的診断を専門としない多くのライフスタイル研究者も健康をライフスタイルの構成要素あるいはライフスタイルに影響する要因として扱うことができることを示している（詳細は本章の第3節を参照）。

健康がライフスタイル形成に影響する要因とされるのは，健康が維持されていれば，普通の生活を送ることができる可能性が高いという常識的な判断に基づいている。その程度は人によって異なるが，高齢期になれば誰もが健康の衰えを経験し，発病の可能性も高くなる。そうした中で，良好な健康状態を維持しながら日常生活を支障なく営むことができるかどうかは，まさにその人のラ

イフスタイルの違いに現れるだろう。

　そして,「手段的活動能力」とは,自立生活にかかわる相対的に低次の欲求の充足能力を示すものであり,「手段的活動能力」の構成要素と測定尺度に関しては,小田（2004）の研究で用いられた「手段的活動能力」(IADL) 尺度を用いる。

3) 心理的要素

　これまでに行われた研究では,心理的側面を測定する尺度や測定指標がさまざまであり,研究目的によって異なっている。いずれにしても,これまでの研究で最も多く使用されているものとしては,「自己概念」,「自己効力」,「自信」,「生活満足感」,「幸福感」,「生活観」,「自己志向」,「自己評価」,「価値観」,「年齢感」等々がある。また,高齢者生活に関する調査研究で高齢者の心理的な側面を測定する指標として,「老化度」,「年齢感」などもある（小田,2004；張明芝,2004）。

　他方,小田（2004）の研究によって,サクセスフルエイジング研究においては高齢者の生活を「老化度」,「日常的コンピテンス」,「自己効力」,「自信」,「生活観」,「幸福感」などの側面から見ることの意義が大きいことが明らかにされている。本研究は,第Ⅰ章で述べたように,高齢者のライフスタイルの視点からメディア接触行動を明らかにし,サクセスフルエイジングに役立つ番組提供やメディア政策に資するものにしようとしている。そのため,本研究では「老化度」,「自己概念」,「自己効力」,「自信」,「年齢感」,「生活満足感」,「幸福感」,「生活観」などを,心理的側面を測定する指標とする。

　「老化度」をどのように測定するのかといえば,健康と同様に,日常生活において本人が感じ取る態度や行動の変化を主観的な老化度として測定することができよう。「主観的老化度」に関しては,小田（2004）が作成した尺度を用いることにする。

　「年齢感」とは,その人が自分のことを若いと思っているかどうか,それともふけていると思っているかどうかであり,① 自分のことを若いと思ってい

る，② ふけて見えると思っている，③ どちらともいえないという3件法を用いて測定する。自分をどう思っているかどうかで，意識することや努力することが異なり，参加する社会活動も異なると思われる。したがって，ライフスタイルに影響する重要な要因のひとつであると考える。

「自己概念」に関してはEpstain（1973）がさまざまな立場から行われてきた自己概念に関する先行研究をまとめ，次のように集約している。

① 広範な概念システムの中に含まれている，内的一貫性を持ち階層的に組織された諸概念からなる。
② 自己概念は，身体的自己，精神的自己，社会的自己のような異なる経験的自己を含む。
③ 自己概念は，経験に伴って変化するダイナミックな体制化である。
④ 自己概念は，経験によって，特に他者との重要な社会的相互作用によって発達する。
⑤ 人が機能するに際し，自己概念の体制化が維持されていくことが必須である。
⑥ 自己概念というシステムの全ての側面に関して自己評価に対する基本的ニーズがある。
⑦ 自己概念は，少なくとも2つの基本的機能を持つ。第一に，自己概念は経験から得たデータを行為と反応の系列の中に体制化する。第二は，自己概念は非難や不安をさけながら諸ニーズを満足させる行為を容易にする。

自己概念とは，内的一貫性があり，階層的組織を持つ，自己について意識され概念化されるものであるといえる。それは，身体的・社会的・精神的といった経験的自己からなり，経験にともなって体制化され，他者との社会的相互作用によって発達するものである。

しかし，自己概念とは，小田（2004）が述べているように，日常的コンピテンスと明確に区別することが難しい。乱暴な言い方をすれば，それをコンピテンスと見れば，コンピテンスであり，自己概念と見れば自己概念である。しかし，いずれの見方をしてもそれらが高齢期の生活に影響する要因であるといえるだろう。

他方，小田（2004）の調査研究からは，高齢者の日常生活コンピテンスが彼らの社会関係や適応行動，幸福感などに影響するという知見が得られている。この知見からは，日常生活コンピテンスが高齢者のライフスタイルを見る上でも非常に重要であることがわかる。そこで本研究では，日常的コンピテンスをライフスタイルに影響する要因とし，小田（2004）が提出した日常生活コンピテンスに関する項目を用いて測定する。

　「自己効力」と「自信」に関しても小田（2004）が作成した尺度を用いて測定する。

　「生活満足感」や「幸福感」はまさに主観である限り共通する客観的基準はない。人もうらやむほどに身体的に健康で長生きしていたとしても，本人は幸福と感じていないかもしれないし，端からみれば楽な生活を送っていると見えても，本人は幸福感を味わっていないかもしれない。また逆に，外見や客観的データがどうであれ，本人が幸福を感じていれば，それが幸福であり，幸福を感じていなければ，幸福ではないということになる。「幸福感」の測定に関しては，小田（2004）が作成したアフェクト尺度を用いることにする。また，生活観に関しても，小田（2004）が作成した老後生活観尺度を用いる。

4) 社会的・文化的要素

　社会的・文化的要素として社会関係の指標と文化的指標を用いる。

(a) 社会関係の指標

　これまでのライフスタイル尺度は，調査対象をほぼ「原子化された」個人として捉えている。このような「原子化された」個人の集合はいわゆる大衆である。したがって「大衆化社会」における個人のライフスタイルを測定するということは，それらの研究調査の暗黙の前提になっているといえよう。都市化が進み，伝統的な共同体が解体する中で，孤立した個人からなる大衆社会は確かに，世界のところどころで広がっている。しかし，共同体から完全に離れた個人形成とはほとんどありえないものである。個人は何らかの形で他人とかかわりを持ち，その中で生活を維持していく。これは，マルクス and エンゲルスが

『ドイツ・イデオロギー』の中で強調する協働のことであろう。近代社会は，工場労働に代表されるように，労働と生活の世界を切り離すことを通して初めて成り立つ。そこで，人格を持たない個人間の協働作業が行われ，労働の疎外を引き起こす。それにもかかわらず，仕事・労働の関係で常に人と人の間のつながりが生まれ，また家族に典型的にみられるような人間の絆が，形が変わったとしてもいまだに存在する。独立（孤立）した個人をライフスタイル分析の基本単位と自明視することは，明らかに断片的な捉え方である。家具を買うことはある個人の消費行動として理解でき，その人のライフスタイルとしても解釈できるかもしれないが，もしその人が妻と子どもと一緒にこの家具を使うつもりなら，ただ彼個人の消費行動，ライフスタイルと理解するのは無理だろう。ある個人のテレビ視聴時間を測定しても，誰と一緒に見るかを把握しなければ，それも不十分である。なぜならば，テレビ視聴は大切な人と時間を過ごすときの付随的な行動でしかなかったかもしれないからである。

また，社会関係とは人と人の間の関係の総称であり，生産関係上で成り立つ政治関係，経済関係，芸術関係，宗教関係などのさまざまな複雑な関係を含んでおり，また家族関係，親戚関係などの人間関係を含んでいる。そして，個人と個人の関係，個人と集団の関係，集団と集団の関係として現れる。そこで，本研究では，社会関係を測定する指標として，高齢者の日常生活の中での対人関係の頻度と親密度を用いる。そして，本研究における対人関係とは近所関係と友人関係を含むものである。

(b) 文化的指標

ライフスタイルの特質からすると風土的規制，民族・地域・時代的規制をまぬがれえない。「風土規制」を受けるものの代表としては衣・食・住がある。東南アジアと北欧の衣生活スタイルは異なったものとならざるを得ない。飲み物にしても，強いアルコールは北欧で生まれ育ったが，熱帯地方では発達していない。風通しのよい居住は，熱帯では好ましい居住であるが，北国ではとても受けいれられない。このようにライフスタイルのどの側面においても風土的規制が強く働き続けることに留意しなければならない。

文化的な指標の中では，信仰ないし信仰的習慣の規制が非常に大きい。筆者のように，全てのイスラム教の人はどんなに空腹な場合も豚肉を食べないし，日本人はおそらく犬や猫を食べないだろう。これらは消費を信仰や文化が左右した例であるといえるだろう。

　そして，ここでは文化とは何か，どのように定義したらよいかということは実に難しい問題であり，重要な問題でもある。KroeberとKluckhohnによって書かれた『文化─その概念と定義の批判的レヴュー』(1963)には161に及ぶ定義が集められている。これらの定義はさらに① 列挙的・記述的なもの，② 歴史的なもの，③ 規範的なもの，④ 心理学的なもの，⑤ 構成的なもの，⑥ 発生的なもの，⑦ 不完全なもの，に分けられている。

　しかし，本研究では文化を「ライフスタイルに影響を与える要素とする社会文化的特性の一部である」と考え，次の3つの条件をつき加えておくこととする。
① ある社会の全員がお互いに分かち合っている習慣である
② 世代から世代へと受け継がれるものである
③ 生物学的というよりも個人の誕生後の経験によって学習されたものである

　したがって，本研究では「民族文化」，「地域文化」に関する指標を文化的指標とするが，地域文化や民族文化自体を測定することができないので，地域と民族を測定変数とする。したがって，これは以上取り上げた価値観のうちの集団内の価値観を構成する要素と同じものになる。

　最後に注目する価値があるのは，人々がどのような行動を取るかが，何らかのものに制限，コントロールされる場合が多いということであり，ライフスタイルとの関連でいえば，人が取りたいライフスタイルを取れるのではなく，何らかのものにコントロールされているということである。言い換えると，人が何かしようと思っても出来ないまたはしないというようなことがあるため，ライフスタイルも異なってくると思われる。そこで，本研究では行動統制をライフスタイルに影響する要因としてみることが重要であると考える。そこで，行動統制に関する測定指標としては生活時間，自由時間を誰と過ごしているのか，自由時間を使って，自分のしたいことをしたくても出来ない理由，経済的

ゆとり感，自由感などを用いる。

　このうち，生活時間というのは，人々が，仕事と労働以外に行う生活活動の時間と，人々が生活資料を消費し，社会関係を行なう頻度を指すものであり，有閑の時間，自由時間，余暇時間および消費時間と称することもできる。主観的概念として存在するライフスタイルが具体的な生活活動に転化するためには，人々が具体的な生活活動時間の中で，具体的な生活活動，例えば，消費，休閒および交際を通して実現しなければならない。そのため，生活時間がライフスタイルの実現に客観的な条件を提供しているといえる。

　通常生活活動の時間は一日の生活時間配分から測定されている。したがって，本研究でもそれぞれの生活活動のためにどのくらいの時間を使っているかを尋ねる。しかし，これまでの多くの研究によって指摘されているように，生活時間の中でも特に自由時間量，自由時間の過ごし方（最も多く行っている行動），自由時間が十分あると感じているかどうか，自由時間を誰と過ごしているのか（家族時間，私的時間等）などが人々の生活のあり方に直接関連するため，本研究では特に自由時間を中心に測定する。また，生活活動空間を独立に測定するのではなく，生活活動の時間とあわせて測定する。言い換えると，どの生活活動をどのくらいの時間を使って，どこで行なっているかを測定する。

　また，本研究ではライフスタイルの観点からメディア接触行動を明らかにすることを目的としているが，メディア接触行動もライフスタイルに影響する要因であることが多くの研究者によって指摘されており，他方それを実証した研究が見られないため，本研究においてメディア接触行動をライフスタイルに影響する要因としてみることも非常に重要であると考える。

　以上の先行研究の検討を下に，ライフスタイルの形成に影響する要因について取り上げたが，次節で述べるように実際に分析した時は個人的属性と社会文化的特性を中心とする。

第3節　ライフスタイルからみた高齢者の
　　　　　メディア接触行動の分析モデル

1　高齢者のライフスタイルとメディア接触行動の分析モデル

　前述したように，これまでに提案され，使用されてきたライフスタイル・アプローチによる経験的調査結果は，膨大なデータに上っている。また，低次の経験的一般化も試みられている。しかも，これまでのライフスタイル研究で用いられた尺度のどちらかひとつだけで高齢者のライフスタイルを測定しようとすれば，それら（AIO，LOV，RVS や VALS，VALS2，または CHINA-VALS と JAPAN-VALS などのライフスタイルの測定尺度）は高齢者を扱ったものではないため，当然，高齢者の実情にあった項目が限られてくる。しかも，AIO 尺度にしろ，RVS 尺度，LOV 尺度または VALS と VALS2 にしろ，どちらも西欧の価値観と消費生活を研究したものから発展されているので，西欧と大きく違う中国の人々にとっていろんな項目が適切ではない。

　一方，日本や中国では高齢者のライフスタイルを扱った調査研究も見られる（第Ⅲ章を参照）が，それらの調査研究は運動能力，生活機能，睡眠などとの関係で高齢者のライフスタイルを見ており，参考にする部分が多いが，「高齢者のライフスタイルの理論」の形成にはまだまだ遠い状態である。したがって，ここでの最大の課題は高齢者のライフスタイルの枠組みを構築する作業である。

　また，前述したように，メディア産業やメディア技術の発展に伴い，人々のメディア利用が多様化しており，これまで使用されてきた受け手理論では説明しきれない部分が出てきている。他方，メディア接触行動がライフスタイルの形成や普及に影響を及ぼす重要な要因であると同時に，ライフスタイルの違いによって異なるものであると思われる。

　特に高齢者の場合は，情報メディアとしてテレビを選択する傾向にあり，どの調査結果からも高齢者の視聴時間が長いことが明らかにされていることは事実である。したがって，大部分の高齢者にとって情報行動の中心はテレビ視聴

行動であり，そこには高齢者個々人の多様性を超えて発生する共通のニーズが介在していると考えられる。つまり，テレビは高齢者の多様なニーズに対応できているからこそ，不可欠の装置として高齢者の日常生活に位置づけられていると考えられるのである。

　それでは，どのような枠組みで高齢者のライフスタイルを類型化すれば，彼らのメディア接触行動，特に視聴行動を的確に浮かびあがらせることができるのだろうか。有効な枠組みとはいったいどんな枠組みだろうか。

　そもそも，本研究では高齢者がどのような視聴行動をとっているのか。そして，テレビは高齢者の生活にどのような機能を果たしているのか。テレビ視聴行動がライフスタイルとどのように関連しているのかといったような，高齢者のテレビ視聴行動とライフスタイルの構造との多様性を構造的に把握することを目的としている。したがって，その目的を達成できる枠組みでなければならない。しかし，テレビが選択される背景を明らかにしなければならないので，テレビ以外のマス・メディアとの接触行動も含めた枠組みを立てなければならない。

　高齢者のメディア接触行動とライフスタイルに関する先行研究の知見を下に，前述したライフスタイルの測定変数である生活行動と生活態度，ライフスタイルに影響する要因に関する検討を参考にしながら，熟考を重ねたうえで，以下のような高齢者のメディア接触行動とライフスタイルの分析モデルを作成した（図Ⅳ-1）。

　前述した様々な要因の影響で形成されるライフスタイルの違いによって生活満足や幸福感，そしてメディア利用が異なる，またメディア利用もライフスタイルの形成に影響するということがこの分析モデルの基本的な考えである。

　他方，メディア産業やメディア技術の発展に伴い，人々のメディア利用が多様化しており，前述したように，これまで使用されてきた受け手理論では説明しきれない部分が出てきており，第Ⅰ章で述べたように，携帯電話とポケットベルや消費行動に関する，7つの伝統的な変数（性・教育・結婚状況・民族・収入・保守性）よりもライフスタイル変数の説明力が高いことを明らかにした研

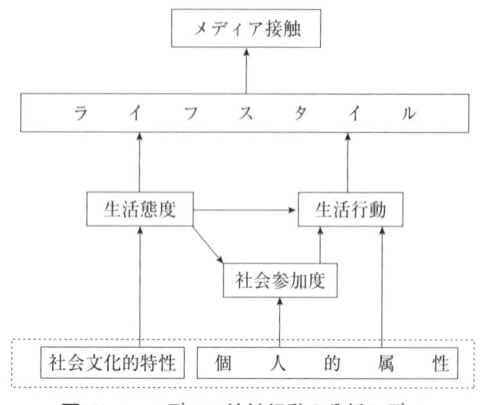

図Ⅳ-1 メディア接触行動の分析モデル

究者も（Novak, 1990）いる。したがって，メディア接触行動，特にテレビ視聴行動に関しても同じことが考えられる。そこで，メディア接触行動に関して従来用いられてきた変数よりもライフスタイル変数の説明力が高いという仮説を検証することもこの研究のひとつの目標である。

2　本研究におけるライフスタイル形成に影響する要因

　本研究におけるライフスタイルの定義からは，ライフスタイルとはどのような人，どのような集団，どのような社会の人のライフスタイルも，意識を持っている個々の人々の活動様式であるともいえる。人間の活動が能動性，創造性の特性を持っているため，同じ社会条件の基でも異なる主体であれば，全く違うライフスタイルを形成することがありうる。

　また，心理学領域におけるライフスタイル研究から，ライフスタイルの主体構造の中で，一定の世界観，価値観および生活観が人々の生活活動を根本的に調整する役割を果たしており，一人ひとりのライフスタイルの選択方向を規定していると伺われる。しかも，個人の心理的要因も特有の方式で人々の生活活動と行為の特徴を調整していることが多くの研究によって明らかにされている。

したがって，本研究ではライフスタイルの形成に影響する要素として，①人口統計学的要素，②社会的・文化的要素等を取り上げる意義があると考える。

3 本研究におけるメディア接触行動とテレビ視聴行動

　本研究で最も重要になるのは，メディア接触行動の内容と項目をどう設定するかである。メディア接触行動の項目は，高齢者のメディア接触行動の実態を把握するばかりか，結果としてマス・メディア，特にテレビの高齢者生活における機能をも把握できなければならない。また，メディア接触行動，特にテレビ視聴行動がライフスタイルの形成や普及に影響するかどうかを説明できなければならない。きわめて重要な項目であるが，それだけに，設定の仕方によっては何らかの偏りが生じるかもしれないし，実態から逸れてしまうかもしれない。できるだけ現実に近い高齢者のメディア接触行動，特に視聴行動を把握しようとすれば，それに適合した調査項目を設定する必要がある。

　そこで，本研究ではメディア接触行動に関して，以下のような項目を設定した。

　まず，これまでに新疆で実施した調査では，テレビの高齢者の娯楽源と情報源としての比重が高いことが明らかにされている。そこで，情報源としてのメディア接触と娯楽源としてのメディア接触の側面から新疆の中高年のメディア利用とテレビの位置づけを比較し，高齢者ならではの特徴を明らかにするため，情報源と娯楽源に関する調査項目を作成した。

　次に，各メディアの利用時間に関する質問項目を設定した。

　その次に，高齢者がどのような番組や内容を好んでいるのかを明らかにするために，各メディアのメディア選好に関する項目を設定したが，本書ではテレビ視聴行動に関する分析を試みているため，他のメディアに関する調査項目の紹介は割愛する。テレビ番組に関しては，中央テレビ局の13チャンネルの番組表と新疆ウィグル自治区テレビ局（合計12チャンネル），ウルムチテレビ局，トルファンテレビ局，伊里テレビ局，ホータンテレビ局等の番組表を参考に，テレビ番組を45種類に分類し，それらについて，「好んで，よく見る」「時々

(たまに)見る」，「ほとんど（めったに）見ない」，「見たことがない」の 4 件法で回答をまとめるという簡便な方法で人々がどのような番組を見ているかを探ることにした。

第Ⅴ章
調査計画と調査概要

第1節　調査計画と調査の実施過程

1　調査課題

　前述したように，本研究ではライフスタイルの観点から高齢者のメディア接触行動，特にテレビ視聴行動の構造を明らかにすることを目的としている。中国新疆ウィグル自治区高齢者のマスメディア接触行動，特にテレビ視聴とライフスタイルに焦点を当てて，メディア接触とくにテレビ視聴におけるライフスタイル間の差異を明らかにすることを目指している。そして，中心的な関心は「メディア選好または，テレビ視聴（番組選好）がライフスタイルによってどのように異なっているのか，そして，異なったメディア利用またはテレビ視聴が彼らのライフスタイルにどのような影響を与えているのか」ということである。

　本研究では以上のような問題関心から，新疆ウィグル自治区の高齢者のメディア接触行動とライフスタイルに関するアンケート調査を計画した。調査の実施過程は以下の通りである。

2　調査の実施過程

1）対象地域の選択

　まず，第Ⅲ章でも取り上げたように，開発途上国・低開発国において，経済

が発展した地域と貧困地域の間，および都市と農村の間でライフスタイルの現れ方が異なるということは本研究のひとつの仮説でもあり，ひとつの目的でもある。したがって，本研究ではこの仮設を検証するために，都市部と農村部において調査を実施する必要がある。

また，本研究では地域のレベルでのライフスタイルの多様性について分析を行うことをひとつの目的にしているため，経済水準が異なるいくつかの地域を選ぶことが必要になる。

そこで，本研究では，域内総生産をその地域の総人口で割った結果としての一人当たりの県民（市民）所得を用いて調査実施地を選ぶことにした。その結果調査実施地として選んだ各地域の域内総生産と総人口，及び一人当たりの県民（市民）所得は表V-1の通りである。

表V-1　調査実施地として選んだ地域の総人口等について

地域名		域内総生産 （10000元）	総人口 （万人）	一人当たりの県民（市民）所得（元／人）
ウルムチ市		6543023	193.11	33882.362
トルファン地区	トルファン市	299040	26.32	11361.702
	トクスン県	122188	11.15	10958.565
イリ地区	イリ市	479491	43.36	11058.372
	イリ県	220338	37.62	5856.938
ホータン地区	ホータン市	114132	27.93	4086.359
	墨玉県	79269	24.64	3217.086
	グマ県	105068	47.18	2226.961
	ロプ県	55151	23.52	2344.855
	チラ県	66528	21.50	3094.326
	ケリヤ県	42478	14.23	2985.102
	ニヤ県	67085	23.14	2899.092

出典：新疆統計年鑑（2007）の pp.54～61 と pp.75～87 を参照に作成したものである

2）対象高校と対象者の抽出方法

新疆ウィグル自治区（簡体字：新疆维吾尔自治区，拼音：Xīnjiāng Wéiwú'ěr

Zizhiqū。ウイグル語：شىنجاڭ ئۇيغۇر ئاپتونوم رايون は，中国の最西部に位置しており，東部から南部にかけて，それぞれ甘粛省，青海省，西蔵自治区と省界を接している。新疆ウイグル自治区の面積は165万km²，中国の省・自治区の中で最大であり，中国全土の約1/6を占める（日本の約4.5倍）。また，インド，パキスタン，アフガニスタン，タジキスタン，キルギス，カザフスタン，ロシア連邦，モンゴル国の8カ国と国境を接し，国境線の総延長は約5,700kmに達する。

新疆ウイグル自治区は，ウイグル族の民族自治区であり，ウイグル族のほか，漢族，カザフ族，キルギス族，回族，モンゴル族など様々な民族が居住する多民族地域である。自治区の総人口は約2,008万で，そのうち漢民族が39.61%，ウイグル族が45.92%，カザフ族が6.99%，回族が4.44%，モンゴル族が0.86%であり，残りの2.18%は，キルキズ族，シボ族，タジク族，ウェズビク族，タタル族などの44民族の人口である。

新疆の都市人口比率は37.2%（全国平均は43.0%），第3次産業従事者の比率は33.4%（全国平均31.4%）であり，新疆の平均収入は15,558元（全国平均：18,364元）である。

2008年8月14日の「都市報」という新聞のニュースによると，新疆ウイグル自治区の高齢者人口は187万人で，全人口の9%を占めている。さらに毎年4.36%のスピードで高齢化が進んでいる（都市报，2008）。

新疆ウイグル自治区の区都はウルムチ市であり，ウルムチ市は自治区人民政府が設置される中国西部最大の都市である。天山区，沙依巴克区（以下では，沙区と用いる），新市区，水磨溝区，頭屯河区，達坂城区，東山区とウルムチ県を含む地区級市である。ウルムチ市では，漢民族，ウイグル族，回族，カザフ族，モンゴル族などの13民族が暮らしている。総人口は208.2万人（2005年第5回人口統計調査）であり，そのうち高齢者人口は，25.37万人で，総人口の12.57%を占めている。ひとり暮らしの高齢者が約8万人で，ウルムチ市高齢者人口の約31.52%を占めている（ウルムチ市人民政府ホームページ，2008年10月）。

本調査で，ウルムチの行政区分である8つの区と県から，あらかじめ乱数を基に決めておいた最初の抽出番号（Excelで乱数を用いて計算した結果4番目と6

番目) にしたがって, 2つの区を抽出した。4番目の区として天山区, 6番目の区として沙依巴克区が抽出された。

　天山区の総面積は200 km^{2}で, 総人口が52.2万人である。漢民族, ウィグル族, 回族, カザフ族などの44民族が住んでおり, 少数民族の人口が15.6%で, ウルムチ市総人口の四分の一を占めている (ウルムチ市天山区人民政府, 2008)。天山区は, 新疆ウィグル自治区の政府機関所在地であり, ウルムチ市の政治, 経済, 文化, 教育の中心地でもある。

　沙区の総面積は, 427 km^{2}で, 総人口が52.8万人である。漢民族, ウィグル族, 回族, カザフ族などの44民族が住んでいる (ウルムチ市沙区人民政府, 2008)。

　トゥルファン (簡体字：吐魯番, ウィグル語：(Turpan), ピン音：Tǔlǔfān) 地区は新疆ウィグル自治区のトルファン盆地の中央に位置する地区である。トルファン盆地の中央に位置し, 面積は1万5738km^2。総人口は24万人 (1995年)。トゥルファン地区は歴史が古い地域で, ウィグル族が75%を占めている。この地区には, トルファン市とトクスン県, ピチャン市がある。この3地域の中から乱数を用いてトルファン市とトクスン県を抽出した。

　トルファン地区の中のトルファン市は, トルファン地区の政府機関所在地であり, トルファン地区の中心部に位置している。ウルムチ市から162キロメートルの距離にあり, 総面積は13,689.71 km^2, 人口は25.5万人である。

　トクスン県はトルファン盆地の西部に位置している県で, ウルムチ市から156キロメートルの距離にある農業中心の地域である。面積は16,171.47 km^{2}であり, 総人口は10.8万人で, そのうちウィグル族が75%以上を占め, 漢民族は20%, 回族は7%である。

　イリカザフ自治州は, 新疆ウィグル自治区北部に位置するカザフ族の副省級自治州。グルジャ (伊寧) 市を州都とし, 全国で唯一, タルバガタイ (塔城), アルタイ (阿勒泰) の2地区を管轄する地区級行政単位である。民族構成はカザフ族が25.5%, 漢族が45.2%, ウィグル族が15.9%を占める。自治区の中心部は天山山中のジュンガル盆地である。総面積は269,504.03 km^{2}で, 総人口が (2007) 411万人である。地区のGDP (2006) 445億元で, 一人当たりGDP

10,345 元である。

　イリカザフ自治州には，タルバガタイ（塔城）地区（98824 km²，人口が 91 万人）とアルタイ（阿勒泰）地区（面積は 118015 km²，人口 59 万人）のほかに，イリ（伊寧）市（面積は 575 km²，34 万人），クイトゥン（奎屯）市（1036 km²，27 万人），イリ（伊寧）県（4684 km²，39 万人），霍城県（5428 km²，34 万人），トックズタラ（鞏留）県（4323 km²，15 万人），キュネス（新源）県（6818 km²，28 万人），モンゴルキュレ（昭蘇）県（11111 km²，15 万人），テケス（特克斯）県（7772 km²，15 万人），ニルカ（尼勒克）県（10145 km²，15 万人），チャプチャル・シボ（察布査爾錫伯）自治県（4469 km²，16 万人），新疆生産建設兵団農第 4，7，8，9，10 師団がある。

　本調査では，これらの地域の中からひとつの市とひとつの区を，乱数を用いて抽出した結果，イリ市とイリ県が抽出された。調査対象地として抽出されたイリ市の総面積は 521 km²，総人口は 43.36 万人である。また，イリ県の総面積は 4580 km² であり，総人口は 37.62 万人である。

　次に，ホータン地区は新疆ウィグル自治区南西部に位置する地区であり，総面積は，248,945.29 km²，総人口は（2004）177 万人である。調査地であるホータン市の総面積 489 km²，総人口（2004）28 万人である。

　ホータン地区にはひとつの市と 8 つの県があり，ホータン地区のそのほかの県の情報は以下のとおりである。Lop 県は，総面積は 14,314 km²，総人口は（2004）24.1 万人の県，Niya 県の総面積 56,759.86 km²，総人口（2004）3.4 万人Qira 県の総面積 31,688.01 km²，総人口（2004）13.5 万人，Karikax 県の総面積 25,788.86 km²，総人口は（2004）42.9 万人，Keriye 県は総面積が 39,094.83 km²，総人口は（2004）22.1 万人，Guma 県は，総面積が 39,741.59 km²，総人口は（2004）22 万人である。

　ホータン地区の場合は，ホータン市以外の県に関しては，県間の経済的差異や民族構成の違いが他地域に比べて大きいことから，1 市 6 県を，乱数を用いて抽出した。

　以上のような手順で抽出された各地域の総人口と民族構成の詳細は以下のと

おりである（表V-2）。

　それぞれの県における高校の中からひとつから3つまでの高校を乱数を用いて抽出し，それらの高校で調査を依頼することにした。

　以上のようにして抽出した13地域において，各地域の高等学校を1～3の高校をあらかじめ乱数を用いて抽出し，それらの高校を通じて調査を依頼した。調査に当たっては，新疆ウィグル自治区ウルムチ市教育局，トクスン県教育局，トルファン地区教育局，イリ地区教育局，ホータン地区教育局の全面的な協力を得た。なお，ウルムチの2つの区とトルファン市，トクスン県，イリ市，イリ県に関しては，その地域の教育局の意向に従って，それぞれの地域におけるすべての高校を対象にした。抽出された高校の2年生に自記式留め置き調査を依頼した。

　前述したように本調査は，以上のような手順で抽出されたウルムチ市（天山区，沙区），トルファン市，トクスン県，イリ市，イリ県，ホータン市，カラカシ

表V-2　各地域の総人口と民族構成

	地域総人口（人）	ウィグル族		漢族		カザフ族		回族		その他の民族	
		人口（人）	割合（％）	人口（人）	割合（％）	人口（人）	割合（％）	人口（人）	割合（％）	人口（人）	割合（％）
ウルムチ市	2,018,443	254,722	12.6	1,507,720	74.7	54,420	2.7	164,768	8.2	36,813	1.8
トルファン市	263,184	186,781	71.0	55,895	21.2	30	―	19,538	7.4	940	0.4
トクスン県	111,560	85,917	77.0	17,781	15.9	202	0.2	7,564	6.8	114	0.1
イリ市	433,608	214,264	49.4	150,844	34.8	19,583	4.5	33,111	7.6	15,906	3.7
イリ県	376,244	168,788	44.9	70,968	18.9	44,910	11.9	61,964	16.5	29,614	7.9
ホータン市	279,319	244,030	87.4	34,225	12.3	21	―	752	0.3	291	0.1
墨玉県	471,786	461,226	97.8	10,430	2.2	2	―	85	―	43	―
皮山県	235,190	230,129	97.8	3,216	1.4	0	―	83	―	1,762	0.7
Niya県	36,175	32,590	90.1	3,544	9.8	1	―	10	―	30	0.1
Lop県	215,023	210,956	98.1	3,934	1.8	31	―	50	―	43	―
Qira県	142,323	139,970	98.3	2,287	1.6	0	―	28	―	38	―
Kériye県	231,407	227,198	98.2	3,966	1.7	17	―	147	0.1	78	―

出典：新疆統計年鑑（2007）の pp.75～87 を参照に作成したものである

ュー県，グマ県，ロプ県，チラ県，ケリヤ県，ニヤ県における高校生の祖父母世代（高齢者層）と親世代（中年層）を対象とする調査である。この研究課題に直接関係している対象者は，高校生たちの祖父母（高齢者層）と両親（中年層）であるが，高校生を調査員になってもらったのは以下のような理由からである。

ひとつは利用可能なサンプリング台帳がなかったことと，2つには自記式調査票に関わる問題からである。「中国人類発展報告」（人民网，2005）によると，2000年に行われた調査では，新疆ウィグル自治区の成人で学校教育を受けたことのある割合は62％にとどまっており，高齢者世代では識字率がかなり低いことが推察される。そのため，祖父母世代が対象者となる場合，自記式調査では調査に回答することを敬遠する人や調査に回答できない人が多くなる。そこで，子どもまたは孫に当たる高校2年生が質問票に従って祖父母や親に対して聴き取り調査をすることを依頼した（実際には高校生ではなく依頼された祖父母や両親が自分で記入したケースも多いと思われるが，これは調査結果には何の影響もない）。

高校生を通して祖父母や両親にアンケートを依頼する際には，祖父母と両親がすべて健在である場合もあれば，そのうちの誰かがいない（あるいは片親しかいない）場合もある。そうした場合や，一人の高校生が祖父母および両親で4人もの対象者がいる場合など，対象者の数がまちまちになるのを避け，全員が同じようにアンケートに協力してもらえるように，高校生が答えてもらう対象者を一人に限り，次のように割り当てるようにした。すなわち，高校生が聞き取る対象者を性別・年代別で区別し，その優先順を男子は，祖父→祖母→父→母，女子は祖母→祖父→母→父とした。両親より祖父母を優先することで高齢者の回答者を少しでも多くするとともに，また祖父母がいない場合には中年層である両親の回答者とすることですべての高校生が必ず一人の回答者を得ることになる。そして，男女で祖父母または両親のうち同性の対象者を優先することにより，対象者の優先順位を明確にするとともに，対象者の性別の偏りをなくするようにした（優先順位については表Ⅴ-3を参照）。

このような手順で回収したサンプルは11,327人であり，そのうち有効サンプ

表V-3 高校生の聞き取り優先順

対象者\聞き取り対象者	女		男	
	65歳以上	65以下	65以上	65以下
女子高校生	1番目	3番目	2番目	4番目
男子高校生	2番目	4番目	1番目	3番目

ルは11,209人である（地域ごとの対象者の状況は表V-4の通りである）。性別は男性5,250人（46.8％），女性5,959人（53.2％）で，年齢は最小が36歳，最大が89歳で，平均は54.1歳，標準偏差は14.2歳である。ちなみに，5歳階級別では，36〜39歳317人（2.8％），40代6,375人（56.9％），50代1,307人（11.7％），60代1,096人（9.8％），70代1,076人（9.6％），80代1,038人（9.3％）と50代が少なめで高齢世代が多めになっている。これは，既に述べたように，高齢世代のサンプルを確保するために両親よりも祖父母世代を優先したためであるが，結果的には各世代を層と見なした場合の層ごとの必要サンプル数を満たす

表V-4 協力してくれた対象者の地域別詳細

地域名		サンプル数	有効回収率（％）	回収された有効回答票（人）	サンプル全体での割合
ウルムチ市	天山区	4760	53.0	2537	22.6
	沙区	2600	71.5	1801	16.1
トルファン地区	トルファン市	2380	58.5	1372	12.2
	トクスン県	800	45.5	360	3.2
イリ地区	イリ市	2000	77.7	1518	13.5
	イリ県	1830	72.5	1311	11.7
ホータン地区	ホータン市	460	57.8	266	2.4
	墨玉県	460	66.7	307	2.7
	皮山県	700	45.7	320	2.9
	Lop県	500	64.0	241	2.2
	Qira県	360	71.7	258	2.3
	Kériye県	720	83.1	598	5.3
	Niya県	500	48.2	320	2.9
合計（人）		18,070	62.7	11,209	100

ことになった。

以上のような手順で実施した調査の概要をまとめると，以下のようになる。

表V-5　新疆ウィグル自治区で実施した調査の概要

調査期日	2008年5月25日～6月20日
調査地	中国新疆ウィグル自治区のウルムチ市，トルファン市，トクスン県，イリ市，イリ県，ホータン市，Niya県など
対象者	新疆ウィグル自治区の5つの都市と8つの県における高校二年生の祖父母（或いは両親）18,070人
調査方法	質問紙自記式調査法
回答の状況	最終的に回収されたのは11,327票であり，回収率は62.68％である（そのうち有効回答者は11,209人，有効回答率は62.03％である）
目的	新疆の高齢者のメディア接触行動とライフスタイルの実態を把握すること

第2節　調査項目と質問内容

　アンケート調査の質問内容はライフスタイルの測定指標に関する項目とライフスタイルに影響する要因に関する項目，第Ⅳ章の第3節のところで取り上げたマスメディア接触行動に関する項目から構成されており，調査票は合計62項目からなっており，具体的には次のようである。

表V-6　アンケート調査項目

質問内容	質問項目	先行調査*1
基本属性	Q1～5	小田
自己認識	Q6	小田
職業関係	Q7～8	小田
経済的ゆとり感	Q9	小田
経済状況	Q10～12	小田
IADL	Q13	小田
自由時間に関する項目	Q14～17	小田

第Ⅴ章　調査計画と調査概要

質問内容	質問項目	先行調査＊1
一般的満足感	Q18	小田
老後生活観	Q19	小田
組織加入	Q20	小田
Affect Balance	Q21	小田
幸福感	Q22	小田
精神的老化度指標	Q23	cavan
自尊（Self-esteem）	Q24	小田
生活行動	Q25	小田
メディア接触時間	Q26〜30	＊2
最も重要なメディア	Q31	＊2
情報源	Q32	＊2
娯楽源	Q33	＊2
メディア選好（記事選好，番組選好等）	Q34〜38	＊2
視聴仲間	Q39	＊2
視聴態度	Q40	＊2
選択基準	Q41	＊2
チャンネル権	Q42	＊2
テレビ視聴に付き添う行動	Q43	＊2
テレビ視聴から得られるもの	Q44	香取
テレビで接触した内容と話題	Q45〜46	＊2
番組選択で最も重視するテレビ局の側面	Q47	＊2
番組選択で最も重視する番組の側面	Q48	＊2
チャンネルを変える原因	Q49	＊2
テレビ番組への満足感	Q50	＊2
老年規範	Q51	小田
社会観（同調，伝統的親子意識等々）	Q52	小田
日常的コンピテンス	Q53〜54	小田
スキル向上	Q55	小田
自己効力	Q56	小田
友人・知人関係	Q57〜59	小田
所有住宅	Q60	小田

＊1「先行調査」の欄は，質問を借用した調査者名で，その質問の一部，あるいは選択肢を変えて使用したものである。
＊2印はオリジナルの質問である。

【参考資料】調査実施地の地図

中国地図の縮小と新疆ウィグル自治区の地図

第VI章
ライフスタイルを構成する変数に関する尺度の作成

1 本章の目的

　超高齢化社会の到来を目前にした今日，高齢期における自立生活をめぐる課題が，「個人」及び「社会」の双方にとってますます重要になっている。個人の側からいえば，高齢期の否定的側面—寝たきりや痴呆，介護の問題，年金危機論の下での老後の経済生活の問題，ひとり暮らしの高齢者の割合の増大を背景にした孤独感の問題など—が以前にもまして議論される中で，いかにして身体的，経済的，精神的自立を維持し，どのようにしたら長い老後生活を充実感・満足感を味わいながら送ることが出来るかというサクセスフルエイジングが重要な課題になっている（小田，2004）。

　しかし，新疆ウィグル自治区においてはこれまで生活行動に関する調査研究が行われたことがないため，高齢者の日常的生活行動，生活態度などに関する情報はない。

　他方，小田（2004）が指摘しているように，元気で活動的な高齢者の行動や生活スタイルと，要介護高齢者が抱える問題が注目され，多くの高齢者の日常的な生活行動に関する情報が圧倒的に少ないという状況は，高齢化が進行している国に共通する傾向であると言える。

　しかし，高齢者一般の日常的生活行動に関する情報の不足は，今後の高齢化対策にとってもさまざまな影響を与えることになろう。そればかりではなく，

高齢化問題や高齢者問題に対する人々の態度や判断に，そして，またそうした問題に対する各メディアの諸政策にも影響を与えることになると思われる。

そこで本研究は，ライフスタイル分析を用いて，新疆ウイグル自治区のサード・エイジャー日常生活の実態を明らかにするための一助として，新疆ウイグル自治区高齢者のライフスタイルに関する情報の欠落部分の一部を埋めることにしたいと考えている。

本章では，サード・エイジャーのライフスタイルを構成する変数としての生活行動の尺度作成と生活態度の尺度作成を目的とし，新疆ウイグル自治区のサードエイジャーの生活態度と生活行動に関するデータを下に，それを論述していくことにする。

2　調査データ

本章で扱うデータは，2008年5月20日から6月20までに新疆ウイグル自治区の4つの地区（日本の県に相当する地域）の中高年19870人を対象とする配布調査から得られたものの一部である。対象者の抽出方法と調査の実施は第Ⅴ章で述べた通りである。

3　調査項目

一口にサード・エイジャーの日常的な生活行動といっても，その全貌を一挙に明らかにすることは難しい。なぜなら，実際の生活は，種々雑多な行動から成り立っているからである。

本研究では，前述したように小田（2004）で取り上げた生活活動に関する113項目のうち，中国の（特に新疆の）人々の生活活動に合う項目として106項目を選んだ。また，小田（2004）が取り上げた質問項目のうち，中国の人々がよくとる行動ではないと判断した7つの項目の代わりに，24項目を取り入れることにし，全部で130項目を生活行動項目とした。これらの130項目に対

して，「よくする（行く）」，「時々（たまに）する（行く）」，「殆ど（めったに）しない（行わない）」，「全然したことがない（行ったことがない）」の4つの回答肢を用意し，そのうちどれかひとつを選択するよう求めた。

4 分析方法

　サード・エイジャーの生活態度や日常生活行動を分析する方法にはさまざまなものが考えられるが，ここでは，生活行動に関する因子分析を行い，生活態度と生活行動を類型化した。また，それらの類型を下に尺度を作成し，それぞれを構成する測定尺度の信頼性係数を作成し，各尺度の基本統計量を提示し，それぞれの尺度に関する検討を行った。

　具体的に，第1節では，生活態度変数に関する尺度の作成，第2節では生活行動変数に関する尺度の作成について取り上げることにする。

第1節　生活態度変数（社会観）に関する尺度の作成

　社会観という用語は幾分曖昧な使われ方をするが，本章では，それを社会および社会生活に対する見方や考え方，意見，態度，評価，価値観等を包括する用語として用いることにする。高齢者のそうした社会観に関連する関心は比較的早くからあり，高齢者の態度に関する研究や高齢化問題の政治経済学的研究などさまざまな領域，側面から研究されてきた。それらの研究に共通する主要な関心は，一貫してリベラル―保守の次元で高齢者の社会的態度を分析することに向けられてきた（小田，2004）。

　しかし，今日では，高齢者だからといって何ごとにも保守的あるいは権威主義的であるとか伝統や慣習を重んじるといった素朴な高齢者観は退潮していると思われるが，本研究ではそうしたことも含めて，社会観を測定し，最近の中国新疆ウィグル自治区におけるサード・エイジャーの社会観の一端と，その構造を明らかにし，社会観の測定尺度を作成することを目的としている。

このような目的を達成させるために，本研究では社会観を測定する項目として，小田（2004）の調査研究で用いられた調査項目に基づき，同調，伝統的権威主義，儀礼祝儀に関する項目，高齢化社会において最も重要な問題である社会的扶養と私的扶養に関する項目，身近な生活空間としての地域に関する項目などの8分類の26項目を設定した。

1 因子分析による生活態度測定項目の類型

取り上げた26項目を集約，類型化することを目的に，26項目全てに回答した完全回答票である8450サンプルのデータを用いて，「まったくそう思う」に4点，「少しそう思う」に3点，「あまりそう思わない」に2点，「まったくそう思わない」に1点を与えて，各項目を数値変数化して主因子法分析を行った結果，固有値1.0以上の因子が7個抽出された。第一因子の寄与率（全変数の分散の合計に対してその主成分によって説明される分散の割合）50.54％であり，それ以外の因子の寄与率はいずれも小さいが，どの因子の累積寄与率も50％以上であり，各項目が比較的明確に類別されている。それらの各因子に所属する項目のうち因子負荷量が極めて小さい項目や共通性が低い項目を省くことにし，残りの項目の共通性と因子負可量を示したのが，表Ⅵ-1である。

第1因子は5項目から構成されており，当初設定していた分類に従えば，「伝統的権威主義・保守主義」を内容とする8項目のうちの5項目が含まれている。当初設定していた項目数と異なるが，「伝統的権威主義・保守主義」を内容とする項目から構成されていることには変わりがないし，一見して「伝統的権威主義・保守主義」を内容とする因子であることがわかる。

第2因子には，当初設定していた「同調」に関する項目4項目（1番から4番目の項目）と「地域生活」に関するひとつの項目（5番目の項目）で構成されている。5番目の項目は「都会に比べて，いなかに住む老人は幸せだ」であり，当初設定していた地域生活に関する項目であるが，現在の住んでいるところを

表Ⅵ-1 生活態度（社会観）項目の因子分析（回転後の因子行列）

	共通性	因子	負荷量
目上の人には，自分をおさえても従うべきである	0.738	1 (50.543)	0.919
今の時代でも，やはり家柄や家格は大切にすべきである	0.702		0.793
何かを決めるときは従来のやり方に従っておくのが無難	0.675		0.664
今の世の中は義理人情がすたれて暮らしにくくなった	0.681		0.633
昔からあるしきたりや習慣は今日でも大切にするべき	0.694		0.607
昔に比べて今の時代は高齢者にとって生活しやすい	0.718	2 (6.807)	0.955
外国に比べて，中国では高齢者が大事にされている	0.704		0.839
子どもにとって今の世の中で成長することは幸せだ	0.512		0.707
なんだかんだと言っても，今の中国はよい社会だ	0.635		0.680
都会に比べて，いなかに住む老人は幸せだ	0.612		0.600
一般的に言って，高齢者が結婚した子供と同居した場合あまりうまくいかない	0.754	3 (3.716)	0.868
家族が大切にしてくれれば，他に何もなくても高齢者は幸せだ	0.686		0.732
なんだかんだと言っても，成人した子どもには，年をとった親の世話をする義務がある	0.584		0.436
いま住んでいるところが気に入っている	0.702	4 (2.371)	0.785
いま住んでいるところに愛着がある	0.661		0.659
今住んでいる地域ではよそ者という言葉が生きている	0.752	5 (1.655)	0.725
近所の人たちとの付き合いにはわずらわしいことが多い	0.660		0.568
高齢者にとって，子供に援助を頼むよりは，公の援助を求める方が気楽だ	0.741	6 (1.478)	0.724
職業を持っている女性が親の世話をしなければならなくなった場合には，仕事をやめるよりも，お金をはらって誰かに世話をしてもらったほうがよい	0.676		0.481
ホームヘルパーとか食事の配達などの福祉サービスが十分に行われていれば，子供の援助がなくても高齢者は不自由なくやっていける	0.573		0.467
自分の考えにあわない点があっても，皆の意見に合わせて穏便（おんびん）にことを運びたい	0.791	7 (1.242)	0.767
高望（たかのぞ）みをして失敗するよりは，与えられたものに満足することが幸せにつながる	0.667		0.487

注：因子の抽出法は主因子法，回転法は Kaiser の正規化を伴うオブリミン法，共通性は回転後の数値。
（ ）内は回転後の各因子の寄与率（分散の％）
Kaiser-Meyer-Olkin の標本妥当性の測度 = 0.958（有意確立 = .000）

肯定的に評価しているかどうかに関する項目であるため，「同調」を表す項目であるともいえる。したがって，第2因子を「同調」を表す因子と解釈できる。

　第3因子は，当初設定していた「私的扶養」に関する3項目から構成されて

いる。

　第4因子は,「地域生活」に対する肯定的評価を表す項目から構成されており, その逆の内容の因子が第5因子である。

　第6因子は, 当初設定していた「社会的扶養」に関する項目からなっている。

　第7因子は, 当初設定していた「儀礼」に関する3項目のうちの2項目から構成されている。

　ここで注目する価値があるのは, 因子分析を行った生活態度（社会観）に関する項目が小田（2004）の研究で用いられた項目と同じものであるが, 抽出された因子が小田（2004）の研究で抽出された因子と多少異なるものになっていることである。一方では, 本研究で用いた社会観に関する項目では, 小田（2004）の研究で用いられた項目全てではなく, 一部の項目だけ使用していることによるかもしれない。他方, 小田（2004）の研究と母集団が異なるので, 結果として抽出された因子が多少異なるのも当然ともいえるだろう。但し, まだ十分な解析を尽くしていないのでこれらを今後の課題としたい。そこで, まず以下において, 共分散構造分析による社会観モデルの検討を行う。

2　生活態度測定尺度の信頼性

　小田（2004 & 2007）によれば, サンプルの規模が1,000を超すほど大きいときにはカイ2乗値をモデルの適合度指標として採用することは適切ではない（小田, 2004）。モデルを検討するときによく用いられているのは共分散構造分析で得られるRMR（残差平方平均平方根）, GFI（Goodness-of-Fit Index）, AGFI（調整済みGFI）, NFI（基準化適合度指標）, RMSEA（平均2乗誤差平方根）からモデルの適合度を判定する場合もあれば, 信頼性係数を算出して検討する場合もある。また, モデルの適合度が良好であっても, モデルを構成している項目を用いて作成される尺度の信頼性係数 a が高いというわけではないし, a 値が大きければモデルの適合度も高くなるというわけではない。モデルの適合度と尺度の信頼性のいずれを優先するかは機械的に決められるものではなくて目的に応

じて異なる。

　そこで，以上のようなことを念頭において，新疆ウィグル自治区サード・エイジャーの社会観を集約することを目的に抽出された因子に関して，それらを構成する項目の合成得点を社会観の測定尺度とした場合の信頼性（内部一貫性）を検討するためにクロンバックの α を算出した。その結果を各モデルごとに以下に記す。

　また，ある項目が削除された場合に元の項目群による尺度よりも α が大きくなる場合には，削除項目と削除された場合の α を記す。

　モデルの適合度が良好であっても，モデルを構成している項目を用いて作成される尺度の信頼性係数 α が高いというわけではないし，α 値が大きければモデルの適合度も高くなるというわけではない。モデルの適合度と尺度の信頼性のいずれを優先するかは機械的に決められるものではなくて目的に応じて異なる。そのことを前提に，測定尺度と α 値，そして，それら諸尺度の基本統計量（表Ⅵ-2）を以下に記しておく。いくつかの尺度に関しては類似の尺度を複数作成した。それらのいずれを用いるかは，目的と測定の便宜に応じて決めればよい。殆どの尺度は1次元尺度であるが，例えば，「地域観」は，「肯定的地域観」と「否定的地域観」に分割できる2次元尺度であり，この因子モデルだけは多次元尺度として構成されている。

伝統的権威主義　　　　　$\alpha = 0.797$

　「今の世の中は義理人情がすたれて暮らしにくくなった」，「今の時代でも，やはり家柄や家格は大切にすべきである」，「目上の人には，自分をおさえても従うべきである」，「昔からあるしきたりや習慣は今日でも大切にするべきである」，「何かを決めるときは従来のやり方に従っておくのが無難」

同調　　　　　　　　　　$\alpha = 0.871$

　「子どもにとって今の世の中で成長することは幸せだ」，「昔に比べて今の時代は高齢者にとって生活しやすい」，「外国に比べて，中国では高齢者が大事に

されている」,「都会に比べて，いなかに住む老人は幸せだ」,「なんだかんだと言っても，今の中国はよい社会だ」

私的扶養　　　　　　　$α=0.817$

「なんだかんだと言っても，成人した子どもには，年をとった親の世話をする義務がある」,「一般的に言って，高齢者が結婚した子供と同居した場合あまりうまくいかない」,「家族が大切にしてくれれば，ほかに何もなくても高齢者は幸せだ」

肯定的地域観　　　　　　$α=0.797$

「いま住んでいるところが気に入っている」,「いま住んでいるところに愛着がある」

否定的地域観　　　　　　$α=0.803$

「今住んでいる地域ではよそ者という言葉が生きている」,「近所の人たちとの付き合いにはわずらわしいことが多い」

地域観　　　　　　　　　$α=0.834$

「今住んでいるところが気に入っている」,「今住んでいるところに愛着がある」,「今住んでいる地域でよそ者という言葉が生きている」,「近所の人たちとの付き合いにはわずらわしいことが多い」

社会的扶養志向　　　　　$α=0.807$

「職業を持っている女性が親の世話をしなければならなくなった場合には，仕事をやめるよりも，お金をはらって誰かに世話をしてもらったほうがよい」,「高齢者にとって，子供に援助を頼むよりは，公の援助を求める方が気が楽だ」,「ホームヘルパーや食事の配達などの福祉サービスが十分に行われていれば，子供の援助がなくても高齢者は不自由なくやっていける」

礼儀主義1　　　　　　　α＝0.808

「自分の考えにあわない点があっても，皆の意見に合わせて穏便（おんびん）にことを運びたい」，「高望（たかのぞ）みをして失敗するよりは，与えられたものに満足することが幸せにつながる」

礼儀主義2　　　　　　　α＝0.841

「自分の考えにあわない点があっても，皆の意見に合わせて穏便（おんびん）にことを運びたい」，「高望（たかのぞ）みをして失敗するよりは，与えられたものに満足することが幸せにつながる」，「自分と同じくらいの年代の人がしていることと同じことをしていれば，まず安心である」

　一般的にクロンバックの α の値が0.7以上であれば信頼性の高い尺度とみなされるが，その値がどれくらいでなければならないかという絶対的な基準があるわけではない。α の値は大きければ大きいほどよいことになるから，α の値を高くしようとすれば，相関の高いものだけを集めればよい。しかし，そうしようとすれば，よく似たような項目ばかりになり，複数の項目で尺度を構成する意味も薄れてしまう。以上，因子分析で得られた因子を構成する項目の信頼性係数を取り上げたが，尺度の有効性は一回限りの限定では判断しがたい。α 係数の値も対象を替えることによって大きく変わることも考えられるが，ここに記した測定尺度は，セカンド・マジョリティとしての高齢者がいまの社会をどのようにみているのか，今の社会の生活をどのように感じているのか，ということに関して，憶測や思いつきによってではなく，事実に即して議論しようとする際に必要なデータを収集するのに役立つと考える。

　そこで，本研究では，以上取り上げた7因子を下に検討した尺度を生活態度モデルを構成する尺度とする。したがって，本研究では生活態度を7個の尺度で測定することになるが，ライフスタイルを類型化するときに，全ての項目を用いるべきか，或いはどちらかだけを用いて説明するかについて再検討が必要であるが，以上共分散分析を用いて検討したことを考慮に入れながら，決めて

いくことにする。最後に表Ⅵ-4において，前述した生活行動尺度の基本統計量を取り上げておく。

表Ⅵ-2 社会観測定尺度の基本統計量

	最小値	最大値	平均値	中央値	最頻値	標準偏差	分散	歪度	尖度	度数
伝統的権威主義	5	20	14.5787	15	15	3.70197	13.705	−0.271	−0.386	8450
同調	5	20	15.6421	15	15	3.30988	10.955	−0.495	−0.032	8680
私的扶養	3	12	8.8713	9	9	2.35772	5.559	−0.378	−0.486	9142
肯定的地域観	2	8	6.0337	6	6	1.50545	2.266	−0.417	−0.222	9137
否定的地域観	2	8	5.7347	6	6	1.70805	2.917	−0.434	−0.485	9269
地域観	4	16	11.7576	12	12	2.8766	8.275	−0.303	−0.223	8776
社会的扶養志向	3	12	8.9853	9	9	2.20379	4.857	−0.363	−0.353	8968
儀礼主義得点	2	8	5.9313	6	6	1.54375	2.383	−0.389	−0.349	9006
儀礼主義2得点	3	12	8.8587	9	9	2.22166	4.936	−0.352	−0.296	8792

第2節　生活行動変数に関する尺度の作成

　本節では，サード・エイジャーのライフスタイルを構成する変数としての生活行動の尺度作成を目的としているので，以下において新疆ウィグル自治区のサード・エイジャーの生活行動に関するデータを基に，それを論述していくことにする。

1　生活行動の類型化

　取り上げた130項目を集約，類型化することを目的に，130項目全てに回答した完全回答票を用いて，「よくする」に4点，「時々する」に3点，「殆どしない」に2点，「全然しない」に1点を与えて因子分析を行った。

　固有値1.0以上の因子が13個抽出されたが，それらに所属する項目のうち因子負荷量が極めて小さい項目や共通性が低い項目を省くことにし，残りの項

目の共通性と因子負可量を示したのが，表Ⅵ-3 である。

表Ⅵ-3　生活行動項目の因子分析（回転後の因子行列）

	共通性	因子	負荷量
卓球をする	0.866	1	0.727
バスケットボールをする	0.863	(53.604)	0.713
バドミントンをする	0.800		0.657
ゴルフをする	0.867		0.653
水泳をする	0.827		0.653
サッカーをする	0.812		0.625
テニスをする	0.858		0.618
マラソンやジョギングをする	0.834		0.617
魚つりをする	0.819		0.615
社交ダンスをする	0.811		0.606
ハイキングやピクニックに行く	0.767		0.605
踊りやフォークダンスをする	0.775		0.597
ゲートボールをする	0.795		0.456
ヨガや大極拳，気功，エアロビクスなどをする	0.715		0.448
日帰り旅行をする	0.747		0.434
泊まりがけの国内旅行をする	0.754		0.406
自分の子どもと遊ぶ	0.765	2	0.795
子どもや親戚を訪問する	0.739	(4.230)	0.759
友人・知人に電話する	0.721		0.753
自分の孫の世話をしたり孫と遊ぶ	0.588		0.689
友人・知人を訪問する	0.701		0.683
子どもや親戚に電話する	0.647		0.628
庭いじりや植木・花の世話をする	0.591		0.544
子供への rozi yet プレゼント	0.846	3	－0.892
子供への kurban yet プレゼント	0.845	(3.336)	－0.851
親への rozi yet プレゼント	0.852		－0.844
孫への rozi yet プレゼント	0.865		－0.830
親への kurban yet プレゼント	0.847		－0.805
配偶者への kurban yet プレゼント	0.861		－0.785
配偶者への rozi yet プレゼント	0.822		－0.747
孫への kurban yet プレゼント	0.796		－0.690
音楽会や演奏会に行く	0.749	4	0.630
演劇や芝居を見に行く	0.712	(2.593)	0.628
映画館へ行って映画をみる	0.774		0.624
歌謡ショーや落語・漫才などの演芸を見に行く	0.591		0.577
レンタル・ビデオをみる	0.701		0.525
美術館や博物館に行く	0.713		0.494
ビデオでテレビ番組を録画する	0.639		0.489
大学や県・市町村主催の公開講座を受講する	0.725		0.402

項目	負荷量	因子	負荷量2
図書館へ行く	0.724		0.387
親への春節プレゼント	0.796	5	−0.798
子供への春節プレゼント	0.783	(1.785)	−0.741
配偶者への春節プレゼント	0.803		−0.700
子どもへの誕生日のプレゼント	0.722		−0.547
親への誕生日のプレゼント	0.738		−0.517
3.8婦女祭のプレゼント	0.690		−0.516
バレンタインデー	0.723		−0.481
配偶者への誕生日のプレゼント	0.720		−0.468
孫への春節プレゼント	0.627		−0.454
コンビニ（コンビニエンスストアー）を利用する	0.787	6	−0.733
冷凍食品を買う	0.792	(1.571)	−0.702
スナックや飲み屋などに行く	0.744		−0.560
弁当やできあいの食品（そうざい）を買う	0.726		−0.558
デパート歩きやウィンドウショッピングをする	0.734		−0.552
ファーストフード店に行く	0.719		−0.529
ハンバーガー・ショップにはいる	0.775		−0.504
食堂や料理店，レストランで食事をする	0.691		−0.413
新製品の広告やカタログをみる	0.720		−0.403
喫茶店に入る	0.752		−0.378
一般に市販されている週刊誌を読む	0.794	7	−0.782
一般に市販されている月刊の雑誌を読む	0.803	(1.412)	−0.770
特定分野の雑誌や機関誌，刊行物を読む	0.719		−0.677
単行本の小説を読む	0.701		−0.629
小説以外の単行本を読む	0.712		−0.574
講演会を聞きに行く	0.749		−0.456
電子メールやインターネットを利用する	0.821	8	0.569
ワープロやパソコンを使う	0.814	(1.246)	0.557
カメラで写真をとる	0.752		0.551
トランプをする	0.665		0.485
テレビゲームをする	0.796		0.463
インターネット上のゲームをする	0.819		0.462
碁や将棋をする	0.683		0.437
麻雀をする	0.665		0.428
ビデオ・カメラで撮影する	0.736		0.381
カラオケで歌う	0.821		0.349
随筆や小説を書く	0.848	9	0.584
絵をかく	0.849	(1.146)	0.571
陶芸をする	0.873		0.551
俳句や短歌，川柳などをつくる	0.818		0.547
洋裁や和裁をする	0.803		0.537
書道をする	0.804		0.531
人形作りやフラワー・アートをする	0.826		0.499

項目			
編み物をする	0.676		0.476
テレビをみる	0.371	10	0.555
新聞を読む	0.513	(.880)	0.509
ラジオを聞く	0.543		0.507
レコードやテープなどを聞く	0.604		0.405
民族音楽を聞く	0.771	11	0.612
落語や漫才を聞く	0.717	(.829)	0.569
クラシック音楽を聞く	0.744		0.506
歌謡曲や演歌を聞く	0.687		0.430
ジャズやポップスを聞く	0.732		0.371
ドリンク剤を飲む	0.733	12	0.619
一般のビタミン剤を飲む	0.664	(.768)	0.601
栄養補助食品・健康食品を飲む	0.678		0.596
散歩をする	0.664		0.520
漢方薬を飲む	0.652		0.478
軽い体操をする	0.687		0.392
ダイエット(減量)や減食をする	0.687		0.366
オートバイやバイクを運転する	0.789	13	-0.472
自転車に乗る	0.706	(.692)	-0.469
自動車を運転する	0.761		-0.463

注:因子の抽出法は主因子法,回転法はKaiserの正規化を伴うオブリミン法,共通性は回転後の数値.
( )内は回転後の各因子の寄与率(分散の%)
Kaiser-Meyer-Olkinの標本妥当性の測度=0.975(有意確立=.000)

　第1因子に所属する項目をスポーツ行動であると解釈できるが,この因子にはテニスやゴルフ,バドミントンのような競技性の高いスポーツもあれば,それと逆に楽しむために,時間をかけて特定の技術を習得する必要のない運動,例えばマラソンやジョギングなどの運動量が大きい運動に関する項目も含まれている。その意味では幅広い範囲でのスポーツ行動として名付けることが出来るが,踊りやフォークダンスをする,ヨガや社交ダンスをするなどのリラックスや楽しむための踊りに関する項目もこの因子に含まれており,日帰り旅行をするなどの旅行に関する項目もこの因子に所属している。したがって,「スポーツ行動」だけでは特徴を現すことが出来ないことになる。そこで,スポーツ・踊り・旅行の全てを含むものとして「身体行動・旅行」と名付けることにする。
　第2因子に所属する項目のほとんどは,自分の子どもや孫の世話をしたり・

遊ぶ，子どもや親戚への電話や訪問，友人・知人への電話と訪問で構成されているが，「庭いじりや植木・花の世話をする」といった多少異質な項目も含まれている。しかし，共通するところは幅広い交流に関わるところにあるといえる。そこで，「庭いじりや植木・花の世話をする」を例外の項目と判断し，第2因子を「交友行動」の因子とする。

第3因子は，子供・孫・親・配偶者への rozi yet プレゼントと kurban yet プレゼントで構成されているから，「肉親への贈与行動」と解釈できる。しかし，ここで rozi yet と kurban yet とは，ウィグル族の伝統的祭り（中国全体で行う春節や日本のお正月と同様の大きな祭り）のことでああり，伝統祭りでのプレゼントにかかわるところに共通性があるともいえるので，「ウィグル族の伝統祭りでの贈与行動」の因子とする。

第4因子には，文芸鑑賞に関することや大学や県・市町村主催の公開講座を受講する，及び図書館へ行くといった学習に関する項目が含まれている。しかし，共通するところは幅広い文化活動に関わるところにあるといえる。そこで，この第4因子を「文化活動」の因子とみなすことにする。

第5因子は，子供・孫・親・配偶者への春節プレゼントと子供・親・配偶者への誕生日プレゼント，バレンタインデーや3.8婦女祭のプレゼントで構成されており，第3因子と同じように「肉親への贈与行動」の因子とも解釈できるが，第3因子と異なるところは，中国の伝統的な祭りでのプレゼントと現代的な記念日のプレゼントというところに共通性がある。そこで，この第5因子を第3因子と異なるものと判断し，「中国伝統祭り／記念日でのプレゼント」の因子とする。

同じく贈与行動であると解釈できるものが第3因子と第5因子に類型化されたということは，民族によって贈与行動が異なることを物語っているともいえる。

第6因子は，ファーストフード店に行く，ハンバーガー・ショップに入る，食堂や料理店，レストランで食事をするなどの外食に関する項目とコンビニ（コンビニエンスストアー）を利用する，冷凍食品を買う，デパート歩きやウィンドウショッピングをするなどの買い物に関する項目から構成されているの

で,「買い物・外食」を内容とする因子と解釈できる。

　第7因子は,週刊誌や月刊誌を読むなどの雑誌購読に関する項目と単行本の小説や小説以外の単行本を読むという読書に関する項目,そして,講演会を聞きに行くという多少異質な項目から構成されている。しかし,共通するところは読むことに関わるところにあるといえる。そこで,この第7因子を「読書行動」をあらわす因子と名付けることにする。

　第8因子は,パソコンやインターネット,ビデオ・カメラなど最新の情報技術に関わる行動である「IT行動」を内容とする項目と,トランプ・碁や将棋をする,麻雀をするといったような「ゲーム（勝負ごと）」に関する項目で構成されている。「IT行動」に関する項目と「ゲーム（勝負ごと）」に関する項目が同じ因子を構成する項目として抽出されたことが興味深い結果であるが,共通するところは幅広い趣味に関わるところにあるといえる。しかし,「趣味行動」と名付けると,この因子の特徴を明確に現すことができないので,「IT行動・ゲーム」と名づける。

　第9因子に所属する項目の半分は,洋裁や和裁をする,人形作りやフラワー・アートをする,陶芸をする,編み物をするなどの手先の技術を必要とする行動に関する項目であり,残りの半分は随筆や小説を書くとか,絵をかく,書道をする,俳句や短歌,川柳などをつくるなどの項目である。随筆や小説を書く,書道をするなどは洋裁や和裁をするや人形作りやフラワー・アートをするとは異質なもののように見えるが,幅広く作ることに関わる行動であるところに共通性があり,その行動様式と形態を構成する要素としてある程度の技術と能力が重要な位置を占めていることには変わりがない。そこで,この第9因子を「創作行動」の因子とする。

　第10因子は,テレビをみる,新聞を読む,ラジオ／レコードやテープなどを聞くといった項目で構成されているから,「マスコミ接触行動」を内容とする因子と解釈できる。

　第11因子に所属している項目は音楽に関係する項目であるため,この第11因子を「音楽行動」の因子とする。

第12因子は，散歩をする，軽い体操をする，ダイエット（減量）や減食をするといったような軽い運動に関する項目と，漢方薬を飲む，ドリンク剤を飲む，一般のビタミン剤を飲む，栄養補助食品・健康食品を飲む，漢方薬を飲むといったような常用剤服用に関係する項目で構成されている。しかし，軽い運動に関する項目にしろ，常用剤服用に関係する項目にしろ，それらであげられている行動を一種の健康志向に関する行動であるとみなすことができる。そこで，この第12因子を「健康志向」を現す因子と解釈できる。

　第13因子は，自転車に乗るオートバイやバイク・自動車運転という項目から構成されているので，「乗り物運転」と名づけることにする。

2　生活行動を構成する尺度の信頼性

　以上調査表で取り上げた130項目が，主因子法因子分析によって，13の因子に集約されたが，それらに所属する項目を基に，それぞれの生活行動を測定する種々の尺度を作成し，それらの測定尺度の信頼性係数（クロンバックのa）を算出した。なお，ある項目が削除された場合に元の項目郡による尺度よりもaが大きくなる場合には，削除項目と削除された場合のaを記す。具体的には，以下の通りである。

第1因子　身体的行動・旅行　　　　　　$a=0.979$

　「ヨガや大極拳，気功，エアロビクスなどをする」，「ゲートボールをする」，マラソンやジョギングをする」，「水泳をする」，「魚つりをする」，「テニスをする」，「ゴルフをする」，「卓球をする」，「バスケットボールをする」，「バドミントンをする」，「サッカーをする」，「ハイキングやピクニックに行く」，「踊りやフォークダンスをする」，「社交ダンスをする」，「日帰り旅行をする」，「泊まりがけの国内旅行をする」

第2因子　交友行動Ⅰ　　　　　　　　　　α＝0.912

「自分の子どもと遊ぶ」,「子どもや親戚を訪問する」,「友人・知人に電話する」,「自分の孫の世話をしたり孫と遊ぶ」,「友人・知人を訪問する」,「子どもや親戚に電話する」,「庭いじりや植木・花の世話をする」

第2因子　交友行動Ⅱ　　　　　　　　　　α＝0.906

「自分の子どもと遊ぶ」,「子どもや親戚を訪問する」,「友人・知人に電話する」,「自分の孫の世話をしたり孫と遊ぶ」,「友人・知人を訪問する」,「子どもや親戚に電話する」

第3因子　ウィグル族の伝統祭りでの贈与行動（α＝0.968)

「孫へのkurban yet プレゼント」「子供へのkurban yet プレゼント」,「親へのkurban yet プレゼント」,「配偶者へのkurban yet プレゼント」,「孫へのrozi yet プレゼント」,「子供へのrozi yet プレゼント」,「親へのrozi yet プレゼント」,「配偶者へのrozi yet プレゼント」

第4因子　文化活動1　　　　　　　　　　α＝0.937

「音楽会や演奏会に行く」,「演劇や芝居を見に行く」,「映画館へ行って映画をみる」,「歌謡ショーや落語・漫才などの演芸を見に行く」,「レンタル・ビデオをみる」,「美術館や博物館に行く」,「ビデオでテレビ番組を録画する」,「大学や県・市町村主催の公開講座を受講する」,「図書館へ行く」

第4因子　文化活動2　鑑賞行動　　　　　α＝0.923

「音楽会や演奏会に行く」,「演劇や芝居を見に行く」,「映画館へ行って映画をみる」,「歌謡ショーや落語・漫才などの演芸を見に行く」,「レンタル・ビデオをみる」,「美術館や博物館に行く」,「ビデオでテレビ番組を録画する」

第4因子　文化活動3　観劇・鑑賞行動　　　　α＝0.914

　「音楽会や演奏会に行く」,「演劇や芝居を見に行く」,「映画館へ行って映画をみる」,「歌謡ショーや落語・漫才などの演芸を見に行く」,「レンタル・ビデオをみる」,「ビデオでテレビ番組を録画する」

第5因子　中国の伝統祭り／記念日での贈与行動　α＝0.939

　「孫への春節プレゼント」,「子供への春節プレゼント」,「親への春節プレゼント」,「配偶者への春節プレゼント」,「子どもへの誕生日のプレゼント」,「親への誕生日のプレゼント」,「配偶者への誕生日のプレゼント」,「3.8婦女祭のプレゼント」,「バレンタインデー」

第6因子　買い物・外食　　　　　　　　　　α＝0.949

　「コンビニ（コンビニエンスストアー）を利用する」,「冷凍食品を買う」,「スナックや飲み屋などに行く」,「弁当やできあいの食品（そうざい）を買う」,「デパート歩きやウィンドウショッピングをする」,「ファーストフード店に行く」,「ハンバーガー・ショップに入る」,「食堂や料理店，レストランで食事をする」,「新製品の広告やカタログをみる」,「喫茶店に入る」

第7因子　読書行動　　　　　　　　　　　　α＝0.923

　「一般に市販されている週刊誌を読む」,「一般に市販されている月刊の雑誌を読む」,「特定分野の雑誌や機関誌, 刊行物を読む」,「単行本の小説を読む」,「小説以外の単行本を読む」,「講演会を聞きに行く」

第7因子　読書行動　2　　　　　　　　　　α＝0.919

　「一般に市販されている週刊誌を読む」,「一般に市販されている月刊の雑誌を読む」,「特定分野の雑誌や機関誌, 刊行物を読む」,「単行本の小説を読む」,「小説以外の単行本を読む」

第 8 因子　IT 行動・ゲーム　　　　　　　　α＝0.953
　「電子メールやインターネットを利用する」,「ワープロやパソコンを使う」,「カメラで写真をとる」,「トランプをする」,「テレビゲームをする」,「インターネット上のゲームをする」,「碁や将棋をする」,「麻雀をする」,「ビデオ・カメラで撮影する」,「カラオケで歌う」

第 8 因子　IT 行動　2　　　　　　　　　　α＝0.940
　「電子メールやインターネットを利用する」,「ワープロやパソコンを使う」,「カメラで写真をとる」,「テレビゲームをする」,「インターネット上でゲームをする」,「ビデオカメラで撮影する」

第 8 因子　ゲーム 2　　　　　　　　　　　α＝0.918
　「テレビゲームをする」,「インターネット上のゲームをする」,「トランプをする」,「碁や将棋をする」,「麻雀をする」

第 9 因子　創作行動　　　　　　　　　　　α＝0.962
　「随筆や小説を書く」,「絵をかく」,「陶芸をする」,「俳句や短歌, 川柳などをつくる」,「洋裁や和裁をする」,「書道をする」,「人形作りやフラワー・アートをする」,「編み物をする」

第 9 因子　手芸・手技 1　　　　　　　　　α＝0.929
　「洋裁や和裁をする」,「華道や茶道をする」,「人形作りやフラワー・アートをする」,「編み物をする」

第 10 因子　マスコミ接触行動　　　　　　 α＝0.735
　「テレビをみる」,「新聞を読む」,「ラジオを聞く」,「レコードやテープなどを聞く」

第 11 因子　音楽接触行動 1　　　　　　　　α＝0.905

「民族音楽を聞く」,「落語や漫才を聞く」,「クラシック音楽を聞く」,「歌謡曲や演歌を聞く」,「ジャズやポップスを聞く」

第 11 因子　音楽接触行動 2　　　　　　　　α＝0.923

「浪曲を聞く」,「民族音楽を聞く」,「落語や漫才を聞く」,「クラシック音楽を聞く」,「歌謡曲や演歌を聞く」,「ジャズやポップスを聞く」

第 12 因子　健康志向　　　　　　　　　　　α＝0.903

「ドリンク剤を飲む」,「一般のビタミン剤を飲む」,「栄養補助食品・健康食品を飲む」,「散歩をする」,「漢方薬を飲む」,「軽い体操をする」,「ダイエット（減量）や減食をする」

第 12 因子　常用剤服用　　　　　　　　　　α＝0.884

「ドリンク剤を飲む」,「一般のビタミン剤を飲む」,「栄養補助食品・健康食品を飲む」,「漢方薬を飲む」,「ダイエット（減量）や減食をする」

第 13 因子　乗り物運転　　　　　　　　　　α＝0.887

「オートバイやバイクを運転する」,「自転車に乗る」,「自動車を運転する」

　本節では，調査票で取り上げた 130 項目に関する因子分析の結果，新疆ウィグル自治区におけるサード・エイジャーの生活行動は 13 の類型に集約された。いうまでもなく，新疆ウィグル自治区のサード・エイジャーの生活行動の全てを網羅するものではなく，ごく一部に過ぎない。それでも 13 因子が抽出され，13 類型に類別されたということは，現実の生活行動は実に多様で，類似した行動のように見えても，それらは相当程度異質な行動として展開されていることを物語るものといえる。また，第 8 因子（IT 行動・ゲーム）や第 12 因子（健康志向）に所属する行動のように，それぞれは一見関連がないような行動で

第Ⅵ章　ライフスタイルを構成する変数に関する尺度の作成　　277

も，その人，その家族の固有の日常生活を成り立たせている行動として総合的に密接な関連を持っていることがわかる。

　そこで，本研究では，以上取り上げた13因子を基に検討した尺度を，生活行動モデルを構成する尺度とする。したがって，生活行動を13個の尺度で測定することになるが，ライフスタイルを類型化するときに，全ての項目を用いるべきか，或いはどちらかだけを用いて説明するかについて再検討が必要である。この点に関しては，次の章「ライフスタイル尺度の作成」のところで述べることにする。最後に以下において，前述した生活行動尺度の基本統計量を取り上げることにする。

　最後に注目する価値があるのは，因子分析を行った生活行動に関する項目のうち86項目が小田（2004）の研究で用いられた項目と同じものであるが，抽出された因子が小田（2004）の研究で抽出された因子と多少異なるものになっていることである。小田（2004）の研究と母集団が異なるので，結果として抽出された因子が多少異なるのも当然ともいえるだろう。但し，まだ十分な解析を尽くしていないのでこれらを今後の課題としたい。

表Ⅵ-4 生活行動尺度の基本統計量

	最小値	最大値	平均値	中央値	最頻値	標準偏差	分散	歪度	尖度	度数
身体行動・旅行得点	16	64	39.35	42	41	15.37	236.34	−0.109	−1.111	7,732
交友行動得点	7	28	20.42	21	21	5.53	30.55	−06−20	−0.019	8,108
交友行動2得点	6	24	17.57	18	18	4.78	22.84	−0.622	−0.010	8,253
ウィグル族の伝統祭りでの贈与行動得点	11	44	28.52	31	33	10.42	108.61	−0.320	−0.966	7,680
文化活動得点	9	36	24.30	26	27	7.53	56.70	−0.269	−0.753	8,824
鑑賞行動得点	7	28	19.06	20	21	5.92	35.09	−0.299	−0.742	8,966
観劇・鑑賞行動得点	6	24	16.46	18	18	5.11	26−20	−0.322	−0.722	9,124
中国の伝統祭り／記念日での贈与行動得点	9	36	24.70	26	27	7.67	58.85	−0.403	−0.575	7,736
買い物・外食得点	10	40	26.77	28	30	8.48	71.96	−0.253	−0.632	8,203
読書行動得点	6	24	16.41	17	18	5.09	25.87	−0.479	−0.385	8,828
読書行動2合計得点	5	20	13.81	15	15	4.30	18.47	−0.501	−0.380	8,941
IT行動・ゲーム得点	10	40	25.89	28	30	8.96	80.24	−0.234	−0.888	8,200
IT行動2得点	6	24	15.53	17	18	5.63	31.75	−0.281	−0.964	8,714
ゲーム得点	5	20	12.95	14	15	4.66	21.76	−0.201	−0.945	8,850
創作活動得点	8	32	20.16	22	24	7.80	60.83	−0.188	−1.128	86−25
手技・手芸得点	4	16	10.16	11	12	3.97	15.76	−0.219	−1.114	9,081
マスコミ接触行動得点	4	16	12.49	12	12	2.54	6.45	−0.449	0.082	9,245
音楽接触行動得点	5	20	13.43	14	15	4.48	20.08	−0.350	−0.758	8,824
音楽接触行動2得点	5	20	13.30	14	15	4.56	20.75	−0.308	−0.833	8,777
健康志向得点	7	28	19.07	20	21	5.69	32.39	−0.313	−0.446	8,522
常用剤服用 得点	5	20	136−2	14	15	4.20	17.66	−0.329	−0.510	8,860
乗り物運転得点	3	12	7.81	9	9	2.94	8.62	−0.249	−1.006	8,875

第Ⅶ章
ライフスタイル尺度の作成と回答者のライフスタイル・セグメント

第1節　ライフスタイル尺度の作成

　ライフスタイル・セグメントのために，以上取り上げたように生活行動の測定指標として抽出された13因子と生活態度尺度の測定使用として抽出された7つの因子の総計20のライフスタイル指標が用意された。次に，これらの特徴付けられたライフスタイル構成要素を用いて，回答者を明確に異なるライフスタイルを持つ受け手（メディア利用者）をクラスターセグメントするために，K-Meansのクラスター分析（小田，2007）を行った。その結果，同調，伝統的権威主義，交友行動，社会参加度などの4つの要因がクラスター力を示した。そこで，最良のクラスター解を選ぶのに「各要因がサンプルを如何に上手にクラスター化するのか」，そして「どのような説明可能なクラスター解があるのか」という2つの基準を基に，4個，5個，6個，7個，8個，9個，12個，16個のクラスターの解を比較した。その結果，8個のクラスター解が採用された。それは，8つの比較可能なクラスター解である。また，その解は他の4クラスター，5クラスター，6クラスター，7クラスター，9クラスター，12クラスター解より説明力があった。8つのクラスター・センターのクラスタースコアを表Ⅶ-1に示す。
　第1クラスターは，1513人から成り，このクラスターの最も大きな特徴は，8クラスターの中で社会参加度が最も低い（マイナスで高いスコア）ことである。さらに，伝統権威主義得点が若干低（マイナスで低いスコア）く，交友行

表Ⅶ-1　ライフスタイル・セグメントのクラスター分析結果　N＝10,193

Cluster	閉鎖型	反抗孤立型	積極型	同調・伝統型	現代都市型	大衆型	孤立型	反抗型
同調	−.09670	−1.81754	1.08414	1.03650	.15117	−.10435	.10608	−1.28522
伝統	−.42968	−1.28087	1.13035	1.24996	−1.31118	.23309	−.11814	−.81212
交友行動	.30806	−1.04784	1.00198	.26624	−.56114	.07728	−1.66648	.29107
社会参加	−1.22060	−1.12124	1.05119	−.99751	.48488	.69582	−.92341	.27492
Sample数	1513	698	1842	806	764	2479	980	1111

動や同調の得点は普通である。つまり，このクラスターの人は，社会参加度が最も低いが，徹底して付き合いがないわけでもないと思われるので，「閉鎖型」と命名した。

　第2クラスターは698の回答者から成り，このクラスターの特徴は，全ての因子得点がマイナスで高いことである。同調と伝統権威主義得点がマイナスで高いということは，現代社会に反抗的なだけではなく，伝統的なものも反抗的であると思われる。さらに，交友行動と社会参加の得点も高いスコア（マイナスで高い）になっており，社会関係も少なく，孤立していることが伺われる。つまり，第2クラスターの人は社会に反抗的で孤立されていると思われるため，「反抗孤立型」と命名された。

　第3クラスターは1842の回答者である。このクラスターの特徴は，全ての因子得点がプラスで高いことであり，第2クラスターと対照的なクラスターであるともいえる。現代社会や伝統的なものを重視し，交友活動もよく行っており，社会参加度も高い人々であり，積極的にがんがんやっている人々であると思われるので，「積極型」と命名された。

　第4クラスターの特徴は同調と伝統的な権威主義の得点が高く（プラス），社会参加度の得点が（マイナスで）やや高いことである。さらに，交友得点は高くないけどプラスになっている。つまり，このクラスターの人々は現代社会に対して同調的で，しかも伝統的なものも重視するが，社会参加が少ない人々であると思われるので，「同調・伝統型」と命名した。このクラスターは，806

の回答者からなっている。社会参加度は低い，交友行動の得点は高くないが，プラスであるということは，子育てとかで忙しい人たち，または主婦の方といったように調査時点で働いていない人たちに多いのではないかと思われる。また，同調得点も，伝統得点もプラスで高いスコアになっているので，現代社会に同調的で，伝統的なものも重視する人々であることが伺える。

　第5クラスターの特徴は，伝統権威主義の得点が8クラスターの中で最も低いことである。社会参加はそこそこで，交友行動はマイナスの低いスコアになっており，社会参加が多少あるが，交友行動が少ないので，「現代都市型」と命名した。このクラスターの回答者は764人である。(社会参加は多少あるが，交友行動が少ないということは，忙しいか，時間がないため，交友行動がすくないのではないか？　仕事に恵まれていない？　サラリーマンや都市型労働者？)

　第6クラスターは2479の回答者からなっており，このクラスターの特徴は，社会参加の得点だけやや高（プラス）く，それ以外の得点は低いことである。つまり，このクラスターの人々とは同調も伝統権威主義も交友行動も普通なので，現代社会や伝統的なものに関して重視するわけでもなければ，反発しているわけでもない，社会参加だけが少しある人々（例えば，老人クラブや町内会とかに行っている高齢者など）のことであると思われる。したがって，このクラスターには「大衆型（平凡型）」と名付けた。

　第7クラスターは980の回答者で構成されている。このクラスターの特徴は，交友行動の得点が8クラスターの中で最も低（マイナスで最も高いスコア）く，しかも社会参加の得点も比較的低い（マイナスで比較的高いスコア）ことである。つまり，徹底して付き合いがないように思われるので，「孤立型」と命名した。1クラスターと似ているようにも見えるが，1クラスターの場合は，社会参加度得点が低い（マイナスで高いスコア）が，交友行動得点がプラスの低いスコアになっているので，社会参加が非常に少ないが，家族や友人・知人との付き合いは多少あると思われるのに対して，第7クラスターは交友行動の得点が最も低（マイナスで最も高いスコア）く，しかも社会参加の得点も低いので，交友行動は非常に少なく，さらに社会参加も少ないと思われる。つまり，

7クラスターの場合は徹底して（社会との関わりがない）付き合いがないが，1クラスターの場合は交友行動を多少行っていると思われる。

　第8クラスターは1111の回答者からなっている。このクラスターの特徴は，同調得点が8クラスターの中で，2番目に高く（マイナスで高いスコア），伝統的権威主義得点も比較的高い（マイナスで高いスコア）ことであり，現代社会や伝統的なものに関して重視しない人々或いは批判的な人々であると思われるため，「反抗型」と名付けた。また，交友行動の得点と社会参加度の得点が低いが，プラスであるため，社会参加が多少あって，交友行動もほどほど行っている人々であると思われる。

　5番目のクラスターと8番目のクラスターが似たもの同士に見えるが，5番目のクラスターの場合は伝統権威主義得点が8クラスターの中で最も低い（マイナスで高いスコア）のに対して，8番目のクラスターは同調得点が2番目に低く（マイナスで高いスコア），伝統得点も低い（マイナスで高いスコア）ので，二つのクラスターの特徴は違うものであるといえる。

　新疆ウィグル自治区のサード・エイジャーはこれらの8類型のいずれかに分類されるが，生活態度（社会観）と生活行動という二つの軸を用いて，これらの8つのグループを図式で表したのは図Ⅶ-1であり，中国新疆ウィグル自治区サード・エイジャーのライフスタイル類型モデル──China XJ_SVALS（China XinJiang_Social View And Life Style）であるといえるだろう。なお，図式の中のライフスタイル・セグメントの隣に書かれている（　）内はクラスター番号である。

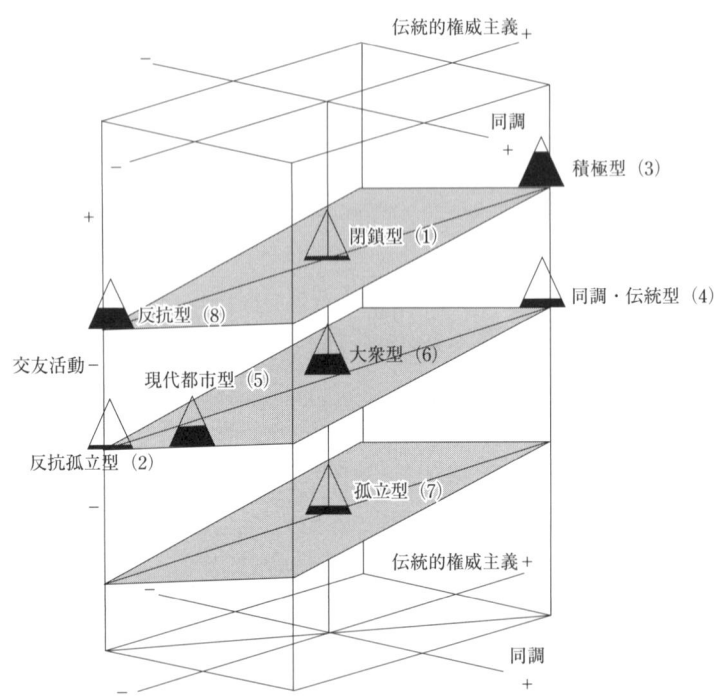

図Ⅶ-1　China XJ＿SVALS（China XinJiang ＿ Social View And Life Style）

注：▲は、社会参加度の多少を表すものである。

第2節　ライフスタイル・セグメントからみたデモグラフィックの差異

まず，8つのライフスタイル・セグメント間の差異を比較するために，性別，民族，居住地域，職業，学歴別のクロス集計とカイ2乗検定を行った。以下においてそれぞれのクロス集計結果について取り上げる。

1　ライフスタイル・セグメント間における男女差

クロス集計とカイ2乗検定を用いてライフスタイル・セグメント間の男女差

表Ⅶ-2 ライフスタイルと性別のクロス集計表

ライフスタイル＼性別	男性	女性	合計（人）
閉鎖型	12.8	16.6	1513
反抗孤立型	5.7	7.9	698
積極型	20.1	16.3	1842
同調・伝統型	7.0	8.7	806
現代都市型	7.7	7.3	764
大衆型	26.7	22.3	2479
孤立型	8.8	10.3	980
反抗型	11.2	10.6	1111
合計（人）	4723	5470	10193

カイ2乗値＝99.278（df＝7　$p<0.000$）CramerのV＝0.099

異の比較を行った結果，有意水準0.001％で，ライフスタイル・セグメント間の性別による差異が見られた（表Ⅶ-2）。以下は，その詳細である。

男性の場合，26.7％が「大衆型」で，最も高い割合を占めている。その次に比率が高いのは「積極型」（20.1％）であり，第三位は「閉鎖型」である。他方，男性の場合，割合が最も低いのは「反抗孤立型」である。

女性の場合は，22.3％が「大衆型」で，男性と同じ傾向を示しているが，その次に高いのは「閉鎖型」，第三位は「積極型」である。その次に，「反抗型」，「孤立型」，「同調・伝統型」，「反抗孤立型」が続き，最も低いのは「現代都市型」である。

つまり，以上のように男性の場合も女性の場合も割合が最も高いのは「大衆型」であるが，第二位と第三位が異なっていることがわかる。

また，男性の場合は，「大衆型」と「積極型」，及び「現代社会型」の割合が女性より高いが，「閉鎖型」，「孤立型」，「同調・伝統型」「反抗孤立型」などでの割合は女性より低いことが読み取れる。

2 ライフスタイル・セグメント間における民族差

クロス集計とカイ2乗検定を用いてライフスタイル・セグメント間の民族による差異の比較を行った結果，有意水準0.001％でライフスタイル・セグメント間における民族による差異が認められた（表Ⅶ-3）。具体的には，以下の通りである。なお，表で示された「その他」の民族とは，新疆ウィグル自治区総人口で占める割合が1％未満の5民族のことであるので，ここでは「その他」の民族に関する結果を省略し，新疆ウィグル自治区の主要民族であるウィグル族と漢民族に関する結果のみ紹介する。

上記の表でもみられるように漢民族の場合，24.0％が「大衆型」で，最も高く，その次に割合が高いのは「積極型」であり，その割合は17.2％である。また，15.6％が「閉鎖型」，11.3％が「反抗型」，10.0％が「孤立型」であるが，「同調・伝統型」，「現代都市型」，「反抗孤立型」などの3つのライフスタイル・セグメントにおける割合は10％未満である。中でも特に，「反抗孤立型」が低い。

ウィグル族の場合は，24.3％が「大衆型」であり，漢民族の「大衆型」にお

表Ⅶ-3　ライフスタイルと民族のクロス集計結果

ライフスタイル＼民族	漢民族	ウィグル族	その他少数民族	合計（人）
閉鎖型	15.6	13.9	19.0	1513
反抗孤立型	6.2	7.3	6.8	698
積極型	17.2	19.2	13.2	1842
同調・伝統型	8.0	8.1	5.6	806
現代都市型	7.8	7.2	8.3	764
大衆型	24.0	24.3	27.3	2479
孤立型	10.0	9.3	9.2	980
反抗型	11.3	10.6	10.7	1111
合計（人）	4256	5405	532	10193

カイ2乗値＝37.097（df＝14　$p<0.001$）　CramerのV＝0.099

ける割合より0.3%だけ高く,ほぼ同じ割合となっている。その次に高いのは,「積極型」であり,これもまた漢民族の「積極型」における割合より2%高いが,大きな差はない。他方では,「閉鎖型」は13.9%で,「反抗型」は10.6%であるが,それ以外の「孤立型」,「同調・伝統型」,「反抗孤立型」及び「現代都市型」などは,それぞれ10%未満である。

また,ウィグル族の「反抗孤立型」と「同調・伝統型」のライフスタイル・セグメントにおける割合が漢民族のその割合よりやや高く,「閉鎖型」,「孤立型」,及び「現代都市型」などのライフスタイルセグメントでは,漢民族の方がやや高い。

つまり,漢民族の場合もウィグル族の場合も,「大衆型」が最も高く,その次に割合が高いのは「積極型」である点が一致している。この2つのライフスタイル・セグメントにおいてウィグル族の割合が,漢民族の割合より高いが,わずかの差である。他方,「閉鎖型」と「反抗型」,及び「現代都市型」,「孤立型」では漢民族の割合がやや高く,その他のライフスタイル・セグメントではウィグル族の割合が高いことがわかる。

3 ライフスタイル・セグメント間における地域差（都市部と農村部）

クロス集計とカイ2乗検定を用いてライフスタイル・セグメント間の地域による差異の比較を行った結果,ライフスタイル・セグメント間の地域による（都市部と農村部）差異が見られなかった（表7-4）。その詳細は,表Ⅶ-4の通りである。

これまで行われた先行研究では,都市部と農村部においてライフスタイルの現れ方が異なるという知見が得られているが,新疆ウィグル自治区で実施したこの調査では,新疆ウィグル自治区のサード・エイジャーのライフスタイルには地域による差異がないことが明らかにされたのである。

表Ⅶ-4　ライフスタイルと地域のクロス集計結果

ライフスタイル＼戸籍	都市	農村	合計（人）
閉鎖型	14.5	15.5	1513
反抗孤立型	6.6	7.2	698
積極型	18.7	16.9	1842
同調・伝統型	7.9	8.0	806
現代都市型	7.5	7.4	764
大衆型	24.4	24.2	2479
孤立型	9.3	10.3	980
反抗型	11.1	10.5	1111
合計（人）	6716	3477	10193

カイ2乗値 = 9.688（df = 7　$p < 0.208$）

4　ライフスタイル・セグメント間における職業差

　クロス集計とカイ2乗検定を用いてライフスタイル・セグメント間の職業による差異の比較を行った結果，有意水準0.001％でライフスタイル・セグメントによる差異が認められた（表Ⅶ-5）。具体的には，以下の通りである。

　公務員の場合，以下の表でも見られるように，33.5％が「積極型」，22.9％が「大衆型」，9.6％が「反抗型」，9.4％が「同調・伝統型」，8.8％が「閉鎖型」，8.0％が「孤立型」，5.6％が「現代都市型」，2.2％が「反抗孤立型」であり，「積極型」が最も高く，その次に高いのは「大衆型」であり，「反抗孤立型」における割合が最も低いのが特徴である。特に，「積極型」が他の職業の割合よりもはるかに高いことがわかる。この結果からは，公務員が「積極型」ライフスタイル・セグメントを特徴付けているともいえるだろう。

　常勤の社員・職員として勤めている者の場合では，27.8％が「大衆型」，16.7％が「積極型」，12.0％が「閉鎖型」，11.5％が「反抗型」，10.2％が「同調・伝統型」，7.7％が「孤立型」，同じく7.7％が「反抗孤立型」，6.4％が「現代都市型」である。「大衆型」が最も高く，その次に高いのは「積極型」であ

表Ⅶ-5　ライフスタイルと職業のクロス集計結果

ライフスタイル \ 職業	公務員	常勤の社員・職員として勤めている	家業に従事している	アルバイト・パートで勤めている	働いていない	合計（人）
閉鎖型	8.8	12.0	13.5	10.5	20.5	1287
反抗孤立型	2.2	7.7	5.9	7.0	7.1	565
積極型	33.5	16.7	18.3	18.2	14.8	1628
同調・伝統型	9.4	10.2	6.3	3.7	7.3	700
現代都市型	5.6	6.4	9.1	5.0	9.6	695
大衆型	22.9	27.8	28.7	16.2	20.0	2150
孤立型	8.0	7.7	9.0	21.7	11.7	873
反抗型	9.6	11.5	9.2	17.7	8.9	898
合計（人）	1031	2442	2121	401	2801	8796

カイ2乗値 = 542.610（df = 28　$p < 0.000$）　Cramer の V = 0.124

り，3番目に高いのは「閉鎖型」である。他の職業の各ライフスタイル・セグメントにおける割合と比較してみると，「大衆型」における割合が全体の中で2番目に高いのが特徴であることがわかる。

　家業に従事している者の場合では，28.7％が「大衆型」で，「大衆型」での割合がどの職業類型よりも高い。18.3％が「積極型」で，「積極型」では公務員の次に割合が高い。他方，13.5％が「閉鎖型」で，働いていない人たちを除くと，どの職業に比べても割合が高いのが目立つ。

　アルバイトやパートで勤めている者の場合は，21.7％が「孤立型」であり，「孤立型」がどの職業類型に比べても高いのが特徴である。また，その割合が働いていない人々に比べても高いのが興味深い。

　その次に高いのは「積極型」（18.2％）であり，3番目に高いのは「反抗型」である。そして彼らの「反抗型」における割合が，他のどの職業類型よりも高い。

　他方，3.7％が「同調・伝統型」で，「同調・伝統型」の割合がどの職業の人たちに比べても低い。

　つまり，アルバイトやパートで勤めている者の中では，「孤立型」と「反抗

型」が他のどの職業の人々よりも多いことがわかる。

　働いていない者の場合は，20.5％が「閉鎖型」で，20.0％が「大衆型」である。「閉鎖型」における割合が他の職業を持っている人々に比べてもはるかに高い。また，「積極型」における割合が14.8％であり，他の何らかの職業を持っている人々に比べて低い割合であるが，1割以上の人が「積極型」であるのが興味深い。また，「現代都市型」における割合が職業を持っている人々に比べてやや高い。

　以上をまとめると，① 公務員の中では「積極型」が最も多く，「大衆型」も多いこと，② 常勤の社員や職員として勤めている人の中では「大衆型」が一番多く，その次に「積極型」が多い，③ アルバイト・パートで働いている人の中では「孤立型」が最も多く，「積極型」も2割弱いる，④ 働いていない人の中では「閉鎖型」が一番多いことがわかる。

　最後に留意したいのは，アルバイト・パートで働いている人の中で「孤立型」が職業を持っていない人や他の職業の人よりも高いことである。これらの結果は，ライフスタイル・セグメント間には職業による差異があるが，それ以外の要因も強く影響していることを物語っていると思われる。

5　ライフスタイル・セグメント間における学歴差

　ライフスタイル・セグメント間における学歴の差異を比較するためにクロス集計とカイ2乗検定を行った。その結果，有意水準0.001％でライフスタイル・セグメントによる差異が認められた（表Ⅶ-6）。具体的には，以下の通りである。

　学校に行ったことがない人たちの場合，以下の表でも見られるように30.1％が「積極型」，23.1％が「大衆型」であり，「積極型」における割合が最も高く，その次に高いのは「大衆型」である。3番目に高いのは，「閉鎖型」における割合であるが，第1位と第2位に比べて10％以上の差がある。他方，「現代都市型」における割合が4.1％，「反抗孤立型」における割合が3.0％であり，

表Ⅶ-6 ライフスタイルと学歴のクロス集計結果

ライフスタイル＼学歴	学校に行ったことがない	小学校	中学校	高校・高専	中専・専門学校・短大	大学・大学院（大学以上）	その他	合計（人）
閉鎖型	11.2	14.3	14.8	15.9	12.5	18.5	8.9	1433
反抗孤立型	3.0	8.3	5.5	7.3	10.7	6.0	5.5	691
積極型	30.1	11.3	16.6	17.7	20.4	16.3	13.6	1755
同調・伝統型	10.2	9.4	6.5	7.8	7.7	8.3	7.2	796
現代都市型	4.1	7.1	7.8	7.8	8.7	9.3	5.9	739
大衆型	23.1	28.1	27.0	22.7	24.0	15.3	29.2	2375
孤立型	8.2	12.1	10.0	9.4	7.3	10.0	17.8	965
反抗型	10.0	9.3	11.7	11.3	8.9	16.3	11.9	1088
合計（人）	987	1631	1881	2798	1419	890	236	9842

カイ2乗値 = 388.013（df = 42　p < 0.000）Cramer の V = 0.081

他の就学したことがあるどの学歴の人に比べても低い比率になっている。その他のライフスタイル・セグメントにおける割合が約8％から11％前後であり，特にこれといった特徴はない。

　小学校の学歴を持つ人たちの場合，28.1％が「大衆型」であり，他のライフスタイル・セグメントに比べ，「大衆型」の割合がはるかに高いだけではなく，学校に行ったことがない人たちや小学校以上の学歴を持つ人たちの「大衆型」における割合よりも高い。3番目に高いのは「孤立型」における割合であり，この割合は「その他」の場合を除いて最も高い。他方，「積極型」の割合が11.3％であり，8つのライフスタイル・セグメントにおける割合から見ると4番目に高いが，その割合が学校に行ったことがない人々や小学校より高い学歴を持つ人々の「積極型」における割合よりは低い。

　中学校の学歴を持つ人たちの場合，27.0％が「大衆型」であり，他のライフスタイル・セグメントに比べ，「大衆型」における割合は自分たちより高学歴の人よりは高いが，小学校学歴の人より少しだけ低い。その次に高いのは「積極型」であり，3番目に高いのは「閉鎖型」である。その次に，「反抗型」，

「孤立型」,「現代都市型」,「同調・伝統型」,「反抗孤立型」が続くが,「同調・伝統型」における割合が,学校に行ったことがない人たちや小学校学歴の人,及び高校以上の学歴の人たちよりも低くなっている。

高校・高専の学歴を持つ者の場合は,22.7％が「大衆型」であり,これが最も高い。次に高いのは「積極型」における割合であり,3番目に高いのは「閉鎖型」である。続いて11.3％が「反抗型」,9.4％が「孤立型」であり,残りの3つのライフスタイル・セグメントにおける割合は7％台である。他の学歴の人たちのようなライフスタイル・セグメントにおける割合ではこれといったはっきりした特徴はないが,どのライフスタイル・セグメントでも高くも低くもないということは,学歴によってその人がどのようなライフスタイルを持つのかが異なるが,それ以外の要素に規定される部分が多いからであると思われる。

専門学校・短大卒の学歴を持つ人々の場合,24.0％が「大衆型」であり,「大衆型」が最も高い。次に高いのは,「積極型」であり,その次は「閉鎖型」である。4番目に高いのは「反抗孤立型」であるが,その割合は,他の低学歴の人や大学学歴を持つ人より高い。他方,専門学校・短大卒の学歴を持つ人の8.9％が「反抗型」であり,この割合は,他の低学歴の人や高学歴の人より低い。8つのライフスタイル・セグメントの中で「孤立型」における割合が最も低く,その割合は,他の学歴の人たちの割合よりも低い。

最後に,大学・大学院の学歴を持つ人々の場合,18.5％が「閉鎖型」であり,「閉鎖型」における割合がより高いのが特徴である。「反抗型」と「積極型」における割合が同じく16.3％であり,その次に高いのは,「大衆型」である。一方では,「反抗型」における割合が,どの低学歴者に比べても高く,他方では「大衆型」における割合が,他の低学歴者に比べて低いのが特徴である。また,「現代都市型」における割合がわずか9.3％であるが,他の低学歴者よりは高い。

以上をまとめると,ライフスタイル・セグメント間における学歴の差異を比較した結果,次のようなことが明らかにされたといえる。

① 学校に行ったことがない人たちの中では「積極型」が多く,「反抗孤立型」が少ない。

② 小学校学歴の人の中では，「大衆型」が学校に行ってない人たちや高学歴の人より多いが，「積極型」が他より少ない。
③ 中学校学歴の人たちの約3割が「大衆型」で，「同調・伝統型」が他の低学歴者や高学歴者より少ない。
④ 高校・高専の学歴では，どちらかが多い或いは少ないという目立つ特徴がなく，どのライフスタイルの人も均等にあるのが特徴である。
⑤ 大学・大学院の学歴を持つ人の中で，「閉鎖型」が最も多く，「現代都市型」も多いが，「反抗型」も最も多い。
⑥ 学歴が高くなるほど「現代都市型」での割合が高くなっており，高学歴者が「現代都市型」ライフスタイル・セグメントを特徴付けている。

つまり，以上のクロス集計とカイ2乗値に基づいて整理してきた結果を基に，それぞれのライフスタイル・セグメントごとの特徴をまとめると主要な知見として以下のようなことがいえる。

また，どの民族，学歴，職業でも「大衆型」が多く，次に多いのは「積極型」である。中でも男性で，ウィグル族で，働いている人で，学校に行ったことがない人の中で「積極型」が多いという興味深い結果が得られている。

前述のように，本研究では，ウィグル族，漢民族，回族，カザフ族などの様々な民族が暮らしている新疆ウィグル自治区のサード・エイジャーを対象にしており，新疆ウィグル自治区のサード・エイジャーのライフスタイル間に地域による差異がないが，民族による差異が大きいことが明らかにされた。それと同時に，ライフスタイル・セグメント間に性別や職業，学歴による差異があることが確認できたのである。

第3節 分散分析によるライフスタイル・セグメント間のデモグラフィック差異

8つのライフスタイル・セグメント間のデモグラフィック差異を比較するために一元配置分散分析（ANOVAテスト）を行った。その結果，「現代都市型」が

最長年のセグメントを形成し，「積極型」，「閉鎖型」，「反抗型」が続く（$p<0.000$）。加えて，一方では，「反抗孤立型」が8つのセグメントの中で通学年数が最も高く，もう一方では「同調・伝統型」，「大衆型」，「積極型」が最も低い。年間所得に関しては，「積極型」が最も高く，「大衆型」と「孤立型」，「現代都市型」等が続くが，「同調・伝統型」の年間所得が最も低いのが目立つ。1ヶ月の生活費に関しては，同じく「積極型」が最も高い。その次に，「同調・伝統型」，「孤立型」，「大衆型」が続く。1ヶ月の生活費は「閉鎖型」が最も低い。

ここで，興味深いのは，「同調・伝統型」の年間所得が他に比べてかなり低いのに，1ヶ月の生活費が二番目に高いこと，「閉鎖型」の年間所得がかなり高いのに，1ヶ月の生活費が最も低いことである。これらの差異は調査回答者を8つのライフスタイル・セグメントに分ける妥当性を示しているともいえるだろう。

つまり，「閉鎖型」は，年間所得と1ヶ月の生活費が最も低く，年齢が比較的高い人々であり，低収入，高齢が閉鎖型を特徴付ける。

表Ⅶ-7　ライフスタイル・セグメント間のデモグラフィック差異

ライフスタイル別	年齢	通学年数	年間所得	一ヶ月の生活費
合計	53.78	9.86	33334.70	14279.64
閉鎖型	54.25	10.28	27878.62	1745.23
反抗孤立型	52.37	10.45	20847.27	2467.79
積極型	54.73	9.61	44881.52	27652.45
同調・伝統型	52.42	9.36	20051.96	23174.93
現代都市型	55.40	10.43	29807.27	3076.16
大衆型	53.32	9.58	40429.93	17861.73
孤立型	52.93	9.66	36620.69	22040.37
反抗型	54.13	10.10	22153.96	2921.62
F値	6.001	6.217	9.760	12.332
有意確率	P<.000	P<.000	P<.000	P<.000

注：数値は各デモグラフィック変数の平均値で，大きいほど年齢が高い
（通学年数が多い，年間所得や一ヶ月生活費が高い）ことを表す。

「反抗孤立型」は，通学年数が一番高く，年齢が一番若い人々であり，収入も比較の低い人々である。

「積極型」は，収入と生活費が最も高いのが特徴である。年齢が比較的に高齢で，学歴はそんなに高くない。

「同調・伝統型」は，通学年数が最も少ないのが特徴である。低収入で，年齢も比較的に若い。

「現代都市型」は，年齢が最も高く，通学年数も2番目に高いが，収入は低いのが特徴である。

「大衆型」は，通学年数はやや低く，収入は2番目に高いが，年齢は高くも低くもない。

「孤立型」は，年齢が比較的に若く，収入は結構あるが，通学年数が少ない人々である。

「反抗型」は，低収入で，高齢の人々であり，通学年数は結構高い。

以上のように，8つのライフスタイル・セグメント間にデモグラフィック変数による差異が見られたので，どの年齢間，どの収入間，どの学歴間の間に差があるのかを見るために，それぞれのデモグラフィック変数の平均値に関する「その後の検定」を行った。

ここでいう「その後の検定」(post hoc tests) というのは，分散分析や「Brown-Forsythe」，「Welch」の方法でグループ間に平均値の差があると判断された後に，さらに進んで，では，どのグループとどのグループの間に差があるのかを調べるための検定のことをいう。事後検定ともいう。「その後の検定」には，「多重比較」(multiple comparison) と「範囲検定」の (range test) の2種類がある。「多重比較」というのは，2グループ間ではなく，3グループ以上の場合のグループ間の比較のことをいう。「範囲検定」とは，平均値に差があるグループと差がないグループを分類することをいう (小田，2004)。本研究では後者の「範囲検定」結果を紹介する。

以下において，それぞれのデモグラフィック変数の平均値に関する「範囲検定」の結果を述べる。

1 ライフスタイル・セグメント間における「年齢」の差異

　まず，年齢ごとの平均値のプロット図を示すと以下のようになった。「現代都市型」の平均年齢が他のライフスタイル・セグメントより高い。

　次に，Tukey HSD（a, b）法を用いてライフスタイル・セグメント別の年齢の範囲検定を行った結果，表Ⅶ-8で表示されているような4つのグループに分

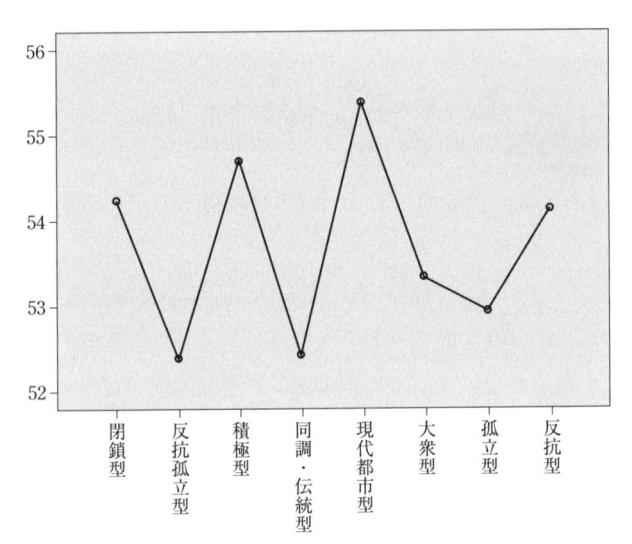

図Ⅶ-2　ライフスタイル別に見た「年齢」の平均値

表Ⅶ-8　ライフスタイル・セグメント別の年齢の範囲検定

ライフスタイル別	度数	$a=.05$のサブグループ			
		2	3	4	1
反抗孤立型	698	52.37			
同調・伝統型	806	52.42			
孤立型	980	52.93			
大衆型	2479		53.32		
反抗型	1111		54.13		
閉鎖型	1513		54.25		
積極型	1842			54.73	
現代都市型	764				55.40
有意確率		.072	.053	.060	.422

類された。

　小田（2004）によると、「範囲検定」の場合、同じグループに属しているものは有意差がなかったもので、異なるグループに属しているもの同士には有意差があることになる。このことから、年齢の範囲検定を行った結果、表Ⅶ-8に表示されているように、「反抗孤立型」と「同調・伝統型」、「孤立型」の間には有意差がなく1グループと分類され、「大衆型」や「反抗型」、「閉鎖型」の間にも有意差がなく一つのグループに分類されたといえる。また、「積極型」、「現代都市型」がそれぞれ他のグループと有意差があり、それぞれが独立のグループに分類されている。また、「反抗孤立型」と「同調・伝統型」、「孤立型」が構成されているグループと、「大衆型」や「反抗型」、「閉鎖型」から構成されているグループと「積極型」、及び「現代都市型」の間に5％水準で有意差があることが認められた。

　このうち、「現代都市型」における年齢の平均値が最も高く、次に「積極型」、その次に「大衆型」や「反抗型」、「閉鎖型」などの3つのライフスタイル・セグメントから構成された第3グループが続くが、最も低いのは「反抗孤立型」と「同調・伝統型」、「孤立型」という3つのライフスタイル・セグメントから構成された第2グループである。

　ここで注目する価値があるのは、一般的には高齢者の中に「孤立型」が多いと思われるが、新疆ウィグル自治区で実施したこの調査では、その逆に「孤立型」の平均年齢が低いことである。それに加えて、「反抗孤立型」の平均年齢も低く、「積極型」や「現代都市型」の平均年齢が高くなっているのが興味深い。この点に関してさらに分析を深める必要があるが、ここでは、ライフスタイル・セグメントのデモグラフィック差異を比較することを目的にしているため、別の機会で報告することにしたい。

2　ライフスタイル・セグメント間における「通学年数」の差異

　通学年数ごとの平均値のプロット図は、以下のようである。通学年数ごとの

平均値のプロット図を見ると,「現代都市型」ライフスタイル・セグメントにおける平均通学年数が他のライフスタイル・セグメントより高くみえるが,他方「反抗孤立型」の平均値もそんなに差がないようにみえる。

「通学年数」の範囲検定結果は以下の通りである(表Ⅶ-9)。「現代都市型」

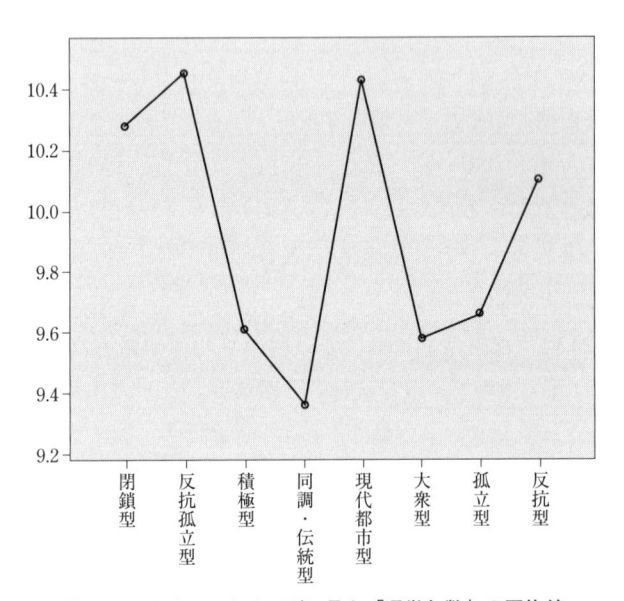

図Ⅶ-3 ライフスタイル別に見た「通学年数」の平均値

表Ⅶ-9 ライフスタイル・セグメント別の通学年数の範囲検定

ライフスタイル別	度数	$\alpha=.05$ のサブグループ		
		2	3	1
同調・伝統型	806	9.36		
大衆型	2479	9.58		
積極型	1842	9.61		
孤立型	980	9.66		
反抗型	1111		10.10	
閉鎖型	1513		10.28	
現代都市型	764			10.43
反抗孤立型	698			10.45
有意確率		.051	.082	.831

と「反抗孤立型」の間に有意差がなくひとつのグループに分類されており，また「同調・伝統型」，「大衆型」，「積極型」，「孤立型」の間にも有意差がなくひとつのグループに分類されている。さらに，「反抗型」と「閉鎖型」の間にも有意差がなくひとつのグループに分類されており，合計3グループに分類されたのである。

　この3グループのうち，「現代都市型」と「反抗孤立型」から構成された第1グループの通学年数の平均値が最も高く，「同調・伝統型」，「大衆型」，「積極型」，「孤立型」などの四つのライフスタイル・セグメントから構成された第2グループの通学年数の平均値が最も低い。「反抗型」と「閉鎖型」の第3グループの通学年数の平均値が第1グループと第2グループの通学年数の平均値の間の値であり，3グループの間に有意差がある。

　つまり，8つのライフスタイル・セグメント別に通学年数の範囲検定を行った結果，この8つのライフスタイル・セグメントが通学年数の平均値によって3つのグループに分けられたということである。

3　ライフスタイル・セグメント間における「年間所得」の差異

　まず，年間所得ごとの平均値のプロット図を示すと以下のようになった（図Ⅶ-4）。なお，ここで取り上げる年間所得や次に取り上げる1ヶ月の生活費の単位は人民元である。

　年間所得の範囲検定を行った結果，8つのライフスタイル・セグメントが有意差のある3つのグループに分類された（表Ⅶ-10）。第1グループは，「積極型」であり，年間所得の平均値が最も高いグループである。第2グループは，「同調・伝統型」，「反抗孤立型」，「反抗型」，「閉鎖型」，「現代都市型」などの5つのライフスタイル・セグメントからなるグループであり，年間所得の平均値が最も低い人たちのグループである。年間所得の平均値が第1グループと第2グループの間にあるのは，「孤立型」と「大衆型」からなる第3グループである。

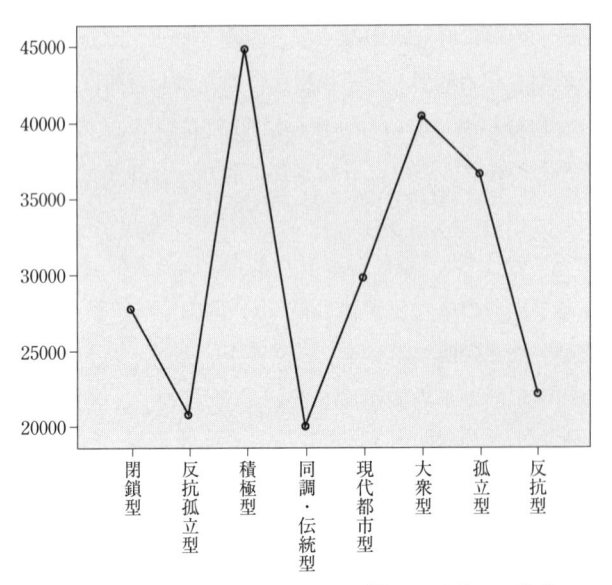

図Ⅶ-4 ライフスタイル別に見た「年間所得」の平均値

表Ⅶ-10 ライフスタイル・セグメント別の年間所得の範囲検定

ライフスタイル別	度数	$\alpha=.05$ のサブグループ		
		2	3	1
同調・伝統型	741	20051.96		
反抗孤立型	622	20847.27		
反抗型	1036	22153.96		
閉鎖型	1417	27878.62		
現代都市型	729	29807.27		
孤立型	928		36620.69	
大衆型	2362		40429.93	
積極型	1705			44881.52
有意確率		.448	.142	.663

　つまり，8つのグループの年間所得の平均値を比較した結果，「同調・伝統型」，「反抗孤立型」，「反抗型」，「閉鎖型」，「現代都市型」などの5つのライフスタイル・セグメントの間に有意差がなく，「孤立型」ライフスタイル・セグメントと「大衆型」ライフスタイル・セグメントの間にも有意差がないが，これらの有意差がないもの同士で構成されたこの2つのグループと「積極型」ライ

フスタイル・セグメントの間には，それぞれ有意差があるということである。

4 ライフスタイル・セグメント間における「1ヶ月の生活費」の差異

　8つのライフスタイル・セグメント別の「1ヶ月の生活費」の平均値のプロット図は以下の通りである（図Ⅶ-5）。

　「1ヶ月の生活費」に関する範囲検定を行った結果，表Ⅶ-11で表示されたように，8つのライフスタイル・セグメントが有意差のある2つのグループに分類された。第1グループは，「大衆型」と「孤立型」，「同調・伝統型」，及び「積極型」のグループであり，2グループのうち1ヶ月の生活費の平均値が高いグループである。第2グループは，「閉鎖型」，「反抗孤立型」，「反抗型」，及び「現代都市型」からなるグループであり，2グループのうちの平均値が低いグループである。

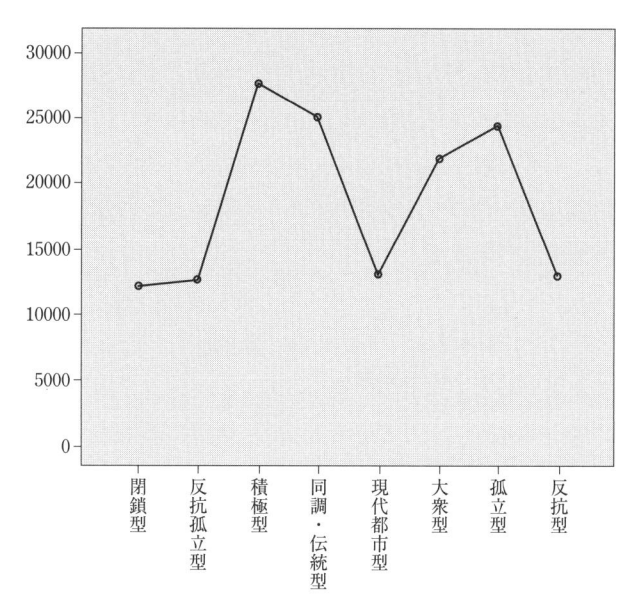

図Ⅶ-5　ライフスタイル別に見た「一ヶ月の生活費」の平均値

表Ⅶ-11　ライフスタイル・セグメント別の1ヶ月の生活費の範囲検定

ライフスタイル別	度数	α＝.05 のサブグループ	
		2	1
閉鎖型	1448	1745.23	
反抗孤立型	652	2467.79	
反抗型	1043	2921.62	
現代都市型	734	3076.16	
大衆型	2391		17861.73
孤立型	924		22040.37
同調・伝統型	758		23174.93
積極型	1753		27652.45
有意確率		1.000	.457

　ここで留意する価値があるのは，第1グループの1ヶ月の生活費の平均値が，万元台であるのに対し，第2グループの平均値が千元台であることである。8つのライフスタイル・セグメントが極端な2グループに分類されたということは，これらのグループにおける経済格差の大きさを物語っている興味深い結果ではあるが，逆にいうと，生活水準のレベルが同じとなっている人々がそれぞれ4つのライフスタイルに分類されたということは，人々がどのようなライフスタイルをとるのかが，経済状況以外のものに強く影響されていることを物語っているかもしれない。同時に，本研究で生活態度の軸と生活行動の軸を用いて，回答者を8つのライフスタイル・セグメントに分類したことの妥当性を示しているともいえるだろう。

　以上，8つのライフスタイル・セグメント別に年齢，通学年数，年間所得，1ヶ月の生活費の平均値を比較するための「範囲検定」行った結果を取り上げたが，それらをまとめると以下のようになる。

① 高齢，高学歴，低収入，低支出が「現代社会型」を特色付けている。
②「積極型」も比較的に年長者ではあるが，低学歴で（通学年数が少ない），収入が最も高く，支出も最も高い人々である。
③「大衆型」は年齢がわりと低い，通学年数も少ない，収入は「積極型」程高くはないが，他に比べてはるかに高く，支出は高いが，収入が他に比べて

そんな高くなく，普段の生活で節約していて穏やかに暮らしている人々である。「1年間の所得」は「積極型」より約4千元近くしか少なくないのに，「1ヶ月の支出」は「積極型」より一万元ほど少ないのが興味深い。

④「閉鎖型」は，年齢はそんなに高くはないが，学歴がやや高く（通学年数が多い），低収入で，支出が最も低い人々である。

⑤ 年齢が若く，高学歴（通学年数が多い），低収入，低支出が「反抗孤立型」を特徴付けており，「反抗孤立型」は，対象者の中の学歴が最も高く，収入と支出が低い，一番若い人々であるといえる。

⑥「同調・伝統型」は，年齢が若く（対象者の中で2番目に若い人たち），低学歴（通学年数が全体で一番少ない），収入は一番低いが，支出は二番目に高い人々である。クロス集計結果では，「同調・伝統型」は女性の方が多かったので，主婦か，子育てで忙しい中年の人たちであるといえるだろう。

⑦「反抗型」は回答者の中の，中年で，高校卒以上の学歴を持つ，低収入，低支出の人々である。

⑧「孤立型」は，年齢が若く，低学歴だが，収入や支出が比較的高い人々である。

第Ⅷ章
テレビ番組選好を構成する変数の測定尺度の作成

　本研究では，異なるライフスタイルがどのように高齢者のテレビ利用，特に番組選好の違いをもたらすのか，異なるライフスタイル・セグメントに属しているサード・エイジャーは，テレビ視聴時間に差があるのか，ライフスタイルの違いによって番組選好に差異があるのかを明らかにすることを目的としている。そうした関係を明らかにする際に問題になるのは，テレビ番組をどのように分類するかということである。

　テレビ番組関していえば，周知のように，今日の中国では中央テレビ局や各地域の地方テレビ局などが多種多様な番組を提供している。ラジオ番組に関しても，今日の中国で提供されているラジオ番組が多種多様である。

　したがって，実際にテレビ番組の選好を見るためにはそれらの番組を類型化するということはそんな簡単な事ではない。しかし，ここではテレビ番組を類型化することを目的にしているわけではないので，これまでの先行研究として注目される小田（2004）の研究を基に，調査項目を作成した。したがって，ライフスタイル別に番組選好がどのように異なっているかを見るためには，テレビ番組選好に関する尺度の作成が必要になる。そこで，本章では，新疆ウィグル自治区のサード・エイジャーを対象に行った調査で得られたデータを基に，テレビ番組選好を測定するための尺度を作成していくことにする。

　周知のように，今日の中国では中央テレビ局や各地域の地方テレビ局などが

多種多様な番組を提供している。そして，受信形態（地上波，衛星波）や契約形態（通常，CATV）なども一様ではない。したがって，そうしたことも含めて考えれば，実際に放映されているテレビ番組を適切に類型化することは，そう容易なことではない。しかし，ここでの目的はテレビ番組を類型化することではないので，中央テレビ局の13チャンネルの番組表と新疆ウィグル自治区テレビ局の12チャンネルの番組表，ウルムチ市テレビ局とトルファン地区テレビ局，伊里地区テレビ局，ホータン地区テレビ局などの番組表を参考に，小田(2004)の調査項目を基に，テレビ番組を45種類に分類し，それらについて，「好んで，よく見る」，「時々（たまに）見る」，「ほとんど（めったに）見ない」，「見たことがない」の4件法で回答をまとめるという簡便な方法で人々がどのような番組を見ているかを探ることにした。

1 因子分析によるテレビ番組の類型

ところで，調査票で取り上げた45種類の番組をここに検討することも興味深いところであるが，ここでそれらをより少数に集約するために，上で述べた選択肢それぞれに4～1点を与えて因子分析を行った（表Ⅷ-1）。その結果，7つの因子が抽出された。

各主成分は，それらを構成する番組内容からみて，第1因子を「教養・啓発番組」，第2因子を「ニュース番組」，第3因子を「音楽番組」，第4因子を「報道解説・特集番組」，第5因子を「娯楽番組」，第6因子を「ドラマ・映画」，第7因子を「学習番組」を表す修正分であると見なすことができる。

各主成分の寄与率（取り上げた変数の数÷固有値）にみるように，第1因子以外のそれぞれは，全体の情報量（すべての変数の分散の合計）2％前後ずつを説明していることがわかる。累積寄与率が示すように，7つの主成分全体で元の情報の約72.42％が説明されている。言い換えると，約30％の情報量が失われることになるので，全体の説明力からいえば，必ずしも満足のいくものではないが，説明力としてはかなり高い。また，Kaiser-Meyer-Olkinの標本妥当性の

表Ⅷ-1 サード・エイジャーが好んでみるテレビ番組の類型

	共通性	因子	負荷量
ドキュメンタリー番組	.760	1	.885
法律関係の番組	.701	(52.308)	.790
海外事情（外国紹介）の番組	.753		.783
健康や医療，栄養に関する番組	.665		.727
一般教養番組	.721		.721
農業関係の番組	.602		.600
自然・風景番組	.552		.545
科学・技術番組（最新研究の紹介や解説）	.745		.541
当地区ニュース番組	.792	2	.838
当県ニュース番組	.748	(7.833)	.740
新疆ニュース	.730		.698
全国ニュース番組	.639		.481
クラシック音楽の番組	.935	3	−.769
歌謡曲・流行歌の番組	.736	(3.968)	−.583
民謡・民族音楽番組	.771		−.523
ニュース解説	.903	4	−.991
報道特集	.772	(2.671)	−.752
評論	.724		−.731
特定のニュースキャスターによる夜のニュース番組	.705		−.507
バラエティ番組（お笑い番組・おしゃべり番組）	.807	5	.756
クイズ番組	.744	(1.945)	.660
落語や漫才	.600		.615
芸能レポーター・芸能人のワイドショー番組	.769		.442
中国の長時間ドラマ	.697	6	.779
中国映画	.695	(2.073)	.651
外国の連続ドラマ	.618		.644
中国の連続ドラマ	.443		.614
外国映画	.655		.491
中国語講座（国語の学習番組）	.837	7	.810
外国語講座（外国語の学習番組）	.781	(1.621)	.770
語学以外の学習・講座番組	.848		.732

注：因子の抽出法は最尤法，回転法はKaiserの正規化を伴うオブリミン法，共通性は回転後の数値。（ ）内は回転後の各因子の寄与率（分散の％）
7つの因子の累積寄与率＝72.42％
Kaiser-Meyer-Olkinの標本妥当性の測度＝0.964（有意確立＝.000）

測度は 0.964 であり，高い値になっている。小田（2007）によれば，Kaiser-Meyer-Olkin の標本妥当性の測度は，1 に近いほど標本の妥当性が高く，0.8 以上であれば，因子分析をする価値が十分にある標本と判断され，0.9 以上であれば文句なしということになる。ここでは，0.9 を超えているので，取り上げた標本は因子分析に適しているといえる。したがって，45 種類の番組を 7 つの番組類型に縮約してサード・エイジャーのテレビ番組選好を分析する時の利点は大きい。

2　テレビ番組の選好を測定する尺度に関する検討

　小田（2004&2007）によれば，サンプルの規模が 1,000 を超すほど大きいときにはカイ 2 乗値をモデルの適合度指標として採用することは適切ではない。そこで，モデルのサンプルが 1,000 を超える場合，モデルを検討するときによく用いられているのは共分散構造分析で得られる RMR（残差平方平均平方根），GFI（Goodness-of-Fit Index），AGFI（調整済み GFI），NFI（基準化適合度指標），RMSEA（平均 2 乗誤差平方根）からモデルの適合度を判定する場合もあれば，信頼性係数 a を算出して検討する場合もある。

　そこで，以上のようなことを念頭において，新疆ウィグル自治区サード・エイジャーのテレビ番組を集約することを目的に抽出された 7 つの因子に関して，それらに所属する項目を基に，それぞれの番組選好を測定する種々の尺度を作成し，それらの測定尺度の信頼性係数（クロンバックの a）を算出した。その結果の詳細は，以下の通りである。

教養・啓発番組（$a=0.937$）
　「科学・技術番組（最新研究の紹介や解説）」，「健康や医療，栄養に関する番組」，「一般教養番組」，「海外事情（外国紹介）の番組」，「ドキュメンタリー番組」，「法律関係の番組」，「農業関係の番組」，「自然・風景番組」

ニュース番組（α=0.886）

　「全国ニュース番組」,「新疆ニュース」,「当地区ニュース番組」,「当県ニュース番組」

音楽番組（α=0.906）

　「歌謡曲・流行歌の番組」,「クラシック音楽の番組」,「民謡・民族音楽番組」

報道解説・特集番組（α=0.914）

　「特定のニュースキャスターによる夜のニュース番組」,「報道特集」,「ニュース解説」,「評論」

娯楽番組（α=0.893）

　「芸能レポーター・芸能人のワイドショー番組」,「バラエティ番組（お笑い番組・おしゃべり番組）」,「クイズ番組」,「落語や漫才」

ドラマ・映画（α=0.869）

　「中国の連続ドラマ」,「外国の連続ドラマ」,「中国の長時間ドラマ」,「中国映画」,「外国映画」

学習番組（α=0.920）

　「外国語講座（外国語学習番組）」,「中国語講座」,「語学以外の学習・講座番組」

　以上のそれら諸尺度の基本統計量（表Ⅷ-2）を以下に記しておく。なお、すでに述べたように、各項目の選択肢「好んで、よく見る」,「時々（たまに）見る」,「ほとんど（めったに）見ない」,「見たことがない」に、それぞれ4, 3, 2, 1点を与え、その合計点を尺度の測定値とする。
　本章では、調査票で取り上げたテレビ視聴に関する項目の回答を用いて、番組選好に関する因子分析を行った。その結果、新疆ウィグル自治区におけるサ

表Ⅷ-2 テレビ番組類型の基本統計量

	最小値	最大値	平均値	中央値	最頻値	標準偏差	分散	歪度	尖度	度数
教養・啓発番組	8	32	21.95	23	24	6.66	44.37	−0.415	−0.431	7978
ニュース番組	4	16	12.08	12	12	3.18	10.10	−0.668	0.018	8848
音楽番組	3	12	8.35	9	9	2.77	7.68	−0.527	−0.599	9053
報道解説・特集番組	4	16	11.54	12	12	3.45	11.88	−0.649	−0.227	8855
娯楽番組	4	16	11.45	12	12	3.31	10.98	−0.565	−0.202	8772
ドラマ・映画	5	20	15.27	15	15	3.59	12.90	−0.676	0.343	8784
学習番組	3	12	7.98	9	9	2.86	8.20	−0.349	−0.861	9026

ード・エイジャーがよく見ているテレビ番組が7つの類型に集約された。いうまでもなく、新疆ウィグル自治区のサード・エイジャーのテレビ視聴行動の全てを網羅するものではなく、ごく一部に過ぎない。それでもそれらの因子が抽出され、それぞれ類型化されたということは、現実のテレビ視聴行動は実に多様で、類似した行動のように見えても、それら相当程度異質な行動として展開されていることを物語るものといえる。

そこで、本研究では、以上取り上げたテレビ番組選好に関する因子を基に検討した尺度をテレビ番組選好を測定する尺度とする。したがって、本研究ではテレビ視聴行動を7個の尺度で測定することになる。なお、ライフスタイルにおけるテレビ視聴行動の差異を検討する時やライフスタイルとテレビ視聴行動について分析する時にこれらの尺度を用いる。

最後に注目する価値があるのは、テレビ番組に関する項目の一部が小田（2004）の研究で用いられた項目と同じものであるが、抽出された因子が小田（2004）の研究で抽出された因子と多少異なるものになっていることである。小田（2004）の研究と母集団が異なるので、結果として抽出された因子が多少異なるのも当然ともいえるだろう。ただし、まだ十分な解析を尽くしていないのでこれらを今後の課題としたい。

第IX章
ライフスタイル・セグメント別に見たテレビ視聴行動

第1節　ライフスタイル・セグメント別に見た視聴時間

　8つのライフスタイル・セグメント間のテレビ視聴時間の差異を比較するために一元配置分散分析（ANOVAテスト）を行った。その結果，テレビ視聴時間にはライフスタイルによる差異があることが確認できた（$p<0.000$）。ライフスタイル・セグメント別のテレビ視聴時間の平均値の詳細を表にしたのは表IX-1であり，具体的な内容は以下のようである。

　テレビ視聴時間に関しては，「孤立型」と「閉鎖型」の視聴時間が最も高く，「同調伝統型」と「反抗孤立型」が第2位，「現代都市型」と「反抗型」が第3位，以下「大衆型」と「積極型」が続く。

　8つのライフスタイル・セグメント間にテレビ視聴時間に差異があることを明らかにしたので，さらにどのライフスタイル・セグメントでどのテレビ視聴時間が，他のライフスタイル・セグメントのテレビ視聴時間とどのよう

表IX-1　ライフスタイル・セグメント別に見た利用時間平均値の比較

ライフスタイル別	テレビ視聴時間
合計	121.84
閉鎖型	150.74
反抗孤立型	131.84
積極型	94.48
同調・伝統型	135.65
現代都市型	122.05
大衆型	96.03
孤立型	150.31
反抗型	121.75
F値	60.906
有意確率	P<.000

注：数値は各視聴時間の平均値で，大きいほど視聴時間が長いことを表す。

に異なっているかを明らかにするために，8つのライフスタイル・セグメント別にテレビ視聴時間に関する「その後の検定」を行った。以下において，テレビ視聴時間の平均値に関する「その後の検定」の結果を述べる。

まず，ライフスタイル・セグメントごとのテレビ視聴時間の平均値のプロット図を示すと以下のようになった（図Ⅸ-1）。

次に，ライフスタイル・セグメント別のテレビ視聴時間の範囲検定を行った結果，表Ⅸ-2で表示されたように3つのグループに分類された。具体的には，「積極型」と「大衆型」のテレビ視聴時間には有意差がなくひとつのグループと分類され，「反抗型」，「現代都市型」，「反抗孤立型」，及び「同調・伝統型」のテレビ視聴時間にも有意差がなく，ひとつのグループに分類されている。また，「孤立型」と「閉鎖型」の視聴時間の平均値にも有意差がなく，ひとつのグループに分類されている。さらに，テレビ視聴時間の平均値の範囲の差異によって

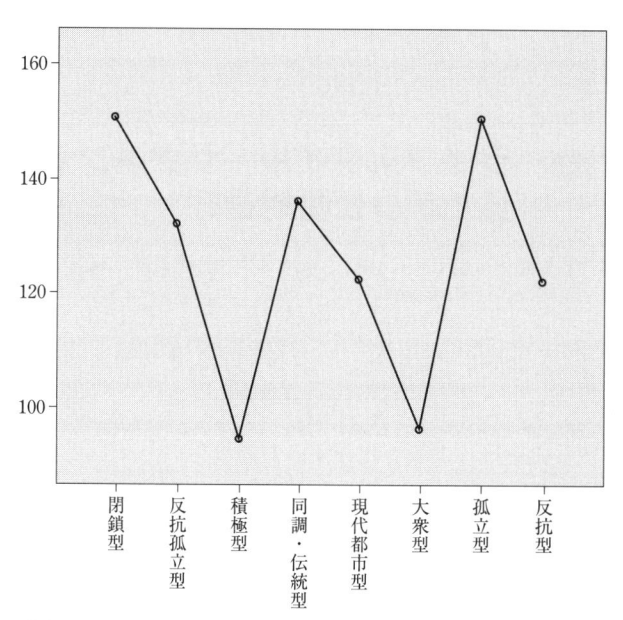

図Ⅸ-1　ライフスタイル別にみた「テレビ視聴時間」の平均値

表Ⅸ-2 ライフスタイル・セグメント別の「テレビ視聴時間」の範囲検定

ライフスタイル別	度数	α＝0.05のサブグループ		
		2	3	1
積極型	1144	94.48		
大衆型	1920	96.03		
反抗型	840		121.75	
現代都市型	672		122.05	
反抗孤立型	646		131.84	
同調・伝統型	673		135.65	
孤立型	879			150.31
閉鎖型	1383			150.74
有意確率		1.000	.062	1.000

分類された3つのグループの間には5％水準で有意差があることが認められた。

この3つのグループのうち,「孤立型」と「閉鎖型」からなる第1グループにおけるテレビ視聴時間の平均値が最も高く,その次に,「反抗型」,「現代都市型」,「反抗孤立型」,及び「同調・伝統型」の第3グループが続く。テレビ視聴時間の平均値が最も低いのが,「積極型」と「大衆型」の第2グループである。

第2節　ライフスタイル・セグメント別に見たテレビ番組選好

　8つのライフスタイル・セグメント間のテレビ番組選好の差異を比較するために一元配置分散分析（ANOVAテスト）を行った。ここで用いたテレビ番組とは,本研究の調査でテレビ番組として取り上げた45種類の番組に関して分散分析を行ったわけではない。分散分析を行った際,ライフスタイル・セグメント間のテレビ番組選好の差異を比較するために用いたテレビ番組は,前述の「第Ⅷ章　メディア選好を構成する変数の測定尺度の作成」のところで述べた,45種類のテレビ番組を集約,類型化するために因子分析を行った結果抽出された7つの番組類型である。なお,ここでは因子得点ではなく,それぞれの因子に含まれる各項目の合成得点を測定値とした。その結果,テレビ番組選好に

はライフスタイルによる差異があることが確認できた (p<0.000)。ライフスタイル・セグメント別の番組選好の平均値の詳細を表にしたのは表Ⅸ-3であり、具体的な内容は以下のようである。

まず「教養・啓発番組」に関して最もよく見ているのは,「積極型」であり,その次によく見ているのは「同調・伝統型」で,3番目によく見ているのは「大衆型」であり,第4位は「反抗型」,第5位は「現代都市型」,第6位は「閉鎖型」で,その次に「孤立型」と「反抗孤立型」が続く (p<0.000)。

「ニュース番組」をよく見ているのは,「積極型」で,次によく見ているのは「同調・伝統型」である。その次に「閉鎖型」がよく見ている。第4位は,「大衆型」,第5位は「現代都市型」,第6位は「反抗型」であり,それらの次に「孤立型」,「反抗孤立型」が続く (p<0.000)。

「音楽番組」を一番よく見ているのは「積極型」で,2番目によく見ているのは「同調・伝統型」であり,3番目によく見ているのは「大衆型」,4番目に

表Ⅸ-3 ライフスタイル・セグメント別のテレビ番組選好

テレビ ライフスタイル別	教養・啓発番組	ニュース番組	音楽番組	報道解説・特集番組	娯楽番組	ドラマ・映画	学習番組
合計	21.9534	12.0698	8.3435	11.5327	11.4474	15.2625	7.9693
閉鎖型	19.7955	12.0689	7.4511	11.1726	10.8776	15.1946	6.4077
反抗孤立型	17.5698	9.9733	6.2900	8.9760	9.0967	12.5444	5.9493
積極型	28.1096	14.2182	10.4560	13.9987	13.9358	17.6888	10.4521
同調・伝統型	23.6599	13.1567	9.3634	12.7840	12.7551	16.3384	8.2201
現代都市型	20.1552	11.7804	7.7825	11.1396	10.4840	15.1076	7.2855
大衆型	23.0213	11.9663	8.7932	11.6240	11.6465	15.0713	8.7863
孤立型	17.7739	10.5733	6.6124	9.4529	9.6496	13.6467	6.4634
反抗型	20.9747	11.0939	7.9515	10.9980	10.7509	14.4837	7.5742
F値	380.862	225.177	353.793	274.878	302.476	225.811	459.682
有意確率	P<.000	P<.000	P<.000	P<.000	P<.000	P<.000	P<.000

注:数値は選好度の平均値で,大きいほどその番組を好むことを表す。

よく見ているのは「反抗型」，5番目によく見ているのは「現代都市型」であり，その次に「閉鎖型」，「反抗孤立型」，「孤立型」が続く（p<0.000）。

「報道解説・特集番組」に関しては，「積極型」の次によく見ているのが「同調・伝統型」であり，「大衆型」はその次によく見ている方である。4番目によく見ているのは「閉鎖型」で，5番目は「反抗型」であり，「現代都市型」，「孤立型」，「反抗孤立型」が続く（p<0.000）。

「娯楽番組」を最もよく見ているのも「積極型」であり，二番目によく見ているのは「同調・伝統型」である。3番目によく見ているのは「大衆型」で，4番目によく見ているのは「閉鎖型」で，5番目は「反抗型」であり，「現代都市型」，「孤立型」，「反抗孤立型」が続く（p<0.000）。各ライフスタイル・セグメントにおける「報道解説・特集番組」選好の平均値と同じ傾向を示しているが，それぞれの平均値が多少異なっている。

「ドラマ・映画」番組に関しては，最もよく見ているのはこれまでの番組で同じく「積極型」であり，2番目によく見ているのは「同調・伝統型」である。3番目によく見ているのは「閉鎖型」で，4番目によく見ているのは「現代都市型」である。第5位は「大衆型」で，第6位は「反抗型」であり，それらの次に「孤立型」と「反抗孤立型」が続く（p<0.000）。

「学習番組」を最もよく見ているのも「積極型」であり，2番目によく見ているのも「同調・伝統型」である。三番目によく見ているのは「大衆型」であり，4番目によく見ているのは「反抗型」で，5番目によく見ているのは「現代都市型」であり，その次に「孤立型」，「閉鎖型」，「反抗孤立型」が続く（p<0.000）。

つまり，「積極型」がどのテレビ番組もよく見ており，「同調・伝統型」もどの番組もよく見ており，全ての番組選好における平均値が2番目に高いことがわかる。また，「反抗孤立型」がどの番組選好でも平均値が最も低いのが目立つ。

ライフスタイル・セグメント別にテレビ番組選好の平均値を比較した結果，8つのライフスタイル・セグメント間におけるテレビ番組選好の平均値に有意差があることがわかった。しかし，ひとつのライフスタイル・セグメントのテ

レビ番組選好が，他のライフスタイル・セグメントのテレビ番組選好とどのように異なっているかを明らかにすることが出来ていない。そこで，8つのライフスタイル・セグメント別にそれぞれのテレビ番組選好平均値に関する「その後の検定」を行った。以下において，ライフスタイル・セグメント別の平均値のプロット図とそれぞれのテレビ番組選好の平均値範囲検定結果を用いて，各ライフスタイル・セグメント間のテレビ番組選好の平均値にどのような差があるのかについて述べていく。

1 ライフスタイル・セグメント別に見た「教養・啓発番組」選好

　ライフスタイル・セグメント間のテレビ番組選好の平均値の比較をした結果，ライフスタイル・セグメントによって「教養・啓発」番組選好の平均値に有意な差があることが確認できた。ここでさらに進んで，どのライフスタイル・セグメントの「教養・啓発」番組選好の平均値が他のどのライフスタイル・セグメントの「教養・啓発」番組選好の平均値と差があるのかを調べるために，8つのライフスタイル・セグメントの「教養・啓発」番組選好の平均値に関する「その後の検定」を行った。

　まず，8つのライフスタイル・セグメント別の「教養・啓発」番組選好の平均値のプロット図は，図Ⅸ-2のようになっている。

　次に，ライフスタイル・セグメント別の「教養・啓発」番組選好の範囲検定を行った結果，表Ⅸ-4で表示されたように5つのグループに分類された。具体的に，一方では「閉鎖型」と「現代都市型」の間に「教養・啓発」番組選好の平均値による有意差がなくひとつのグループと分類され，他方では「現代都市型」と「反抗型」の間にも有意差がなくひとつのグループに分類されている。また，「反抗孤立型」と「孤立型」の間にも「教養・啓発」番組選好の平均値による有意差がなくひとつのグループと分類され，「大衆型」と「同調・伝統型」の間にも「教養・啓発」番組選好の平均値による有意差がなくひとつのグループに分類されている。「積極型」が，他のどのライフスタイル・セグ

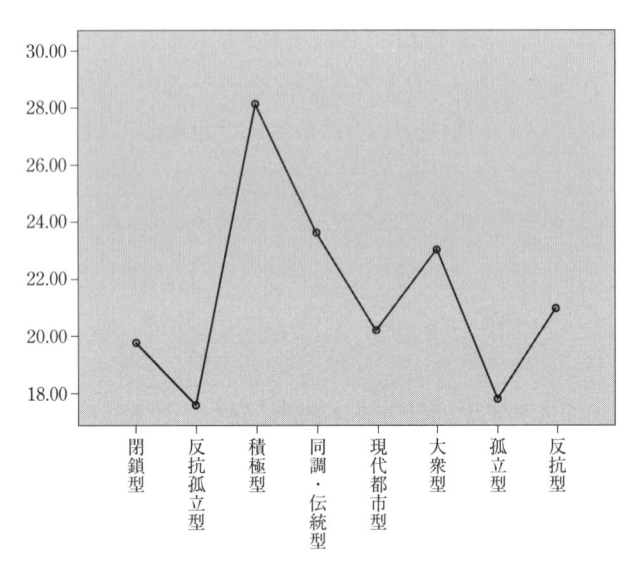

図Ⅸ-2　ライフスタイル別にみた「教養・啓発番組」選好の平均値

表Ⅸ-4　ライフスタイル・セグメント別の教養・啓発番組選好の範囲検定

ライフスタイル別	度数	$\alpha=.05$ のサブグループ				
		1	2	3	4	5
反抗孤立型	602	17.5698				
孤立型	867	17.7739				
閉鎖型	1325		19.7955			
現代都市型	580		20.1552	20.1552		
反抗型	830			20.9747		
大衆型	1784				23.0213	
同調・伝統型	641				23.6599	
積極型	1296					28.1096
有意確率		.996	.904	.066	.301	1.000

メントとも，言い換えると他のどのグループの「教養・啓発」番組選好の平均値とも有意差があって，独立のグループとして分類されている。つまり，ライフスタイル・セグメント別に「教養・啓発」番組選好の平均値の範囲検定行った結果，有意差のある５つのグループに分かれており，５つのグループ間における「教養・啓発」番組選好の平均値に有意差があることが認められたのである。

この5つのグループのうち，第5グループの「積極型」の平均値が最も高く，その次に高いのは第4グループの「同調・伝統型」と「大衆型」であり，「反抗型」と「現代都市型」からなる第3のグループが続く。他方，「孤立型」と「反抗孤立型」からなる第1グループにおける「教養・啓発」番組選好の平均値が最も低い。

2　ライフスタイル・セグメント別に見た「ニュース番組」選好

　ライフスタイル・セグメント間のテレビ番組選好の平均値の比較をした結果，ライフスタイル・セグメントによって「ニュース」番組選好の平均値に有意差があることが確認できた。以下において，どのライフスタイル・セグメントの「ニュース」番組選好の平均値が他のどのライフスタイル・セグメントの「ニュース」番組選好の平均値と差があるのかを調べるために行ったライフスタイル・セグメント別の「ニュース」番組選好の平均値に関する「その後の検定」結果を取り上げる。

　まず，8つのライフスタイル・セグメント別の「ニュース」番組選好の平均値のプロット図は以下のようになっている。

　次に，ライフスタイル・セグメント別の「ニュース」番組選好の範囲検定を行った結果，表Ⅸ-5で表示されたように6つのグループに分類された。具体的に，一方では「現代都市型」と「大衆型」と，「閉鎖型」の間に「ニュース」番組選好の平均値による有意差がなくひとつのグループと分類されている。他方では，「反抗孤立型」や，「孤立型」や「反抗型」や「同調・伝統型」，及び「積極型」などの5つのライフスタイル・セグメントの「ニュース」番組選好の平均値の間に有意差があり，また以上のグループの「ニュース」番組選好の平均値とも有意差があって，それぞれ独立のグループとして5つのグループに分類されている。つまり，ライフスタイル・セグメント別に「ニュース」番組選好の平均値の範囲検定行った結果，有意差のある6つのグループに分かれており，これらの6つのグループ間における「ニュース」番組選好に有意差があ

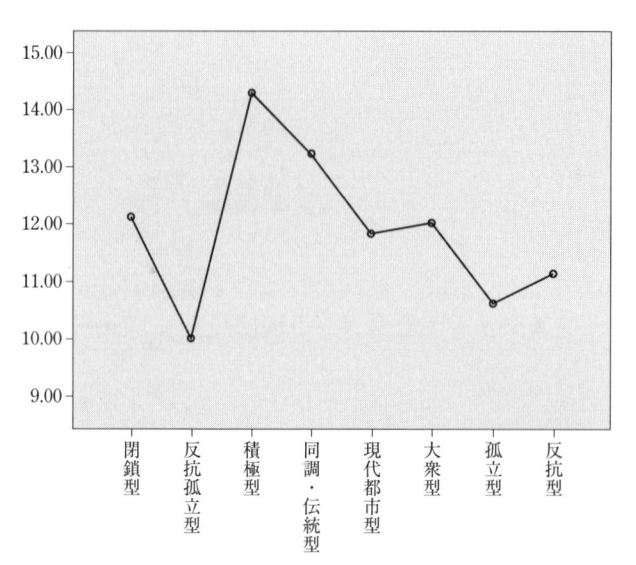

図Ⅸ-3 ライフスタイル別にみた「ニュース番組」選好の平均値

表Ⅸ-5 ライフスタイル・セグメント別の「ニュース」番組の選好範囲検定

ライフスタイル別	度数	α=.05のサブグループ					
		1	2	3	4	5	6
反抗孤立型	637	9.9733					
孤立型	921		10.5733				
反抗型	895			11.0939			
現代都市型	601				11.7804		
大衆型	2080				11.9663		
閉鎖型	1422				12.0689		
同調・伝統型	689					13.1567	
積極型	1503						14.2182
有意確率		1.000	1.000	1.000	.411	1.000	1.000

ることが認められたのである。

　この6つのグループのうち，第6グループの「積極型」の「ニュース」番組選好の平均値が最も高く，次に高いのは第5グループの「同調・伝統型」であり，その次に高いのは「現代都市型」と「大衆型」と，「閉鎖型」の第4グループであり，第3グループの「反抗型」，第2グループの「孤立型」が続く。

最も低いのは第1グループの「反抗孤立型」である。

3　ライフスタイル・セグメント別に見た「音楽番組」選好

　ライフスタイル・セグメント間のテレビ番組選好の平均値の比較をした結果，ライフスタイル・セグメントによって「音楽番組」選好の平均値に有意差があることが確認できた。ここでもさらに進んで，どのライフスタイル・セグメントの「音楽番組」選好の平均値が他のどのライフスタイル・セグメントの「音楽番組」選好の平均値と差があるのかを調べるために，8つのライフスタイル・セグメントの「音楽番組」選好の平均値に関する「その後の検定」を行った。

　まず，8つのライフスタイル・セグメント別の「音楽番組」選好の平均値のプロット図は，以下のようになっている。

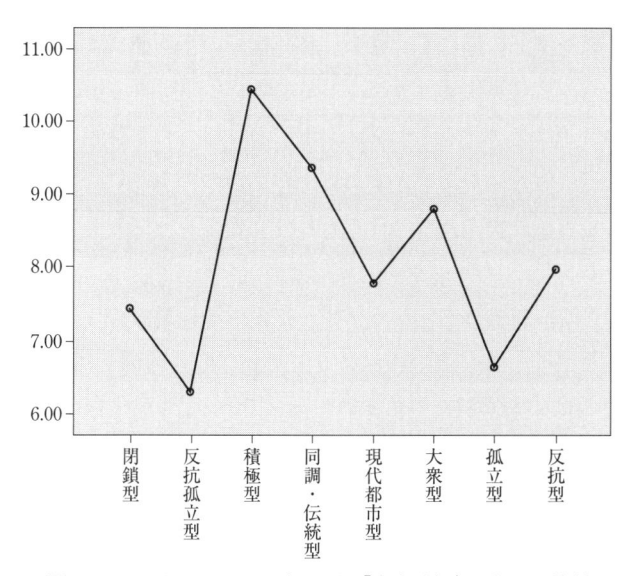

図Ⅸ-4　ライフスタイル別にみた「音楽番組」選好の平均値

表Ⅸ-6　ライフスタイル・セグメント別の「音楽番組」選好の範囲検定

ライフスタイル別	度数	α=.05のサブグループ					
		1	2	3	4	5	6
反抗孤立型	631	6.2900					
孤立型	952	6.6124					
閉鎖型	1392		7.4511				
現代都市型	630		7.7825	7.7825			
反抗型	969			7.9515			
大衆型	2152				8.7932		
同調・伝統型	699					9.3634	
積極型	1533						10.4560
有意確率		.085	.069	.814	1.000	1.000	1.000

　次に，ライフスタイル・セグメント別の「音楽番組」選好の範囲検定を行った結果，表Ⅸ-6で表示されたように6つのグループに分類された。具体的に，一方では「閉鎖型」と「現代都市型」の間に「音楽番組」選好の平均値による有意差がなくひとつのグループと分類され，他方では「現代都市型」と「反抗型」の間にも有意差がなくひとつのグループに分類されている。また，「反抗孤立型」と「孤立型」の間にも「音楽」番組選好の平均値による有意差がなくひとつのグループと分類されている。「大衆型」と「同調・伝統型」と「積極型」の3つのライフスタイル・セグメントにおける「音楽番組」選好の平均値の間にはそれぞれ有意差があり，また以上の2つのグループの「音楽番組」選好の平均値とも有意差があって，それぞれ独立のグループとして3グループに分類されている。

　この6つのグループのうち，第6グループの「積極型」の「音楽」番組選好の平均値が最も高く，次に高いのは第5グループの「同調・伝統型」である。その次に高いのは「大衆型」の第4グループであり，「現代都市型」と「反抗型」の第3グループと「現代都市型」と「閉鎖型」の第2グループが続く。「孤立型」と「反抗孤立型」からなる第1グループの平均値が最も低い。

4 ライフスタイル・セグメント別に見た「報道解説・特集番組」選好

　ライフスタイル・セグメント間のテレビ番組選好の平均値の比較をした結果，ライフスタイル・セグメントによって「報道解説・特集番組」選好の平均値に有意差があることが確認できた。ここでもまた，どのライフスタイル・セグメントの「報道解説・特集番組」選好の平均値が他のどのライフスタイル・セグメントの「報道解説・特集番組」選好の平均値と差があるのかを調べるために，8つのライフスタイル・セグメントの「報道解説・特集番組」選好の平均値に関する「その後の検定」を行った。

　まず，8つのライフスタイル・セグメント別の「報道解説・特集番組」選好の平均値のプロット図は図Ⅸ-5のようになっている。

　次に，ライフスタイル・セグメント別の「報道解説・特集番組」選好の範囲検定を行った結果，表Ⅸ-7で表示されたように6つのグループに分類された。

　一方では「反抗型」と「現代都市型」と，「閉鎖型」の間に「報道解説・特

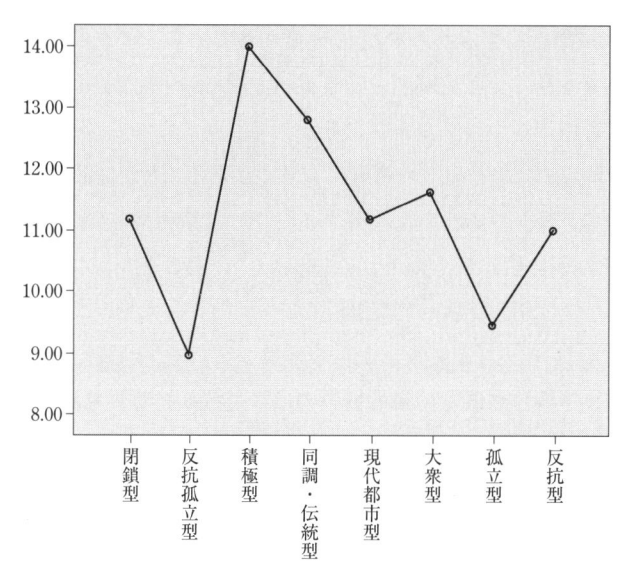

図Ⅸ-5　ライフスタイル別にみた「報道解説・特集番組」選好の平均値

表Ⅸ-7 ライフスタイル・セグメント別の「報道解説・特集」番組選好の範囲検定

ライフスタイル別	度数	$\alpha=.05$ のサブグループ					
		1	2	3	4	5	6
反抗孤立型	626	8.9760					
孤立型	903		9.4529				
反抗型	983			10.9980			
現代都市型	609			11.1396			
閉鎖型	1408			11.1726			
大衆型	2093				11.6240		
同調・伝統型	648					12.7840	
積極型	1520						13.9987
有意確率		1.000	1.000	.934	1.000	1.000	1.000

集番組」選好の平均値による有意差がなくひとつのグループと分類されている。他方では，「反抗孤立型」や，「孤立型」や，「大衆型」や「同調・伝統型」，及び「積極型」などの5つのライフスタイル・セグメントにおける「報道解説・特集番組」選好の平均値の間にそれぞれ有意差があり，また以上のグループの「報道解説・特集」番組選好の平均値とも有意差があって，それぞれ独立のグループとして5グループに分類されている。つまり，ライフスタイル・セグメント別に「報道解説・特集番組」選好の平均値の範囲検定行った結果，有意差のある6つのグループに分かれており，これらの6つのグループの間に「報道解説・特集番組」の選好に有意差があることが認められたのである。

この6つのグループのうち，第6グループの「積極型」の「報道解説・特集番組」選好の平均値が最も高く，次に高いのは第5グループの「同調・伝統型」であり，その次に高いのは第4グループの「大衆型」であり，「反抗型」と「現代都市型」と，「閉鎖型」からなる第3グループが続く。「孤立型」における平均値は2番目に低く，最も低いのは「反抗孤立型」である。

5　ライフスタイル・セグメント別に見た「娯楽番組」選好

ライフスタイル・セグメント間の「娯楽番組」選好の平均値の比較をした結

果,ライフスタイル・セグメントによって「娯楽番組」視聴の平均値に有意差があることが確認できた。そこで,8つのライフスタイル・セグメント別の「娯楽番組」選好の平均値に関する「その後の検定」を行った。

まず,8つのライフスタイル・セグメント別の「娯楽番組」選好の平均値のプロット図は以下のようになっている。

次に,ライフスタイル・セグメント別の「娯楽番組」選好の範囲検定を行った。一方では,「現代都市型」と,「反抗型」と「閉鎖型」の間に「娯楽番組」選好の平均値による有意差がなくひとつのグループと分類されている。他方では,「反抗孤立型」や,「孤立型」や,「大衆型」や「同調・伝統型」,及び「積極型」などの5つのライフスタイル・セグメントにおける「娯楽番組」選好の平均値の間にそれぞれ有意差があり,また以上のグループの「娯楽番組」選好の平均値とも有意差があって,それぞれ独立のグループとして5グループに分類されている。つまり,ライフスタイル・セグメント別に「娯楽番組」選好の平均値の範囲検定行った結果,表Ⅸ-8で表示されたように有意差のある6つのグループに分かれており,これらの6つのグループの間に「娯楽番組」の選

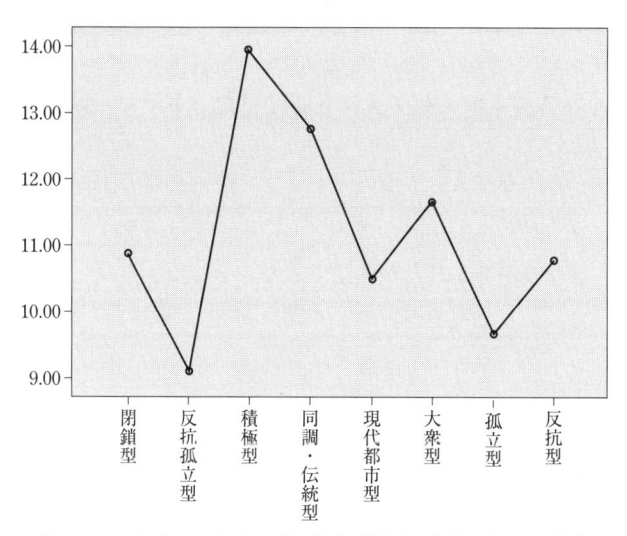

図Ⅸ-10 ライフスタイル別に見た「娯楽番組」選好の平均値

表Ⅸ-8 ライフスタイル・セグメント別の「娯楽番組」選好の範囲検定

ライフスタイル別	度数	α=.05のサブグループ					
		1	2	3	4	5	6
反抗孤立型	641	9.0967					
孤立型	919		9.6496				
現代都市型	624			10.4840			
反抗型	863			10.7509			
閉鎖型	1373			10.8776			
大衆型	2031				11.6465		
同調・伝統型	690					12.7551	
積極型	1542						13.9358
有意確率		1.000	1.000	.088	1.000	1.000	1.000

好に有意差があることが認められたのである。

以下の表でも見られるように，この6つのグループのうち，第6グループの「積極型」の「娯楽番組」選好の平均値が最も高く，次に高いのは第5グループの「同調・伝統型」で，その次に高いのは第4グループの「大衆型」であり，「現代都市型」，「反抗型」，「閉鎖型」から第3グループと「孤立型」の第2グループが続く。最も低いのは「反抗孤立型」である。

6 ライフスタイル・セグメント別に見た「ドラマ・映画番組」選好

ライフスタイル・セグメント間の「ドラマ・映画番組」選好の平均値の比較をした結果，ライフスタイル・セグメントによって「ドラマ・映画番組」選好の平均値に有意な差があることが確認できた。そこでさらに，ライフスタイルの違いによって，テレビ視聴がどのように異なっているのか，どのライフスタイル・セグメントの「ドラマ・映画番組」視聴の平均値が他のどのライフスタイル・セグメントの「ドラマ・映画番組」視聴の平均値と有意差があるのかを調べるために，8つのライフスタイル・セグメント別の「ドラマ・映画」視聴の番組選好の平均値に関する「その後の検定」を行った。

ここでもまず，8つのライフスタイル・セグメント別の「ドラマ・映画番

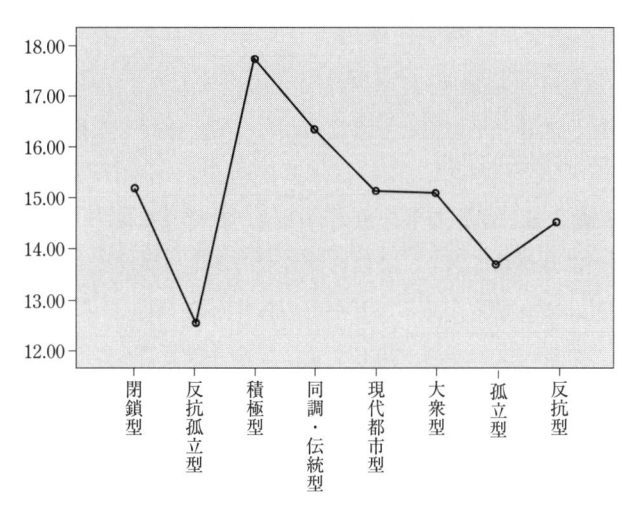

図Ⅸ-7 ライフスタイル別に見た「ドラマ・映画番組」選好の平均値

表Ⅸ-9 ライフスタイル・セグメント別の「ドラマ・映画番組」選好の範囲検定

ライフスタイル別	度数	$\alpha=.05$ のサブグループ					
		1	2	3	4	5	6
反抗孤立型	608	12.5444					
孤立型	917		13.6467				
反抗型	922			14.4837			
大衆型	2007				15.0713		
現代都市型	641				15.1076		
閉鎖型	1362				15.1946		
同調・伝統型	724					16.3384	
積極型	1504						17.6888
有意確率		1.000	1.000	1.000	.993	1.000	1.000

組」視聴の平均値のプロット図は，図Ⅸ-7のようになっている。

次に，ライフスタイル・セグメント別の「ドラマ・映画番組」選好の範囲検定を行った結果，表Ⅸ-9で表示されたように6つのグループに分類された。具体的に，一方では「現代都市型」と「大衆型」と，「閉鎖型」の間に「ドラマ・映画番組」選好の平均値による有意差がなくひとつのグループと分類されている。他方では,「反抗孤立型」や,「孤立型」や「反抗型」や「同調・伝統

型」,及び「積極型」などの5つのライフスタイルセグメント別の「ドラマ・映画番組」選好の平均値の間に有意差があり,また以上のグループの「ドラマ・映画番組」選好の平均値とも有意差があって,それぞれ独立のグループとして5グループに分類されている。つまり,ライフスタイル・セグメント別に「ドラマ・映画番組」選好の平均値の範囲検定を行った結果,有意差のある6つのグループに分かれており,これらの6つのグループ間における「ドラマ・映画番組」選好に有意差があることが認められたのである。

この6つのグループのうち,第6グループの「積極型」の「ドラマ・映画番組」選好の平均値が最も高く,次に高いのは第5グループの「同調・伝統型」であり,その次に高いのは「現代都市型」と「大衆型」と「閉鎖型」の第4グループであり,第3グループの「反抗型」,第2グループの「孤立型」が続く。最も低いのは第1グループの「反抗孤立型」である。

7 ライフスタイル・セグメント別に見た「学習番組」選好

ライフスタイル・セグメント間の「学習番組」選好の平均値の比較をした結果,ライフスタイル・セグメントによって「学習番組」の平均値に有意な差があることが確認できた。そこで,8つのライフスタイル・セグメント別の「学習番組」選好の平均値に関する「その後の検定」を行った。

ここでもまず,8つのライフスタイル・セグメント別の「学習番組」視聴の平均値のプロット図は以下のようになっている。

次に,ライフスタイル・セグメント別の「学習」番組選好の範囲検定を行った結果,表Ⅸ-10で表示されたように6つのグループに分類された。具体的に,「閉鎖型」と「孤立型」の間に「学習番組」選好の平均値による有意差がなくひとつのグループと分類され,「現代都市型」と「反抗型」の間にも「学習番組」選好の平均値による有意差がなくひとつのグループに分類されている。また,「反抗孤立型」や,「同調・伝統型」や,「大衆型」,及び「積極型」の4つのライフスタイル・セグメントにおける「学習番組」選好の平均値の間

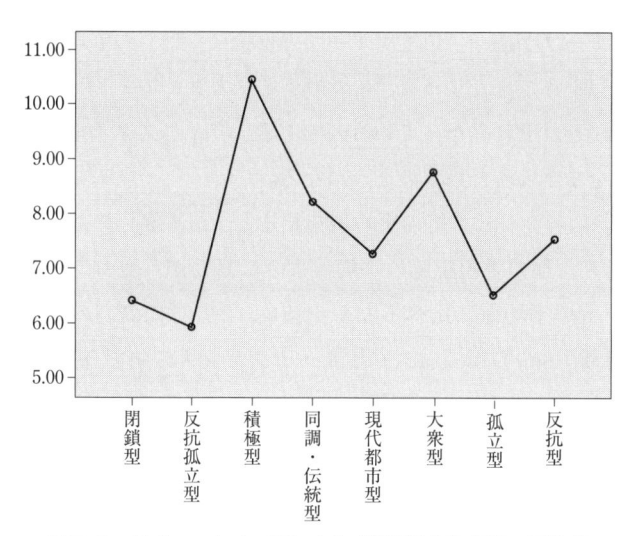

図Ⅸ-8　ライフスタイル別にみた「学習番組」選好の平均値

表Ⅸ-10　ライフスタイル・セグメント別の学習番組の選好範囲検定

ライフスタイル別	度数	α＝.05 のサブグループ					
		1	2	3	4	5	6
反抗孤立型	651	5.9493					
閉鎖型	1425		6.4077				
孤立型	889		6.4634				
現代都市型	620			7.2855			
反抗型	944			7.5742			
同調・伝統型	727				8.2201		
大衆型	2153					8.7863	
積極型	1504						10.4521
有意確率		1.000	1.000	.175	1.000	1.000	1.000

にはそれぞれ有意差があり，また以上の2つのグループの「学習番組」選好の平均値とも有意差があって，それぞれ独立のグループとして4つのグループに分類されている。

　表でもみられるように，この6つのグループのうち，第6グループ「積極型」の「学習番組」選好の平均値が最も高く，次に高いのは第5グループの「同調・伝統型」である。その次に高いのは第4グループであり，第3グルー

プと第2グループが続く。第1グループ「反抗孤立型」の平均値が最も低い。

　つまり，以上みてきたように，8つのライフスタイル・セグメント別のテレビ番組視聴がそれぞれ異なっているのである。ライフスタイル・セグメント別にその特徴をまとめると以下のようになる。

① 「閉鎖型」の各テレビ番組の平均値を見ると，最も高いのは「教養・啓発番組」であり，他の番組視聴の平均値よりは高いが，他のライフスタイル・セグメントの平均値に比べるとやや低い。2番目に高いのは「ドラマ・映画」であり，8つのライフスタイル・セグメントの中で3番目に高いが，3番目に高いのは「ニュース番組」であり，8つのライフスタイル・セグメントの中でも同じく3番目に高い。前述のように，8つのライフスタイル・セグメントの中でテレビ視聴時間が最も長いが，主にみているのは，「教養・啓発番組」，「ニュース番組」と「ドラマ・映画番組」であり，情報収集や時間つぶしのために見ている可能性が高いと思われる。

② 「反抗孤立型」は，テレビ番組全体における平均値が低いのが目立つ。どの番組に関しても8つのライフスタイル・セグメントの中で平均値が最も低く，どのテレビ番組も殆ど見ないか，見ていないことがわかる。

③ 「積極型」がどのテレビ番組もよく見ており，どのテレビ番組における平均値も他のライフスタイル・セグメントより高い。前述のように，テレビ視聴時間が8つのライフスタイル・セグメントの中で最も低いが，どのテレビ番組視聴における平均値も高いということは，番組を選んで，選んだ特定の番組をよく見ているからだと思われる。

④ 「同調・伝統型」の各テレビ番組選好に関する平均値を見ると，どの番組も比較的によく見ており，各番組における平均値が8つのライフスタイル・セグメントの中で2番目に高い（言い換えると，「積極型」ライフスタイル・セグメントの次に高いということ）。「同調・伝統型」のテレビ視聴時間は8つのライフスタイル・セグメントの中で2番目に高いわけではなく，さまざまな種類の番組もよくみているのである。

⑤ 「現代都市型」の各テレビ番組選好の平均値をみると，「教養・啓発番組」

選好における平均値が20.1552で最も高いが，他のライフスタイル・セグメントと比べるとやや低い。次に高いのは「ドラマ・映画」における平均値であるが，これも他のライフスタイル・セグメントと比べてやや低い。

⑥「大衆型」の各テレビ番組における平均値を見ると，どのテレビ番組もよく見ており，「教養・啓発番組」，「音楽番組」，「報道解説・特集番組」，「娯楽番組」，「学習番組」などの5種類の番組選好における平均値が8つのライフスタイル・セグメントの中で3番目に高い。

⑦「孤立型」が最もよく見ているのが「教養・啓発番組」であるが，その平均値が17.7739であり，8つのライフスタイル・セグメントの中で2番目に低い。「教養・啓発番組」，「ニュース番組」，「音楽番組」，「報道解説・特集番組」，「娯楽番組」，「ドラマ・映画」における平均値も8つのライフスタイル・セグメントの中で2番目に低く，どの番組もそんなに見ていないという印象を与えるが，視聴時間はどのライフスタイル・セグメントに比べても長いことが目立つので，このグループのテレビ視聴行動に関してはさらに分析・検討の必要がある。

⑧「反抗型」の各テレビ番組における平均値を見ると，「教養・啓発番組」選好における平均値が20.9747で最も高いが，他のライフスタイル・セグメントと比べるとやや低い。次に高いのは「ドラマ・映画番組」選好における平均値であるが，これも他のライフスタイル・セグメントと比べてやや低い。

以上取り上げたように，8つのライフスタイル・セグメント間におけるテレビ番組選好がテレビ番組選好の平均値における有意差の有無によって分類されたグループでそれぞれ異なっていることが明らかにされたのである。

第X章
テレビ視聴行動を規定する要因

　本章では，ライフスタイルがサード・エイジャーのテレビ視聴行動に及ぼす影響を明らかにすることを目的としている。前述のように日本でも中国でも，高齢者は自由時間の多くをテレビ視聴に当てていることが明らかにされている（王琪延，1999；马惠娣，2002；香取，2001；小田，2004；夏扎提古丽，2006a）。また，中国新疆ウィグル自治区の高齢者を対象として行った調査研究では，テレビ視聴行動は，性や年齢，地域，民族，家計，学歴，社会関係等によってかなり異なることが明らかにされている（夏扎提古丽，2006b；2007a；2007b；2007c；2007d；2008；2009a；2009b；2010a；2010b；2011）。しかしながら，ライフスタイルの観点からサード・エイジャーのテレビ視聴行動を試みた研究は，中国や日本はもとより諸外国においても例をみない。

　前述のように，ライフスタイル研究は，マーケティングの領域を中心に発展してきたが，近年では高齢者研究を含むさまざまな領域でライフスタイルの観点からの研究が進められており，メディア研究においてもライフスタイルに着目した研究が試みられている。しかしながら，高齢者研究においては主に健康問題との関連でライフスタイルが取り上げられており，社会老年学の領域においてもライフスタイル研究は緒に着いたばかりである（Hendricks and Hatch, 2006）。また，メディア研究では，ポケットベルや携帯電話，インターネット等のニューメディアの利用とライフスタイルの関係に関心がもたれてきたが（Novak, 1990），テレビ視聴行動とライフスタイルの関係に焦点を当てた研究はみられない。

テレビ視聴行動が人口学的・社会的属性に左右されることは既に述べた通りであるが，マーケティング研究において購買行動が性別や年齢，職業，所得等の違いよりも，ライフスタイルの違いによって，より大きく左右されることを明らかにしてきたように，テレビ視聴行動という消費者行動にもライフスタイルが大きく影響していると考えられる。そこで，本書では，ライフスタイルがテレビ視聴行動に及ぼす影響の大きさを人口学的・社会的属性との比較から明らかにする。

　ライフスタイルがサード・エイジャーのテレビ視聴時間と各番組選好にどのような影響を与えているのかを明らかにするために，これまでに多くの研究でメディア接触行動に影響する要因として指摘されてきた諸要因とライフスタイル変数を用いて，強制投入法による重回帰分析を行って検討する。その際，カテゴリー変数に関しては，(カテゴリー変数−1)個のダミー変数を用いるが，具体的には次の通りである。すなわち，ライフスタイル変数はカテゴリー変数であるので，「反抗型」を基準カテゴリーにしたダミー変数を用いて量的変数に変換した。また，以下の変数もダミー変数である（括弧内は基準カテゴリー）。性別（女），職業（無職），自由時間（ない），一人で過ごす（誰かと過ごす）。

第Ⅰ節　サード・エイジャーのテレビ視聴時間を規定する要因

　本節では，これまでに多くの研究でメディア接触時間に影響する要因として指摘されてきた諸要因とライフスタイル変数を用いて，強制投入法による重回帰分析を行い，それぞれのメディア利用時間に影響を与える要因について検討する。その際，ライフスタイルがテレビ視聴時間に及ぼす影響の大きさを人口学的・社会的属性との比較から明らかにする。なお，テレビ視聴時間はカテゴリー変数なので，テレビ視聴時間を次のように量的変数に変換した。全く見ないは0分とし，30分は30，1時間以内は60分というように60分刻みにし，8

時間以上を540分とした。

　以下に紹介する強制投入法による重回帰分析結果表のうちのモデルⅠは，人口学的・社会的属性と自由時間と自由時間を誰と過ごしているか等でサード・エイジャーのテレビ視聴時間を説明するモデルであり，モデルⅡはそれらの変数にライフスタイル変数を加えた上でテレビ視聴時間を説明するモデルである。

　表Ⅹ-1は，2つのモデルそれぞれに関して，投入するＦの確率を0.05％以下，除去するＦの確率を0.1以上として，強制投入法による重回帰分析を行った時の結果である。

　モデルⅠによる分析結果からは，サード・エイジャーのテレビ視聴時間は，「年間所得」と「1ヶ月の生活費」が高いほど，「通学年数」が多いほど長くなることがわかる。「男」であること，「一般社員・職員」，「公務員」，「自営業」，「アルバイト・パート」などをしていること，言い換えると職業を持っていること，「自由時間がある」，自由時間を「一人」で過ごしていることが多いほど視聴時間が短くなることがわかる。そして，民族や「年齢」，及び「居住地域」がテレビ視聴時間に有意な影響を与えていない（明確な正負の関係が認められなかった）。

　モデルⅡによる分析結果からは，サード・エイジャーのテレビ視聴時間が「年間所得」と「一ヶ月の生活費」，「通学年数」が高いほど，「年齢」が上がるほど長くなり，「閉鎖型」，「反抗孤立型」，「現代都市型」，「孤立型」なども促進的作用をしていることがわかる。また，「男」であるほど，職業が「一般社員・職員」，「公務員」，「自営業」，「アルバイト・パート」などをしているほど，自由時間を「一人」で過ごすことが多いほど視聴時間が短くなり，これらの要因と「積極型」と「大衆型」が視聴時間を阻害する要因であることがわかる。そして，「民族」，「居住地域」，「自由時間がある」，及び「同調・伝統型」がテレビ視聴時間に有意な影響を与えていない（明確な正負の関係が認められなかった）。

　標準化偏回帰係数に注目してみると，モデルⅠでは，サード・エイジャーのテレビ視聴時間に有意な正の影響を与える要因の中で標準化偏回帰係数の値が

表X-1 「テレビ視聴時間」を規定する要因に関する重回帰分析（強制投入法）結果

変数名	モデルⅠ			モデルⅡ		
	β	P	VIF	β	P	VIF
男	−.086	.000	1.041	−.053	.000	1.078
民族	−.002	.857	1.110	−.007	.586	1.113
都市部ダミー	−.014	.277	1.107	−.006	.668	1.107
一般社員・職員	−.149	.000	1.542	−.102	.000	1.584
公務員	−.067	.000	1.265	−.045	.001	1.281
自営業	−.119	.000	1.469	−.064	.000	1.500
アルバイト・パート	−.121	.000	1.119	−.118	.000	1.147
年間所得	.083	.000	1.188	.094	.000	1.128
一ヶ月の生活費	.048	.000	1.192	.068	.000	1.128
通学年数	.086	.000	1.133	.064	.000	1.151
年齢	.002	.857	1.145	.035	.011	1.175
自由時間がある	−.047	.000	1.090	−.024	.074	1.119
一人	−.063	.000	1.036	−.070	.000	1.063
閉鎖型				.149	.000	2.377
反抗孤立型				.057	.001	1.679
積極型				−.053	.004	2.156
同調・伝統型				.028	.086	1.721
現代都市型				.044	.010	1.823
大衆型				−.054	.010	2.690
孤立型				.119	.000	1.923
調整済み R2 乗	0.048			0.094		
F 値	24.482			30.639		

注：βは標準化係数，Pは有意確率，VIFは多重共線性の統計量

最も高いのは「通学年数」であるが，その標準化偏回帰係数がわずか0.086であり，「通学年数」がテレビ視聴に有意な正の影響する要因であるといってもその影響は強くないことがわかる。そこで，ライフスタイル変数を投入してから分析した結果を見ると，「閉鎖型」であることが有意な正の影響をしており，その標準化偏回帰係数が0.149で最も高いことがわかる。また，これらの標準化偏回帰係数がライフスタイル変数を投入しなかったモデルⅠにおけるどの変数の標準化偏回帰係数よりも高いことがわかる。いうまでもなく，これらの結

果は，テレビ視聴時間に影響する要因を議論するときに，ライフスタイル変数を投入したほうがよりよく説明することが出来ることを示していることを物語っているといえる。

　モデルⅠ，Ⅱともに，重相関係数の大きさからいって説明力がごく小さく，ライフスタイル変数を投入した場合でも説明力が顕著に上昇するわけではないが，重相関係数の大きさから見ると，モデルⅡの場合はモデルⅠの2倍ほど高くなっており，モデルの精度が少しだけでも高くなっていることは確かである。したがって，テレビ視聴時間に影響する要因を考えるときに，ライフスタイルの観点を導入することの意義は小さくはないといえる。

第2節　テレビ番組選好を規定する要因

　本節では，テレビ番組選好を規定する要因に関する分析を基に，ライフスタイルがサード・エイジャーのテレビ視聴行動に及ぼす影響を明らかにすることを目的としている。

　以下においてこれまでの研究でテレビ番組選好に影響を与える要因として触れてきた全ての要因とライフスタイル変数を用いて，それぞれのテレビ番組視聴に影響を与える要因について検討する。その際，番組類型として用いる番組は調査表で使用した45種類の番組ではなく，第Ⅷ章で紹介した番組選好について因子分析を行なった結果，共通因子として抽出された7類型である。カテゴリー変数に関しては，（カテゴリー変数－1）個のダミー変数を用いる。

　表Ⅹ-2，表Ⅹ-3，表Ⅹ-4は，2つのモデルそれぞれに関して，投入するFの確率を0.05％以下，除去するFの確率を0.1以上として，強制投入法による重回帰分析を行った時の結果である。そして，モデルⅠは，人口学的・社会的属性と自由時間と自由時間を誰と過ごしているかなどでテレビ番組選好を説明するモデルであり，モデルⅡはそれらの変数にライフスタイル変数を加えた上でテレビ番組選好を説明する要因である。なお，表の中の「教養・啓発番組」や「ニュース番組」，「音楽番組」などの欄は，番組ごとに分析した結果であ

表X-2 テレビ番組選好を規定する要因に関する重回帰分析（強制投入法）結果（その1）

モデル番号	変数名	教養・啓発番組			ニュース番組			音楽番組		
		β	P	VIF	β	P	VIF	β	P	VIF
モデルI	男	.086	.000	1.058	.096	.000	1.047	.069	.000	1.051
	民族	-.020	.133	1.101	-.034	.009	1.110	-.040	.002	1.107
	都市部	.019	.163	1.096	.012	.340	1.107	.027	.032	1.104
	一般社員・職員	.159	.000	1.511	.039	.011	1.491	.140	.000	1.493
	公務員	.233	.000	1.283	.156	.000	1.249	.218	.000	1.247
	自営業	.098	.000	1.483	.038	.011	1.469	.077	.000	1.461
	アルバイト・パート	-.018	.202	1.128	.022	.087	1.117	-.040	.002	1.102
	年間所得	-.034	.010	1.064	-.075	.000	1.143	-.025	.057	1.126
	一ヶ月の生活費	.058	.000	1.065	.012	.380	1.145	.032	.014	1.121
	通学年数	-.040	.003	1.108	-.073	.000	1.099	-.092	.000	1.098
	年齢	.027	.049	1.150	-.034	.012	1.164	-.023	.077	1.156
	自由時間がある	.079	.000	1.094	.149	.000	1.102	.058	.000	1.088
	一人	.035	.007	1.042	-.020	.122	1.044	.056	.000	1.046
	調整済み R2 乗	.077			.063			.073		
	F 値	36.132			32.515			38.951		
モデルII	男	.051	.000	1.084	.079	.000	1.084	-.046	.001	1.084
	民族	-.004	.789	1.104	-.037	.009	1.104	.026	.063	1.104
	都市部ダミー	.007	.578	1.091	.003	.833	1.091	-.011	.407	1.091
	一般社員・職員	.098	.000	1.533	.028	.094	1.533	-.086	.000	1.533
	公務員	.139	.000	1.347	.096	.000	1.347	-.122	.000	1.347
	自営業	.064	.000	1.501	.025	.137	1.501	-.045	.005	1.501
	アルバイト・パート	-.018	.182	1.124	.068	.000	1.124	.084	.000	1.124
	年間所得	-.008	.534	1.104	-.045	.001	1.104	.014	.309	1.104
	一ヶ月の生活費	.000	.977	1.129	-.001	.968	1.129	.002	.874	1.129
	通学年数	.021	.125	1.139	-.065	.000	1.139	.018	.202	1.139
	年齢	-.008	.547	1.177	-.071	.000	1.177	.077	.000	1.177
	自由時間がある	.063	.000	1.107	.124	.000	1.107	.014	.325	1.107
	一人	-.018	.172	1.110	-.034	.016	1.110	-.019	.181	1.110
	閉鎖型	.003	.881	2.638	.181	.000	2.638	.130	.000	2.638
	反抗孤立型	-.123	.000	1.777	-.083	.000	1.777	.169	.000	1.777
	積極型	.404	.000	2.422	.346	.000	2.422	-.217	.000	2.422
	同調・伝統型	.124	.000	1.695	.201	.000	1.695	-.074	.000	1.695
	現代都市型	.000	.977	1.789	.051	.005	1.789	.024	.176	1.789
	大衆型	.166	.000	2.662	.115	.000	2.662	-.061	.005	2.662
	孤立型	-.108	.000	2.063	.011	.559	2.063	.182	.000	2.063
	調整済み R2 乗	.288			.185			.218		
	F 値	92.034			52.122			63.711		

注：βは標準化係数，Pは有意確率，VIFは多重共線性の統計量

表X-3 テレビ番組選好を規定する要因に関する重回帰分析（強制投入法）結果（その2）

モデル番号	変数名	報道解説・特集番組			娯楽番組			ドラマ・映画番組		
		β	P	VIF	β	P	VIF	β	P	VIF
モデルI	男	.134	.000	1.048	.039	.002	1.052	.011	.375	1.049
	民族	-.021	.105	1.109	-.019	.147	1.105	-.035	.009	1.106
	都市部	.018	.157	1.106	.013	.334	1.101	.000	.972	1.103
	一般社員・職員	.135	.000	1.518	.172	.000	1.505	.145	.000	1.498
	公務員	.182	.000	1.255	.248	.000	1.264	.151	.000	1.259
	自営業	.111	.000	1.482	.137	.000	1.457	.042	.005	1.467
	アルバイト・パート	.006	.645	1.122	-.005	.689	1.116	-.009	.518	1.123
	年間所得	-.085	.000	1.131	-.062	.000	1.178	-.019	.142	1.086
	一ヶ月の生活費	.052	.000	1.134	.053	.000	1.172	-.011	.408	1.086
	通学年数	-.018	.156	1.094	-.077	.000	1.088	-.055	.000	1.102
	年齢	-.003	.834	1.165	-.010	.434	1.153	-.047	.000	1.157
	自由時間がある	.120	.000	1.095	.095	.000	1.090	.044	.001	1.095
	一人ダミー	-.001	.945	1.035	.046	.000	1.048	.053	.000	1.049
	調整済みR2乗	.076			.080			.070		
	F値	39.610			41.535			36.792		
モデルII	男	-.120	.000	1.084	-.023	.106	1.084	-.017	.223	1.084
	民族	.012	.382	1.104	.005	.726	1.104	-.037	.008	1.104
	都市部ダミー	-.003	.801	1.091	-.003	.847	1.091	-.008	.571	1.091
	一般社員・職員	-.106	.000	1.533	.085	.000	1.533	.128	.000	1.533
	公務員	-.150	.000	1.347	.173	.000	1.347	.103	.000	1.347
	自営業	-.082	.000	1.501	.029	.082	1.501	.037	.023	1.501
	アルバイト・パート	-.016	.234	1.124	-.038	.008	1.124	.023	.109	1.124
	年間所得	.032	.020	1.104	.014	.306	1.104	.038	.006	1.104
	一ヶ月の生活費	-.021	.133	1.129	.008	.576	1.129	-.027	.056	1.129
	通学年数	.004	.766	1.139	-.042	.004	1.139	-.045	.001	1.139
	年齢	.035	.013	1.177	-.062	.000	1.177	-.066	.000	1.177
	自由時間がある	-.079	.000	1.107	.047	.001	1.107	.043	.002	1.107
	一人	.027	.050	1.110	-.008	.571	1.110	.049	.000	1.110
	閉鎖型	-.116	.000	2.638	.147	.000	2.638	.258	.000	2.638
	反抗孤立型	.134	.000	1.777	-.096	.000	1.777	-.085	.000	1.777
	積極型	-.323	.000	2.422	.310	.000	2.422	.402	.000	2.422
	同調・伝統型	-.192	.000	1.695	.163	.000	1.695	.247	.000	1.695
	現代都市型	-.028	.105	1.789	.004	.836	1.789	.112	.000	1.789
	大衆型	-.120	.000	2.662	.121	.000	2.662	.148	.000	2.662
	孤立型	.095	.000	2.063	-.062	.001	2.063	.061	.001	2.063
	調整済みR2乗	.248			.189			.205		
	F値	75.449			53.658			58.966		

注：βは標準化係数，Pは有意確率，VIFは多重共線性の統計量

表X-4 学習番組選好を規定する要因に関する重回帰分析（強制投入法）結果（その3）

変数名	モデルI			モデルII		
	β	P	VIF	β	P	VIF
男	－.086	.000	1.041	.044	.001	1.084
民族	－.002	.857	1.110	－.013	.333	1.104
都市部ダミー	－.014	.277	1.107	.009	.468	1.091
一般社員・職員	－.149	.000	1.542	.026	.089	1.533
公務員	－.067	.000	1.265	.121	.000	1.347
自営業	－.119	.000	1.469	.038	.014	1.501
アルバイト・パート	－.121	.000	1.119	－.063	.000	1.124
年間所得	.083	.000	1.188	－.009	.495	1.104
一ヶ月の生活費	.048	.000	1.192	.005	.707	1.129
通学年数	.086	.000	1.133	－.009	.492	1.139
年齢	.002	.857	1.145	－.034	.011	1.177
自由時間がある	－.047	.000	1.090	.014	.273	1.107
一人	－.063	.000	1.036	－.008	.518	1.110
閉鎖型				－.188	.000	2.638
反抗孤立型				－.160	.000	1.777
積極型				.321	.000	2.422
同調・伝統型				.034	.036	1.695
現代都市型				.014	.403	1.789
大衆型				.189	.000	2.662
孤立型				－.112	.000	2.063
調整済みR2乗	.070			.304		
F値	36.792			99.387		

注：βは標準化係数，Pは有意確率，VIFは多重共線性の統計量

る。したがって，番組ごとにそれぞれのモデルにおける結果をみていくことにする。以下に述べる結果は全て有意水準が0.05以下のものである。

1 「教養・啓発番組」選好を規定する要因

「教養・啓発番組」選好に関するモデルIによる分析結果（人口学的・社会学的属性変数と自由時間に関する属性変数を用いて「教養・啓発番組」選好に関する重回帰分析を行った結果）からは，サード・エイジャーの「教養・啓発番組」

選好を促進する要因は,「男」,「一般社員・職員」,「公務員」,「自営業」,「1ヶ月の生活費」,「自由時間がある」,自由時間を「一人」で過ごす等であることがわかる。阻害的に作用している要因は,「通学年数」であることがわかった。また,「民族」,「居住地域」,「アルバイト・パート」,「年間所得」,「年齢」等が「教養・啓発番組」選好に有意な影響を与えていなかった。

2　「ニュース番組」選好を規定する要因

　モデルⅠによる分析結果からは,サード・エイジャーの「ニュース番組」選好を促進する要因は,「男」,「公務員」,「自由時間がある」等であることがわかる。「ニュース番組」選好に阻害的に作用している要因は,「民族」,「年間所得」,「通学年数」,「年齢」であることがわかった。また,「居住地域」,「一般社員・職員」,「自営業」,「アルバイト・パート」,「1ヶ月の生活費」,「年齢」,自由時間を「一人」で過ごすこと等が「ニュース番組」選好に有意な影響を与えていなかった。

　「ニュース番組」選好に関するモデルⅡによる分析結果からは,サード・エイジャーの「ニュース番組」選好に促進的に作用している要因は「男」,「公務員」,「アルバイト・パート」,「自由時間がある」,「閉鎖型」,「積極型」,「同調・伝統型」,「現代都市型」,及び「大衆型」などであり,阻害的に作用している要因は,「民族」,「年間所得」,「通学年数」,「年齢」,及び「反抗孤立型」等である。「居住地域」,「一般社員・職員」,「自営業」,「1ヶ月の生活費」,自由時間を「一人」で過ごすこと,「孤立型」等が「ニュース番組」選好に有意な影響を与えていなかった。

3　「音楽番組」選好を規定する要因

　サード・エイジャーの「音楽番組」選好を説明するモデルⅠによる分析結果からは,サード・エイジャーの「音楽番組」選好を促進する要因は,「男」,

「都市部」,「一般社員・職員」,「公務員」,「自営業」,「自由時間がある」,自由時間を「一人」で過ごすこと等であることがわかる。「音楽番組」選好に阻害的に作用している要因は,「漢民族」,「アルバイト・パート」,「通学年数」であることがわかった。また,「年齢」,「年間所得」,「1ヶ月の生活費」等が「音楽番組」選好に有意な影響を与えていなかった。

　ライフスタイル変数を投入して分析したモデルⅡによる分析結果からは,サード・エイジャー全体の「音楽番組」選好に促進的に作用している要因は「アルバイト・パート」,「年齢」,「閉鎖型」,「反抗孤立型」,及び「孤立型」等であり,阻害的に作用している要因は,「男」,「一般社員・職員」,「公務員」,「自営業」,「積極型」,「同調・伝統型」,及び「大衆型」などであることがわかる。また,「漢民族」,「居住地域」,「年間所得」,「1ヶ月の生活費」,「通学年数」,「自由時間がある」,自由時間を「一人」で過ごすこと,及び「現代都市型」等が「音楽番組」選好に有意な影響を与えていなかった。

4 「報道解説・特集番組」選好を規定する要因

　モデルⅠによる分析結果からは,サード・エイジャーの「報道解説・特集番組」選好を促進する要因は,「男」,「一般社員・職員」,「公務員」,「自営業」,「1ヶ月の生活費」,「自由時間がある」等であり,「報道解説・特集番組」選好に阻害的作用している要因は,「年間所得」であることがわかった。また,「民族」,「居住地域」,「アルバイト・パート」,「年齢」,「通学年数」,自由時間を「一人」で過ごすこと等が「報道解説・特集番組」選好に有意な影響を与えていなかった。

　ライフスタイル変数を投入して分析したモデルⅡによる分析結果からは,サード・エイジャーの「報道解説・特集番組」選好に促進的に作用している要因は「年間所得」,自由時間を「一人」で過ごす,「反抗孤立型」,「孤立型」などであり,阻害的に作用している要因は,「男」,「一般社員・職員」,「公務員」,「自営業」,自由時間を「一人」で過ごすこと,「閉鎖型」,「積極型」,「同調・

伝統型」，及び「大衆型」等である。「民族」，「居住地域」，「アルバイト・パート」，「1ヶ月の生活費」，「通学年数」，「年齢」，「自由時間がある」，「現代都市型」等が「報道解説・特集番組」選好に有意な影響を与えていなかった。

5　「娯楽番組」選好を規定する要因

サード・エイジャーの「音楽番組」選好を説明するモデルⅠによる分析結果からは，サード・エイジャーの「娯楽番組」選好を促進する要因は，「男」，「一般社員・職員」，「公務員」，「自営業」，「1ヶ月の生活費」，「自由時間がある」，自由時間を「一人」で過ごすこと等であることがわかる。次に「娯楽番組」選好に阻害的に作用している要因は，「通学年数」，「年間所得」であることがわかる。また，「民族」，「居住地域」，「アルバイト・パート」，「年齢」などが「娯楽番組」選好に有意な影響を与えていなかった。

ライフスタイル変数を投入して分析したモデルⅡによる分析結果からは，サード・エイジャーの「娯楽番組」選好に促進的に作用している要因は「一般社員・職員」，「公務員」，「自由時間がある」，「閉鎖型」，「積極型」，「同調・伝統型」，及び「大衆型」などであり，阻害的に作用している要因は，「男」，「アルバイト・パート」，「年齢」，「反抗孤立型」，及び「孤立型」等である。また，「民族」，「居住地域」，「自営業」，「年間所得」，「1ヶ月の生活費」，「通学年数」，自由時間を「一人」で過ごすこと，「現代都市型」等が「娯楽番組」選好に有意な影響を与えていなかった。

6　「ドラマ・映画番組」選好を規定する要因

モデルⅠによる分析結果からは，サード・エイジャー全体の「ドラマ・映画」番組選好を促進する要因は，「一般社員・職員」，「公務員」，「自営業」，「自由時間がある」，自由時間を「一人」で過ごすこと等であり，「ドラマ・映画」番組選好に阻害的に作用している要因は，「漢民族」，「通学年数」，「年齢」

であることがわかった。また,「男」,「居住地域」,「アルバイト・パート」,「年間所得」「1ヶ月の生活費」が「ドラマ・映画」番組選好に有意な影響を与えていなかった。

ライフスタイル変数を投入して分析したモデルⅡによる分析結果からは,サード・エイジャー全体の「ドラマ・映画」番組選好に促進的に作用している要因は「一般社員・職員」,「公務員」,「自営業」,「年間所得」,「自由時間がある」,自由時間を「一人」で過ごすこと,「閉鎖型」,「積極型」,「同調・伝統型」,「現代都市型」,「大衆型」,及び「孤立型」などであり,「民族」,「通学年数」,「年齢」,「反抗孤立型」等が阻害的に作用している要因であることがわかる。また,「性別」,「居住地域」,「アルバイト・パート」,「1ヶ月の生活費」等が「ドラマ・映画」番組選好に有意な影響を与えていなかった。

7 「学習番組」選好を規定する要因

モデルⅠによる分析結果からは,サード・エイジャーの「学習番組」選好を促進する要因は,「年間所得」,「1ヶ月の生活費」等であり,「男」,「一般社員・職員」,「公務員」,「自営業」,「アルバイト・パート」,「自由時間がある」,自由時間を「一人」で過ごすことであること等が「学習番組」選好に阻害的に作用している要因であることがわかる。また,「民族」,「居住地域」,及び「年齢」が「学習番組」選好に有意な影響を与えていなかった。

ライフスタイル変数を投入して分析したモデルⅡによる分析結果からは,サード・エイジャーの「学習番組」選好に促進的に作用している要因は「男」,「一般社員・職員」,「公務員」,「積極型」,「同調・伝統型」,「大衆型」などであり,「アルバイト・パート」をしていること,「年齢」,「閉鎖型」,「反抗孤立型」,及び「孤立型」等が阻害的に作用している要因であることがわかる。また,「居住地域」,「自営業」,「通学年数」,「年間所得」,「1ヶ月の生活費」,「自由時間がある」,自由時間を「一人」で過ごすこと,及び「現代都市型」等

が「学習番組」選好に有意な影響を与えていなかった。

　最後に，以上紹介させていただいた各番組選好の重回帰分析結果（表X-2から表X-4）で，各変数の標準化偏回帰係数に注目してみると，音楽番組を除くと，他の番組類型では，いずれもライフスタイル変数の標準化係数が他の変数のそれよりも大きくなっている。例えば，「教養・啓発番組」選好に関する分析結果をみてみよう。ライフスタイル変数を投入しないで分析したモデルⅠでは，有意な正の影響を与える要因の中で標準化偏回帰係数の値が最も高いのは「公務員」であり，その標準化偏回帰係数が0.233で，「公務員」が人口学的・社会学的属性変数と自由時間に関する属性変数を用いて「教養・啓発番組」選好に関する重回帰分析を行った際にテレビ番組選好に有意な正の影響を与える要因の中でその影響が最も強い要因であることがわかる。そこで，ライフスタイル変数を投入してから分析したモデルⅡでの分析結果をみると，「積極型」が有意な正の影響を与えており，その標準化偏回帰係数が0.404で最も高く，ライフスタイル変数を投入しなかったモデルⅠにおける有意な正の影響を与えているどの変数の標準化偏回帰係数よりもかなり高いことがわかる。

　そして，表X-2から表X-4で一覧化した分析結果を一目見てわかることは，ライフスタイル変数を投入したことにより，どの番組類型においても，重相関係数の変化に見られるように，説明力が大幅に上昇していることである。このことは，テレビ視聴時間の分析では見られなかったことである。要するに，ライフスタイルが，どれだけ長い時間テレビを見るかということにではなく，どのような番組を好んでみるかということに強く影響を与えているということである。

8　要約と結論

　ライフスタイルがサード・エイジャーのテレビ視聴行動にどのような影響を与えているのかを明らかにするために，8つに類型化したライフスタイル変数

とこれまでに多くの研究で取り上げられてきた要因を用いて重回帰分析を行った。その結果，以下のようなことが明らかになった。

　これまでに新疆ウイグル自治区で実施された調査研究では，高齢者のテレビ視聴行動を見ていくときに性や年齢，地域的特性，民族，家計，学歴，社会関係等による差異を無視できないという知見が得られていたが，ライフスタイルの観点を導入した今回のテレビ視聴時間と番組選好の分析から，それらの差異よりもライフスタイルの違いの方がテレビ視聴行動に大きな影響を与えていることがわかった。例えば，「娯楽番組」選好に関して，人口学的・社会学的属性変数と自由時間に関する変数だけを用いた分析では，「都市部」であることが「娯楽番組」選好を促進する要因になっているが，ライフスタイル変数を加えて分析した結果は，「都市部」であることは番組選好に有意な影響を与えていない。

　また，サード・エイジャーのテレビ視聴行動を民族別で説明するより，ライフスタイル変数を用いて説明する方が，モデルの説明力が高く，テレビ視聴行動においてライフスタイルを用いて説明することの有効性が明らかにされた。具体的には，テレビ視聴時間や「教養・啓発番組」，「報道解説・特集番組」，「娯楽番組」，「学習番組」において民族による差異が認められなかったが，殆どのライフスタイル変数が番組選好に有意な影響を与えている。ライフスタイル変数を投入しないで分析したときに民族が有意な影響を与えたとしても，ライフスタイル変数を加えてから分析すると，有意な影響を与えていなかった。例えば，「娯楽番組」選好に関して，人口学的・社会学的属性変数と自由時間に関する変数だけを用いた分析をした時に，「漢民族」であることが「娯楽番組」選好を阻害する要因になっているが，ライフスタイル変数を加えて分析した結果，番組選好に有意な影響を与えていなかった。そして，ライフスタイル変数を加えて分析したときに民族が有意な影響を与えた場合でも，その影響がきわめて弱いことが明らかにされた。例えば，「ニュース」選好と「ドラマ・映画」選好に関して，「漢民族」であることが，人口学的・社会学的属性変数と自由時間に関する変数だけを用いた分析をした時でも，そしてライフスタイ

ル変数を加えて分析した結果でも，民族が「娯楽番組」選好を阻害する要因になっているが，その標準化偏回帰係数は非常に小さく，どのライフスタイル変数の標準化偏回帰係数よりもかなり低い値になっている。

　これまでのテレビ視聴時間や番組選好の分析は，主としていわゆるデモグラフィック要因で行われ，それなりの結果を得ていた。それは，テレビ接触に関する人々の行動が社会的階層である程度理解できていた，ということであろうが，今日のテレビ接触行動は，かつてにないほど個人化している。それは家庭内における家族のテレビ視聴時間をみれば，以前とまったく異なることからも容易にわかる。つまり，もはやかつてのように，主として，性，年齢などでテレビ接触が決まるのではなく，個々人の趣味趣向で決まる部分が多くなったと考えられる。この個々人の趣味趣向を図る尺度のひとつが，ライフスタイルである，といっても言い過ぎではないであろう。こうした傾向は，テレビ接触行動だけではなしに，人々の生活のあらゆる分野で進行するであろう。こうした観点から，本研究が，今後のライフスタイル研究に，少しでも貢献できれば幸いである。

　以上のように，サード・エイジャーのテレビ視聴行動がその他の要因にもましてライフスタイルによって左右されることが明らかにされた。このことは，従来のような変数だけで視聴者を分類することの限界が明らかにされたことを意味すると考える。そして，また，このことは，高齢化社会における番組を考える上で，各テレビ局や番組制作者がサード・エイジャーのライフスタイルに着目することの意義が大きいことを物語っているといえる。

　残された課題も多い。作成した重回帰モデルの説明力は十分とはいえない。それだけサード・エイジャーのテレビ視聴行動には多様な要因が関係しているということもいえるが，モデルの改善を今後の課題にしたい。また，ライフスタイルはテレビ視聴時間や番組選好に影響を与えるが，テレビ視聴行動がライフスタイルに与える影響も解明されなければならない重要な課題であると考える。

第XI章
結論と考察

　本研究では、ライフスタイルの観点から高齢者のメディア接触行動の構造を明らかにすることを目的として研究を展開させてきた。中国新疆ウイグル自治区サード・エイジャーのマス・メディア接触行動、特にテレビ視聴行動に焦点を当て、ライフスタイル間におけるメディア接触特にテレビ視聴の差異を明らかにすることを目指してきた。中心的な関心は、新疆ウイグル自治区サード・エイジャーのライフスタイルは彼らのメディア接触行動、特にテレビ視聴行動にどう関係しているか。① 異なるライフスタイルグループに属している高齢者は、テレビ視聴時間に差異があるのか、② 異なるライフスタイルがもたらすテレビ視聴、番組選好に差異が見られるのか、ライフスタイルがテレビ視聴行動、特にテレビ番組選好にどのように影響しているのか、等を明らかにすることであった。

　このような目的を達成させるために、これまでにマス・コミュニケーション領域で行われた受け手に関する調査研究について確認した結果、① 受け手のメディア接触行動において、社会状況または社会の経時的変化の受け手への影響が大きいこと、② メディア情報の受け手の生活態度や考え方に与える影響が大きいこと、③ メディア文化が受け手の道徳的・文化的規範を形成する力を持っていること、④ 受け手のタイプが多様化してきているといわれているが、このような受け手の多様性と一致するような受け手の分類が出来ていないこと、⑤ ライフスタイル分析は、受け手をめぐる新しい理論として用いられており、日本や中国におけるマス・コミュニケーション研究領域にも登場して

いるが，それらの研究はインターネットや携帯電話などのニューメディア技術の採用に限定されていること等が確認できた。

また，メディアが発する情報が受け手の生活態度や考え方に影響することやメディア接触行動，特にテレビ視聴行動がライフスタイルの形成に影響するということを指摘している研究者もいれば，ライフスタイルがメディア接触行動に影響するということを指摘する研究者もいるが，それらのことを実証した調査研究が見られない。つまり，これまで行われた研究では，メディア接触行動，特にテレビ視聴行動が高齢者のライフスタイルと関係があるかどうか，どう関係しているのか。言い換えると，メディア選好または，テレビ視聴（番組選好）がライフスタイルによってどのように異なっているのか，そして，異なったライフスタイルが彼らのメディア利用またはテレビ視聴にどのような影響を与えているのかが明らかにされていないことが確認できた。第Ⅱ章で見てきたように，マス・コミュニケーション領域において，これまでも多くの理論が提案され，使用されてきたが，本研究で明らかにしようとしている以上の課題や問題点を解決できた調査研究がなされていないことが確認できた。

そこで，本研究では，これまでの受け手研究で明らかにされていなかった以上のような課題に答えようとしてきた。

このような目的を達成させるために，まずこれまでのライフスタイルに関する調査研究について確認したところ，①先進産業国と開発途上国，経済が発展した地域と貧困地域の間でライフスタイルの現れ方が異なること，②ライフスタイルの多様化という現象は主に先進国（または経済が発展した地域）に限られていること，③ライフスタイルに関する調査研究で最もよく使われている測定変数は，態度，価値観，活動，興味，意見，人口学的属性変数等であることがわかった。

また，高齢者のライフスタイルに関する調査研究からは，①高齢者のライフスタイルに関する調査研究の中では，健康，生活習慣病，介護サービス，スポーツとの関連で行なわれたものが多く，中でも「健康」問題との関連で行なわれた研究が多いことが確認できた。それと同時に，これまでのライフスタイ

ル研究が，①「高齢者と一口でいっても，いろいろなタイプの高齢者がいる」という結論で終わっていること，②ライフスタイルを価値観または生活態度，生活意識のいずれかだけで測定してしまっていること，③高齢者のライフスタイルは中年の人々のライフスタイルと違いがあるかどうか，またそれは高齢者だけのライフスタイルなのか，それとも成人全体のライフスタイルなのかが明らかにされていないことが確認できた。

　ライフスタイルの概念と測定尺度に関してはこれまでにも数多くの議論と提案があるが，未だに最も標準的なものだとみなされるものはない。しかし，共通するところは，ライフスタイルは活動（activity）と興味・関心（interest），態度・意見（opinion）によって形成される生活パターンと見なされていることである。そこで，本研究では，日常的生活行動と社会観（現代社会に対する態度・意見）からライフスタイルを類型化し，測定尺度を作成することにする。興味・関心に関しては，それが行動となって現れるときに，その個人の生活パターンを形成すると考え，あえて独立させることをせず，その代わりに多様な日常生活行動をとりあげることにした。

　以上のような先行研究の検討を基に，中国新疆ウィグル自治区の4つの都市と7つの県で19,360人を対象にアンケート調査を行った結果，11,327人の協力を得ることができた。

　サード・エイジャーのライフスタイルを構成する変数としての生活行動と生活態度の尺度作成を目的に因子分析を行った結果，生活行動の測定指標として抽出された13因子と生活態度尺度の測定使用として抽出された7つの因子の総計20のライフスタイル指標が用意された。これらの生活行動13類型と社会観6類型を用いてライフスタイルを類型化する際に，各類型の得点を平均0，分散1になるように標準化した。そして，それらを用いてクラスター分析を行った。有効回答票が1万を超えるために階層的クラスター分析でケースをもとにクラスター数を検討するのが困難であったために，事前にクラスター数を5から12の範囲で決め，K-means法によるクラスター分析を行った。その結果，8つのライフスタイル・セグメントが抽出された。この8つのライフスタ

イル・セグメントとは，①閉鎖型，②反抗孤立型，③積極型，④同調・伝統型，⑤現代都市型，⑥大衆型，⑦孤立型，⑧反抗型である。

そこで，まず，これらの8つのライフスタイル・セグメント間のデモグラフィックの差異を明らかにするためにクロス集計とカイ2乗検定，平均値の比較を行った。その結果新疆ウィグル自治区のサード・エイジャーのライフスタイル間に地域による差異がないが，民族による差異が大きいことが明らかにされた。それと同時に，ライフスタイル・セグメント間に性別や職業，学歴による差異があることが確認できた。

次に，8つのライフスタイル・セグメント間のデモグラフィック差異を比較するために一元配置分散分析（ANOVAテスト）を行った結果，ライフスタイル・セグメント間に年齢，通学年数，年間所得，一ヶ月の生活費などによる有意差があることが認められた。

ライフスタイル・セグメント間のデモグラフィック差異は調査回答者を8つのライフスタイル・セグメントに分ける妥当性を示しているともいえるだろう。

そして，析出されたクラスターを用いて，異なるライフスタイルグループに属しているサード・エイジャーは，テレビ視聴時間や番組選好に差異があるのかを明らかにするための一元配置分散分析と，ライフスタイルがサード・エイジャーのテレビ視聴行動にどのような影響を及ぼしているかをテレビ視聴時間と各番組選好度を従属変数として，人口学的・社会的属性等とライフスタイルを独立変数とする重回帰分析を行った。主要な結果は以下の通りである。

1　ライフスタイル間におけるテレビ視聴行動の差異に関する知見

テレビ視聴（番組選好）がライフスタイルによってどのように異なっているのかを明らかにするために一元配置分散分析を行った結果，以下のようなことが明らかにされた。

① 異なるライフスタイルグループに属している高齢者のテレビ視聴時間に有意差があることが認められた。

具体的には,「孤立型」ライフスタイルと「閉鎖型」ライフスタイルの人々のテレビ視聴時間が最も長く,その次に長いのは,「反抗型」(以下「ライフスタイル」という言葉を省略する),「現代都市型」,「反抗孤立型」,及び「同調・伝統型」の人々であり,「積極型」と「大衆型」の人々のテレビ視聴時間が最も短いことが明らかにされた。

② 異なるライフスタイルグループに属している高齢者のテレビ番組選好に差異があることが明らかにされた。ライフスタイル別にその特徴をまとめると以下のようになる。

　「閉鎖型」ライフスタイルが最も好んで見ている番組は,「教養・啓発番組」であり,他の番組視聴よりは選好度が高いが,他のライフスタイルの人々に比べて選好度が低い。次に好んで見ているのは,「ドラマ・映画」と「ニュース」番組であり,これらの番組の選好度が8つのライフスタイルの中で3番目に高い。8つのライフスタイル・セグメントの中でテレビ視聴時間が最も長いが,主に見ているのは,「教養・啓発番組」,「ニュース」と「ドラマ・映画」である。情報収集や時間つぶしのために見ている可能性が高いと思われる。

　「反抗孤立型」は,どのテレビ番組も殆ど見ないか,見ていない。

　「積極型」がどのテレビ番組もよく見ており,どのテレビ番組における選好度も他のライフスタイルの人々より高い。テレビ視聴時間が8つのライフスタイルの中で最も低いが,どのテレビ番組視聴における選好度も高いということは,特定の番組をよく見ているからだと思われる。

　「同調・伝統型」の各テレビ番組選好を見ると,どの番組も比較的よく見ており,各番組における選好度が8つのライフスタイルの中で「積極型」の次に高い。

　「現代都市型」が7つの番組のうち,「教養・啓発番組」を最も好んで見ているが,他のライフスタイルの人々に比べると選好度がやや低い。次によく見ているのは,「ドラマ・映画」であるが,これも他のライフスタイルと比べてやや低い。

　「大衆型」の各テレビ番組を見ると,どのテレビ番組もよく見ており,「教

養・啓発番組」,「音楽番組」,「報道解説・特集番組」,「娯楽番組」,「学習番組」などの5種類の番組選好度が8つのライフスタイルの中で「積極型」と「同調・伝統型」の次に高い。

「孤立型」が最もよくみているのが,「教養・啓発番組」であるが,8つのライフスタイル・セグメントの中で選好度が「反抗孤立型」の次に低い。「教養・啓発番組」,「ニュース番組」,「音楽番組」,「報道解説・特集番組」,「娯楽番組」,「ドラマ・映画」における選好度が「反抗孤立型」の次に低い,どの番組もそんなにみていないという印象を与えるが,視聴時間はどのライフスタイルの人に比べても長いのが目立つ。

「反抗型」の「教養・啓発番組」における選好度は最も高いが,他のライフスタイルに比べるとやや低い。次に高いのは「ドラマ・映画」における選好度であるが,これも他のライフスタイルに比べてやや低い。

2 ライフスタイルのテレビ視聴行動への影響に関する知見

　異なるライフスタイルがサード・エイジャーのテレビ利用または番組選好にどのような影響を与えているのかを明らかにするために,これまでに多くの研究でメディア接触行動に影響する要因として指摘されてきた要因とライフスタイル変数を用いて重回帰分析を行い,テレビ視聴時間とそれぞれの番組の好みに影響を与える要因について検討した結果,明らかにされた主要な知見は以下のようである。

① これまでに新疆ウィグル自治区で実施された調査研究では高齢者のテレビ視聴とテレビ利用に関して地域による差異を無視できないという知見が得られているが,今回人口学的・社会学的属性変数とライフスタイル変数を用いて分析した結果,テレビ視聴時間とメディア選好においてライフスタイル変数の方が,居住地域を用いて説明するよりはるかに説明力高いことが明らかにされた。

　第X章で見てきたように,テレビ視聴時間に関しても,ライフスタイル変数

のほうが有意な影響を与えていることが明らかにされた。

　テレビ視聴時間と番組選好に関して，人口学的・社会学的属性変数と自由時間に関する変数のテレビ視聴への影響とそれらの変数にライフスタイル変数を加えたときの影響に関して分析した結果，ライフスタイル変数を投入しないで分析したときに居住地域が有意な影響を与えたとしても，ライフスタイル変数を加えてから分析すると，有意な影響を与えていなかった。このことは，メディア接触行動を説明するときに，地域別ではなく，ライフスタイル別で説明した方が，説明力が高いことを物語っている。具体的な例として，以下のような結果がある（詳細は第XI章を参照）。

② サード・エイジャーのテレビ視聴行動を民族別で説明するより，ライフスタイル変数を用いて説明する方が，モデルの説明力が高いことが明らかにされた。

　新疆ウイグル自治区で実施してきたこれまでの調査研究では，テレビ視聴行動には民族の差異による相違があるという知見が得られているが，今回行った調査結果では，テレビ視聴行動を含むメディア接触行動全体において，ウイグル族の場合も，漢民族の場合もそれぞれのメディア接触時間とそれぞれのメディア選好において8つのライフスタイル・セグメントの影響が同じ傾向を示していることが明らかにされた。言い換えると，どの民族においても，同じライフスタイルであることが同じ番組に関して同じ影響を与えていることが明らかにされたのである。具体的には，あるライフスタイル・セグメントであることがウイグル族のある種の番組選好に関して有意な負の影響を与えた場合，そのライフスタイル・セグメントであることが漢民族のその番組選好に関しても同じく負の影響を与えている。あるライフスタイル・セグメントがウイグル族のある種のメディア選好に有意な影響を与えているが，漢民族のその種のメディア選好に有意な影響を与えない場合があっても，漢民族のその種のメディア選好に正の影響を与えるということはなかった。例えば，テレビ番組ごとの規定要因を検討した結果のうち，「教養・啓発番組」選好を規定する要因に関する分析結果をみてみよう。

「教養・啓発番組」選好を規定する要因のうち，ライフスタイル変数に限ってみると，対象者全体のデータを用いて分析した結果，「積極型」，「同調・伝統型」，「大衆型」等が「教養・啓発番組」選好を促進する要因になっており，「反抗孤立型」と「孤立型」が阻害的に作用している要因になっている。また，ライフスタイル変数を投入しないで人口学的・社会学的属性変数だけを用いた場合のモデルの調整済み R2 乗値は 0.078 であったが，ライフスタイル変数を用いて分析した結果では 0.267 になり，モデル説明力がライフスタイル変数を投入していないときに比べて高くなっている。漢民族の場合も，ウィグル族の場合も，「積極型」，「同調・伝統型」，「大衆型」等が「教養・啓発番組」選好を促進する要因になっており，「反抗孤立型」と「孤立型」が阻害的に作用している要因になっており，全体と全く同じ傾向を示していることとモデル説明力が高くなっていることも確かである。

つまり，多民族が混在する地域におけるテレビ視聴行動を見るときに，民族別に見るより，ライフスタイル別にみたほうが全体の構造を把握する上で最も有効であることが明らかにされたのである。

③ サード・エイジャーのテレビ番組選好におけるライフスタイル変数の有効性を実証できた。

ライフスタイル変数を投入しないで分析した結果（モデルⅠの場合）では，それぞれの番組選好に有意な影響を与える要因の標準化偏回帰係数の値が低く，その影響力は小さいが，ライフスタイル変数を投入してから分析した結果（モデルⅡの場合），それぞれの番組選好に有意な影響を与える要因の標準化偏回帰係数が高くなっているだけではなく，どの番組選好においてもライフスタイル変数の標準化偏回帰係数の値が，他の人口学的・社会学的属性変数の標準化偏回帰係数より高い（職業に関するダミー変数による例外はあるが，例外があるものは全体の中で少ないので，このようにいってもよいと考えた）ことが確認できた。このことは，各メディア選好に関しては，ライフスタイル変数の方が伝統的な人口学的・社会学的属性変数より強い影響を与えることを示しているといえよう。

以上のように各テレビ視聴時間と各番組選好を規定する要因について分析した結果，まさに本研究の第Ⅰ章で指摘していた「これまでに行われたメディア接触行動に関する調査研究で用いられている人口学的・社会学的属性変数とメディア接触行動への影響が大きいとされている自由時間に関する変数だけでは，メディア利用時間やメディア選好を十分に説明できない」ということを立証したことになる。つまり，本研究によって従来のように人口学的・社会学的属性変数だけ用いて受け手を分類することの限界が明らかにされたといえるだろう。

　各番組選好に関して従来のメディア研究で用いられてきた9つの変数（地域，民族，性，年齢，経済状況，通学年数，職業，自由時間，自由時間を誰と過ごしているか）だけを用いて重回帰分析を行った結果，モデルの説明力が非常に低いが，従来の研究で用いられてきた，これらの9つの変数にライフスタイル変数を加えて分析した結果，モデル説明力が顕著に上昇することが確認できた。しかも，どの番組選好に関しても，ライフスタイル変数を投入した場合のモデルの重相関係数がライフスタイル変数を投入しなかったモデルより3倍ほど高くなっており，ライフスタイル変数を投入したことによってモデルの精度が高くなることが明らかにされた。

　ライフスタイル変数を投入していない場合とライフスタイル変数を投入した場合のモデルの説明力が異なっており，ライフスタイル変数を投入したことによってモデルの説明力が顕著に上昇するということは，テレビ視聴行動においてライフスタイルが大きく影響していることになるので，本研究の狙いであった，テレビ視聴行動におけるライフスタイル変数の有効性を実証できたといえる。

　高齢化問題が深刻化している今日では，サクセスフル・エイジングは，個人の側だけではなく，社会の側の関心と要請に関わる課題になっている。その関心と要請とは高齢者が社会の負担にならないように最後まで自立した生活を送り，社会に有用な存在であり続けてもらいたい，ということである。これらとの関連でいえば，今後の高齢化社会において，高齢者福祉の課題は高齢者の自立生活を可能にすることである。したがって，高齢者の自立生活に役立つこと

がテレビの今日的な役割であるといえるだろう。この意味で今後の高齢者の自立生活に役立つ番組や内容の提供を考える上で，ライフスタイルという考え方が非常に重要であるといえるだろう。

　他方，サード・エイジャーという考え方は，前述したように就業・退職形態が多様化するに連れて退職と年齢の関連が不明確になり，退職者や退職後の生活といった場合，それが指示する内容が一意的なものではなくなった中で登場してきた概念であり，現代における高齢者の存在は一様ではなく，多種多様な存在であることを意味する概念であるともいえる。就業・退職形態が多様化するということは，退職前や退職後の生活も多様化するということであり，当然ライフスタイルも多様化するということである。そういう点でも，サード・エイジャーに焦点を当ててライフスタイルを論じることが重要であるといえる。したがって，これからの高齢化社会においてメディアの高齢者福祉に対する貢献ということを考えるためには，ライフスタイルが鍵になるといえるだろう。

　以上のいずれの点から見ても，本研究では，受け手のメディア利用が多様化しており，従来の受け手理論では説明しきれない部分が出てきている今日において，ライフスタイルの観点からメディア接触行動を把握することが非常に重要であることが示されたといえる。このことは，また高齢化社会における各メディアが提供する内容や番組を考える上で，ライフスタイル別に見ることの意義が大きいことを物語っているともいえる。

　また，新疆ウィグル自治区においては，今後高齢化が急速に進むと予測されており，高齢者人口が増大するということは高齢者のライフスタイルが変化する可能性があると思われる。したがって，新疆ウィグル自治区における各メディアが今後の高齢化社会において，どのような内容や番組を提供していくかを考える上で，高齢化という変化にだけではなく，高齢者のライフスタイルの変化に注目する必要があるといえるだろう。

　高齢者の生活を充実させるという視点から，高齢者福祉において各メディアをどのように活用していくべきかを考えようとすれば，情報メディアもしくは娯楽メディアとしてテレビを利用するだけではなく，福祉的な利用方法をも開

発していく必要がある。そのため，さまざまな特徴を持っている高齢者がどのような番組を好んでいるのか，どのような番組が高齢者の生活に役立つのかをきめ細かく把握し，そうしたニーズに対応できるような番組提供を考えなければならない。

そこで，本研究でライフスタイル別における各番組選好を分析した結果として得られた知見のいずれも，「高齢化社会においてマスメディア（特にテレビ）をどのように活用していくべきか，どのような内容や番組が高齢者の生活に役立つのか」などの問題を明らかにすることも出来，高齢者の生活福祉とサクセスフル・エイジングに資する番組提供やメディア政策などに役立つものになると考える。

本研究で考察したのは新疆ウィグル自治区，広くいえば中国であるが，同じように高齢化が進んでいる日本社会における研究にも当てはめることができるので，日本におけるサード・エイジャーの研究にも役立つものになると考える。

【参考文献】

　参考文献リストは，著者名のアルファベット順で並べた。日本語と中国語の文献にあたっては，著者名をそれぞれヘボン式，ピンイン式のローマ字表記に変換して順番をつけた。そのため，同一の著者名でも，原本の執筆にあたって使用した言語の違いにより，異なる位置に並べられている場合がある。なお，著者名は基本的にファミリーネームを先にし，ファーストネームなどを後ろにしたが，ウイグル人の場合，ファミリーネームに相当するものがないため，本人の名前を先にし，親の名前を後ろにした。

Auken, Van. Stuart（1978）. General Versus Product-Specific Life Style Segmentations［J］. *Journal of Advertising*, (4): 31-35.

Alasuutari, P.（1999）Introduction: There Phases of Reception Studies. In P. Alasuutari, ed., *Rethinking the Media Audience*. Thousand Oaks, CA, Sage.

Allport, G. W. and Vernon, P. E（1931）. A Study of Values. Boston: Houghton Mifflin.

Allport, G. W.（1951）*The Individual and his religion*, Constable. 原谷達夫訳（1953），『個人と宗教』，岩波書店。

Allport, G. W.（1961）*Pattern and growth in personality*, UT Back-in-Print Service 今田恵ら訳（1969），『人格心理学』，誠信書房。

Allport, G. W.（1960）*Personality : a psychological interpretations*. Henry Holt. 詫摩武俊ら訳（1982），『パーソナリティ　心理学的解釈』，新曜社。

Allport, G. W.（1955）*Becoming : basic considerations for a psychology of personality*. Yale University Press. 豊沢登訳（1959），『人間の形成』，理想社。

Ahuvia, A. C. and. 阳翼（2006），生活方式研究综述：一个消费者行为学的视角［J］. 商业经济与管理，2005（8）: 32-38.

安藤玲子・坂元章・鈴木佳苗・小林久美子・橿淵めぐみ・木村文香（2004）「インターネット利用が人生満足感と社会的効力感に及ぼす影響」，『パーソナリティ研究』，Vol. 13, pp. 21-33.

安藤玲子・高比良美詠子・坂元章（2005）「インターネット使用が中学生の孤独感・ソーシャルサポートに与える影響」，パ『パーソナリティ研究』Vol. 14（2005）No. 1, pp 69-79.

Ang, I.（1991）. *Desperately seeking the audience*. London: Routledge and Kegan Paul.

Ansello, E.（1977）*Age and ageism in children's first literature*. Educational Gerontology.

新村出編（1992），『広辞苑』（第四版），岩波書店。

有馬哲夫（2007），『世界のしくみが見える「メディア論」』，宝島社。

阿斯买・尼亚孜・金玉萍（2002），「新疆民文党报传播效果的调查分析」，『当代传播』2004（1）。

Adler, A.,（1958）What Life Should Mean to You,Capricorn.（高尾利数訳（1984），人生の意味の心理学，春秋社）

新村出編（1992），『広辞苑』（第四版），岩波書店。

Arato, A., and Gebhardt, E.,eds.（1978）*The Essential Frankfurt School Reader*. Urizen.

有田曉生（2006）『消費行動の「なぜ？」がわかる実践講座ライフスタイル・マーケティング』，宣伝会議。

飽戸弘・松田義幸（1994），『「ゆとり」時代のライフスタイル—7タイプにみる生活意識と行動』，日本経済新聞出版社。

飽戸弘（1999），『売れ筋の法則—ライフスタイル戦略の再構築』，筑摩書房。

Ball-Rokeach, S., and DeFleur, M.（1976）A dependency model of mass media effects. *Communication Research*, 3: 3–21.

Bausinger, H.（1984）Media, Technology and Daily Life, Academic Press.

Baran, S. J. and Davis, D. K.（2000），*Mass communication Theory: Foun dations, Ferment, and Futhre*, Thomson Learning. 曹書楽訳（2004），『大衆伝播理論：基礎，争鳴与未来』，清華大学出版社。

Baran, S. J.（2004）*Mass Communication: Media Literacy and Culture, 3rd edition*, McGraw-Hill.

Baran, S. J. and Davis, D. K.（2003）*Mass communication theory : foundations, ferment, and future*, Belmont, Calif. : Thomson/Wadsworth. 宮崎寿子監訳（2007），『マス・コミュニケーション理論（上，下）—メディア・文化・社会—』，新曜社。

Becker, B.W. and P.E. Connor（1981）Personal Values of the Heavy User of Mass Media, *Journal of Advertising Research* 21（5）: 37–43.

Berelson, B., P. E. Lazarsfeld, and W. N. McPhee（1954）. Voting: A Study of Opinion Formation in a Presidential Campaign. Chicago: Unversity of Chicago Press.

Bernard Shulman and Harold Mosak.（1988）Manual for Life style Assessment（前田憲一／訳）．一光社。

Bloom, H.（1994），The Western Canon: The Books and School of the Ages. New York: Harcourt Brace and Company.

Britewaite, V. A. and Scott, W. A.（1990）. Values, In Robinson, J. P., Shaver, P. R. and Wrightsman, L. S.（eds.）Measures of Personality and Social Psychological Attitudes , San Diego, CA: Academic Press, Inc.

Bourdieu, P.（1979）*La distinction : critique sociale du jugement, Paris : Editions de Minuit.* 石井洋二郎訳（1990），『ディスタンクシオンⅠ―社会的判断力批判―』，藤原書店。

Bourdieu, P.（1979）*La distinction : critique sociale du jugement, Paris : Editions de Minuit.* 石井洋二郎訳（2005），『ディスタンクシオンⅡ―社会的判断力批判―』，藤原書店。

Bourdieu, P.（1987）*Choses dites, Paris : Editions de Minuit.* 石崎晴己訳（1990），『構造と実践―ブルデュー自身によるブルデュー――』，新評論。

Burnett, J., Psychographic and demographic characteristics of blood donors［J］. *Journal of Consumer Research*, 1981, 8 (1): 62-66.

卜卫（2002），『大衆媒介対児童的影響』（マスメディアの児童への影響），新華出版社。

卜秀梅等（2007），「城市社区老年人自測健康水平与生活方式的相関性分析」（都市部高齢者の健康水準の自己評価とライフスタイルの関連性に関する分析），『中国実用護理雑誌』，23（1），12-15。

曹勝雄・徐美婷（2003）主題旅遊者心理描述興選択模式之研究，旅遊管理研究第三巻第一期民国九十二年六月 23～41。

Carey, J.（1975）. A cultural approach to communication. Communication, 2, 1-22.

Carey, J.（1977）. Mass communication research and cultural studies: An American view. In J. Curran, M. Gurevitch, and J. Woollacott (Eds.), Mass communication and society (pp. 315-348). Edward Arnold.

陈崇山（1989），中国传播效果透视，沈阳出版社：279～308。

陈崇山（2000），「老人受衆媒介行為分析」（高齢受け手のメディア接触行動分析），中国社会科学院新聞研究所網頁。

陳宗玄・林靜芳（2006），清靜地區民宿遊客滿意度與再宿意願之研究，旅遊管理研究，6（1），21-44。

陈默（2001），『電視文化学』（テレビ文化学），北京師範大学出版社。

陈龙（2002），『在媒介与大衆之間：電視文化論』（メディアと大衆の間：テレビ文化論），学林出版社。

Coleman, J. C.（1964）. Abnormal psychology and modern life (3 rd ed) Chicago: Scott, Foresman. Chicago, 1964: 63.

Coleman, J. S.（1990）*Foundations of social theory*. Cambridge, Mass. Belknap Press of Harvard University Press. 久慈利武訳（2006），『社会理論の基礎』，青木書店。

Coleman, J. S.（1988）Social capital in the creation of human capital. American Journal of Sociology, 94, Supp. lement, 95-120.

Coleman, J. S.（1990）*Foundations of Social Theory*, Cambridge, MA: Harvard University

Press.

Cosmas, S. (1982) 'Life Styles and Consumption Patterns', *Journal of Consumer Research*, 8 (4): 453-55.

崔欣・孫瑞祥 (2005),『大衆文化与伝播研究』(大衆文化とメディア研究), 天津人民出版社。

Cui, G. and Q. Liu (2001) 'Emerging Market Segments in a Transitional Economy: A Study of Urban Consumers in China', Journal of International Marketing 9 (1): 84-106.

戴元光 (2003),『伝播学研究理論与方法』(マス・コミュニケーションの研究理論と方法), 復旦大学出版社。

D. Danon, N. W. Shock and M.Marois (1981): Aging, A Challenge to Science and Society, Vol. 1 Biology, Oxford University Press.

Davis, D. K., and Robinson, J.P., (1989) *Newsflow and Democratic Society in an Age of Electronic Media.* In Comstock, G., ed., Public Communication and Behavior,. 3. New York, Academic.

Davis, D.K., (1990) News and Politics. In Swanson, D.L., & Nimmo, D., eds, New Directions in Political Communication, Newbury Park, CA, Sage.

David G. Moore, (1965). "Lifestyle in Mobile Surbarbia," S.A Greyser, ed, op. cit: 151-163.

Cheal, David. 1990. "Social Construction of Consumption", *International Sociology* 3 (september): 299-317.

DeFleur, M. L., (1966) *Theories of Mass Communication*. New York, David McKay.

DeFleur, M. L., (1970) *Theories of Mass Communication*, 2rd sd.. New York, David McKay.

DeFleur, M. L., (1975) *Theories of Mass Communication*, 3rd sd.. New York, David McKay.

DeFleur, M. L., and Ball-Rokeach (1989) *Theories of Mass Communication*, 5th ed. New York, David McKay. 柳井道夫・谷藤悦史訳 (1994),『マス・コミュニケーションの理論』, 敬文堂。

DeFleur, M. L., (1998) Where have all the milestones gone? The decline of significant research on the process and Effect of Mass Communication. *Mass Communication and Society*, 1: 85-98.

Donohew, L., P. Palmgreen and J.D. Rayburn (1987) Social and Psychological Origins of Media Use: A Lifestyle Analysis, *Journal of Broadcasting and Electronic Media* 31 (3): 255-278.

Eastman, S.T. (1979) Uses of Television Viewing and Consumer Life Styles: A Multivariate Analysis, *Journal of Broadcasting* 23 (4): 491-500.

Epstein, S. (1973) The self-concept revisited, or a theory of a theory. American Psychologist, 28, 404-416.

Earl. Peter (1986). Lifestyle Economic: Consumer Behaviour in a Turbulent World, Wheatsheaf Books, LTD.

Elliott, P. (1974). Uses and gratifications research : A critique and a sociological alternative.In Blunler, J. G. and E. Katz (Eds.), *Journal of mass communications* (pp. 249-268). Beverly Hills, CA: Sage.

Elliott, P. (1972). *The making of a television series: A case study in the production of culture*. Constable.

江下雅之（2000），『ネットワーク社会の深層構造』，中公新書。

Feather, Norman T. (1975). Values in Education and Society. NY: Free press.

Feldman, D. Saul and Gerald W. Thielbar, ed., (1975) Lifestyles: Diversity in Amrican Society, 2nd Ed., Littler Brown and Co., Boston, 1975: 1～4.

傅暁（2006），「"生活方式"対城市中老年人的健康影響」（"ライフスタイル"の都市部高齢者の健康への影響），『甘粛高師学報』，11（2）：59-61.

Fukuyama, F. (1999) *The Great Disruption: Human Nature in the Reconstitution of Reconstitution of Social Order*. Free Press.

藤竹暁（1985），『テレビメディアの社会力』，有斐閣。

藤竹暁（編）（2000），『現代のエスプリ別冊　生活文化シリーズ1～消費としてのライフスタイル』，至文堂。

藤原正彦（1977），『若き数学者のアメリカ』，新潮社。

高丙中（1998），「西方生活方式研究的理論発展叙略」（西欧におけるライフスタイル研究の理論的発展について），『社会学研究』，3：59-70。

寇彧（1993）．《关于中学生的职业价值观及其价值系统的调查研究》，载章志光主编《学生品德形成新探》。

Gerbner, G., (1976) "Living with Television: The Violence Profile." Journal of Communication, 26: 173-199.

Gerbner, G., L. Grass, N. Signorielli and M. Morgan (1980) Aging with television, *Journal of Communication*, 30 (2).

Gerbner, G., (1990) Epilogue : Advacing on the Path of Righteousness. In Signorielli, N., and Morgan, M., eds., *Cultivation Analysis: New Directions in Media Effects Research*. Newbury Park, CA, Sage.

Gombrich, E. H., (1968). style: in the international Encyclopedia of the Social Sciences (Vol.15), New York: The Free Press.

Gonzalez, M. Ana and Laurentino Bello (2002). The Construct "lifestyle" in Market Segmentation: the Behavior of Tourist Consumers [J]. European Journal of Marketing, (36): 51.

Gitlin, T. (1978). Media sociology: The dominant paradigm. *Theory and Society*, 6: 205-253.
Grilli R, Freemantle N, Minozzi S, Domenighetti G, Finer D. (1999). Impact of mass media on health services utilisation. In: The Cochrane Library, Issue 1, 1999, Oxford: Update Software.
Graber, D., (1987) *Processing the News*, 2nd ed. Longman.
Greenberg, B.S., Korzenny, F. and Atkin, C.K. (1979) The Portrayal of the Aging: Trends on Commercial Television, *Research on Aging*, 1 (3): 319-334.
Gunter, B., (1987) *Poor Reception: Misunderstanding and Forgetting Broadcast News*. Hillsdale, NJ, Erlbaum.
Graeme, Turner (1999),『カルチュラル・スタディーズ入門——理論と英国での発展——』，作品社。
郭庆光（1999），『伝播学教程』（マスコミュニケーション学教程），中国人民大学出版社。
郭雅嬌等（2004），「社区老年人不良生活方式干予」（社区高齢者の不良生活様式について），『実用医学雑志』，20（10）：1205-1206.
芳賀博（2001），「地域在宅高齢者のライフスタイルに関する縦断的研究」，『厚生省科学費補助金分担研究報告書』。
Hall, S. (1977). Culture the media and "ideological effect." In J. Curran, M. Gurevitch, and J. Woollacott (Eds.), *Mass communication and society*: 315-348. Edward Arnold.
Hall, S., (1973) Encoding and Decoding in the Television Discourse. *CCCS Stenciled Paper 7*, University of Birmingham.
H. J. アイゼンク，D. K. B. ナイアス著，岩脇三良訳（1982），『性．暴力．メディア』，新曜社。
韩强（1999），「民族特征与新闻选择偏好——乌鲁木齐地区第二次多民族受众调查」，『当代传播』1999年第6期：37~41；46~48.
Harold, Mosak. and Michael, Maniacci. (1999) Primer of Adlerian Psychology: The Analytic-Behavioural-Cognitive Psychology of Alfred Adler. Routledge; 1 edition.
Hart, H. (1991). *Critical communication studies*. New York: Routledge.
Havighurst, R. J. (1961) Successful Aging, The Gerontologist, 1, 8-13.
Hawkins, D., R. Best and K. Coney (1983) *Consumer Behavior: Implications for Marketing Strategy*. Plano, TX: Business Publications.
Hawkins, Del l. Roger J. Best, Kenneth. A. Coney. (2000).Consumer Behhavior Building Marketing Strategy [M]. China Ma2 chine Press.
Hustad, T. P., Pessemier, E. A., Industry's Use of Life Style Analysis: Segmenting Consumer Markets with Activity and Attitude Measures, in: Allvine, F. C.

(Hrsg.), Relevance in Marketing; Marketing in Motion, Chicago 1971, S. 296 ff.

波多野義郎ら（2004），「さまざまな成人・高齢者グループにおけるライフスタイル，危険因子，生活の質の特性について」，『九州保健福祉大学研究紀要』，5：3-69.

浜口晴彦・内田満・柄沢昭秀・嵯峨座晴夫・東清和・尾沢達也・佐藤進・大工原秀子（編集），（1996），『現代エイジング辞典』，早稲田大学出版部。

樋口秀（2005）『地方都市における高齢者の中心市街地への移住可能性に関する研究』，科学研究費助成事業データベース（URL：http://kaken.nii.ac.jp/d/p/16760487）

Hendricks, J. and L. R. Hatch（2006）Lifestyle and Aging, Binstock, R. H. and George, L. K., *Handbook of Aging and the Social Sciences*, 301-319, Academic Press.

何雍慶，霍志強，呂佳茹（2005）「虛擬通路封顧价值之研究——以電視講物通路為例」，『中华管理评论国际学报』．Vol8. 第四期：1～16.

Hoggart, R.（1957）. *The use of literacy*. London: Chatto and Windus.

Hornik, J. and M. J. Schilinger（1981）'Allocation of Time to the Mass Media', *Journal of Consumer Research* 7（4）：343-55.

星野命（1975），「生活様式（ライフ・スタイル）研究の意義——特集のことばにかえて」，『生活様式の社会心理学〈特集〉』，3～7.

胡军生（2003），「老年人与青年人价值观的相似性及其知觉准确度」（高齢者と若者の価値観に関する比較研究），『基礎医学』。

堀内久太郎（1975），「小農体の最適成長——小農体における生産行為，消費行為，投資行為および金融資産保有の統一的把握」，『農業経済研究』，47（3），113-121.

侯璘；网络消费行为对生活方式影响的实证研究［D］；浙江大学；2007年。

黄平（2003），「生活方式与消費文化：一个問題，一種思路（ライフスタイルと消費文化：一つの問題，一つの思考）」，『江蘇社会科学』，3：51-56.

黄京华（2005），Consumer Research from Multi-perspective（多視角的消費者研究），MARKETING RESEARCH. 2005,（6）.

黄光国（1995），『儒家价值观的现代转化：理论分析与实证研究』，载侨健，潘乃谷主编『中国人的观念与行为』，天津人民出版社1995版。

池田健一（1998），「〔限定効果論〕と〔利用と満足研究〕の今日的展開を目指して」，『新聞学評論』37：25-49.

池田健一（1997），『ネットワーキングコミュニティ』，東京大学出版会。

池尾恭一編（2003）「ネット・コミュニティのマーケティング戦略——デジタル消費社会への戦略対応」，有斐閣。

井上哲浩（2004）「インターネット時代のコミュニケーション」，『現代のマーケティング戦略』，有斐閣。

Institut fur Marxismus-Leninismus beim ZK der SED (1956) *Karl Marx-Friedrich Engels Werke*, Dietz Verlag. 大内兵衛・細川嘉六監訳 (1964), 『マルクス＝エンゲルス全集』, 大月書店.

IMI (2007), 『2007IM 城市受众移动生活形态与新媒体接触研究报告』, 中国广播电视出版社.

Jackson, E. ら (1991) A hierarchial model of leisure constraints. Leisure Sciences, Vol. 13, pp.309-320.

Jankowski, N., Prehn, O., and Stappers, J. (Eds.). (1992). *The people`s voice*. London: john Libbey.

Janowitz, M. (1952) *The community press in an urban setting*. Glencoe, IL: Press.

Jay, M. (1973). *The dialectical imagination: a histoy of the Frankfurt school and the institute of social research*: 1923-1950, Heinemann. 荒川幾男訳 (1975) 『弁証法的想像力 フランクフルト学派と社会研究所の歴史 1923-1950』, みすず書房.

John, Fiske (1992). The cultural economy of fandom. In L. Lewis (Eds.). *The adoring audience: Fan culture and popular media*: 30-59, Rosentledge and Kegan Paul.

John Fiske (2004), 『关键概念：传播与文化研究辞典』(Key Concepts in Communication and Cultural Studies), 新华出版社.

寿里 茂 (1996), 『ライフスタイルと社会構造』, 日本評論社.

Johansson, T., and Miegel, F. (1992). Do the right thing. Stockholm: Almqvist and Wiksell International.

JMR サイエンス (2001), 『デジタルな時代の新しいマーケティング戦略構築』, 営業力開発誌, Vol172 号（編集発行：日本マーケティング研究所）.

香取淳子 (1984a), 「老人のテレビ視聴構造」, 『社会老年学』, No.19：67-76.

香取淳子 (1984b), 「老人のテレビ視聴行動に見られる性差」, 『新聞学評論』, No. 33：277-288.

香取淳子 (1996a), 「老いとメディア：高学歴高年女性のメディア接触行動」, 『山形県立米沢女子短期大学生活文化研究所報告』, No. 23：25-42.

香取淳子 (1996b), 「老いとメディア」, 『山形県立米沢女子短期大学生活文化研究所報告 36220』Vol. 23：25-42。

香取淳子 (1999), 「老いとテレビ文化」, 『山形県立米沢女子短期大学生活文化研究所報告』, No. 26：37-55.

香取淳子 (2000), 『老いとメディア』, 北樹出版.

橿淵めぐみ・坂元章・小林久美子・足立にれか・坂元桂・高木洋一・坂元昂 (1999) メディア使用が情報化社会レディネスに及ぼす影響―中学生と高校生に対する2波パネル研究―日本教育工学会第15回全国大会（富山大学）発表論文集, 609-

610.

Katz, E., Gurevitch, M., and Hass, H.（1973）. On the use of mass media for important things. American Sociological Reuiew, 38, 164-181.

Katz, E. Blumler, J. C., and Gurevitch, M.（1974）. "?Uses of Mass Communication by the Individual," in W. P. Davison and F. T. C. Yu（ed）, Mass Communication Research, New York: Praeger.

Katz, E.（1979）. Utilitarianism and preservation. Environmental Ethics 1（4）: 357-364.

Kahle, Lynn R., ed.（1983）, Social values and Social Change: *Adaptation to Life in America*. New York: praeger.

Kahle, Lynn R. Sharon E. Beatty and Pamela Homer（1986）. Alternative measurement approaches to consumer values: the list of values（LOV）and values and life style（VALS）*Journal of Consumer Research*, Vol. 13, No. 3: 405-409. The University of Chicago Press（URL: http://www.jstor.org/stable/2489431）

Kamakura, Wagner A., and Thomas p. Novak（1992）"Value–System Segmentation: Exploring the Meaning of LOV" Journal of Consumer Research, 19（June）119-32.

Karhen Ross. and Virgina Nightingale.（2003）,MEDIA AND AUDINCES. UK Limited: Open University Press.

Kluckhohn, C. K. M.（1951）. Value and Value Orientation in the Theory of Action: An Exploration in Definition and Classification, In T. Parsons and E. A. Shils（eds.）, Toward a General Theory of Action, Cambridge, MA: Harvard University Press.

Kahle, L. R. and Chiagouris, L.（1997）. Values, lifestyles, and psychographics. LEA.

Kahle, L. and Kennedy, P.（1989）. Using the list of values（LOV）*tounderstand consumers. The Journa of Consumer Marketing*, 2（4）, 49-56.

Lynn, R. Kahle, Chiris Riley, Sports Marketing and the Psychology of Marketing Communication, lawance erlbaum associates, publishers Mahwah, New Jerey, 2004.

木村好美（1998），「高齢者のライフスタイル：社会的活動に参加する人・しない人」，『日本行動計量学会大会発表論文抄録集』，26：53-56.

金田宗久・岡本真一郎（2006）．マスメディアが及ぼすステレオタイプ化への影響─外国人に対するネガティブイメージへのはたらきの検討─日本社会心理学会第47回大会。

Kleinsteuber, H., and Sonnenberg, U.（1990）. Beyond public service and private profit: International experiencewith non-commercial local radio. *Eurpean Journal of Communication*, 5（1）, 87-106.

Klapper, J, T.（1960）. The Effects of Mass Communication. New York: Free Press.（クラッパー『マスコミュニケーションの効果』NHK放送額研究室訳，日本放送出版協会,

1966)
Kroeber, A. L. and Kluckhohn, C. (1963). Culture：A Critical Review of Concepts and Definitions, New York：Vintage Books.
Krech, D., R. S. Cruchfiled, and E. K. Ballachey (1962) Individual inSociety, New York: McGraw Hill.
川上善郎・川浦康至・池田謙一(1993)『電子ネットワーキングの社会心理―コンピュータ・コミュニケーションへのパスポート』,誠信書房。
久我美絵子(1993),「サイコグラフィック・リサーチ"Japan-VALS"の構図①—理論編 変わる価値と変わらない価値」,『ブレーン』, 1：100-106。
Lambert, C. E. & Lambert, V. A. (1987) *Psychosocial impacts created by chronic illness*, Nursing Clinics of North America, 22 (3), 527-533.
Lang, A., (1990) Inuntary Attention and Physiological Arousal Evoked by Structural Feature and Mild Emotion in TV Commercials. *Communication Research*, 17, 275-299.
Laslet, P. (1996). A Fresh Map of Life (Second edition), MaCmillan Press, UK.
Lazarsfeld, P. F., Berelson, B. and Gaudet, H. (1944) *The People's Choice: How the Voter Makes Up His Mind in a Presidential Campaign*. New York: Duell, Sloan and Pearce. 時野谷ほか訳(1987)『ピープルズ・チョイス――アメリカ人と大統領選挙』芦書房。
Lazarsfeld, P. F., (1969) An Episode in the History of Social Research: A Memoir, In D. Fleming and B. Bailyn, eds., *The Intellectual Migration : Europe and America,1930-1960*.Cambridge, MA, Belknap Press of Harvard University.
Lazer, W. (1963). "Life Style Concept and Marketing," Toward Scientific Marketing, Stephen Greyser, ed. (Chicago: Amiercan Assen), 143-151.
雷松蕙・全鵬・黄思静(2006),「社区護理干予対老年人生活方式行為的影響」(社区看護干与の高齢者の生活様式行動への影響),『護理学報』, 13 (6)：54-55.
Leung, L. and R. Wei (1999) Who Are the Mobile Phone Have-Nots? Influences and Consequences, *New Media and Society*, 1 (2)：209-26.
Lewis, L. (1992) *The adoring audience: Fan culture and popular media*. London: Rosentledge and Kegan Paul.
李彬(2003),『伝播学引論』(メディア学理論),新華出版社。
李亜萍・叶芸(2002),「城市老年人生活方式対健康影響的調査分析」(都市部高齢者のライフスタイルの健康への影響に関する調査分析),『中国健康教育』, 18 (6)：387.
Liebes, T., and Katz, E. (1989) Critical abilities of TV, In E. Seiter, H. Borchers, G. Kreutzner, and E.-M. Warth (Eds.), Remote control (pp. 204-222).London: Rouledge and Kegan Paul.
Lindlof, T. (1988). Media audiences as interpretive communities. In J. Anderson (Ed),

Communication yearbook 11 (pp. 81-107). Newbury Park, CA: Sage.
Lynn R. Kahle and Larry Chiagouris (1997), Values, Lifestyles, and Psychographics [M]. Lawrence Erlbaum Associates, Inc., New Jersey.
劉従梅（2006），「老年人体育生活方式与身心健康関系的研究」（高齢者スポーツ生活様式と身心健康関係に関する研究），『沈陽体育学院学報』，25（1）：71-72.
刘世雄（2005），「中国大学生消費聚群的実証研究，深圳大学学報」，『人文社会科学版』，第22卷第3期。
L. L. Thurstone (1931). The measurement of social attitudes. Chicago, Ⅲ: University of Chiago Press.
刘英姿；吴昊（2006）「客户细分方法研究综述」，『管理工程学报』，2006（1）.
陸曄（2004），「第六次全国伝播学研討会総述」（第六回全国マスコミュニケーション検討会概要），中国媒体網。
卢泰宏（2005），『中国消費者行为报告』，中国社会科学出版社。
马惠娣（2004）「我国公衆閑暇時間文化精神生活状況的調査与研究」，http://www.taosl.net/ac/mahd33.htm。
马姝（2004），「西方生活方式研究理论综述」，『江西社会科学』，2004 Vol. 01: 242-247.
Maslow, A. H. (1954). *Motivation and Personality*. New York: Harper and Row.
MacEvoy, B. (1997) 'Change Leaders and New Media', in L. Kahle and L. Chiagouris (eds) Values, Lifestyles and Psychographics, pp. 283-98. Mahwah, NJ: Lawrence Erlbaum Associates.
Marcuse, H. (1964). One dimensional man. London: Routledge and Kegan Paul.
Marx, K. and Engels, F. (1843), Die Deutsche Ideologie, Dietz Verlag, Berlin. 渋谷正編訳（1998），『ドイツ・イデオロギー（序文．第1巻第1章）』，新日本出版社。
Marx, K. and Engels, F. (1869), Der achtzehnte Brumaire der Louis Bonapart. 植村邦彦訳（1996），『ルイ・ボナパルトのブリュメール十八日』，株式会社光邦。
Marx, K. and Engels, F: Werke, Band 13.「経済学批判への序説」，『马克思恩格斯全集（第1卷）』，人民出版社，1965年版。
Marx, K. and Engels, F. (1972)，『马克思恩格斯全集（第1卷）』，人民出版社，1972年版。
宮田加久子（2005），『インターネットの社会心理学—社会関係資本の視点から見たインターネットの機能』，風間書房。
McGuigan, P. (1992). *Cultural populism*. Routledge and Kegan Paul.
Mcleod, J. Daily, K., Guo, Z, E Veland, W. P., Bayer, J., Yang, S, and Wang, H. (1996) Community integration, local media use and democratic processes. *Communication*

Research, 23 (2), 179-210.

McQuail, D. (1983), *Mass communication theory: An introduction*. London: Sage.

McQuail, D. 著，竹内郁郎ら訳（1985），『マス・コミュニケーションの理論』，新曜社。

McQuail, D. (1994), *Mass communication theory: An introduction*. London: Sage.

McQuail, D. (1997), *Audience Analysis*, SAGE Publications, Inc. 劉燕南，李穎，楊振栄訳（2006），『受衆分析』，中国人民大学出版社。

McQuail, D. (2002), *McQuail's Mass Communication Teory*, Sage Publications. 崔保国，李琨訳（2006），『麦奎尔大衆伝播理論』，清華大学出版社。

Mitchell, A. (1987) *The VALS typology: a new perspective on America*, SRI International. 吉福伸逸監訳（1987），『パラダイム・シフト——価値とライフスタイルの変動期を捉える VALS 類型論』，TBS ブリタニカ。

Mitchell, A. (1983) *The Nine American Lifestyles: Who We Are and Where We Are Going*. New York: Warner Books.

Michael R. Solomon, Judith L. Zaichkowsky, and Rosemary Polegato (1999), Consumer Behaviour: Buying, Having, and Being-Canadian Edition (Scarborough, Ontario: Prentice Hall Canada).

Micheal R. Solomon (1999). Consumer Behavior (4 [th] ed). [M]. Prentice Hall, New Jersey.

Mike. Featherstone (1991) Consumer Culture and the Postmodernism. SAGE publications.

Mike. Featherstone (1987). Lifestyle and Consumer Culture, in Thery, Culture and Society, Vol. 4.

Mills, C. W. (1951) *White collar*. New York. Oxford University Press.

Mills, C.W. (1957) *The power elite*. Oxford University Press.

Michael Weiss (1999) "Parallel Universe." American Demographics: 51-63.

Michael Porter, Mark Kramer (2006) "Strategy and Society," Harvard Business Review, Dec.

宮原洋八・小田利勝（2006），「地域高齢者の主観的健康感と運動能力，生活機能，ライフスタイル，社会的属性間との関連」，『理学療法科学』，22（3）：391-396.

文部科学省（2002）「子どもとインターネット」に関する NPO 等についての調査研究—米国を中心に—報告書，http://www.mext.go.jp/a_menu/sports/ikusei/030301.htm。

Morley, David (1992) *"Television Audiences and Cultural Studies"*, London; New York: Routledge.

Mosak, H. H. and Shulman, B. H. (1988). Manual for life style assessment. Muncie, IN: Accelerated Development.

Mosak, H. H. and Maniacci, M. P. (1999) *A Primer of Adlerian Psychology, Taylor and Francis*. 坂本玲子ら訳（2006），『現代に生きるアドラー心理学—分析的認識行動

心理学を学ぶ―』,一光社。
村田昭治・井関利明・川勝久編 (1979),『ライフスタイル全書』,ダイヤモンド社。
名東孝二 (1972),『生活者の行動科学:消費者行動の研究』,東洋経済新報社。
中島紗由理・坂元章 (2011)『メディアの違いがニュース記事の記憶に及ぼす影響
　　──新聞とネットニュースの比較』,社会情報学研究 15 (1), 65-76.
西川一康・田中井秀・森下高治 (1995)『現代ライフスタイルの分析─新しい労働と
　　余暇の心理』,信山社。
Noelle-Neumann, E. (1984) "The Spiral of Silence: Public Opinion-Our social skin", Chicago, University of Chicago Press. 池田謙一・安野智子訳 (1997)『沈黙の螺旋理論──世論形成過程の社会心理学』改訂版,ブレーン出版。
Norris, P. (1996) Does television erode social capital?: A reply to putnam. *Political Science and Politics*, 29 (3): 474-480.
Norris, P. (2003) Social capital and ICTs: Widening or reinforcing social networks? Prepared for the Conference on Social Capital, Cabinet of the Government of Japan, March 24, 25, 2003, Tokyo.
Novak, T. P., and B. MacEvoy (1990) On Comparing Alternative Segmentation Schemes: The List of Values and Life Styles (VALS), *Journal of Consumer Research*, 17, 105-109.
Newcomb, H. (1976). Television: The critical view. New York: Oxford Unwersity Press.
Ogilvy & Mather Asia/pacific (1997)《対亜洲未来─代消費者研究:精灵世代 GENIE》。
Osgood, C. E., Suci, G. J., and Tannenbaum, P. H. (1957). The Measurement of Meaning. Urbana, IL: University of Illinios Press
小田利勝 (2001),「高齢者のテレビ視聴時間と番組選好」,『神戸大学発達科学部研究紀要』8 (2):255-269。
小田利勝 (2004),『サクセスフル・エイジングの研究』,学文社。
小田利勝 (2007),『ウルトラ・ビギナーのための SPSS による統計解析入門』,プレアデス出版。
大久保貞義 (1989),「シルバーマーケットの動向予測─1─高齢者のライフスタイルの変化と消費変動について」,『独協大学経済学研究』,54:71-92.
O'Neill, M. (1997) Returning to Class Values, *South China Morning Post*, 24 January: B1.
Pingree, S. and R. P. Hawkins (1994)'Looking for Patterns in Lifestyles Behaviors`, in K. Rosengren (ed.). MediaEffects and Beyound: Culture, Socialisation and Lifstyles, pp. 76-96. London: Routledge
Pressemier, E. and M. Handelsman, 1984. Temporal variety in consumer behavior, Jornal of Marketing Research, XXT, November, 435-444.
Peter, P. J. and J. C. Olson (1994) Understanding Consumer Behavior. Burr Ridge, IL: Irwin.

Picard, R. G. (1989). *Media economics*. Newbury Park, CA: Sage.
Pitts, R. E. and A. G. Woodside (1984) *Personal Values and Consumer Psychology*. Toronto: Lexington Books.
Plummer, J. (1974) The Concept and Application. f Life Style Segmentation, *Journal of Marketing* 38 (1): 33-7.
Portes, A. (1998) Social capital: Its origins and app. lications in modern sociology. *Annual Review of Sociology*, 24: 1-24.
Putnam R. D (1995) Bowling alone: America's declining social capital. *Journal of Democracy*, 6 (1): 65-78.
Putnam, R. D (2000) *Bowling Alone: The collapse and Revival of American Community*. New York: Simon and Schuster. 柴内康文訳『孤独なボウリング――米国コミュニティの崩壊と再生』，柏書房．
Putnam, R. D. (1993) *Making Democracy Work: Civic Translations in Modern Italy*. Princeton, NJ: Princeton University Press. 河田潤一訳『哲学する民主主義――伝統と改革の市民的構造』，NTT出版．
Pressemier, E. and M. Handelsman, 1984. Temporal variety in consumer behavior, Jornal of Marketing Research, XXT, November, 435-444.
Ran Wei. (2006). Lifestyles and new media: adoption and use of wireless communication technologies in china. New Media Society 2006: Vol8 (6) 991-1008.
Rubin, A. M., Perse, E. M., and Powell, E. (1989) Loneliness, Parasocial interaction and Local TV news viewing. Communication Research, 14, 246-268.
人民网（2005），「2005中国人类发展报告」，http://www.people.com.cn，2005年12月16日。
Rokeach, M. (1973). The Nature of Human Values, NY: Free Press.
Rokeach, Milton, and Sandra J. Ball-Rokeach (1989) "Stability and Change in American Value priorities, 1968-1981" American Psychologist, 44 (May), 775-84.
Robinson, J. P., and D. K. Davis (1990) Television News and the Informed Public: Not the Main Source. *Journal of Communication*, 40: 106-119.
Robinson, J. P., and M. Levy, with D. K. Davis, eds (1986) *The Main Source: Learning From Television News*. Newbury Park, CA, Sage.
Rogers, E. (1986) *Communication Technologies: The New Media in Society*. New York: Free Press.
Rogers, E. (1995) *Diffusionof Innovations*. New York: Free Press.
Rowe, John W. and Robert L. Kahn (1987). Human Aging: Usual and Successful, Science, 237, 143-149.

Rowe, John W. and Robert L. Kahn (1997). Successful Aging: *The Gerontologist*, Vol. 37.
Rowe, John W. and Robert L. Kahn (1998). Successful Aging: Dell Publising.
RISC (1997),『RISC Methodology』, RISC International: Paris. (URL: http://www.riscinternational.ie/)。
Rosenberg, B., and White, D. M (Eds.). (1957) *Mass culture*. New York: Free Press.
Rothenbuhler, W., Mullen, L. J. DeCarell, R. and Ryan, C. R. (1996). Community, community attachment, and invement. *Journalism Quarterly*, 73 (2): 445-466.
ロイス・L. デビッツ and 池田 扶美子 (1990),『アメリカ人のライフスタイル—ファミリーとソサエティ』, サイマル出版会。
阮麗, 程玲俐 (2005),「生活方式和心理行為対老年性痴呆的影響及干予措施」(ライフスタイルと心理的行為の老年性痴呆に対する影響と干与措置),『中国健康教育』, 21 (3): 217-219。
嵯峨座晴夫 (1999),『高齢者のライフスタイル』, 早稲田大学出版部。
坂本治也 (2004),「社会関係資本の二つの「原型」とその含意」,『阪大法学』, 53 (6): 181-210。
佐野豪 (1997),『高齢者のライフスタイル：ホームステイに学ぶザ・フレンドシップ・フォース活動の実際より』, 不昧堂出版。
佐々木輝美 (1996年),『メディアと暴力』, 勁草書房。
斉藤慎一 (1998)「メディア変容時代におけるオーディエンス研究」,『マスコミュニケーション研究』, Vol 53: 34-52。
Susan H. C. Tai and Jackie L. M. Tam (1997) A comparative study of Chainese consumers in Asian markets-A Lifestyle Analysis Jornal of International Consumers Marketing,9 (1).
Seiter, E,. Borchers, H., Kreutzner, G., and Warh, E.-M. (Eds). (1989),Remote control, London: Routledge & Kegan Paul.
千石保, 丁謙 (1992)『中国人の価値観—変わりゆく社会意識とライフスタイル』, サイマル出版会。
Sokal, A. (1996), *"Transgressing the Boundaries: Toward a Transformative Hermeneutics of Quantum Gravity,"Social Text, Spring/Summer*, pp. 217-252.
Schiffman, L.G., E. Sherman and M. M. Long (2003) Toward a Better Understanding of the Interplay of Personal Values and the Internet, *Psychology and Marketing* 20 (2): 169-86.
Schramm, W. (1954) *The Process and Effects of Mass Communication*. Urbana, University of Illinois Press.
夏扎提古丽 沙吾提 (2006a),「中国における高齢者テレビ視聴行動研究の主要課題」,『岩手大学大学院人文社会科学研究科紀要』, 15: 57-75。
夏扎提古丽 沙吾提・横井修一 (2007a)「新疆ウイグル自治区における高齢者のTV

視聴の様相―社会調査データの数量化Ⅲ類による解析―」,『Artes Liberales（アルテス　リベラレス）』,（岩手大学人文社会科学部紀要）, Vol. 79: 13-30.

夏扎提古丽 沙吾提・小田利勝（2007b）,「ウイグル族高齢者のテレビ視聴行動――中国新疆ウイグル自治区における調査に基づいて」,『神戸大学発達科学部研究紀要』, 14（2）33-39.

夏扎提古丽 沙吾提・小田利勝（2007c）,「中国ウルムチ市における高齢者のテレビ視聴行動に関する一考察」,『老年社会科学』, 29（2）: 215.

夏扎提古丽 沙吾提（2007d）「新疆ウイグル自治区高齢者のテレビ視聴行動」,『第8アジア・オセアニア老年学および老年医学大会優秀論文集』: 119-120.

夏扎提古丽 沙吾提（2008）,「ライフスタイルと高齢者のマスメディア接触行動に関する考察」, 第三回日本応用老年学会年次総会一般報告.『第三回日本応用老年学会年次総会報告要旨』: 9.

夏扎提古丽 沙吾提（2009b）,「ライフスタイルと高齢者のマスメディア接触行動に関する研究」国家図書館, 2009年度神戸大学学術博士論文.

夏扎提古丽 沙吾提（2010a）,「サードエイジャーライフスタイルとインターネット利用―中国疆ウイグル自治区における調査に基づいて―」, 日中社会学会第22回大会, 報告要旨：22.

夏扎提古丽 沙吾提・小田利勝（2010b）,「サードエイジャーライフスタイルとテレビ視聴行動―中国新疆ウイグル自治区における調査に基づいて―」, 日本マスコミュニケーション学会2010年度秋季研究発表会一般報告。大会報告要旨：24～25.

夏扎提古丽 沙吾提（2011）, 高齢者のメディア接触行動の地域別特徴―中国新疆ウィグル自治区における住民調査に基づいて―, 日本地域社会学会第36回大会報告, 大会報告要旨：27.

城田愛（2001）,『高齢者のライフスタイルと夜間睡眠に関する研究』, 2001, 広島大学大学院生物圏科学研究所, 博士論文.

Smythe, D. W.（1977）. Communications: Blindspot of Western Marxism. *Canadian journal of Political and Social Theory*, 1: 120-127.

Sobel, Michael E.（1981）,*"Lifestyle and Social Structure"*, : Comcepts, Definitions, Analyses, New York: Academic Press.

Solomon, M.R. and 卢泰宏（2006）,『消费者行為学 第6版』, 電子工業出版社。

Sorce, P., Tyler, P. R. and Loomis, L. M.（1989）. Lifestyle of older Americans. The Journal of Consumer Marketing, 6: 53-63.

Stamm, K. R（1985）. *Newspaper use and community ties*. Norwood NJ: Ablex.

Smith, M. B., Bruner, J. S., and White, R. W.（1956）. Opinions and Personality: New York: John

Wiley & sons.
Swanson, L.（1998）'Market Segmentation in the People's Republic of China', *Journal of Segmentation in Marketing* 2（2）: 99-116.
高橋正彦（2004），「北欧の単身高齢者の生活」，『老年精神医学雑誌』，15（2）: 192-198.
竹内郁郎（1976）「利用と満足の研究」の現状，『現代社会学』5：86-114.
竹内郁郎（1977），『マス・コミュニケーション』，有斐閣。
竹内郁郎（1982），「利用と満足の研究」，『現代マスコミュニケーション論』，55-65.
陶立群（2005），「中日老年人閑暇时间参与文化娱乐活动的比较研究」（日中高齢者の余暇活動と文化・娯楽活動に関する比較研究），北京大学出版。
田中伯知（1998），「マスコミュニケーション理論における方法論的個人主義の探求」，『行動科学研究』，50：136-156.
田中伯知（1998），『コミュニケーションと情報』，芦書房。
田中伯知（1999），「マスメディアの教育的に機能に関する基礎的研究」，『早稲田教育』，13：136-156.
田中伯知（2002），『情報と意思決定』，自由社。
Tai, Susan H. C. and Jackie L. M. Tam（1996）"A Comparative Study of Chinese Consumers in Asian Markets-A Lifestyle Analysis", *Journal of International Consumer Marketing*, Vol: 9（1），25-42.
Tao Sun, Marty Horn, Dennis Merritt（2004）"Values and lifestyles of individualists and collectivists: a study on Chinese, Japanese, British and US consumers", Journal of Consumer Marketing, Vol. 21 Iss: 5, pp. 318-331.
Tallman, Irving, and Morgner, Romona（1970），Life-Style Differences Among Urban and Suburban Blue Collar Families.in social Forces,48.
唐魁玉・贺芳（2000）「网络传播与生活方式的现代性」（インターネットとライフスタイルの現代性），『哈尔滨工业大学学报（社会科学版）』第2卷第4期, Vol. 2, No. 4.
Thomas L. Friedman, The Lexus and the Olive Tree（New York: Farrar, Straus and Ciroux, 1999) p. 236.
時野谷浩（1985），「利用と満足研究の新たな動向」，『東海大学紀要文学部』，43：51-70.
時野谷浩（1986），「老人視聴者の動機充足に関する研究」，『社会老年学』，23-64.
Triandis, H. C.（1986). Collectivism vs Individualism: A Reconceptualization of Basic Concept in Cross-Cultural Psychology. In Bagley, C. and Berma, G.（eds.）Personality, Cognition, and Values: Cross-Cultural Perceptives of Childhood and Adolescence. London: Macmillan.
上野俊哉・毛利嘉孝（2000）『カルチュラル・スタディーズ入門』，ちくま新書。

Uslaner, E.M. (1998) Social capital, television and the "mean world": Trust, optimism and participation. *Political Psychology*, 19 (3): 441–467.

Uslaner, E. M. (2000) The internet and social capital. *The communications of the ACM*, 43, 60–64.

Valette-Florence, P. and A. Jolibert (1990) 'Social Values, A. I. O. and Consumption Patterns', *Journal of Business Research* 20: 109–22.

Veblen, T. B. (1889) *The Theory of the Leisure Class: An Economic Study in the Eution of Institutions*. 高哲男訳 (1998), 『有閑階級の理論』, 筑摩学芸文庫。

Venkatesan, M. (1966) "Experimental Study of Consumer Behavior Conformity and Independence", Journal of Marketing Research, Vol. 3: 384–387.

Veroff, Joseph Richard A. Kulka, Elizabeth Ann Malcolm Douvan (1981). Mental health in America: patterns of help-seeking from 1957 to 1976. Basic Books, 1981.

Vogel, L. Harold. Entertainment Industry Economics: A Guide for Financial Analysis / Edition 3 Publisher: Cambridge University Press. New York; 3rd Edition edition. January 1994.

王雅林 (2004),「生活方式研究的理論定位与当代意义 (ライフスタイル研究の理論的位置づけと現代における意義)」,『社会科学研究』, 2004年2月号: 95–101.

王新玲 (1987). 关于北京市一所中学学生的价值系统与道德判断的调查报告. 心理学报, 19 (2), 365–374.

王琪延 (1999),『中国人的生活時間分配』(中国人の生活時間配分), 経済科学出版社。

王伟光等 (1988),『社会, 生活方式論』(社会, 生活様式論), 江蘇人民出版社。

王玉波 (1986),『生活方式』, 上海人民出版社。

Wan, X. D. (2003). 'An Analysis of China's Mobile Phone Market', URL (consulted 10 January 2004): http://www.mii.gov.cn/mii/hyzw/tongji/2003-03-0702.htm

和田正人・藤田篤史 (2003)『メディア接触が脳死臓器移植への態度に及ぼす影響に関する研究:ドナーカード保持行動及びリスク・イメージ』東京学芸大学紀要. 第1部門, 教育科学, 54:339–347.

王婷等 (2006),「長春市社区老年人健康状況及生活方式調査 (長春市社区高齢者の健康状況およびライフスタイルに関する調査)」,『護理研究』, 20 (10): 2662–2663.

王燁箐等 (2001),「机関人群生活方式和心理資源与自評圧力緊張度的関系」(機関の人々の生活様式と心理資源のストレス・緊張度に関する自己評価との関係),『労動医学』, 18 (5):275–277.

王長瀟 (2005),『当代中国電視文化伝播論綱』(現代中国におけるテレビ文化メディア論), 山東人民出版社。

汪文奇 (2004),「我国老齢化社会進程中老年人体育生活方式的研究」(中国における高齢化社会のプロセス中の中高齢者スポーツ生活様式に関する研究),『北京体

育大学学報』，27（8）：1025-1027.
Weber, M.（1956）*Wirtschaft und Gesellschaft, Grundriss der Verstehenden Soziologie, Wierte, Neu Herausgegebene Auflage*, Johames Winckelmann. 世良晃志郎訳（1970），『支配の諸類型』，創文社．
Weber, M.（1920）*Die Protestantische Ethik und der 》Gest《 des Kapitalisus*. 大塚久雄訳（1989），『プロテスタンティズムの倫理と資本主義の精神』，岩波書店．
Wells, W.D.（1974）Life Style and Psychographics: Definitions, Uses and Problems, in Wells, W.D.（ed.）*Life Style and Psychographics*, pp. 354–63. Chicago, IL: American Marketing Association.
Wells, William D., and Douglas J. Tigert（1971）"Activities, lnterests, and Opinions," *Journal of Advertising Research*, 11（August), 27-35.
Wells W. and Tigert D. Activities, interests, and opinions. *Journal of Advertising Research*, 1977, 11: 27-35.
W. E. Lambert, et al（1960）. The effect of increased salience of a membership group on pain tolerance. *Journal of Personality*, 28, 350-357.
William D Wells. Psychographics: A Critical Review「J」. *Journal of Marketing Research*, 1975, (2)：196-213.
William O. Bearden. Richard G. Netemeyer and May F. Mobley. Handbook of Marketing Scales: Multi–Item Measures for Marketing and Consumer Behavior Research「M」. Sage Publication, Inc., California, 1993.
Williams, K.（1981）*Behavioral Aspects of Marketing*. Oxford: Butterworth-Heinemann.
Williams, R.（1961）. *Culture and society 1780-1950*. Harmondsworth, UK: Penguin.
Williams, F., R. E. Rice. and E. M. Rogers（1988）. *Research Methods and the New Media*. New York: free Press.
Williams, R. M.（1968）. Values. In E. Sills（ed.）International Encyclopedia of the Social Sciences , New York: Macmillan.
烏魯木斉電視台（2003），『発展中的烏魯木斉電視台』（発展中のウルムチテレビ局），烏魯木斉晩報出版社．
ウルムチ市人民政府（2008）中国新疆ウィグル自治区ウルムチ市人民政府ホームページ（http://www.urumqi.gov.cn）。
ウルムチ市天山区人民政府（2008）中国新疆ウィグル自治区ウルムチ市天山区人民政府ホームページ（http://www.urumqi.gov.cn/15shwjg/tianshanqu）。
吴垠（2004），「关于中国消费者分群范式（China-Vals）与应用研究」，『工商管理与管理经济学』，2004年中国经济学年会．
夏扎提古丽 沙吾提（2006b），『老年社会与電視（高齢社会とテレビ）』，新疆人民出

版社。

夏扎提古丽 沙吾提・小田利勝（2009a），「中国新疆維吾尔自治区老年人的収視行為」，『中国老年学雑誌』28（24）：913-915。

肖黎．消费者网上购物心理分析及企业网络营销对策研究［J］商业研究，2007，（05）。

谢新洲・蒙晖（2003），「"使用与满足"理论在互聯网環境下的実証研究」（ネットワーク環境の下での"利用と満足"理論に関する実証研究），新華网。

谢新洲（2004），『网羅伝播理論与実践』（インターネットメディア理論と実践），北京大学出版社。

都市報（2008），『新疆都市報（中文版）』，（新疆ウィグル自治区党委員会機関紙），8月14日報。

新疆統計局（2007），『新疆統計年鑑』（新疆ウィグル自治区2005年の人口統計資料），新疆人民出版社。

楊金鵬（2003）「為什麼不娯楽？——従受衆角度解析新聞娯楽化原因」（なぜ娯楽しないか？—受け手の観点からみた新聞の娯楽化原因），南昌大学新聞与伝播学院ホームページ。

杨中芳：《中国人真是集体主义的吗？——试论中国文化的价值体系》，载杨国枢主编《中国人的价值观——社会科学观点》，台湾桂冠图书公司1994版。

杨金鹏・黄良奇（2004），「新闻娱乐化，公众利益和传媒责任」，『新闻界』，2004年3期。

Yankelovich, D. (1981). New Rules: Searchingfor Self-Fulfillmentina World Turnedup Side Down [M]. NewYork: Random House.

Yankelovich, D. (1999). The magic of dialogue: Turning conflict into cooperation. New York: Simon and Schuster.

于光远（1981）．社会主义建设与生活方式，价值观和人的成长〔J〕．中国社会科学，1981年（4）。

吉野正治（1982），『生活様式の理論—新しい生活科学の思想と方法—』，光生館。

姚君喜（2004），「西北贫困地区电视媒介发展基本状况的受众分析」，『西部电视』，2004年第2期。

叶国標（2005），「電視受衆収視習慣地区差异調査」（テレビの受け手の視聴習慣における地域差異に関する調査），中国新聞研究中心網頁。

殷暁容（1999），「美国伝播学受衆研究的一个重要轉折——関于"使用与满足"説的深層探討」（アメリカマスコミュニケーション領域における受け手研究の一つの重要な転換—"利用と満足"理論に関する検討），『中州学刊』，1999年第5期。

吉見俊哉（1994），『メディア時代の文化社会学』，新曜社。

吉見俊哉（2000），『カルチュラル・スタディーズ』，岩波書店。

Zablocki, B. and R. Kanter (1976) 'The Differentiatio of Lifestyles', in A. Inkeles (ed.) Annual

Review of Sociology, pp. 269‐98. Palo Alto, CA: Annual Reviews, Inc.
张慧远（2005），『大衆伝播理論解読』（マスコミュニケーション理論の解読），蘇州大学出版社。
张国良（1998），『现代大众传播学』，四川人民出版社。
张国良（2001），『新闻媒介与社会』，上海人民出版社。
張国良・王玲寧（2003），『我国農村媒介接触行為調査分析』（中国農村部におけるメディア接触行動に関する調査分析），中国新聞研究中心。
張国良主編（2005），『伝播学原理』（伝播学原理），復旦大学出版社。
張明芝等（2004），「1067例老年人生活及心理状況調査」（1067例から見る高齢者生活と心理状況に関する調査），『蘇州大学学報（医学版）』，24（2）：176-179。
張良礼主編（2006），『応対人口老齢化—社会化養老服務体系構建及規划』（人口高齢化に応対して—社会化養老サービスのシステム構築と規則），社会科学文献出版社。
Ziauddin, Sardar. and Borin, van Loon（2002）（毛利嘉孝＆小野俊彦/翻訳），『NTRODUCING カルチュラル・スタディーズ』，作品社。
张允（2005），「新疆蒙古族受众调查分析」，『当代传播』，2005年第3期。
趙彦華（2004），『媒介市場評価研究』（媒介市場評価研究），新華出版社。
鄭杭生・李路路（2005），「城市居民的生活方式与社会交往」（都市部居住民のライフスタイルと社会関係），『中国社会発展研究報告2005』。
鄭徴予（2003），『電視文化伝播導論』（テレビ文化メディア論），復旦大学出版社。
赵艳萍・李洁连（1999），『文化与交际（大学生英语阅读系列丛书）』，中国人民大学出版社。
周沛（2002），『社区社会工作』，社会科学文献出版社。
周玉黍（2005），「媒介撫慰：一種弥合階層落差的方式——南京市民収视民生新聞行为与動機調查」（メディア慰問：一つの階層間の落差を埋める方法—南京市民の民生ニュース視聴行動と視聴動機に関するう調査），復旦大学新聞与伝播学院網頁。
祝建华（2004），「不同渠道，不同选择的竞争机制：新媒体权衡需求理论」，『中国传播报告』，2004年第2期。
朱健民（2006），「老年人生活方式对健康自我完好评价的影响」（高齢者のライフスタイルの健康感に対する影響），『体育科学』，26（9）：54-58.
朱寧・謝春萍（2004），「現代老年人生活方式初探」（現代高齢者のライフスタイルに関する初初歩的な検討），『蘇州大学学報（工科版）』，24（3）：86-88.
中国互联网络信息中心（CNNIC）（2006），「第十七次中国互联网络发展状况统计报告」，www.cnnic.net.cn
中国互联网络信息中心（CNNIC）（2008），「第22次中国互联网络发展状况统计报告」，央视网。

索　引

あ　行

アチーブ　175
アドラー　115, 131, 132, 133, 134
アンケート調査の項目　95, 255
域内総生産　223
意見　145, 153
一元配置分散分析　154
維持者型　165
一般的なライフスタイル区分法　154
イリカザフ自治州　250
イリ県　251
イリ市　251
引退後も働くライフスタイル　208
インタビュー調査の項目　96
ウィグル族伝統祭りでの贈与行動　271, 274
ヴェブレン　115, 121, 122, 123
受け手～送り手関係の多様なモデル　77
受け手の類型　66
受け手の二重性　66
ウルムチ市　249
影響研究　32, 33, 34, 35
欧米のシニアライフスタイル　206
穏やかに暮らす族　178
穏やかに進む族　179
オルポート　115, 134, 135, 136～139
音楽行動　272, 276
音楽番組　305, 308
音楽接触行動　277

か　行

階級状況　119
買い物・外食　272, 275
外部志向カテゴリー　165
学習活動タイプ　87
学習番組　305, 308
革新者　170
革新創造派　173
学歴差　290
家族志向　207
家族の影響―家族布置　143
カタルシス理論　34
価値図式　136
活動　145, 153

活動的な退職者　207
活動の量　131
体付きの要因　141
カルチュラル・スタディーズ　43, 44, 46
カルティベーション理論　35
関係性　143
観劇・鑑賞行動　275
観察学習理論　34
観覧者としての受け手　78
儀式と表現モデル　77, 78
キハン　176
気分　143
競争者型　165
興味　145, 153
教養・啓発番組　305, 307
勤勉な生活族　179
グローバル・モザイク　184
クール　176
経験する人　171
形相因　140
経済資本　126
経済族　176
経済流行族　179
ゲッタータイプ　133
健康志向　27, 277
現実主義族　177
現実生活族　178
顕示的閑暇　123
顕示的消費　123
現代都市型　282
効果　29
効果研究　29, 31
行動　229
行動の原因　140
肯定的地域観　265
交友行動　271, 273
高齢者の新しいライフスタイル　204
高齢者のメディア接触行動とライフスタイルの分析モデル　243
高齢者のライフスタイル　202, 203
高齢者向けの番組　100
高齢者を扱った番組　100
個人観　163
個人差として現れるもの　47
個人差論　46

377

個人の夢を実現するライフスタイル　209
個性的なライフスタイル　134
個性表現族　177
娯楽番組　305, 308
孤立型　282

さ　行

最終価値　161
最終価値観　163
サクセスフル・エイジング　14, 15, 16
サード・エイジ　16, 17
サード・エイジャー　16
参加者としての受け手　78
自己概念　132, 237
自己顕示派　173
自己資源　169
自己志向　169
仕事業績族　178
仕事堅実族　178
自己派アダプター　173
自己理想　132
静かな内気タイプ　206
思想家　170
視聴率　12, 26, 73
実験室における研究　34
実践的フィールド研究　33
私的扶養　265
市民社会資本　51
社会意識型　167
社会カテゴリー説　48
社会観　163
社会関係資本　50, 52
社会関係の指標　238
社会関係論　49
社会空間　124
社会集団の特徴　76
社会達成派　173
社会的位置空間　124
社会的扶養志向　265
社会的・文化的要素　238
社会派アダプター　173
社会分化論　48
社会類型論　48
社交資本　51
集団または公衆としての受け手　68
手段価値　161
手段的価値観　163
趣味活動タイプ　87

受容研究　42
順応族　179
生涯学習を軸としたライフスタイル　209
消費節約族　179
情報処理理論　56
職業差　288
所属者型　165
自律タイプ　87
新疆ウイグル自治区　93, 248, 249, 257
人口統計学的要素　234
身体行動・旅行　270, 273
身体的要素　235
心理的要素　236
生活活動様式　232
生活行動　267, 268
生活時間　240
生活者としての受け手　79
生活手段　117
生活態度　229, 231
生活態度測定項目　261
生活様式　116〜122, 125, 139, 217
生活様式空間　124
成功者　170
生産様式　118
精神社会的要因　132
生存者型　164
生態的要因　141
贅沢趣味　128
生物学的要因　132
世界観　163
世界像　132
セカンド・エイジ　17
積極型　281
選択機能　143
選択の分数式　61
創作行動　272, 276
ソーシャル・トレンドアプローチ　180
相対化型テレビ視聴行動　80
送達モデル　77
ソリテイア　207

た　行

体験型　167
対抗型テレビ視聴行動　80
大衆型　282
大衆受け手の解消　75
対人関係　239
態度　230

多元的エリート論　61
戦う人　171
脱感作理論　34
達成者型　166
他律タイプ　87
単一事例研究　33
弾丸理論　27
地域観　265
地域差　287
知識労働を続けるライフスタイル　209
秩序　143
注意モデル　77
中国伝統祭り／記念日での
　プレゼント　271, 275
中国のテレビ人口の普及率　12
沈黙の螺旋理論　61
つましい生活派　172
作る人　171
デモグラフィック　145
テレビ視聴行動　245, 330, 342〜346, 348,
　350〜351, 353
テレビ視聴時間　11, 310, 311, 331〜333
テレビ視聴動機　84
テレビ番組選好　312, 313, 334, 335, 336
伝統生活族　178
伝統尊重派　173
伝統的権威主義　264
伝統派アダプター　173
統合型　168
同調　264
同調・伝統型　281
同調派　172
逃避的タイプ　133
トゥルファン市　250
トゥルファン地区　250
独裁的タイプ　133
読書行動　272, 275
トクスン県　250
特定製品のライフスタイル区分法　155
独立独歩タイプ　206
ドラマ・映画　305, 308
努力する人　171

な 行

ナイーブ　175
内部志向カテゴリー　166
内容分析研究　39
内容分析の課題　40

ニュース番組　305, 308
人間関係資本　51
年齢観　236
乗り物運転　273, 277

は 行

培養分析　55
パーソナリティ　134, 138
発達的連続　142
ハビトゥス　124
反抗型　283
反抗孤立型　281
必要趣味　128
必要に駆られた人々のカテゴリー　164
否定的地域観　265
ファースト・エイジ　17
ファン現象　74
フィールド研究　33
フォース・エイジ　17
ブルデュー　115, 124, 125, 126, 127
プレジャー　175
フレーム分析　61
プロプリウム　138
文化活動　271, 274
文化規範論　53
文化資本　126
文化的指標　239, 240
文化的要因　142
ヘイオン　176
閉鎖型　281
報道解説・特集番組　305, 308
ポスト構造主義　181
ホータン地区　251
ボランティアを軸とした
　ライフスタイル　209

ま 行

マスコミ・接触行動　272
マックス・ウェーバー　119, 120, 121
マルクス　115, 116, 117, 118
「満足族」としての受け手　71
身分状況　119
民衆文化　25
無活動タイプ　87
目標としての受け手　77
メディアの受け手　72
メディア通路と内容によって
　画定される受け手　73

モサック　115, 131, 140, 141, 143, 144
モザイク・ジャパン　186

や 行

ヤリクリ　176
ヤング and セキュア　207
有閑階級　123
有閑階級の理論　121
有効サンプル　253, 254

ら 行

雷同派　172
ライフスタイル　114, 131〜134, 140, 144, 147, 148, 217
ライフスタイル概念の特徴　152
ライフスタイル研究　58, 59, 218
ライフスタイル先駆者　208
ライフスタイル尺度　280
ライフスタイル類型システム　183
ライフスタイル分析法　146
理性的な事業族　178
理想的・共同体感覚タイプ　133
リヨウシキ　176
利用と満足研究　36, 37, 38, 39
礼儀主義　266
老化度　236
老化の段階の類型　87
老衰タイプ　87
論理的信念　132

わ 行

若さを価値とするライフスタイル　208
わたしはわたし型　167

A

AIO 尺度　145, 153

C

China XJ_SVALS　283, 284

E

Elvis Presley　74

I

IT 行動・ゲーム　272, 276
i-VALS　173

J

JAPAN-VALS　171

K

Kahle が測定した価値観　159

L

Lifestyle　114, 150
LOV 尺度　158

O

ODS-LifeStyle Indicator　175
One-way ANOVA　154

R

RISC のアプローチ　188
Rokeach 価値観調査表　161
RVS　161

V

VALS　164
VALS 2　169

著者略歴

夏扎提古丽 沙吾提(シャザディグリ シャウティ)

1979年8月,中国新疆ウイグル自治区トクスン県生まれ。
1996年に新疆大学マスコミュニケーション学部に入学し,2001年7月に学士学位を取得。この期間に,中国の新聞（新疆日報,ウルムチ夕刊,新疆経済新聞,新疆市場報道,トルファン日報等々）,雑誌（新疆工業雑誌など）,ラジオ（新疆人民ラジオ局等々）及びテレビ（トクスン県テレビ局,トルファン地区テレビ局,新疆ウイグル自治区テレビ局等々）などで,ニュース,特集記事,解説,総説,評論文などの132の文章が掲載（放送）された。
2003年4月に来日し,岩手大学大学院人文社会科学研究科研究生,同大学院修士課程,神戸大学大学院総合人間科学研究科博士課程を経て,2009年3月に学術博士を取得。2009年4月に株式会社インテージに入社し,現在に至る。学術博士（神戸大学）。

著書・論文

『老年社会与電視』（単著,新疆人民出版社,,2006年）,「中国における高齢者テレビ視聴行動研究の主要課題」,『岩手大学大学院人文社会科学研究科紀要』,Vol.15（単著,2006年）,「新疆ウイグル自治区における高齢者のTV視聴の様相－社会調査データの数量化Ⅲ類による解析―」,『A rtes Liberales（アルテス リベラレス）』,Vol.79（共著,2007年）,「ウイグル族高齢者のテレビ視聴行動―中国新疆ウイグル自治区における調査に基づいて―」,『神戸大学発達科学部研究紀要』,14（2）（共著,2007年）,「Television viewing behavior of the elderly in Xinjiang Uygur Autonomous Region, China」,『第8回アジア・オセアニア老年学および老年医学大会優秀論文集（中国老年学賞受賞）』（共著,2007年）,「中国新疆維吾尓自治区老年人的収視行為」,『中国老年学雑誌』28（24）（共著,2008年）。

マスコミ理論とライフスタイル
──新疆ウイグル自治区における調査研究

2014年4月10日　第1版第1刷発行

　　　　著　者　夏扎提古丽 沙吾提(シャザディグリ シャウティ)
　　　　発行者　田　中　千津子
　　　　発行所　㈱ 学 文 社
　　　　〒153-0064　東京都目黒区下目黒3-6-1
　　　　電話（03）3715-1501㈹　振替 00130-9-98842
　　　　http://www.gakubunsha.com

落丁・乱丁の場合は,本社にてお取替します　　印刷／シナノ印刷株式会社
定価は,カバー,売上カードに表示してあります　　〈検印省略〉

ISBN 978-4-7620-2437-5
Ⓒ 2014 Shazadigul Shawut Printed in Japan